21世纪新闻与传播学系列教材

Research on Famous
Journalists in the World

中外名记者研究

邓利平 等 编著

北京大学出版社
PEKING UNIVERSITY PRESS

图书在版编目(CIP)数据

中外名记者研究/邓利平等编著.—北京:北京大学出版社,2012.10
(21世纪新闻与传播学系列教材)
ISBN 978-7-301-21250-9

Ⅰ.①中… Ⅱ.①邓… Ⅲ.①记者-人物研究-世界-高等学校-教材
Ⅳ.①K815.42

中国版本图书馆CIP数据核字(2012)第219777号

书　　　　名：	中外名记者研究
著作责任者：	邓利平 等 编著
责 任 编 辑：	徐少燕
标 准 书 号：	ISBN 978-7-301-21250-9/G·3500
出 版 发 行：	北京大学出版社
地　　　　址：	北京市海淀区成府路205号　100871
网　　　　址：	http://www.pup.cn
新 浪 微 博：	@北京大学出版社　@未名社科-北大图书
微信公众号：	北京大学出版社　北大出版社社科图书
电 子 邮 箱：	编辑部 ss@pup.cn　总编室 zpup@pup.cn
电　　　　话：	邮购部 010-62752015　发行部 010-62750672　编辑部 010-62753121
	出版部 010-62754962
印 　刷 　者：	河北滦县鑫华书刊印刷厂
经 销 者：	新华书店
	730毫米×980毫米　16开本　23.25印张　420千字
	2012年10月第1版　2025年7月第12次印刷
定　　　价：	58.00元

未经许可,不得以任何方式复制或抄袭本书之部分或全部内容。
版权所有,侵权必究
举报电话:010-62752024　电子邮箱:fd@pup.cn

本书编著人员

罗 红 陈丙纯 冯晓斌 叶艳芳
邓 潇 惠 子 赖 欣 邓利平

目 录

上 编

第1章 黄远生
　　——奠基新闻通讯的一代名记者 …………………………（3）
第2章 邵飘萍
　　——"铁肩担道义,辣手著文章"的"新闻全才" ……………（14）
第3章 林白水
　　——蔑视权贵傲骨铮铮的新闻斗士 ……………………（32）
第4章 戈公振
　　——叩动新闻史研究的大门 ………………………………（43）
第5章 邹韬奋
　　——"鞠躬尽瘁、死而后已"的壮丽旗帜 …………………（54）
第6章 张季鸾
　　——坚守国家中心论的"报界宗师" ………………………（66）
第7章 胡政之
　　——勤恳耕耘终身伴随新闻事业奋斗 ……………………（78）
第8章 王芸生
　　——"人海燃犀尝烛鬼,论坛主笔仰扶轮" …………………（90）
第9章 萧乾
　　——"未带地图"地穿行于欧洲战场 ………………………（102）
第10章 彭子冈
　　——为信仰而以文报国的巾帼英豪 ………………………（115）
第11章 范长江
　　——历史转折时期的弄潮儿 ………………………………（127）
第12章 徐铸成
　　——孜孜以求文人论政的济世情怀 ………………………（144）

第 13 章　赵超构
　　　　　——"让新闻飞入寻常百姓家" …………………………………（155）

第 14 章　穆青
　　　　　——在时代变迁中始终眷念着"勿忘人民" ……………………（166）

下　编

第 15 章　约翰·赛拉斯·里德
　　　　　——亲历十月革命"震撼世界的十天" ……………………………（181）

第 16 章　约瑟夫·普利策
　　　　　——享誉全球的新闻界煌煌巨匠 ………………………………（195）

第 17 章　埃贡·埃尔温·基希
　　　　　——"怒吼的新闻记者"与报告文学大师 ……………………（207）

第 18 章　埃德加·斯诺
　　　　　——最早引领西方认识"红色中国"的人 ………………………（218）

第 19 章　安娜·路易斯·斯特朗
　　　　　——血液融入中华大地的真诚朋友 ……………………………（232）

第 20 章　艾格妮丝·史沫特莱
　　　　　——激情澎湃而特立独行的女中豪杰 …………………………（247）

第 21 章　伊里亚·格里戈里耶维奇·爱伦堡
　　　　　——激励反法西斯战争的新闻宣传奇兵 …………………………（260）

第 22 章　沃尔特·李普曼
　　　　　——虽不指挥千军万马却有左右舆论的力量 ……………………（271）

第 23 章　爱德华·默罗
　　　　　——率先开启现场新闻直播的新时代 ……………………………（282）

第 24 章　沃尔特·克朗凯特
　　　　　——无与伦比的电视记者与主持人 ……………………………（294）

第 25 章　伊斯雷尔·爱泼斯坦
　　　　　——向世界真实全面传播中国的使者 ……………………………（305）

第 26 章　奥莉娅娜·法拉奇
　　　　　——国际政治风云人物采访的新闻女王 ………………………（318）

第 27 章　彼得·阿内特
　　　　　——直击现代战争的传奇战地记者 ………………………………（330）

第28章　冈特·瓦尔拉夫
　　　　——执着地为"最底层"请愿的"世界善人" ………… （342）
第29章　本多胜一
　　　　——正视和揭露侵华罪行的日本勇士 ……………… （352）

后　记 ………………………………………………………………… （365）

上编

第1章 黄远生

——奠基新闻通讯的一代名记者

黄远生（1885—1915），著名记者、政论家。中国科举制最后一批进士中最年轻的一位，曾留学日本学习法律。在民初乱世中，他以一颗坦荡赤诚之心书写时代画卷，新闻采写成就卓著，开创了新闻通讯的先河，被誉为"报界奇才""中国第一个真正现代意义上的记者"。1915 年在美国旧金山遇刺身亡，其所写的《远生遗著》为我国第一部报刊通讯政论文集。

一、黄远生的传奇人生

1885 年 1 月 15 日，黄远生出生于江西省九江府德化县仙居乡的一个书香世家，名基，字远庸。父亲黄儒藻是秀才，在宁波办过洋务，母亲姚氏习礼明诗。黄远生是其父亲兄弟四人的子女中唯一的男孩，被家族寄予厚望，自小就受到经史诗文的训练，还请了外国女教师教他英文。

1900 年黄远生的父母先后离世，家庭经济逐渐窘迫。1901 年 1 月，清政府实行"新政"，各地新学开设如雨后春笋，逐渐风靡。1902 年 1 月，黄远生考入浙江南浔浔溪公学。该校总教习为维新派人士叶瀚，他曾游历日本考察学校教育，从日本订制教材仪器等，使学校具有日式风格。学校首期招生 80 名，分普通学和高等预科，学制四年，课程涉及经史、文算、政法、哲学、外国史、化学等。

1902 年 11 月，因不满意数名学生被开除处理，上海南洋公学八个班的学生集体退学。在得知这一消息后，浔溪公学的学生准备在《中外日报》上发"浔溪公学全校学生敬贺前南洋公学学生脱离专制学校，不愧国民光彩，并叹南洋公学全校骚动之厄"告白。校方得知后进行干预，黄远生被推为代表与学堂进行抗辩。其后，在是否应辞退英文教习及变更考试奖品的问题上，校方与学生的矛盾进一步激化，学堂准备采取严厉措施，开除带头的学生。其间，校方请蔡元培进行调解。最后，学堂采纳蔡元培的建议，凡愿留而继续学习者须遵守学校规制，不愿留者可另觅他处。结果，35人中只有六人愿留，包括黄远生在内的29名学生宣告退学。

黄远生退学后参加了上海南洋公学的考试，没有被录取；在亲朋的劝说下回到江西老家，准备科举考试。1903年，黄远生参加县试中秀才，同年9月参加江西省恩科乡试，在全省104名新举人中名列第七。之后，到上海徐家汇震旦学院（今复旦大学）就学。次年4月，他赴河南开封参加光绪三十年甲辰恩科会试，再到北京进行复试、殿试，中三甲第80名进士。这是中国科举史上最后一批进士，20岁的黄远生是最年轻的一个。

按清朝科举惯例，新科进士在殿试后要参加最后一轮考试，根据这次考试成绩及其他因素，授予庶吉士、主事、中书、知县等不同职位。甲辰科进士经吏部掣签分发到各省，以"知县即用"，黄远生被分发河南候补。但他不愿做官，经多次请求选择东渡日本，到中央大学学习法律。1909年秋，留学五年的黄远生学成回国，11月参加清政府组织的游学毕业考试被列为优等，以"直隶州知州"留原省候补。邮传部尚书徐世昌整顿图书通译局，黄远生被派到邮传部兼图书通译局日文总编辑，后充辑译股股长，黄远生开始进入官场。

清末官场腐败、民生凋敝，内忧外患交集，仁人志士推动宪政成为当时主流。受中西文化浸染、通解各国宪政的黄远生，怀忧国忧民之心，同考察外国宪政五大臣之一的同乡李盛铎等同道，积极投身于社会改良大潮之中。他曾先后参加法政同志会、宪友会、国民协进会、民社、进步党、共和党等党派和非党派的活动。不过，黄远生觉得自己不适合从政，最终还是从政治旋涡中退了出来，在风云变化的动荡社会继续寻找自己的"报国为民"之途。其时，多种政治力量纵横交织，都积极筹办报刊宣传各自的主张。在李盛铎的影响下，黄远生开始从事职业新闻活动。据李盛铎在《黄君远庸小传》中的记载："君方肆力于文学，又有志于朝章国故，余语君'以西人谙近世掌故者，多为新闻撰述家'，君从事新闻记者之业，实基于此。"1909年底，黄远生加入李盛铎创建的远东通讯社，开始向上海的《申报》和《时报》投稿。1910年8月，《申报》在"论说"栏目刊出了他署名"远生"的《余之日俄协约观》一文。自此，黄远生开始走上新闻的道路。

武昌起义爆发，孙中山被十七省代表会议推选为中华民国临时大总统，1912年1月1日在南京宣誓就职，建立中华民国临时政府，组成临时参议院，颁布《中华民国临时约法》。2月12日，清朝末代皇帝溥仪退位。由于立宪派与其他势力对袁世凯的支持及革命党人的妥协，4月1日孙中山辞去临时大总统职。此时，临时政府北迁筹建交通部，黄远生是被留用的清政府邮传部极少数人员之一,但他却辞去了官职。用李盛铎的话来说,就是"壬子以后,部长留君任事,而君绝意进取,谢不往"。从此他正式退出官场,全身心地投入到新闻活动中。

民国初年各派政治角力在思想界硝烟弥漫,报纸成为各方角逐的一个大舞台。1912年5月,黄远生被聘为《时报》驻京特派员。5月12日,他在《时报》"要闻"栏发表《大借款波折详记》,引起巨大反响,《时报》成为黄远生展露才华、施展抱负的一个平台。到1913年10月19日《时报》刊出他的最后一篇通讯《喜日日记》,在一年零五个月的时间里,黄远生在《时报》上发表了130余篇新闻和评论,内容几乎涉及民国初期所有重大事件,对诸如宋教仁被刺、唐绍仪内阁和熊希龄内阁倒台、日本对华"二十一条"等都进行了及时、深入的报道,对象涉及袁世凯、孙中山、黄兴、宋教仁、章太炎、蔡元培、黎元洪、唐绍仪、陆徵祥、赵秉钧、熊希龄、段祺瑞等显赫一时的人物,《时报》也因黄远生广泛深入的新闻报道而大放异彩。

1913年12月底,黄远生担任《申报》驻京通讯员。到1915年12月25日,他在《申报》上发表通讯110余篇,其中引起广泛关注的有《岁暮余闻》《蝉蜕中之国会》《摇落乎不摇落乎》等50余篇,关于财政、金融的有《财政丛话》《八厘公债之纠葛交涉》《借款》等约10篇。1912年10月,他与蓝公武、张君劢共同创办了《少年中国》周刊,批评政府指斥政要,颇为引人注目,一时有"总统府之都察院"之称,时人称他们三人为"中国三少年"。1914年黄远生主编《庸言》,并同时为《亚细亚日报》撰述评论,为《论衡》杂志、《东方杂志》和《国民日报》等撰稿。

黄远生以其特殊的经历、人脉,游走于总统、总理、各级官僚、各种政治势力之间,并以其"为国民请命"的情怀、深邃厚重的思想、犀利敏锐的洞察力、辛辣幽默的笔锋"荡涤腐秽、廓清舆论",奋笔直书,开创了新闻通讯的先河,致使"一纸风传、万人称颂"。老报人包天笑认为,"黄远生特约通信,可谓名重一时……北京特约通信,系《时报》与黄远庸创始",并在读《沈佩贞与亚东新闻之大冲突》一文时说:"读吾友远生所记沈佩贞事,活画一革命伟人,女界豪保之沈女士,如生龙活虎,跳跃纸上。吾国金帷绣帐之中,沉郁无生气也久矣,难得有女士豪爽之风,一洗庸脂俗粉之习,幸而远生耳。若我者为此女傑之谈锋所噪,早已钠钠不能展一词矣。"

1915年袁世凯阴谋复辟帝制,许以厚薪和政事堂顾问,要黄远生写文章赞成帝制。他不肯写,最终被逼无奈,用模棱的论调写了一篇《古德诺博士谈话书后》。帝制复辟派人物大为不满,逼他重写。在袁世凯众党羽胁迫下,黄远生无奈远走上海,并准备到美国躲避。得知黄远生要离开北京,帝制派委托薛大可进行周旋,对黄远生说:"吾筹备了十万块大洋,准备在上海开办《亚细亚报》,因仰慕黄君大名,以月五百金薪聘君为总主笔。"黄远生不知该报是帝制派所有,便"慨允担任"。等到"布置完备,报将出版",薛大可于私宅设筵招待黄远生。席间,谈及本报对于时局的宗旨,薛氏曰:"民国成立以来,无年不动兵革戈,共和政体,似未适合国情。某受大总统委托之重,组织斯报,全仗先生生花妙笔,扫除共和腐语,恢复君主旧观。一旦今总统即九五之尊,当推先生为功臣第一。"黄远生听后大吃一惊,才明白《亚细亚报》原来是一份袁世凯的御用报纸。他拒绝说:"代表民意,监督政府,系吾辈天职。若违背民心,摇动国本,黄某天良未没,敢谢不敏。"之后,转身离去。

在黄远生到上海前,《申报》已刊登他的启事,反对恢复帝制。他抵达上海后立即又刊启事声明:"鄙人现已离京,所有向曾担任之《申报》驻京通信员及承某君豫约上海某报(即《亚细亚报》——笔者注)之撰述,一概脱离。至鄙人对于时局宗旨,与《申报》近日同人启事相同。谨此告白。"①为了躲避袁世凯的迫害,10月24日,黄远生从上海乘船东渡,开始美洲之行。不料,12月25日晚他在美国旧金山唐人街遇刺身亡。1916年初,中国驻美公使顾维钧将他的遗骸运回国,在上海开了颇为隆重的追悼会。其友收集了他发表的通讯、政论编撰成《远生遗著》出版,这是中国历史上第一部报刊通讯政论文集。关于他遇刺一案,有说是在美国的国民党人不知他已与袁氏阵营划清界限而刺杀他,有说是国民党高层下令对他暗杀,真相至今还有争议。

二、开创新闻通讯先河

清末民初,政治力量跌宕起伏,中西文化激烈撞击,各派势力都以报纸来宣传自己的政见。具有深厚国学修为和深受宪政思想影响的黄远生,在社会动荡之中,用自己独特的视角发出了"洞朗轩辟、幽隐毕达"的声音。当时的五百多种报纸,普遍设有社论、论说、时评、消息等栏目,还没有新闻通讯这一体裁。1912年5月,《时报》发表了黄远生的第一篇通讯《大借款波折详记》,在社会上反响极大,通讯这种文体第一次被关注。在其后三年多的时间,黄远生在《时报》《申报》《亚细亚日报》《少年中国》《东方杂志》《论衡》等报刊发表的数百篇文章中,通讯占绝大多数。他的通讯立足事实,一改报纸以论说和时评为主的生态,由"言论报纸"变为"新闻报纸"。现代新闻学的拓荒人之一黄天鹏在20世

---

① 《本馆启事》,《申报》1915年9月3日。

纪30年代的《新闻学概论》中说："自黄远生出，而新闻通讯放一异彩……为报界创一新局面。"

（一）主题重大，根植时代

国家政治、财政、外交等方面是黄远生主要采写的内容，如《遁甲术专门之袁总统》《游民政治》《政界内行记》《借款里面之秘密》《陆总理演说后之政界》等。对于宋教仁遇刺、英国出兵西藏、俄国侵入蒙古等，他都有真实详尽的记载。

黄远生从事新闻工作时期正是中国历史上的转折期，新旧交替，无数精英志士在现实和理想的碰撞中探索国家和民族的前途，黄远生也说"我国之政治舞台，乃有黑幕而无明幕"。但他并没有停留于批判层面，而是从改良思想出发积极秉笔直言。如在《少年中国之自白》中他大声疾呼："故吾人今日以为中国优秀分子，必当分两派努力。一派则躬亲政治及社会之事业者，以贞固稳健之道持之；一派屏绝因缘、脱离偏倚，主持正论公理，以廓清腐秽，以养国家之元气。"

面对内忧外患，他认为大借款是"饮鸩止渴"，警告当政者不要做"亡国之罪人"，正告他们"多行不义必自毙"。他在《惨痛之外交》中，认为辛亥革命后"不过去一班旧食人者，而换取一班新食人者"，"官僚之侵蚀如故，独夫之荼毒如故"，"袁世凯作总统固无效，袁世凯即使有人推戴作皇帝，亦决无效"。在《政局之险恶》中，他指出："政治之日趋险恶，非他人为之，乃袁总统自为之也。彼等及今而不改此度者，则吾国命运可二言定之，盖瓦解于前清，而鱼烂于袁总统而已。"①

（二）立意深邃，恪守本真

黄远生在《新旧思想之冲突》一文中说："吾国秦汉以来，推崇一尊，排斥异说，闭关自守，习常蹈故，以至今日，余焰不死……吾国所有一切现象，莫非八股……政治家无主张以战胜舆论，则最后之手段，惟有专制。"他为此痛心疾首，不断揭露袁世凯"扶植个人之势力……惯以收养游民为得策，鸡鸣狗盗之士，天下以袁门为最多"，"国体既变，而专制之官样文章，则愈接愈厉"。

他的《官迷论》专门分析了专制官僚体制下的社会心理病——"官迷病"，认为官迷的由来是政治腐败，"民国时代之内外纷纷以争权夺利为诟病。争者何权，官权是也。夺者何利，官利是也。有直接而争者，有间接而争者，有用旧势力

---

① 《黄远生遗著》，台湾华文书局民国二十七年版，第51页。

旧资格而争者,有用新势力新资格而争者"。"而恶劣之心理,遂影响于一切政治。""今有官迷,则社会之人,各欲奴隶人而鱼肉人,则其去政治之轨道也远已。"他说:"以中国社会制度言之,无复个性之存在。大抵人之一身,为其祖父之奴隶,为其家族之奴隶,为其亲党之奴隶,为其同乡之奴隶……忍!忍!忍!一切皆忍,是可名为忍的笼统主义。故由家而国,乃以相忍为国也。"正是因为看到了社会的积弊,他主张批评、怀疑乃至必要的破坏,主张尽快冲破过渡时期的悲哀和彷徨,打碎"往日所奉为权威之宗教道德学术文艺",而以"同等权威之宗教道德学术文艺起而代兴"。这是历史转折关头超前、清醒、理性的声音。

(三) 笔锋犀利,文风洒脱

黄远生把叙述描写、议论抒情等多种表达方式引入新闻通讯写作中,并创造性地运用了漫谈体、书信体、日记体等多种形式,使通讯形式不拘一格、灵活多样。在语言上,他虽然大多是半文半白,但流利畅达通俗易懂。他在《新闻日记》开头就指出:"是日有独特之新闻则纪新闻,无新闻则取内外之新闻而评论之,至并评论之新闻而无之时,则以吾自身为此通信之主人翁,吾所怀之感想,吾友朋之谈话,乃至吾夙昔所记忆之零星琐碎,皆一一笔之,又吾此后所谓新闻者,不必尽为朝章国故也。市井琐屑,街谈巷议,皆一一做新闻观,此在日报中实为创格。"

在人物刻画方面,他"须眉毕现,影无遁形",针砭时弊则"发聩振聋,暮鼓晨钟"。他还把文学手法引进新闻写作,指出"文艺第一义在大胆,第二义在诚实不欺"。"余既不能修饰其思想,则亦不能修饰其文字,若真有见之发怒而冷笑者,则即余文之价值也。"在《消极之乐观》中,他说:"吾人皆自述其思想,且以最诚实单纯之感想为限,而决不假于造作与劝化的口吻。"如《遁甲术专门之袁总统》《乔装打扮之内阁》《奈何桥上之大借款》等,单是标题就显得奇特新颖。在他笔下,政治外交的内幕、统治者的暴戾、侵略者的凶悍、流亡者的痛苦、饥民的哀号、妓女的辛酸等一一跃然纸上。[①] 邹韬奋就曾评论他的文风"流利、畅达、爽快、诚恳、幽默"。

曾与黄远生同任《庸言》和《大中华》杂志撰述的吴贯因,在分析他的作品时说:"民国初元,都中有名记者二:一为刘少少,一为黄远生。少少长于评论,嬉笑怒骂,皆成文章。远生长于纪事,夹叙夹议,皆有趣味,而远生因兼为上海报数家通信,同任《庸言》报文责,各以文字相质证,故远生长于描写社会之状态……

---

① 张红军:《黄远生的梦想与创新》,《新闻爱好者》2007年第3期。

远生文之最有魔力者,乃在日报之纪事。一寻常人耳,而一经远生之描写,则须眉毕现;一寻常事耳,而一经远生之纪述,则异趣横生;笔锋所及,愈谐愈妙。"黄远生的代表作之一《外交部之厨子》,从一个神通广大的厨师入笔揭露官场腐败:这个厨子在前清"能回西太后之意,与李鸿章对抗,民国成立后,这个厨子仍在外交部,外交部之厨,暴殄既多,酒肉皆臭,于是厨子畜大狗数十匹于外交部中而养之,部分之狗,乃群由大院出入,纵横满道……故京人常语外交部为狗窖子。窖子,京中语谓妓院也"①。

三、黄远生的新闻思想

黄远生在其短暂的新闻生涯中,摆脱了政党报刊专情于一党私利状况的局限,构筑了自己的新闻思想理念,具有前瞻性,对开创新闻事业新格局有促进作用。

(一) 指责权贵,为民请命

"为民生社会请命"是黄远生新闻从业的初衷,也是其新闻思想的根基。时值乱世,内忧外患,黄远生虽生于书香门第,但父母早亡,求学时期就饱尝生活艰辛之苦,"不畏权贵,只求正道公理",成为他短暂生命历程的底色。从学潮的主导者到新闻界的名人,从最年轻的进士到精通西学的留学生,从脱离官场到游走于显贵平民,他以一颗赤子之心呕心沥血,以三寸笔毫直斥权贵、揭露时弊、呼唤正论公心。

他在《少年中国之自白中》说:"举国言论趋于暮气,趋于权势,趋于无聊之意识,不足以表现国民真正之精神。"②他指斥一些不良报人"袁总统以马为鹿,我亦不敢以为马;袁总统以粪为香,我亦不敢以为臭。此其人,除为袁氏之家奴或走狗外,有何用处我不知之矣"。

他认为记者应该"指斥乘舆""指斥权贵",提出要敢于监督那些权势者。他把袁世凯政权集团描绘为"如中央百鬼昼行,万恶皆聚,私蠹闻塞,危亡在前,而不为动",常常指斥袁氏这个最有权力者,为民众说出想说而不敢说的话:"袁总统自受任以来,专以调停及牢笼个人为事,于政治上之新生面绝无开展。"还对袁世凯做出这样的评价:"某今敢断言于此,长此不变以终古,袁总统者,在世界

---

① 《黄远生遗著》,第176页。
② 同上书,第9页。

历史上虽永不失为中国怪杰之资格,而在吾民国历史上,终将为亡国之罪魁。"①

黄远生还认为:"记者之流,亦能造作文字遇事生风,然何尝稍益于衣食我而恩厚我之同胞。"他在为《亚细亚报》创刊周年纪念的文章《祝之欤诅之欤》中说:"天地之至人,我辈之走狗……余辈既已游食四方……我将为社会之耳目也之喉舌也。"其为社会民生大声疾呼、反映民生疾苦之情,跃然纸上。

(二) 不偏不倚,正论公道

民国初年,许多报纸被政团党派控制,沦为专属"喉舌",各种虚假的宣传盛行,误导民众。黄远生对此深恶痛绝,他说:"以吾人今日之思想界,乃最重写实与内照之精神,虽其粗糙而无伤也。"1914 年,他在《本报之新生命》一文中说:"吾曹此后,将力变其主观的态度而易为客观","以是吾人所综合之事实,当一面求其精确,一面求其有系统"②。

黄远生认为,真实是新闻根本。林志钧在《黄远生遗著》的序言中回忆说:"他要做一回通讯,拿起笔来写,在他是一点不费脑力的事。他所费力的就是搜集材料,差不多要直接由本人得来的消息,才去评论。换句话说,就是要和事主对证明白的,才肯相信,然后就这个事情加以评论。偶然亦有听错了话,替谣言做个德律风,他到后来得了真实消息,跟着就把前头的话更正了。"他的很多新闻报道,都是当时历史事实的客观记录,如《袁总统此后巡回之经路》《大借款之波折记》《张振武案一礼拜之经过》《外蒙独立以前之秘密文件发现》等。

在《少年中国之自白》中,黄远生主张超脱党派政见之分,"屏绝因缘、脱离偏倚"才能主持正论公理。在写《对于三大势力之警告》时,他属于进步党,但此文中他没有为亲者讳。他把进步党与国民党进行了比较,认为国民党其弊在盲动,进步党其弊在疲软。国民党急进、空想、夸张,有团结而无指导,党有中坚而健全分子太少,国民党是"有将来而无现在",进步党保守、拘牵、萎靡,议论多而太不团结,无中坚而平等分子太多,进步党是"有现在而无将来"。他以超然之心胸,不偏不倚地分析评判,多年之后,其论断一一呈现。

(三) 身体力行,倡"四能"说

黄远生强调:"记者须有四能,即脑筋能想,腿脚能奔走,耳能听,手能写。调查研究,有种种素养,是谓能想;交游肆应,能深知各方面势力之所存,以时访

---

① 《黄远生遗著》,第 10 页。
② 同上书,第 78 页。

接,是谓能奔走;闻一知十,闻此及彼,由显达隐,由旁得通,是谓能听;刻画叙述,不溢不漏,尊重彼此之人格,力守绅士之态度,是谓能写。"①他讲的这几点记者的基本素质,可以说具有永恒的意义。

林志钧在《黄远生遗著》一书的序中写道:"常人所不能之地,远生无往弗届。寻常人所不能见之人,亦不得要领者,远生必有术焉,使之不能拒绝。"黄远生采访过民国初年各派政治势力的核心人物,在和这些重要人物打交道时,他总能审时度势,努力接近采访对象,灵活机动地达到采访目的。1912年8月,袁世凯邀请孙中山到北京共商国是。黄远生想采访孙中山,以了解其政见。但他"既不欲冒昧而往,乃以同盟会中友人某君介绍,于二十九日前往"。他于上午9点到时,招待室内已有访客十余人,后来增加到了七十多人,孙中山一个个接待来访者。"是日之十一时,各总长次长定约宴请中山于金鱼胡同,其后则广东公会有会,铁路协会有会。"黄远生料定"中山君必无以次谈话之余暇,若匆匆一见",自己肯定没有收获,于是他"匆匆不别而出","拟另定时间约见"。虽未采访到孙中山,但他仍利用自己的"交游肆应",把间接得知的"袁孙二人谈话之内容及其关系调查"向读者报道。他还把孙中山到京所发表的各种政见做了整理,以说明孙所主张的政策系统。9月4日,黄远生终于"欣蒙特别赐许"再访孙中山,就政治、外交、经济等问题进行采访。这次他获得了大量新闻,写出了《记者眼光中之孙中山》等四篇通讯。

黄远生善于交谈和倾听,从别人的谈资中发现新闻线索,稍加整理便成为一篇通讯或论说。林志钧曾回忆:"远庸是个最有趣味的人,他喜欢谈天,他所谈的,忽而这个,忽而那个,总叫人听着不想走,然又没有半句粗俗鄙理的话……有时朋友尽管几个人在那里乱说话,他自己在旁边,随便提起笔就做那些新闻上的论说或通信,其中长篇的文字,多半是这个时候一挥而成的。我们所说的话,不提防就被他摄入新闻里头去了。又能把杂乱无章的议论或谈话,编成一段很有条理的文字,或则触类旁通,引申许多道理出来,他的理解力和他的文字上的组织力实在有过人之处。"②

黄远生思维敏捷,"手能写",常常倚马可待一挥而就。高拜石在《黄远生域外惊魂》中说:"他的旧学新知,都有很好的成就,描写既深刻,文笔又泼辣,数千言顷刻立就,不论在戏院里观戏,还是在妓院里打麻将,侍者传来电话:'报社等稿拼版',他随便拿起笔来,就戏单或叫条的局票上,疾风扫落叶般一气写下,他

---

① 《黄远生遗著》,第95页。
② 同上书,第1页。

的书法,无人比其劣,也无人比其快,一纸继一纸,随写随付给车夫,侍交报馆。"

(四) 笃信自由,平民观念

黄远生的头脑中没有做官思想,在日本五年的法律学习,使宪政思想根植其灵魂,并积淀起自由平等、公平正义的理念。他经历过时代变迁、党派纷争,对政治黑暗、民生潦倒有切肤之痛。正如他在《忏悔录》中所言,"吾于科举时代绝无做官思想,至为留学生将毕业时,则谋生之念,与所谓爱国之念者,交迫于中","官僚不外三种,曰盗、曰丐、曰流氓","毒药之毒,封豕长蛇之凶犹不及中国之官界"。

他在《个人势力与国家权利之别》中说:"法治之国之要素无他,在祛除个人势力,而以国家权力范四民于法律之内而已。""人人须服从相当之法律。"他的新闻自由思想是法治的,试图通过法治对政府和权利者加以必要的限制。他一直认为,只要实行宪政和法治,个人的自由权利就会得到充分的保障和尊重。反过来说,个人的自由必须是法治之下的自由。

黄远生进入过官场,也参与过党派,但其身处变迁的时代和游学的经历,使他清醒地认识到国家长治久安之本在于民生,因此在其内心深处平民情结一直占据上风。他于民国元年发表的《不党之言》中,就表达了希望政治家摒弃党派间的成见,多为国家社会考虑的愿望。"记者虽无似,亦知法治国之不可无党。愿诚不欲神圣高尚政党之一名词,致为万恶之傀儡也。乃觉今日必有超然不党之人,主持清议,以附于忠告之列。其言无所偏倚,或有益于滔滔之横流于万一,记者诚非其人,特有志焉而已。"

在《平民之贵族奴隶之平民》中,黄远生对社会上贫富等级差距进行了深刻剖析:"今日中国无平民。其能自称平民,争权利争自由者,则贵族而已矣。农工商困苦无辜,供租税以养国家者,所谓真平民也,则奴隶而已矣。"该文揭示了社会上层的争权夺利和下层人民的艰辛苦楚。他的宪政思想的根基是平民观念,因而对党派间争权夺利极其愤慨。"至于与袁争或不愿争云云,则记者以为两皆失之者也。总统为民国公仆,非一姓一人之私产。以党派多数者得之,党何以能多数,非以金力,非以武力,民意向之云耳。"①

(五) 忏悔内省,追求独立

黄远生处在新旧交替的时代,诚如他在《新旧思想之冲突》中所述,"自西方

---

① 《黄远生遗著》,第3页。

文化输入以来,新旧之冲突,莫甚于今日"①。他曾经像传统的士人一样,信奉"修身齐家治国平天下",追求读书人外王内圣的境界,但现实的困境让他深陷苦闷。1915 年,黄远生成为帝制复辟派争取的重要对象,他在经历内心的挣扎之后,坚持"人格独立"的信念,选择离开政治是非之地。他在《忏悔录》中重申:"余于民国二年曾登报自绝于党会曰:自今以往,余之名字,誓与一切党会断绝连贯的关系。"

极度无奈之中他进行了深刻的反省,坦然"忏悔",历数居京数年"个人秽史",解剖自己曾分裂的人格,"似一身分为二截:其一为傀儡,即吾本身,另自有人撮弄作诸动作;其一乃他人之眼光,偶然瞥见此种种撮弄,时为作呕"。对自己不能冲破灵魂牢笼,"恨不能即死……不堪其良心之苛责"。他把对自己的检讨视作"皆为吾曹此后忏悔及进步之最可宝贵之材料"。在沉痛的反省之后,他的心灵得到了洗涤,从而得以净化和升华。"今日无论何等方面,自以改革为第一要义,夫欲改革国家,必须改造社会,欲改造社会,必须改造个人。"②

黄远生在短暂几年的新闻从业活动中,以一颗坦荡赤诚之心,借报纸方寸之地,其新闻或犀利尖锐,或细腻入微,或激情澎湃,或温润尔雅……挥斥胸中块垒,锋指国计民生,在变革乱世中,成为一个时代的绝响。

参考文献

1.《黄远生遗著》,台湾华文书局民国二十七年版。
2. 喻血轮:《绮情楼杂记:一位辛亥报人的民国记忆》,中国长安出版社 2011 年版。
3. 冯自由:《中华民国开国前革命史》,广西师范大学出版社 2011 年版。
4. 方汉奇:《中国新闻传播史》,中国人民大学出版社 2009 年版。

---

① 《黄远生遗著》,第 101 页。
② 同上书,第 102 页。

第 2 章　邵飘萍

——"铁肩担道义,辣手著文章"
　的"新闻全才"

邵飘萍(1886—1926),杰出的新闻记者、报刊事业家,中国新闻教育、新闻理论的奠基人,人称"新闻全才",不仅在中国新闻史上是唯一的,在世界新闻史上亦罕见。邵飘萍创办的《京报》热情传播马列主义、十月革命,他还是"五四运动"的实际发起人之一,并加入了中国共产党。邵飘萍因在报纸上直言敢谏,1926 年被北洋军阀张作霖杀害。1949 年 4 月,毛泽东批示追认邵飘萍为革命烈士。

一、邵飘萍的非凡经历

邵飘萍祖籍浙江东阳,父亲是清末秀才,在家乡南马镇大联紫溪村兴办私塾。因受当地土豪的忌恨,1883 年举家迁往金华。1886 年 10 月 11 日,邵飘萍出生,名新成,后改为振青,字飘萍。他自幼学习刻苦,很小就能背诵《史记》,14 岁考中秀才。1903 年进入省立第七中学,受到比他年长 9 岁的革命者张恭的影响。张恭 1904 年办起金华第一份报纸《萃新报》,邵飘萍正是由此获得对新闻的最初印象。1906 年他考入浙江高等学堂,接受西方科学、政治文化的教育,思想得到启蒙。他喜欢读报了解时事,关注"科学救国""实业救国""教育救国"等讨论,尤其被梁启超的文章所吸引,对梁恣意奔放的文体及点评时事的勇气敬佩不已,并模仿其风格写作。

邵飘萍在校学习期间利用课余时间给《申报》投稿,被该报聘为通讯员,开始了他的新闻生涯。学校举办运动会,他和陈布雷等共同办校报报道。在大学的学习和实践,使他感悟到知识分子不能独善其身而要兼济天下,要有国家及民族利益至上的责任感,这一感情基调纵贯于他一生的新闻事业中。

毕业后回到金华,邵飘萍在长山书院等校任教。武昌起义后,他打算到杭州

第2章 邵飘萍——"铁肩担道义，辣手著文章"的"新闻全才"

从事新闻工作,恰好此时杭州报人杭辛斋也有创办一份新报的计划。1911年11月,两人在原来《杭州白话新报》的基础上创办了《汉民日报》,邵飘萍为主笔。他们配合默契,报纸办得有声有色。邵飘萍写的时评和随笔主要抨击丑恶,揭发时弊,主张建设,崇尚爱国主义。一年后,杭辛斋赴京任众议院议员,报纸由邵飘萍主持。

袁世凯窃取辛亥革命果实后,逐一解散国民党和国会,邵飘萍极为愤慨。他发表多篇评论斥责袁氏,同时鞭挞浙江的大小贪官污吏残害百姓的种种事实,"人但知强盗之可怕,不知无法无天的官吏比强盗更为可怕"。1913年8月,浙江当局以"扰害治安"罪名查封报馆并逮捕邵飘萍。但这段"忽忽三载,日与浙江贪官污吏出于反对之地位,被捕三次,下狱九月"的经历并未使他退却。在给夫人的信中,他依然表示:"弟以傲骨天成,岂能寄人篱下,故惟有勉励所为,欲以新闻记者终其身,不事王侯,高尚其志。"①

出狱后,邵飘萍东渡日本,在法政大学研习法律和政治。他十分关注日本对中国的野心,和同学潘公弼办了"东京通讯社",为国内报刊提供了不少关于日本人行动的珍贵稿件。1915年日本向袁世凯提出"二十一条"时,邵飘萍从外国报纸获悉真相后,迅速将消息传回国内,引起国人的强烈反应。这一新闻事件使得邵飘萍声名大振。

1915年底邵飘萍回国,受聘为上海《申报》《时报》《时事新报》等撰写时评。不久,已在新闻界崭露头角的他,获得《申报》驻京特派记者资格。袁世凯死后北洋政府进入"府院之争"时期,邵飘萍多次报道有关独家新闻、内幕新闻,而且时效快,吸引读者,报纸往往不到半日即被抢空。此时邵飘萍的声誉已和黄远生齐名,他的采写技巧令报坛宿将张季鸾赞叹不已。"飘萍每遇内政外交之大事,感觉最早,而采访必工;北京大官本恶见新闻记者,飘萍独能使之不得不见,见且不得不谈,旁敲侧击,数语已得要领;其有干时忌者,或婉曲披露,或直言攻讦,官僚无如之何也。"②当时我国新闻界已重视本报专电,向大城市派驻记者,其中又以驻京记者等级最高,邵飘萍已相当于主笔地位。他愤慨于外国通讯社左右中国舆论,于1916年7月创办了"北京新闻编译社",自编本国新闻,翻译重要外电,每天19时左右发稿。戈公振对此在《中国报学史》中给予了极高评价:"我国人自办通讯社,起源于北京,即民国五年7月,邵振青所创立之新闻编译社是也。"

---

① 华得韩:《邵飘萍传》,杭州出版社1998年版,第46页。
② 谭庭浩、阮清钰:《一代报人邵飘萍》,《南方日报》2006年11月5日。

1918年10月5日，邵飘萍创办了大型日报《京报》，有了属于自己独立发言的空间。他大书"铁肩辣手"四字悬于壁上与同人共勉，申明报纸的宗旨是要使政府听命于正当民意。他多次率先获悉关于中国的政治、军事等诸多内幕新闻，如《段总理与本报记者之谈话》《颜撰对本报邵振青氏之谈话》《梁秘书长与飘萍之重要谈话》等都轰动社会。

1918年，邵飘萍与北大校长蔡元培及徐宝璜建立"北京大学新闻学研究会"，开创了中国的新闻教育和新闻学研究。研究会主要是培训学员，讲授新闻理论和业务知识，编辑《新闻周刊》。在这些学员中走出了一批声名显赫的人物，如毛泽东、罗章龙、高君宇、谭平山、陈公博等。邵飘萍主讲采访与写作，讲义后来出版为《实际运用新闻学》。该书立足于新闻采写的实际应用，以他自己的采访实践经历为主要内容，融合了一些在国外考察的认识，对新闻采写、记者修养等进行了理论概括，是中国第一本新闻实务著作，在我国新闻学研究史上具有里程碑意义。他还写了《新闻学总论》，对新闻理论进行阐述。

1919年5月初的巴黎和会上，中国代表团争取收回山东半岛的正当要求被列强拒绝。消息传回国内，群情激昂，邵飘萍于5月3日晚赶到北大，向学生发表慷慨激昂的演说，号召"北大是最高学府，应当挺身而出，把各校同学发动起来救亡图存，奋起抗争"。受到鼓舞的学生第二天走上街头游行示威，爆发了改变中国历史进程的五四运动。邵飘萍在《京报》上以舆论配合推动运动发展，接连发表了几十篇评论，支持学生的爱国反帝运动。但《京报》被查封，邵飘萍遭通缉，被迫再次流亡日本。到日本后，他一边在《朝日新闻》工作，一边研究苏联十月革命和马克思主义，探索救国救民真理。1920年，他撰写成《综合研究各国社会思潮》《新俄国之研究》两书，向人们传播新思潮及苏维埃情况，是中国较早传播马克思主义的人。

1920年7月，邵飘萍回国复刊《京报》，继续抨击北洋军阀、帝国主义，同时还积极宣传马克思主义和革命思想。他以广告形式刊登每期中国共产党的建党刊物《向导》的详细目录，告诉读者："反帝国主义反军阀的先锋、领导民众运动理论与实践人人必读的《向导》周刊已出至一百二十余期。每周的论文是实际政治的预言！每周的内容是民众运动的寒暑表！"中国共产党成立后，在北方新闻界他最早与之发生关系，为马克思主义研究会校译马列著作，在报上宣传马克思主义和共产党，免费发行《马克思特刊》《列宁特刊》，利用特殊职业做掩护为党提供情报。1925年春，他由李大钊、罗章龙介绍秘密入党。

邵飘萍对军阀、官员及社会黑暗的揭露和宣传进步思想，招致了军阀的忌恨。1926年4月18日张作霖打进北京，随即悬赏捕杀邵飘萍，使他避居于东交

第2章 邵飘萍——"铁肩担道义,辣手著文章"的"新闻全才"

民巷的外国使馆区。4月24日傍晚,一位被收买的旧友将邵飘萍诱骗回报社,他很快就遭逮捕,报馆被查封。第二天凌晨家人获悉消息后,立即告知北京新闻界和各方人士,《北京晚报》也将消息披露,各界特别是新闻界立即营救。遗憾的是,次日凌晨1点,邵飘萍便被以"勾结赤俄,宣传赤化"的罪名判处死刑。清早5时许,邵飘萍被押赴天桥刑场,他面向尚未露出曙光的天空从容就义,年仅40岁。一代刚正不阿、才华横溢的名记者惨遭不幸,这天成为民国史上黑暗的一天!

二、邵飘萍的采访技巧

邵飘萍常能爆出常人不知的政界秘闻,源于他的采访技巧,其不失为后人学习的范本。

(一) 随机应变,侧面迂回

邵飘萍善于随机应变,扮演不同的角色,使采访顺利进行。1917年3月,新闻界中邵飘萍首先探知中德决定断交的消息。事前一天他正在国务院某秘书办公室办事,无意中听到秘书打电话通知美国使馆,说国务总理段祺瑞下午3点将去访晤。这立即触动了邵飘萍的神经,他马上想到正值美国与德国断交,美国为了取代德国在中国的利益拉拢中国采取一致行动,段祺瑞会晤美国公使无疑与此有关。他并没有急着当场采访,而是抢先来到美国使馆,以一个事内人的身份向一位参赞询问两国要人会见的目的和内容。他一再表示自己不是局外人,只想通过使馆证实消息,他还探听到美国政府对使馆的有关训令。随后,他赶回国务院采访段祺瑞,同样表示自己是知情人,要了解中德断交的确切日期。就这样,他戏剧性地从中美要人那里采访到了一条重要的独家新闻。

政府内阁与法国公使讨论"金法郎案",也是邵飘萍随机应变的采访杰作。"庚子赔款"中本来是用纸币支付给法国,由于法国通货膨胀使纸币贬值,法方要中国支付黄金,由此中国要多付八千万元。这种会谈是秘密的,严禁记者采访,但邵飘萍不甘罢休,专门去会场门侧蹲候。法国公使进会场时他立即尾随,门卫以为他是中国随从而没有阻拦。第二天,邵飘萍采访的关于"金法郎案"的讨论内容便见诸报纸,引起了民众的强烈不满。

在这两次采访中,邵飘萍分别扮作"知情人"和"随从"。他认为这种方法不可滥用,并提出两条原则:一是要有正当理由,即在道德行为或目的上是高尚的;二是事后要给当事人解释原委,否则会授人以柄,有作伪、说谎之嫌。

（二）把握被访者的心理

把握被访者的心理，顺应其心理状态进行采访，也是邵飘萍采访艺术的特点。

一战爆发后中国要不要参战、站在哪一方？国内舆论各执一词。北洋政府经过一段时间的商议终于做出决定，但暂时还要保密。国务院挂出了"停止会客三天"的牌子，这时谁都无法采访，更不要说见段祺瑞了。邵飘萍则借了一辆挂着总统府牌子的汽车开进国务院大门，在传达室掏出名片要求通报。传达长说段总理不会客，连侍从秘书都不见。邵飘萍掏出一千块钱递过五百说："总理见不见没关系，只要您给通报一声，这五百元送给您买包茶叶喝。万一见了我再送给您五百，您看怎样？"传达长想通报一下他见不着人也没什么，自己白得五百元，于是就拿着名片进去了。不多时传达长笑吟吟地出来说"请"，邵飘萍喜出望外地进了段祺瑞的客厅。

段氏为何又会客了呢？原来他看到名片时，知道邵飘萍在新闻界有名，若拒不会见得罪了人对自己未必有好处，也想趁机拉拢舆论界的人，便请邵飘萍进来寒暄一下套套近乎。见面后他并不谈战与和的问题，邵飘萍再三恳求，并承诺"三天内如果在北京城走漏了消息，愿受泄露国家秘密的处分，并以全家生命财产作担保"，段祺瑞这才告诉他政府决定参战，还讲了调动在欧洲的华工帮助协约国修筑工事等细节。邵飘萍辞别段祺瑞，出门时信守诺言再给传达长五百元，坐着汽车直到电报局。他把消息用密码拍往上海《申报》，报馆接到这项重大新闻，立时印了几十万份号外，在上海滩引起轰动。当时沪报到京要四五天时间，《申报》号外到京时已超过邵飘萍"三天内北京城里不得走漏消息"的约期，段祺瑞也无可奈何。

（三）广泛编织交际网络

邵飘萍交际广泛，能与不同军阀、党派、阶层的人打交道，又能亲近民众，上至总统总理，下至仆役百姓，因此他能获得许多新闻线索。在北大新闻学研究会培训班讲课，他也认识了不少后来叱咤风云的人物。毛泽东当时在培训班学习。延安时期他与美国记者斯诺谈话时还回忆道："特别是邵飘萍，对我帮助很大。他是新闻学会的讲师，一个具有热情、理想和优良品质的人。"[①]邵飘萍与冯玉祥也是挚友，冯形容他"主持《京报》握一枝毛锥，与拥有几十万枪支之军阀搏斗，

---

① 谭庭浩、阮清钰：《一代报人邵飘萍》，《南方日报》2006年11月5日。

卓绝奋勇,只知有真理,有是非,而不知其他,不屈于最凶残的军阀之刀剑枪炮,其大无畏之精神,安得不令全社会人士敬服!"[1]由此传出"飘萍一支笔,抵过十万军"的美名。邵飘萍还与鲁迅过从甚密,他们一起创办了《京报副刊》《莽原》等,鲁迅的许多杂文和小说都是在这些报刊上发表的。

对普通人邵飘萍从不轻视,当时没有社会地位的梨园界的杨小楼、马连良、荀慧生等都是他家的座上客。常有一些学生因困难而面临失学,邵飘萍知道后主动代他们交费,还定期给一些人补助。他还重视与他痛骂的政界要人交往,经常宴请一些官僚政客,往往酒意正酣之际机密也就不经意地吐露出来了。一次他在北京饭店宴请内阁成员、府院秘书长。就在他们海阔天空闲谈的时候,他已在隔壁房间安排了人记录,又让自行车在门外等候,消息随写随发。宴会还没有结束,消息就已经通过电报到了上海。

邵飘萍凭着广泛的社会关系采访新闻,这主要源于其新闻独立的观念。他认为,在采访中要既无敌友概念,也不以道德为交际标准,只看对方是否与新闻有关。当然他也是有原则的,虽与各种人来往但保持思想独立,坚持私交与报纸无关,凡采访到丑恶的现象都会揭露。

三、邵飘萍的作品特色

《邵飘萍选集》收入了数百篇近百万字的新闻通讯、评论、随笔,这仅是他的部分作品。有学者估计他发表的文字达300万字,且不包括他的文艺创作。[2]

(一)内容表现

邵飘萍作品的显著特点,是继承了文人论政的传统,将"天下兴亡,匹夫有责"的忧患意识贯穿到新闻及言论中,指点江山激扬文字,纵论所至锋芒毕露。从晚清至北洋时期,一幅幅"政治风云图"在他的笔下得到呈现,他对各种政治矛盾深入分析,提出令人警醒、值得借鉴的意见,使读者深刻地了解中国的政治和社会。

1. 敢于抨击权贵

刚直不阿、疾恶如仇贯穿于邵飘萍新闻作品的始终,哪怕是最高当权者,只要是逆流而动他都敢于揭露,对袁世凯的讨伐最为明显。

---

[1] 谭庭浩、阮清钰:《一代报人邵飘萍》,《南方日报》2006年11月5日。
[2] 散木:《乱世飘萍》,南方日报出版社2006年版,第519页。

辛亥革命后袁氏上台,邵飘萍早对他有深刻认识,多次撰文揭露,诚告同胞警惕他的倒行逆施:"同胞乎!果以袁世凯为能逼清帝退位与同胞开诚布公建立统一共和国乎?袁世凯而果若是,何必至今日而始为此迂缓之行动?袁世凯决不然也。帝王思想误尽袁贼一生。……袁贼有罪,吾民之坐误时机,岂能辞亡国祸首之名哉?呜呼!当断不断,反受其乱。袁贼不死,大乱不止。同胞同胞,岂竟无一杀贼男儿耶?""总统非皇帝。孙总统有辞去总统之权,无以总统让与他人之权。袁世凯可要求孙总统辞职,不能要求总统与己。……总统为皇帝之变名,前日革命之功归于乌有,将来革命之祸且起不旋踵矣。"①袁氏仗着军事实力和帝国主义的支持,组织"筹安会"准备称帝。邵飘萍首先察觉这一阴谋,就和议、停战、退位、迁庭等问题,在《汉民日报》连续发表多篇时评进行抨击。

袁世凯称帝,上海新闻界为加强倒袁舆论力量电邀邵飘萍从日本归国,他为《申报》《时事新报》《时报》写了大量的新闻评论,如评述护国军的形势、敦促各地速表倒袁态度、敬告外国政府不得支持袁氏等,这些评论及时而深刻,推进了讨袁形势的发展。

2. 揭露北洋政治

邵飘萍的《北京特别通信》最负盛名,他报道和评论的重点内容是揭露"府院之争"的真相、议员钩心斗角的丑行,努力使报纸成为监督当局、反映民声的社会公器。其作品不仅有义愤,更有事实准确、材料丰富的新闻元素,既洞若观火又事关大局。

1917年5月,段祺瑞唆使"公民请愿团"赴众议院要挟通过对德宣战案。众议院缓议该案,段祺瑞不悦,"复萌隐退之意",其亲信则"立言其不可"。邵飘萍对此评论"其用意有三:最表面者为国家;次之则曰北洋派;再次之则曰为段君"②,揭穿了段氏以"退位"要挟众议院的真相。在报道军阀间反复无常的闹剧时,他分析各派系如皖系、直系等虽"各稍异其目标,分合无常;向背靡定,大约以地位、权势为转移,真能共患难,同生死者,吾敢言其无几人也"。他解析旋涡中的政治是"政党之性质,原以争得政权、实行党义为其生活之目的,不足为怪。但今日之政党组织既不完全,党义又无标帜,取得零碎政权,除借以装饰商标,招徕顾客而外,丝毫无一用处。徒然因瓜分零碎政权之故……不出数月,必又成一麻木不仁之肺痨症内阁"。对北洋政治的本质做出了深入的分析。

对没完没了的府院之争,邵飘萍评论道:"我国政治界中有一通病,为无数

---

① 邓绍根:《百年前"癸丑报灾"中邵飘萍入狱经过》,《新闻记者》2013年第11期。
② 方汉奇主编:《邵飘萍选集》上册,中国人民大学出版社1987年版,第263页。

问题发生之原因,即凡处于重要地位者,在政治方面,事实上无所建树,而日夜惟以个人势力是务。居其左右之人,又是即利用此种卑陋心理以左右,苟能多占地位,即可以扶植势力,炫惑其主人;而一方又自行扶植势力,以作小主人焉。故遇一差缺,必群起而争之。其初利用主人之奥援,争之不胜,则主人引以为耻,而主人与主人间逐渐生不能相下之势。"①对翻手为云、覆手为雨的政治黑幕,他时时"顾暗幕中某方与某方之钩心斗角,有如戏剧家方在舞台之后,整冠束带,抹粉涂脂,以待时机之至",认为"今之所谓内阁者,愚素目为非法杂凑之团体,其阁员亦类皆图过官瘾鼠目寸光之流"②,生动地描述了这一阶段的北洋政治生态。

3. 坚决反帝反军阀

抨击列强瓜分中国的野心和军阀派系为争夺利益的卖国罪行,是邵飘萍新闻的重要题材。1919 年 5 月 2 日,他在《请看日本朝野与山东问题》一文中揭露日本攫夺山东和染指外蒙的阴谋:"日本之图胶澳,先之以胁迫之协议,继之以引诱之协定,且辅之以英法关于山东之密约,处心积虑,四面网罗,何等周密,欲忘中国之野心不啻尽情暴露,无不隐讳。"他告诫:"外蒙国去,北部之藩篱尽撤,以青岛扼南北咽喉,以福建及长江流域一带势力据我腹中,南北并进,东西交错,我国纵不遽亡于日本,必诱起列强如瓜分土耳其之惨祸",号召国人团结一致不能妥协,并呼吁"国民果有比从前更进一步之觉悟否乎?假日有之,积极为对待外交之准备,此其时矣"。他还对列强进行了谴责:"今之所谓公理,不过强权者种种刀俎耳,天下多少罪恶赖此公理两字以行。"五四运动爆发后,他在《京报》报道推动运动发展,5 日至 10 日接连发表《坚持到底》《速释学生》《研究对外之办法》《内外交迫》《万众一心》《求诸己》《为学生事警告政府》等 20 篇评论,支持学生,警告当局不得镇压,这些评论大造舆论,在迫使政府听命于民意上发挥了重要作用。

五卅运动是又一次全国大规模的反帝斗争高潮。邵飘萍从 6 月 1 日起连续报道,募款支援并斥巨资发了三次特刊。他在多篇评论中揭示事发原因是不平等条约,喊出打倒强盗帝国主义的口号。在《外人枪毙学生多名巨案》和《英日尚不速悟乎》中,他痛斥列强的暴行和造谣的外国通讯社:"学生对于被捕学生之设法援救,不过文字呼冤,以游行要求租界外人之释放。乃竟开枪发弹,击毙多人。试问以手无寸铁之学生,何从能有抵抗暴动之事实?彼英日通信机关,见租界外人横杀多数学生之毫无理由,将引起我国全体国民之不平,引起世界各国

---

① 方汉奇主编:《邵飘萍选集》上册,第 361 页。
② 同上书,第 409 页。

主持人道者之公论,于是急不暇择,不惜牺牲自身之人格与价值,竭力为租界外人担任造谣污蔑之工作。"他还发表《租界权限以外之英人凶行》《致伦敦泰晤士报驻京记者》《沪案祸源与领事裁判权》等二十多篇评论,强烈要求当局"此时万不可再泄泄沓沓,任其酝酿,当速提出正当之严重交涉,为堂堂正正顺于民意之要求"。这样集中发表抨击列强的言论,在新闻界实属罕见。

对"三一八"惨案,邵飘萍在《京报》详尽报道了真相。他还急赴各方采写了多篇评论,如《世界空前惨案》《日英之露骨的干涉》《诛人类之蟊贼》等,指责"惟泛费数万万元外债,捐得一亲日派头衔"的卖国政府,是"列强多年所希望之强有力的政府",疾呼"吾人唤醒全国各党各派起而声讨,所以诛人类之蟊贼,为民族一洗野蛮凶杀之奇耻!"①他愤愤写道:"世界各国不论如何专制暴虐之君主,从未闻有对于徒手民众之请愿外交而开枪死伤数十百者。若必强指为暴徒乱党,则死伤之数十百人明明皆有姓名学历可以考查,政府不能以一手掩众目也。清夜自问,安乎,否乎?此项账目,必有结算一日。"②

4. 重视社会教育

邵飘萍的新闻作品不乏关注教育,批评"教育之官办而非民办"的弊端,指出政府垄断使大多数人得不到教育是谓"无教育",会导致"愚民"产生,欲解决这种"根本上之缺陷",要与官府脱钩独立办教育、社会办教育以及民间办学。

北大是中国最早的大学之一,也是戊戌变法硕果仅存的一个象征,历来为新闻舆论所关注。1917年初,蔡元培履新北大厉行改革,扩充文理科,开启了教育史上的新篇章。大学如何协调学术各科以及研究与应用的关系是一个极其繁难的问题,它是社会理想的制定者,而如何满足社会的实际需要在实践中并不容易。蔡元培实施改革不久,邵飘萍在其发表的《最高学府不应成畸形》中评论说:"北京大学近年之改进,吾人确认为我国学术进步之征。但以愚所闻,尚不得不稍述其意见。今日北大之缺点,在理科办理之太不完备,故文科方面,哲学系之人数愈增,而理科则日有减退之势。其原因或以扩充理科经费之不足,教授人才之缺乏,以及学生思想之变迁……但北大既为一国之最高学府,今日之中国又未达于各科分离而各自成为一个完全大学之时期,主持校务者不可不竭力挽救其畸形之倾向。"③他敏锐地看到了理科式微文科畸重,原因有经费、教授以及学生心理等诸方面的问题。1923年1月,蔡元培因受打压辞职离开北大,邵飘

---

① 邵飘萍:《诛人类之蟊贼》,《京报》1926年3月22日。
② 方汉奇主编:《邵飘萍选集》上册,第522页。
③ 同上书,第340页。

萍秉笔直言,呼吁社会各界"此乃蔡校长一人之进退问题,乃北京教育界奋起而与人格破产者战",明确表明"昨日北京教育界既已看破此事之真相,誓不与此污辱教育最高机关之廉耻道丧人格破产者继续其关系"的态度,并上升到一个新的高度来看待此事,"爱护人格者与人格破产者决战之胜负,与教育界前途有极重大之关系。此又不仅北京教育界之荣枯问题,乃中华民国全国教育界之存亡问题"①。

邵飘萍还关注海外华侨教育。1921年初,南洋英属殖民当局推行华侨教育须实行"学校注册条例",严厉限制华侨学校。他指出,此举将"直接使我华侨无教育,间接即可以使华侨绝迹于南洋。此南洋华侨教育之危机,亦即南洋华侨根本存灭之问题耳"。他疾呼政府立即作外交援助:"华侨亦国民之一部分也,国内有事亦常得华侨之援助也,然则教育当局与外交当局必不能漠然置之,而当有以满足华侨之希望也明矣。"他还指出,"盖今之言亲善者,每欲以教育事业为双方联合互助之精神,如英法之本国皆曾有此类计划,以促亲善政策之成功。何独南洋英属当局乃欲背此潮流,而用压迫之手段?此有关于中英国民间之感情,非仅南洋华侨一部分之事"②,敦促英方以两国人民的友谊为重来看待此事。

5. 关注国计民生

邵飘萍对国计民生十分关注,《京报》增设的《西北周刊》多载有他的报道与评论。他很重视西北地区,在《开发西北之重要关系》中前瞻性地指出,西北的重要性首先在于国防,"国家领土日蹙百里,实最可痛心之事……西北方面与他处不同,尚不无我国可以完全行使主权之干净土焉。然则今后国防之益加巩固,乃开发西北者之责也"。其次能减除兵祸,"西北一片膏腴之地,若能开发地利、实行屯垦,则非但本地土匪无处安身,可以绝迹,且当移兵实边,使无用坐食之兵悉化为农工,自食其力,渐成土著,军费负担即可渐减"。再次可调和全国人口,"西北与内地比较,人口之疏密,殆为十与一之比。内地苦人口之过多,失业者十居七八……若能早日开发西北,近者悦,远者来。开垦经商,人人视为乐土。"最后可增加物产,"西北物产之丰饶,已渐为识者所同认。如农业、畜牧、矿产等等,皆货弃于地,精华未泄。倘开发之,则多量物产之增加,即可以供内地之不足"。这些预见都非常透彻。

邵飘萍还关注市政卫生状况,在《北京的街道及公众卫生》中他记述了街道汽车、拉粪车混行,外国游人鼻上俱戴黑罩,戏谑道:"我料他们也必有一种很奇

---

① 方汉奇主编:《邵飘萍选集》上册,第340页。
② 同上书,第347页。

怪的感想,以为中国人何以本事那么大,既不怕臭,也不怕街道高低,身子颠越,天天肯受这种奇怪的生活,一句话也没有","北京的粪车,大约是世界闻名的了,所以他们来游历,都预先带着鼻罩来"。"一个首都所在的地方,街道坏到这步田地,恐怕他们更要诧异以为想象不到的事情呢。你们知道街道怎样会坏的?北京的马路,一大半都被'死症公所'①里面的人吃掉了。现在修马路的经费,五分之二用在路上,五分之三是用在人员的开支和奸吏的吞没","倘若老是现在的样子,恐怕人民是不见得肯始终默认的"。

在《北京市政之百举俱废》中,他进一步写道:"北京之市政,殆陷于无政府状态。各处马路,除极短之一二段外,莫不凹凸高低,令人有比蜀道尤难之叹。"他指出其原因在于交通缺乏监管,道路未能及时维修,以致"北京全城马路上,俨如一大车厂,尤为世界各国所无之纷杂情形。街道之幅,根本上原以欠宽,将来电车开行以后,占街道大半之地位,此外尚有毫无规律之多数洋车、骡车、大车及汽车,以整齐之方法行之,尚虞其太挤,况如今日之纷难,则当成如何景象?将见街道上时时肇祸,时时争闹,时时拥塞停止,使多数人虚掷光阴而已"。这些都发挥了舆论监督的作用。

(二)手法技巧

邵飘萍生活在中国语言文字介于文言和白话夹杂的转型期,他既得传统文化的滋养又受新文化的浸润,文字表现两者兼得其美,文白相间韵味悠长又通俗浅显。他以犀利的笔锋揭露和抨击黑暗时政,不论是长篇还是短评,善用各种写作技巧,准确客观、鲜明生动地状物记事,文字恣肆流丽,表达他深邃活跃的思想和感情,使作品富有很强的感染力。

1. 生动的描写

邵飘萍的作品尤其是《北京特别通信》中,以情写景,以景表情,述志遣怀,情景交融,感染力强。如《车中生活》,他在描述了从上海到山东的旅途中凄凉的见闻后,末尾笔锋一转:"将近山东一带,树木葱郁,苹果花红,蜜桃之类,鲜红欲滴,并知其土之肥沃。铁道之旁,多植槐树,清风徐来,树叶摇曳,似对于过客示其迎送。如此江山,宁非乐国?奈何不思有以永保之耶?"如此清新妍丽的文字,与前面"京汉铁路一带所过车站,触目即见自四五岁龄至十余龄之灾童约数十人。衣裤不完,蓬头垢面,见官绅模样者,即跟随行乞,口呼老爷,足则时趋而时跪于地"的景象形成鲜明对比,文末的一句感叹自然水到渠成。

---

① "市政公所"的谐音。

第 2 章 邵飘萍——"铁肩担道义,辣手著文章"的"新闻全才"

《京张三日旅行记》是他一次外出旅行沿途的记录,向读者提供了一幅军阀混战给百姓带来灾难的清晰图景:"余居张家口一日有半,略观察其街市状况,路政不修,公共卫生极不注意,可见从前当局之该死。都市交通机关,尤不完备。旧式骡车等外,仅有极污秽之洋车……据言土匪尚未绝迹,地方辽阔,警察不足以维持治安,不得不用队伍,但较前已大不相同。归时顺便至街衢一观,见各店门口,皆贴有'抢掠一空'之新式商标,盖去年前都统所部哗变之遗迹。若曰'我家已空,请丘八大爷不必再光顾也。'呜呼商民!诚可怜矣。"这种以记者见证事实的描写令人信服,于场景中体现出立场和态度,最后的一声叹息更直接表达了鲜明的爱憎。

人物是新闻的主体,邵飘萍的许多作品都体现出细致入微地观察和抓住人物特征的描写。如在《京张三日旅行记》中有对冯玉祥将军的人物刻画,有从小处着手的人物形象:"嗣见站旁麻袋累累然,有一面目深黑如印度人之苦力睡于其上,冯将军行近彼侧,叩以各袋所装何物,该苦力从沉睡中以迟重之声而答曰:'煤……煤。'巡警立正行礼于旁,见苦力卧而不动,上前厉声叱之,曰'速起而敬答',意谓此乃冯将军,不可如此怠慢也。冯则诘彼'择人而尽职'之巡警曰:'他为什么要站起来?人家正睡得好好的。咳,你们总是如此。'更有一小事可注意者:在站送迎之军队,有一士兵赤手提枪,冯问其何以并无手套,该士兵高声答曰:'有,在衣袋中。'索之果然,乃令其套上。冯君注意兵士之生活,皆类此也。"①若干细节,他寥寥几笔便表现出冯玉祥的亲民形象。

2. 辛辣的议论

新闻写作不排斥议论,它可以为作品的思想提供支持,邵飘萍的议论便增加了新闻的深度。如在《北京特别通信·一七四》中,他对北洋政府危局、国民麻木心态的评论辛辣,且有事实根据。他评论张勋复辟失败后段祺瑞访日本公使"谢其爱护之诚",以及"进谒曾免其国务总理之职之黎大总统,握手之下悲欢离合、喜怒恩仇,都化作云雾飞去。此时,黎之与段殆已如庄子所谓:不知蝴蝶之梦为庄周;抑庄周之梦为蝴蝶也矣"②。对种政治游戏做出栩栩如生之评论,实在意味深长。

1917 年 11 月,段祺瑞内阁解散,邵飘萍当即评论"此次段内阁死而复合,活而又死,死而又成为不死不活之状态,察其进行之径路,皆与事理相矛盾",指出这种变动不过是萧规曹随,继任者仍是段祺瑞的心腹,"简言之,牛鬼蛇神想过

---

① 郭汾阳:《铁肩辣手》,浙江人民出版社 2006 年版,第 69 页。
② 方汉奇主编:《邵飘萍选集》上册,第 314 页。

官瘾之一种滑稽舞台而已"。他进而感慨："我国政治腐败之因果，无论何时何地只有'人的问题'，而无'事的问题'。即不问某事之应如何办理，但研究某人之应如何处置是也。惟其如是，故无论事理上如何容易解决之事，皆以人的关系，不能爽爽快快以简捷了当之方法出之。"①其言论直露大胆尖锐，直击问题的要害。

  3. 饱满的抒情

  邵飘萍的许多新闻作品洋溢着对民族、国家的热情。如他目睹国家因举外债而被列强扼住咽喉，悲愤填膺："呜呼！观于今日之举借外债，种种要求，种种侮慢，一似贫妻之夫无以卒岁，不得已涕泪横流，趑趄财房之门，含羞忍骂，借钱百文，敝衣为质，至明春而以重利偿之。"他呼吁国人："来！来！来！输国债，办国民捐，何物各使与债团，乃欲以少数之钱而难吾中华民国！"②

  他在记叙风云人物、政治事件中也融入了对国家、民族的深厚感情。如报道北洋府院之争，他认为双方都是傀儡，"牵线之人，必居于政治之暗面，其野心，其魔力，非如段芝老之脑筋朴素、气令智昏者所可当之"。他看到了背后居心叵测的列强，陈言中国的内乱将让外人得意的结果："彼时国中大乱四起，外人乘之，今日含笑得意，最后未必不自叹其心劳日拙，为异国人作嫁衣裳，然已万死不足以谢国人矣。"述及此时笔端的感情汪洋喷出："愚述至此，泪已枯而心滋痛，更希望上之所陈，愚之观察——皆谬而能不见诸今后之事实也。"③

  4. 幽默的讽刺

  于嬉笑怒骂中透出深意，也常见于邵飘萍的作品。他对欺世盗名的议员、贪权恋栈的政客、飞扬跋扈的军阀在文中极尽调侃揶揄，常令读者忍俊不禁。如在《北京特别通信·一〇一》中，他将北洋政府的诸多闹剧用幽默反讽的笔法进行清晰的解读：黎元洪下野、张勋复辟、冯国璋北上，一连串的政治纷争，实际都是军阀打着"排难解纷"的旗号争权夺利的闹剧，在"鼓乐喧天，旌旗耀日"的表面下依然是"兴，百姓苦；亡，百姓苦"。他通过明褒实贬、反话正说和读者达成心照不宣的阅读期待，阅之如饮醇醪。

  浙江都督朱瑞对袁世凯特别效忠，邵飘萍讽刺两人像"猪""猿"一样沆瀣一气。袁氏称帝时，邵飘萍发表时评《预吊登极》："京电传来，所谓皇帝者，不久又将登极。呜呼！皇帝而果登极，则国家命运之遭劫，殆亦至是而极矣！但二月云

---

① 方汉奇主编：《邵飘萍选集》上册，第382页。
② 《汉民日报》1912年5月8日。
③ 方汉奇主编：《邵飘萍选集》上册，第273页。

第2章　邵飘萍——"铁肩担道义,辣手著文章"的"新闻全才"

云,尚须多少时日,各处反对之声势,再接再厉。所谓登极者,安知非置诸极刑之讖语乎!记者是以预吊!"此篇不到百字,故意连用五个"极"字,把"登极"与"极刑"相连,预言袁氏"登极"之日也就是"置诸极刑"之时,颇具黑色幽默趣味,对其行径作了鞭辟入里的讽刺。

四、邵飘萍的新闻思想

在中国新闻史上,邵飘萍是继往开来的人物,他继承了王韬、郑观应、康有为、梁启超等人的新闻思想,又开启了新闻界的进步方向。他给后人留下的最珍贵的遗产是坚定地反专制反蒙昧,以及为捍卫言论自由所持的不屈战斗精神。他的新闻报道和评论就是其思想的真实展现,这在他的《实际应用新闻学》和《新闻学总论》两本著作中都有总结,它们在我国新闻史上占有重要位置。

(一) 报纸传递信息与向导国民

国人的报刊开始大多都以政论为本,这在宣传鼓动、影响舆论等方面有巨大作用,但忽略了发挥其信息系统的社会功能。邵飘萍看到了这一点,说:"自今年新闻纸愈益进步以来,以新闻消息为本位之潮流已日见其显著,于曩时之以政论为本位者趣味完全不同。"他认为报纸的基本功能是"以为传达消息之利器","以为联络感情互通消息之用",报纸是"文明的产物中最普通且最贵重之日常生活必需品……世界各国新闻纸出版之种数与其发行之额数必与其国之文明程度为比例"①。这在他的新闻作品中亦有体现,早期他在《汉民日报》的作品以时评居多,但后来任驻京特派员时写的《北京特别通信》使他的采访才能发挥得淋漓尽致,多为采访的内幕要事报道,着重于新闻信息的传递。他指出:"报纸之第一任务,在报告读者以最新而又最有兴味、最有关系的各种消息,故构成报纸之最要原料厥惟新闻。"②他在促使报刊把传播新闻置于报纸的首位即新闻专业化上起了很大的作用。

他还重视报纸的教育功能,认为报纸是"社会的耳目""国民的喉舌",具有"最普遍的指导国民之效果",是以日新月异的消息,以确凿的事实向百姓进行"活的教育",而且是不分年龄、性别、职业的最广泛的教育。他指出,报纸的这种教育并非一次性的,其连续性很强,"不容一日间断""为终身不断之修养",

---

① 孙晓阳:《邵飘萍》,人民日报出版社1996年版,第98页。
② 松本君平、休曼、徐宝璜、邵飘萍:《新闻文存》,中国新闻出版社1987年版,第385页。

主张"报纸对于善事,有引导维持之责任;对于恶事,则有监督纠正之责任。或赞扬,或痛骂,皆尽应尽之责任,无丝毫成见于其间"①。他的新闻报道及评论,对读者认识社会具有教育意义。

(二) 以事实为本位的专业作风

邵飘萍认为报纸要突出新闻消息的分量,政论报纸将演变成以新闻消息为事实依据,体现新闻性的时评、短评。他说:"报纸上所发表之评论,乃依据新闻中之事实而加以批判者,新闻不真确,则评论亦自难期公平与适当。"他还从报纸价值的确定来肯定这种转变:"是故报纸价值之有无大小与新闻材料之敏捷丰富真确与否有最密切之关系。""证明记者之不偏不倚,惟以报告真确消息为天职。"②邵飘萍在这里肯定了新闻的天职是报告事实,强调专业作风,把"新闻增加与否"视为衡量新闻业进步的一大标准,新闻业要"根据事实与信奉真理,皆以社会公意为标准,非办理新闻社之个人或团体所可因一己或少数人之感情利害关系,而任意左右之"③。他强调新闻事实的多与寡、确与否是报纸自身价值的决定因素。在《新闻学总论》中,他指出,"新闻原稿之精神要素,在简洁明快,以真实为骨干,以兴味为血肉","记者惟信奉事实尽我探索报告之责","余今且为狭义的新闻记者,遇事不为评论,使诸君读余通信,有自为评论之余地,盖是非得失,天下不乏明眼之人,固无俟于愚之喋喋也"。这些都反映了他注重事实的新闻专业作风。

邵飘萍的新闻常引起轰动,源于他的材料来源独特、真实性和时效性强,这些都靠他辛勤的采访活动。他认为记者的采访是关键,将记者的工作与国家社会乃至人类的前途联系起来,与打破帝国主义侵略阴谋的重大使命联系起来,指出:"报纸内容的价值如何,评论事物之正确与否,国家社会所受言论之影响,其责任大半外交记者准备大战争之阴谋,每因新闻访员之一电足以左右之,揭破之,使局势根本变化。"因此,"记者所处之地位,为社会国家世界之耳目。人类各种新事实之表现,皆难逃耳目之鉴察。其取作材料,载诸报纸,发为批评,则犹之耳目以见闻见者,转达于脑府。无耳目,则脑府顿失其功用"④。

---

① 散木:《乱世飘萍——邵飘萍和他的时代》,南方日报出版社2006年版,第95页。
② 松本君平、休曼、徐宝璜、邵飘萍:《新闻文存》,第419页。
③ 邵飘萍:《新闻学总论》,京报馆1924年版,第7页。
④ 孙晓阳:《邵飘萍》,第93页。

（三）秉持客观公正的立场

邵飘萍主张报纸要秉持公正立场，反映民众呼声，成为改良社会政治的助推器。他在《京报》创刊词《本报因何而出世乎》中说："时局纷乱极点，乃国民毫无实力之故耳……必从政治教育入手。树不拔之基，乃万年之计，治本之策……必使政府听命于正当民意之前，是即本报之所作为也！"他不满一些报纸的偏执，并以自己的力量纠正。如他在《日本政局之旁观》中说："对于日本政局无暇为之一言，近见我国京沪报纸，或直译该国政府党机关报之一节，其言不免偏于政府；又或直译该国在野党机关报之一节，其言又不免偏于在野党；均有难明真相之感。"①他认为，公正的报纸才能担负起代表人民监督政府的职责，官方或集团的报纸做不到这一点，要警惕报纸沦为军阀、政客所操纵的工具。"无论政府何种机关，苟其实际上无可取得国民信用之价值，纵挥霍多数金钱，言论界绝不能颠倒黑白以为之助。不观数月以前之安福系之功德者，盖其根本上不能存在，言论界接受多金亦爱莫能助也。"②

邵飘萍在《从新闻学上批评院秘厅对新闻界之态度》一文中指出，新闻事业作为社会公共机关，一方面在社会上具有与任何国家机关一样的独立平等的地位，任何人不能压制，否则就是不承认言论机关的独立平等，新闻界要对此进行抗议；另一方面报纸应发表社会各方不同的言论，使读者扩充眼界，得到各种参考依据，言论不必与报纸自身意见一致，即便遭到攻评也不必马上还击，恶声相加无法平息争论，有损报纸公共机关的形象。"报馆或通讯社乃社会的公共关系，非私人争骂之武器"③，主张新闻事业应"默察多数国民之心理与夫人群发达进步之潮流，不敢因一人一时之私见或利害关系，发生为非国民悖谬之议论，致失多数国民之信仰与同情"④。

（四）伦理操守以品行为要

邵飘萍视品性为最高的新闻道德，这从他的作品表现出的爱国之心与坚定反封建、反蒙昧以及终其一生为捍卫言论自由的战斗精神中可以看出。他在《实际应用新闻学》中强调："记者发挥其社交之手腕，与各方重要人物相周旋，最易得一般社会之信仰，亦最易于堕落不自知而不及防。盖因其握有莫大之权

---

① 方汉奇主编：《邵飘萍选集》下册，中国人民大学出版社1988年版，第68页。
② 《通讯社有可以操纵言论之能力乎》，《京报》1921年1月7日。
③ 方汉奇主编：《邵飘萍选集》下册，第352页。
④ 邵飘萍：《新闻学总论》，第15页。

威,则种种利益之诱惑环伺左右,稍有疏虞,一失足而成千古恨矣。"又说:"世每有绝顶聪明、天才貌美,利用地位,借便私图,至于责任抛弃,人格扫地。不仅害及一己,新闻界之前途,实受其累。"因此,记者的品行修养是抵御社会恶风之熏染的有力武器,即如他所说"乃包含人格、操守、侠义、勇敢、诚实、勤勉、忍耐",特别是应"泰山崩于前,麋鹿兴于左而志不乱,此外交记者之训练修养所最不可缺者"。

他主张记者应"艰苦卓绝"地"尽自己之天职,平社会之不平,苟见有强凌弱、众暴寡之行为,必毅然伸张人道,而为弱者吐不平之气,使豪强之徒不敢逞其志,不能不屈服于舆论之制裁"①。他认为人类社会文化越进步,对报纸的需要会越增加,记者的责任心归根结底是追求事实的真实性,以赢得社会的信赖。他一生的新闻活动,实践了其提倡的记者的道德精神和准则。

(五) 报纸经济保持独立自主

邵飘萍指出,报纸经济自主是新闻言论自由独立的基础和前提。经济活动本身是自由的体现,他在《新闻学总论》一书里有专章谈报业组织、广告、发行、纸张、印刷等经营问题。他认为商业性报纸是报业专业化的必经之路,报业包含着公益性与营利性的双重性,以公益为目的、以营业为手段的利义兼顾。他以报业独立品格为基础的办报思想,就是要保证相对的独立性,与政府、资本保持一定的距离。他的新闻观浸润着"五四"民主、自由的思想精髓,注重读者本位,强调言论独立,根据事实和新闻本身的发展要求进行新闻活动。

邵飘萍赞同报纸是商品的说法,认为将它当作商品来经营具有巨大的功效,报纸只有营利性经济才能独立自主,英美各大新闻社之所以资本雄厚,就因为经营得当,它们完全被当作商品来经营。他指出:"论欧美目下发达之情形,自以完全商品说为最占胜利。盖世界新闻事业之最发达者,首推英国与美国……彼等所经营之各大新闻社,皆以资本雄厚设备完全足以执世界之牛耳,而其收入之富、纯益之多,更可资以扩充而与促其进步,故新闻纸应完全作为商品之主张,遂致风靡全球,为一般经济家实业家所公认。"②邵飘萍提倡报纸商业化,是想通过经济独立推动报业独立,使之不依赖任何党派或组织而成为真正自由的报纸。

---

① 邵飘萍:《新闻学总论》,第47页。
② 同上书,第245页。

参考文献

1. 邵飘萍:《实际应用新闻学》,京报馆1923年版。
2. 邵飘萍:《新闻学总论》,京报馆1924年版。
3. 方汉奇主编:《邵飘萍选集》上册,中国人民大学出版社1987年版。
4. 方汉奇主编:《邵飘萍选集》下册,中国人民大学出版社1988年版。
5. 孙晓阳:《邵飘萍》,人民日报出版社1996年版。
6. 散木:《乱世飘萍》,南方日报出版社2006年版。

第3章 林白水

——蔑视权贵傲骨铮铮的新闻斗士

林白水(1874—1926),著名记者,中国现代报业的先驱人物。其一生爱国爱民,是应用白话报进行民主宣传的先行者。从1901年开始办报到1926年被军阀杀害,他先后创办和担任过十多家报纸的主编工作,其报纸多次被封,本人更是三进牢狱,但他始终坚持"消息记者应当说人话,不说鬼话;应当说真话,不说假话!"的诺言。1985年,民政部追认林白水为革命烈士。

一、生平与新闻生涯

(一) 从参加革命活动到走上新闻道路

1874年1月17日,林白水出生于福建闽侯县青圃村,本名林獬,又名万里、少泉。"獬"是传说中的独角异兽,能辨是非曲直,见恶人必冲上前去用角顶撞。他的报人生涯,就颇似疾恶如仇、除暴安良的"獬"。

林白水弱冠之年在福州书院就读,极为刻苦认真,加上天资聪慧,很快就显露出过人的才华,受到师生们的赏识,在当地小有名气。他曾和同乡林纾在杭州的家塾任教,后来又应同乡知府林启的邀请,先后到杭州蚕桑学堂、求是书院执教。浙江是维新派和革命党人都十分活跃的地方,林白水在这种环境下也深受影响。受林启在杭州创办新学的启发,1899年春林白水和方声涛、黄层云等在福州创办起第一所取名"蒙学堂"的新式学堂。"黄花岗七十二烈士"中的陈更新、陈可钧、林觉民等多位福建籍的英烈,都曾在此学习过。

1901年6月,曾在求是书院学习过的杭州名士项藻馨,仰慕林白水的才华,创办《杭州白话报》时邀请他去主持笔政,这是他初涉新闻事业。报纸的发刊词《论看报的好处》,就是林白水起草的。此后,他不断以白话文在报纸上倡导新政,批判小脚、迷信和鸦片等社会弊端,为后来杭州出现的"女子放足会"起到了积极推动作用。他还在报上力荐林纾的《白话道情》——此时林纾已是译出《黑奴吁天录》等进步书籍的倡导维新的知名翻译家。《杭州白话报》由最初的月刊,变为旬刊、周刊、三日刊,最后为日刊,发行量也从初期的2000份增至5000份,风行杭州及周边地区。1902年4月,林白水应蔡元培之邀到上海一起组织"中国教育会",进行"表面办理教育,暗中宣传革命"的活动。他还和蔡元培等人创办了爱国女校、爱国学社及社刊《学生民界》,宣传反清革命,为革命派的机关报《苏报》写过言论激烈的时评。林白水的这些活动在上海乃至中国现代教育史和革命史上,都是值得书写的一笔。

  1903年春,林白水第一次到日本留学。在日期间,他和黄兴、陈天华、苏曼殊等人秘密发起"军国民教育会"进行革命宣传。夏天,他和黄兴等回到上海,参加蔡元培创办的《俄事警闻》报的编务工作。他有以前办《杭州白话报》的经验,所以报纸上的白话文多由他执笔撰写。这年12月19日,林白水独立创办《中国白话报》,实现了他梦寐以求的愿望。当时的报刊不分家,许多取名为"报"的刊物实际上是期刊。《中国白话报》先是半月刊,后改为旬刊,发行量从创刊时的数百份增至后来的上千份,他以"白话道人"等笔名大力倡导天赋人权、人类平等、百姓合群等新观念,几乎所有的栏目都是他一个人采写,内容大都是反映民生疾苦,揭露时弊,抨击社会的黑暗。

  1905年7月,林白水二度到日本留学,在东京早稻田大学主修法政和兼修新闻,结识了孙中山、宋教仁等革命党领袖。年底日本文部省颁布《取缔清国留日学生规则》,激起中国留学生的抗议,林白水愤然回国。在福州,他与人合编的《高等小学修身课本》《高等小学经训教科书》被作为福州各高小的教材。1907年初,林白水再次到上海为报刊撰稿。由于他的才华和声誉,稿件成为各报的"抢手货",一时间"海上诸报,无不以刊白水之文为荣"。然而,他并不看重这等身价,而是颇显"名士风范",每篇文稿仅收费5元,且等这5元用完了才动手写下一篇。一次有位朋友来拜访,他留朋友吃饭,可一摸身上囊空如洗,他说了声"你稍等片刻"便伏案疾书,很快写完一篇千字稿便吩咐"赶快送到报馆去,要现钱"。仆人带回5元钱,林白水携朋友到饭馆大吃一顿。可见,他写作的倚马可待之神速。

(二)一段迷离的从政经历

  1907年秋,林白水三渡日本,再研英美法律和日本的教育。留学期间,他先后翻译出版了《自助论》《英美法》《日本明治教育史》等著作。他编译的《华盛顿》《俾斯麦》《哥伦布》《大彼得》《纳威尔》等介绍西方近代史名人的册子,以"少年丛书"系列出版后,作为国内学生必读书畅销多年,发行了十多版。

1910年夏,林白水学成回国,辛亥革命后他参加福建都督府参事会,被任命为法制局长、省临时议会议员。他制定了福建第一部选举法,主持创办了我国最早的文摘报刊之一《时事选刊》。1913年春,他以共和党籍当选为众议院议员,北上进京在袁世凯的政府任职,得到袁的赏识。1914年1月,林白水当选"政治会议"及"约法会议"议员,并任总统府秘书兼直隶督军府秘书长。"二次革命"后不久,福建一些反袁报纸被查封,《民报》《共和报》主笔黄展云、陈群尚等被捕,经林白水疏通方得以释放。

1915年,林白水参加了"筹安会",在薛大可主办的《亚细亚报》上发表了不少文章,袁世凯论功行赏任命他为参政院的参政。这位书生论政的高手,却没有写好庙堂问政这一笔。不过回到当年的历史环境,1912年秋孙中山一度也为袁世凯高唱赞歌,黄兴更是说"过此次来京,亲见大总统为国宣劳之苦心及一切规画,尤为感佩",甚至请袁世凯和全体"国务员"(指当时的内阁成员)加入国民党,梁启超与袁氏也有着剪不断、理还乱的关系。在民国初年的政治舞台上,袁世凯确实曾迷惑了不少英雄豪杰,林白水三年的迷途并不显得突兀。

袁世凯的皇帝梦最终破碎,一命呜呼。三年在朝,林白水看破了政治舞台上的翻云覆雨、尔虞我诈,下决心告别政坛专心于新闻事业。

(三)复归新闻斗士的征程

1916年8月,林白水辞去议员,9月在林纾等人的帮助下在北京创办了《公言报》,此后他发表的通讯、时评大都用"白水"的笔名。他取此笔名颇有深意:一是家乡有座白水山,他常对人说"吾乡青圃白水山是吾他日魂魄之所依也"。二是他字为少泉,"白水"即将泉字"身首异处"上下拆开,意为他已将生死置之度外。从此,林白水心无旁骛,将全部精力、智慧献给了报业,像一只啄木鸟紧盯社会时弊。

1917年的时局异常动荡和黑暗,林白水发表了不少时评,极尽嬉笑怒骂地对当时的时局进行批判。如:《民国六年北京之所有》针对政坛似走马灯般的变幻,悲叹"总理一年而九易,则政乱可知";《印之蒙尘》通过官印屡失事件,发出对上层政治"印且不免于蒙尘,而吾辈乃欲求其一旦之安适,宁非妄欤"的斥责;《便宜不得》针对政府发布不追究前清小朝廷妄图复辟的命令,指出对这种开倒车的丑行绝不能轻饶;《青山漫漫七闽路》揭露了即将出任福建省省长的许世英贪赃舞弊的老底,打破了许的省长梦,等等。他这些敢于与权贵唱反调的新闻与评论,获得了大众的一片赞誉声。1919 年"南北议和"期间,林白水在报上常常率先透露北方政府的消息和评论,引读者翘首期待。他的女儿林慰君回忆道,"每一论出,南北和议代表拱手以听,军阀欲顾咋舌;望平街市上响晨翘首鹄立者数千,人踵相接也"①,足见林白水的新闻和时评当时受社会关注的程度。

1921 年 3 月,林白水和胡政之在京创办《新社会报》。他担任社长,胡做总编辑,提出"树改造报业之风声,做革新社会之前马"的口号。次年 2 月,因披露军阀吴佩孚公权私用的黑幕,报纸被勒令停刊。1922 年 5 月,报纸得以恢复改为《社会日报》,林白水在《复刊词》中表示:"蒙赦,不可不改也。自今伊始,除去新社会报之新字,如斩首级,示所以自刑也。"1923 年 1 月,北大校长蔡元培在政府的打压下被迫辞职,引发北京学界的风潮遭到镇压。林白水发表述评新闻,主标题为《北京城圈以内之绝大风潮　议长政客与学生宣战》,副标题是《皮鞭枪把击伤无数青年　重伤待毙者二十余人　何所谓人道何所谓法治　与恶魔宣战者靡惟学界　教育界之愤激及其表示　直点议长吴大头(景濂)之名》,读者仅从标题上,就能感受到他谴责当局的态度。1 月 27 日,他在题为《否认》的时评中,盛赞蔡元培的为人"若彼攻击之者,更无一人足以比拟蔡氏于万一",坚决表示"吾人对于现政府与议会绝对的否认"。次日,他又发表时评号召知识界全体罢工。

这年 6 月,林白水在《社会日报》揭露了曹锟贿选总统的内幕,触怒了当局,报馆被以"妨碍总统选举"罪名查封三个多月,林白水也遭到关押。但他没有屈服,出狱后依然坚持批评时政,指斥军阀、议员、政客、官僚们相互之间的钩心斗角、尔虞我诈,鞭笞上层社会的黑暗。

(四) 在揭露黑暗中以身殉报

1926 年 4 月 24 日,致力于揭露社会黑暗的《京报》社长邵飘萍被捕,26 日即惨遭杀害。一时间血腥恐怖,新闻界人人自危。林白水没有被吓倒,5 月 12 日他依然在《社会日报》上发表《敬告奉直当局》:"吾人敢断定讨赤事业必无结果,徒使人民涂炭,断丧国家元气,靡费无数国帑,牺牲战士生命,甚为不值。"5 月 17 日,他又在时评中抨击直奉军阀。

8 月 5 日,林白水撰写的时评《官僚之运气》,讽刺了张宗昌及其心腹潘复,将潘复喻为张宗昌的"肾囊",主仆沆瀣一气搜刮民脂。林白水过去曾在报上讥讽张宗昌是遇到敌人就逃跑的"长腿将军",揭露过潘复贪污敛财的劣迹而使其未当成山东省省长。此番再次辛辣评论令早就怀恨在心的张潘二人更加恼羞成

---

① 黄粱梦:《新闻记者的故事》,上海联合书店 1931 年版,第 107 页。

怒,当晚潘复令人给林白水打电话,要他在报纸上道歉赔罪。林白水以"言论自由,岂容暴力干涉"而拒绝,潘复即请求张宗昌将林白水处死。8月6日凌晨林白水被逮捕,清晨4点被押赴天桥刑场,以"通敌有证"的莫须有罪名被杀害。遇难之时林白水身穿夏布长衫,须发斑白,双目微睁地陈尸道旁,路人睹之无不酸鼻垂泪。林白水遇难这天离邵飘萍被杀相距仅百日,两位著名报人因"说人话,不说鬼话""说真话,不说假话"而获罪,在同一地点遭公开杀戮,成为中国新闻史上最黑暗的一幕。北京《自立晚报》特地制作新闻标题《萍水相逢百日间》,悲愤地纪念这两位不屈的新闻斗士。

二、林白水的新闻特点

(一)关心大众,为民请命

林白水的新闻与评论,内容大都与民众相关,从他主编的《公言报》和创办的《新社会报》《社会日报》的名称,也可看出他关注芸芸众生的编辑方针。有段时期主流报界只关心上层政治、注目于达官显贵的风气,使林白水决心"树改造报业之风声,做革新社会之前马",把视线转向社会下层。他常在街头巷尾接触底层社会,力图通过自己的报纸传达民间呼声,关心底层疾苦,"举人生日用社会消息,无不笔而出之"。一天深夜,他坐人力车回家。一路上和车夫聊天,言语间勾起车夫的心酸,向他倾吐了每天拉车所受的凌辱与辛苦。林白水根据车夫的哭诉写出了一篇报道,报纸刊登后"都门中下社会胥为震动,报之销路飞涨,日以数百份计"[①]。《国闻周报》在1922年第3卷第30期就称赞林白水"苍头异军突起,报界风尚为之一变"。

早年在办《中国白话报》时林白水就重视民生,为大众鼓与呼。他在第一期的"论说"栏就表示:"这些官吏,他本是替我们百姓办事的……天下是我们百姓的天下,那些事体,全是我们百姓的事体……倘使把我们这血汗换来的钱拿往三七二十一大家分往瞎用……又没有开个清账给我们百姓看看,做百姓的还是供给他们快活,那就万万不行的!"对漠视民生的权势者,他不仅鞭挞,还鼓动大家向政府施压。如在《告知识界》的时评中呼吁:"就眼前之司法被蹂躏,教育被破坏两问题,我们知识界要群起作积极消极的应付,积极方面,就是唤醒全国的舆论,促起全国各界的注意,用大规模的示威,推倒程克(司法总长)、彭允彝(教育

---

① 方汉奇、林溪声:《林白水:以身殉报的报界先驱》,《新闻与写作》2006年第9期。

总长)……消极方面,就是凡属知识界的人物,对于现政府各机关职务,就应立刻引退(全体罢工)……因为知识界要是全体罢工,我敢信政府一定担不起。无论如何,总要屈服。"

林白水关注大众,为民请命。正如他所表白的:

《社会日报》自出世以迄今日……耗自己之心血,不知几斗;糜朋友之金钱,不知几万。艰难缔造,为社会留此公共言论机关,为平民作一发抒意见代表,触忌讳、冒艰险,所不敢辞。①

当时连老牌的《东方》杂志在1922年第32卷第13期上也不得不赞叹:"北京之中央公园,夏日晚凉,游人手报纸而诵者,皆社会日报也。"

(二) 勇揭贪腐,辛辣尖锐

林白水一生疾恶如仇,痛恨搜刮民脂民膏的贪官污吏、为非作歹的权势者。仅在1918年,林白水就在报纸上揭露出不少官场腐败的惊人黑幕。他在《公言报》上发表的《青山漫漫七闽路》,将财政总长陈锦涛、交通总长许世英贪赃舞弊案公之于天下。时隔不久,又有政客在津浦租车案中舞弊,1921年12月13日,林白水在《靳内阁的纪纲本来这样》的时评中独家揭穿出来,又掀起一场轩然大波。这些政客有的被革职进狱,有的畏罪辞职,使内阁总理段祺瑞狼狈不堪。林白水对此颇为自豪地说:"《公言报》出版一年内颠覆三阁员,举发二赃案,一时有刽子手之称,可谓甚矣。"

林白水的新闻报道,采访的事实充分,而且很注意细节。例如,1923年1月25日的《社会日报》上对军阀张宗昌的心腹潘复的揭露:

你们山东人应该知道,你那位贵同乡潘大少名复,快要做山东省长了。讲起这位潘大少,他的做官成绩,实在可惊。他统共做了一年零几个月的财政次长兼盐署署长,在北京就买了两所大房子,连装饰一切,大约花去十万块钱。又在天津英(租)界,盖一座大洋房,光是地皮,就有十亩之大,一切工程地价,统共花去十五万块钱。你想,一年半的次长,能有二十五万买房子的大成绩,其他,古董、家具、陈设,怕不也得花十几万块钱吗?就这一项简简单单的大房子,已经值得四十万左右,那么这位潘大少的穿衣、吃饭、赌钱、经商、供给姨太……

如此真实的细节展示,令一个贪官的丑陋嘴脸暴露无遗,可见林白水采访的

---

① 林白水:《林白水卖文字办报》,《社会日报》1925年7月3日。

深入细致和写作中的逻辑力量。为此,《东方》杂志在 1922 年第 32 卷第 13 期上对他的评价是"信手拈来,借成妙谛;其见诸报章,每发端于苍蝇臭虫之微,而归结及于政局,针针见血,物无遁形"。

(三) 向往自由,拥护革命

林白水青年时期就接触西方学说,又几度留学日本,和资产阶级革命派有过往来,因此关于民主平等、思想自由的内容,也是他在不少新闻作品中所表达的。主办《中国白话报》时他就大力倡导天赋人权、平等自由。1904 年 2 月,他在《国民的看法》中说:"凡国民有出租税的,都应当得享各项权利,这权利叫自由权,如思想自由、言论自由、出版自由……"不几日他接着指出:"凡国民有出租税的,都应该得享各项权利,这权利叫自由权,如思想自由、言论自由、出版自由……"①在一百多年前那个思想封闭、没有多少人听说过言论自由的时代,他就在新闻时评中提出"纳税人的权利"的思想,这是非常难能可贵的。

林白水蔑视权势,但对孙中山有着很高的敬意并在报纸上进行过宣传。他早年游学日本,曾作为黄兴的战友进行反清活动。革命党人赵声等欲在南京发动起义,因经费无着不能成行,他们找到林白水。此时他办报经济也十分拮据,但还是慨然承诺代筹经费。他将一部数十万字的《中国民约精义》手稿交与商务印书馆得一千元现款,全数送给革命党人。他在革命派报纸《民报》上撰写的时评以及在他主办的报纸上,都对革命思想大加宣扬。他连载的《论刺客之教育》一文,对舍身赴义刺杀清廷官员的革命党人吴樾产生了直接的影响。《民报》曾刊登吴樾写给妻子的绝笔信说:"自阅《中国白话报》,始知革命宗旨之可贵;自读《论刺客》一篇,始知革命当从暗杀入手。"

1924 年的"双十节",林白水专门撰写评论:"孙中山所以敢于只身北来……就是他抱个三民的主义,能得一部分的信仰罢了……要是没有主义,单靠兵多地盘广,那么曹吴的兵、曹吴的地盘,何曾不多不广,为什么不及三礼拜,会弄得这样一塌糊涂?"②对于孙中山为国家统一和安定,从上海抱病北上来京和谈,林白水持续发表《吾人对孙中山先生的敬意》《时局与孙中山》《欢迎孙中山》等评论进行赞扬。孙中山手书"博爱"条幅相赠林白水,也表明了他们之间的情谊。

(四) 嬉笑怒骂,刻画真实

林白水对国土被侵犯、妇女被奸淫、财富被抢掠、百姓被杀戮而统治阶层沉

---

① 林白水:《国民的意见》,《中国白话报》1904 年 2 月 16 日。
② 林白水:《请大家回想今年双十节》,《社会日报》1924 年 11 月 10 日。

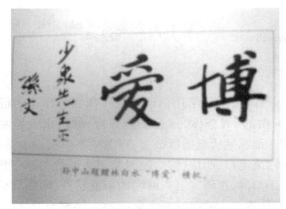

孙中山为林白水题写的"博爱"条幅

溺于花天酒地、贪腐成风、骄奢淫逸的病态社会,在许多新闻与评论中不仅刻画真实,并以嬉笑怒骂的手法来表现,令读者欲读不罢,捧腹大笑而又深思。如1904年11月,清廷大肆挥霍民众血汗,为慈禧太后的70岁生日筹办"万寿庆典"祝寿。林白水愤懑地写下一副令人拍案的对联,在《警钟日报》上进行入木三分的揭露与讽刺:

  今日幸西苑,明日幸颐和,何日再幸圆明园,四百兆骨髓全枯,只剩一人何有幸;

  五十失琉球,六十失台海,七十又失东三省!五万里版图弥戚,每逢万寿必无疆!

一时间,沪内外不少报刊争相转载,世人传诵叫绝。

1926年4月,在军阀杀害邵飘萍的恐怖氛围中,林白水仍敢在时评中斥军阀为洪水猛兽。8月5日,他在《社会日报》发表《官僚之运气》时评,讥讽依附于军阀张宗昌号称"智囊"的潘复为"肾囊":

  狗有狗运,猪有猪运,督办亦有督办运,苟运气未到,不怕你有大来头,终难如愿也。某君者,人皆号称为某军阀之"肾囊",因其终日系在某军阀之胯下,亦步亦趋,不离晷刻,有类于肾囊累赘,终日悬于腰间也。此君热情做官,热情刮地皮,固是有口皆碑,而此次既不能得优缺总长,乃并一优缺督办,亦不能得……甚矣运气之不能不讲也。

把一个为虎作伥、趋炎附势之徒的形象刻画得淋漓尽致,令人对那些在强势者庇护下胡作非为的宵小之徒更加不齿。

三、对新闻发展的贡献

（一）新闻白话的先驱

林白水是我国新闻史上最早用白话文写作新闻与评论的报人之一。19世纪末梁启超半文半白的"时务体"风靡新闻界时，林白水大胆采用纯白话来写作，可谓独树一帜。他纵笔所至畅所欲言，行文中不时夹杂着新名词、民间口语及方言词汇，读来活泼上口，明快畅达，同时常带有浓烈的感情色彩。他常用反语，有时尖锐得近乎刻薄，在语言上有鲜明的个性特征，明白如话，通俗易懂，深受读者欢迎。在陈独秀等人掀起的新文化运动大规模地倡导白话文之前，林白水就已走在前面付诸实践了。

例如，1901年他主持了第一家白话报《杭州白话报》，1904年创办了《中国白话报》，这在中国新闻史上都有重要意义。仅就他最早两度主办白话报的功绩，就无人在这方面与之媲美。在他晚期的政论中，白话写作的特点表现得更为突出。1925年12月4日，他在《社会日报》上还就此不无自豪地回忆："说到《杭州白话报》，算是白话的老祖宗，我从杭州到上海，又做了《中国白话报》的总编辑，与刘申培两人共同担任，中国数十年来，用语体的报纸来做革命的宣传，恐怕我是第一人了。"①

（二）发展了新闻文体

林白水早期的作品，在写作上努力打破文言八股的起承转合等约束，对新闻文体的发展做了许多探索，从主办《杭州白话报》起，以后陆续主编各类报纸，他都在这方面不遗余力。

在新闻体裁上，他较早采用号外、文摘、时事问答、连续报道、综合报道、集纳新闻、编者按、编后记等多种形式。他写的大量评论词锋犀利，鼓动性强，是我国新闻史上最早用白话文写评论的政论家之一。他主办的报纸，许多时评都以或纵横捭阖，或娓娓道来，或夹叙夹议等形式表达出丰富的内容，常令人眼界大开，豁然开朗。因此，有读者赞扬说："我们每日拿出脑血换的八枚铜元，买一张《社会日报》，只要读一段半段的时评，因为它有益于我们知识的能力。"

林白水的不少新闻作品也具备了现代新闻通讯及特写的基本特征，如1903

---

① 《新闻界人物》编辑委员会：《新闻界人物》（四），新华出版社1984年版，第34页。

年创办的《中国白话报》,第一期的"新闻"栏目中他的《张之洞共俄国钦差说话》报道中写道:

> 张之洞看见俄人占了奉天,也着了忙,就跑到俄国钦差衙门里面去求见他……俄钦差冷笑道:不行也要行了! 张之洞还乱嚷道:万万不行,万万不行! 那俄钦差卷着胡子,抬头看着天,拿一条纸烟只管一上一下地吃,不去睬他……

这里,张之洞张皇无力的抗争、俄国钦差蛮横霸道的言行举止神态跃然纸上,栩栩如生。在一百多年前的报刊上,这样纯粹现代汉语的新闻报道是很罕见的,与当代新闻通讯或特稿的写作表达没什么差别,为后来的记者写作做出了榜样。

(三)倡导新闻正义

林白水的新闻活动贯穿着倡导社会正义的指导思想,其作品中无论是对大众的关注还是对黑暗的揭露,抑或在报纸上向同行直接或间接的呼吁,都体现出他从事新闻的这一宗旨。

当时北京新闻界良莠不齐,正如他 1925 年 12 月 10 日在《社会日报》上所写:"报馆,不下百十家,通讯社,亦不下百十处。讯以同通,文以同载,篇章抄袭,意兴寡索,其志在骗乞津贴。挂名部曹,藉此以为媒者不必说,即号称大报日出三大张,亦不过多载'呢''么'等新文,'呀''呵'等新诗,其艰奥难读,其于典谟誓训,非浅学者所能共喻。"

针对这种乱象,他表示:"军既成阀,多半不利于民,有害于国。除是死不要脸,愿作走狗,乐为虎伥的报馆,背着良心,替他宣传之外,要是稍知廉耻,略具天良的记者,哪有不替百姓说话,转去献媚军人的道理。"①他在《合肥政治闭幕》时评中,公开自己的新闻主张:"我这些话,是着眼在国家利益、社会安危,与军阀个人、哪些党派,可是毫无关系。"②

林白水不懈地鞭挞时弊,伸张正义,致使其报纸几次被封,他也数度入狱,甚至面临死亡威胁的险境,但这都没有动摇他高喊"报馆要替百姓说话,不去献媚军阀"的口号,对军阀以及嗜利逐臭趋炎附势之徒的批判。林白水为建立一个公平的社会奋力呐喊,自己也从读者那里汲取了力量而感到振奋。他在《白水启事》中表示:"这半个月之内,所收到的投书,大多数是青年学生,都是劝我放

---

① 林白水:《欢迎吴张者注意》,《社会日报》1926 年 6 月 5 日。
② 林白水:《合肥政治闭幕》,《社会日报》1926 年 4 月 21 日。

大胆子,撑开喉咙,照旧地说话。我实在是感激得很,惭愧得很。世间还有公道,读报的还能辨别黑白是非,我就是因文字贾祸,也很值得。"①未料竟一语成谶。

林白水只是一介柔弱书生,然而他手中的笔却如鲁迅所说是"匕首""投枪",他的座右铭是:"新闻记者应该说人话,不说鬼话;应该说真话,不说假话!"他以孜孜不倦地倡导社会正义的新闻活动来实践诺言,最终付出了生命。林白水的这种品格,对一代代报人继续为社会的公平和正义而勇担"清道夫"角色,是莫大的精神鼓舞。

参考文献

1. 《新闻界人物》编辑委员会:《新闻界人物》(四),新华出版社1984年版。
2. 傅国涌:《一代报人林白水之死》,《文史精华》2004年第4期。

---

① 林白水:《白水启事》,《社会日报》1925年12月20日。

第4章 戈公振

——叩动新闻史研究的大门

戈公振(1890—1935),著名的爱国进步记者,报刊主编,新闻学者。他曾在《东台日报》《时报》《申报》等多家报社做过记者、编辑,所著的《中国报学史》一书开启了中国新闻学史研究的先河,并努力探索新闻理论的发展,为中国现代新闻事业做出了重要贡献。

一、戈公振勤勉的一生

1890年11月27日,戈公振出生在江苏东台,名绍发,字春霆,号公振。他小时候在伯祖母翟氏所办的弢庵学塾读过几年书,18岁时进入东台学堂,毕业后考入南通师范学校。因为家境贫寒,无法供他读书,1912年戈公振进入东台日报馆担任图画编辑,从此进入新闻界。

报馆的收入少,戈公振工作之余到东台绅士夏寅官家里做家教,得到夏的赏识,觉得他是个有才华的青年,应该到更广阔的天地去发展。1913年冬天,戈公振带着夏寅官的介绍信到上海找《时报》社长狄楚青,狄楚青让戈公振到有正书局图画部当收发员。因为工作的需要,他经常送画片给狄的夫人汪观定盖章。汪见他举止大方,任劳任怨,工作认真,就向狄楚青说戈公振是个可以重用的人才。不久他被调到报社工作,从校对、助编、编辑,一直做到副总编辑,前后15年之久。

1920年,戈公振在《时报》创办了增刊《图书时报》,这是我国报刊增辟现代画刊的开始,主要发表时事图片,以对事件的深度报道和图片画面的视觉冲击力赢得各界民众的欢迎。在实践中,戈公振认识到"报学"是一门很重要的学问,国外的研究刚刚起步,而国内的人大多对此不清楚,有必要做些理论上的介绍。于是,他将美国人开乐凯的《新闻学手册》编译为《新闻学撮要》在1925年出版,书中对报纸各项业务进行了扼要的叙述。当时国内新闻学著译缺乏，这本书受到了新闻界的欢迎。梁启超还高兴地为书作序说："戈君从事《时报》十有四年，独能虚心研究及此。予喜其能重视其职业，与此书之有裨后来者也，爰为之序。"

与此同时，戈公振花费了三年的心血，完成了一部更具有意义的著作，即1927年出版的《中国报学史》。这是中国第一部研究报刊史的专著，全面系统地论述了中国报刊发展的历史，这本书也是研究中国文化思想史的重要文献。

戈公振在成就面前没有陶醉，反而更加感到理论的欠缺。他辞去《时报》副总编的职务，于1927年1月以记者的身份自费赴欧美、日本等考察新闻业。同年，受国际专家联盟的邀请出席在日内瓦举行的国际新闻专家会议，做了题为《新闻电费率与新闻检查法》的发言。考察期间他在大英博物馆的图书室里查阅资料，从事研究。1929年底回国后，写了《英京读书记》和《世界各国报业考察记》两篇文章，详细介绍了他对清代嘉庆、道光、同治年间外国人出版中文报刊的研究情况，还介绍了西方报业发展的历史和现状，并谈了他从事研究的体会。

考察回国后戈公振进入《申报》，担任报社总管理处设计部副主任，度过了三年新闻生涯。淞沪抗战中他积极参加上海文化界的抗日救亡运动，与邹韬奋等人募集资金，筹办爱国救亡报纸《生活日报》，但因当局的阻挠没能出版。

1932年3月，国际联盟派遣李顿代表团来中国调查九一八事变和一·二八事变的真相。戈公振以记者身份跟随顾维钧为团长的中国代表团从上海前往东北。他们一行转辗到北平，但见气氛已十分紧张。戈公振在旅馆写好一份遗嘱，并将一些事情向堂兄做了交代，然后坦然随团到东北进入日军占领的沈阳。日本人派了众多特务跟踪调查团和中国代表团，对调查团的行动进行监视和限制，戈公振身后就有四个日本特务监视。在这样艰难的条件下，戈公振不满足从调查团获得的资料，而是利用一切机会调查在日军刺刀下东北人民的境况，向全世界揭露日军的暴行，戳穿日军的谎言。

一天凌晨，戈公振趁特务不注意偷偷溜出宾馆，到城内张作霖的帅府以及兵营各处实地观察，不料被日伪宪警发觉，当即被扣押，后经调查团与日军反复交涉才获得释放。在调查期间，戈公振目睹了东北人民所遭受的巨大苦难，了解到东北义勇军不怕牺牲、奋勇抗敌的豪情壮举，同时也认识到政府不抵抗政策带来的严重后果，看到了调查团在日本帝国主义面前的软弱。这一切让他心潮澎湃，百感交集。回到上海后，戈公振对抗战问题进行了认真思考，认识也随之提高，他很快将调查感受写成《到东北调查后》一文，发表在邹韬奋办的《生活》周刊上。自此以后，戈公振写了许多新闻通讯陆续发表，颂扬了中国人民的抗日行动,强烈谴责当局的不抵抗政策。渐渐地,他对国民政府产生了失望,把拯救民族的希望寄托在中国共产党身上,并对苏联的社会主义道路产生了极大的兴趣。

1933年起戈公振出访苏联三年。其间,除了常住莫斯科,他还先后转赴列宁格勒(今彼得格勒)、哈尔柯夫、得尼泊、罗斯托夫、巴库、乌拉尔山一带以及中亚细亚各共和国、西伯利亚和远东等地游览参观①,写成了《第二个五年计划》《社会城》《谷城》《电城》《油城》等许多通讯,分别发表在国内《生活周刊》《新生周刊》《国闻周报》《世界知识》《时代画报》等报刊上。② 他记录了苏联建设的成就,为沟通中苏两国人民之间的文化交流、增进两国人民的友谊做出了可贵的贡献。苏联邀请徐悲鸿去举办画展,邀请中国电影代表团胡蝶、周剑云等人到莫斯科参加国际电影展览会,都是由戈公振从中牵线搭桥。1935年10月初,他从西伯利亚前往海参崴,在那里乘船南下于10月15日回到上海,与邹韬奋等人商谈创办《生活日报》事宜。但没几天戈公振就病倒了,经医生检查是阑尾炎并进行了手术治疗。不幸的是,手术后他的病情不仅没有转好反而病危,10月22日病逝,年仅45岁。

1935年12月,邹韬奋等人出版了戈公振的访苏通讯集《从东北到庶联》;戈公振的三弟戈绍龙将他的《新闻学》一书整理后1940年出版;戈公振的侄子戈宝权将《中国报学史》重新整编,在1955年出版。

二、戈公振的新闻学成就

戈公振的生命尽管短暂,但他在新闻实践、新闻理论、报刊经营、新闻教育等方面的贡献十分突出。

(一) 新闻史学研究的先行者

我国近代新闻事业是从西方传入的,起步晚,且先天不足。到辛亥革命时期,报纸与杂志才明显分离,新闻事业的业务特征与社会功能充分显示出来。在这样的背景下,一些有先进意识的理论探索者开始了新闻学研究,戈公振就是其中重要的一位。

1925年,戈公振在上海国民大学报学系授课,以讲义和积累的资料为基础,开始撰写《中国报学史》。在这本书中,他以全局的视角,系统地梳理中国报业

---

① 戈宝权:《中国报学史》,上海古籍出版社2003年版,第8页。
② 戈公振:《从东北到庶联》,湖南人民出版社1984年版,第239页。

出版发行的历史,将新闻史研究提升到一个新起点,在国内外产生了重大影响。

《中国报学史》首先对"报学史"给予定名,从考据学的角度解释并参考世界各国对于"报"的称呼,阐明报学史是"专述中国报纸之发达历史及其对于中国社会文化之关系"①。戈公振搜集了大量珍贵的第一手资料,引用的各种报纸文献资料就有140多种,对中国报刊的发展线索做了清晰的勾勒。他将汉唐到五四运动前的中国报刊发展分为"官报独占时期""外报创始时期""民报勃兴时期"和"报纸营业时期"。这种按报纸所有制和经营性质进行划分的方法,表明戈公振看到了媒介的本质特征,其深邃的目光并非一般人能做到。这种划分也为中国文化思想史的研究提供了线索。

戈公振在撰写中并不是简单地资料汇总和罗列,而是对这些材料进行深入思考,有着独到的见解。他揭示了民报的实质,认为辛亥革命的成功也有赖于民报的勃兴,包括他认为民国成立后一些商业化报纸"依违两可,毫无生气,其指导舆论之精神,殆浸失矣"②。书中最能反映戈公振个人风格的,是他在对每一历史阶段的报纸状况进行介绍后,都专门做一篇结论。第一篇总结中国古代的报刊发展,从秦朝的言禁开始,历数历代的言论政策,各种典故信手拈来,在简短的篇幅中说透了中国两千多年封建帝制的言论政策,最后得出结论:"专制之下,言禁必严,势也!"之后又分析了官报的作用,指出官报不发达的原因,揭示了中国封建统治者在"民可使由,不可使知"的统治哲学指导下,遏制了中国古代报业的发展。第二篇结论总结了外报的影响以及中国近代早期报业发展状况。第三篇结论总结了清末报业的发展。这四篇结论都饱含了浓厚的个人情感。尤其是第三篇结论开篇就写道:"以庞大之中国,败于蕞尔之日本,遗传惟我独尊之梦,至斯方憬然觉悟。在野之有识者,知政治之有待改革,而又无柄可操,则不得不借报纸以发抒其意见,亦势也。"这些结论在丰富的史实基础上,对报纸发展的历史作简要的总结,夹叙夹议,饱含激情。

书中戈公振还"以史带论",对新闻理论提出许多见解。他对"报纸"的定义、报纸的原质都有明确的论述。他归纳了报纸具有公告性、定期性、时宜性和一般性的特色,分析了新闻在公告性形式特征之内发生的变形。他在梳理中国报纸发展历史的同时,也对新闻理论加以研究。1928年4月的《大公报》曾这样评价《中国报学史》:"此书搜讨之勤,网罗之富,实为近来著作中之所罕见者。"1943年该书被日本人小林保译成日文在东京出版,更名为《支那新闻学史》。直

---

① 戈公振:《中国报学史》,生活·读书·新知三联书店1986年版,第1页。
② 同上书,第21页。

到今天,《中国报学史》依旧是新闻史研究的经典文本。

(二) 新闻业务的创新者

戈公振1912年进入《东台日报》,从担任图画编辑起步,1913年进入《时报》工作15年,1929年到《申报》工作三年。在长期的新闻实践中,他积极探索,任劳任怨,勇于创新,为报纸业务的发展做出了很大贡献。

进入《时报》后,戈公振深感工作的来之不易,倍加珍惜。他创办了许多种副刊,尤其重视文化、教育、文学、体育等方面的新闻,使《时报》受到知识分子阶层的重视。他认为新闻报道不仅要"新"而且要形象化,照片和图片是报道一条好新闻最有效的方式。1920年他创办的《图画时报》以发表时事图片为主,以对事件的深度报道和图片画面的视觉冲击力,赢得读者欢迎。《图画时报》开始为周刊每星期出一大张,随正报附赠,没想到画报附赠的这天便是《时报》销量剧增的日子。后来画报每星期附赠两次,以增加报纸的销量。当时钱芥尘的《上海画报》因为照片的缺乏很不景气,戈公振常常将多余的照片送给钱芥尘发表,使《上海画报》也销量大增。

戈公振凭借办《图画时报》的经验,于1930年创办了《申报星期画刊》,同样赢得了人们的喜爱,画刊采用外国先进技术,比《图画时报》更胜一筹。九一八事变后,他经过多方努力搜集了不少东北沦陷后的照片,配合《申报》的时评和专论在画刊上发表,表明坚决抗战的主张,引起很大的反响。

(三) 新闻教育的倡导者

戈公振认为,报纸在社会发展中有着非常重要的作用,报纸职员应具备较高的素质,接受完善的训练,同时国民也应适当提高阅读能力、理解能力和参与报纸工作的能力。

1925年后,戈公振根据自己的新闻经验先后在上海国民大学、南方大学、大夏大学、复旦大学的报学系或新闻学系讲授访事学(即现在的采访学)和中国报学史。他发起成立上海报学社,从事新闻学术探讨,组织短期新闻培训班等活动,使上海报学社成为旧中国时期上海地区存在时间最长、影响较大的新闻学术团体。他的《中国报学史》最大的意义在于第一次明确了报刊史是一门值得研究的学科,正因为有了这项研究,我国新闻学的学科框架体系才形成。

戈公振希望记者是有独立人格的人,具有崇高的理想,把国家的利益放在第一位,能独立地思考问题,有强烈的社会责任感,有较高的职业修养。而实现这样的目标,专业的新闻教育必不可少。他还认为,国民尤其是青年人都应掌握一定的新闻学知识,了解报纸的性质、作用和基本的读报方法。因为报纸是一个国家非常重要的文化现象,而且每个人都和它有联系,所以他认为报纸应向更多的国民开放,让更多的人通过报纸了解现实社会,能对各种问题表达观点。1929年,戈公振提出将新闻学教育列入整个国民教育体系中,让所有的人都能参与这种传播活动。戈公振这种国民新闻普及教育远见当时在中国,乃至世界范围都是超前的,即使在新闻传播事业高度发展的今天仍具有意义。

(四) 一腔爱国热情的记者

戈公振在九一八事变后积极支持抗日,在跟随李顿调查团到东北调查日本侵略真相期间,他不顾个人的生命安危,避开特务的监视进行实地调查,写出《到东北调查后》发表在邹韬奋办的《生活》周刊上。文章一开头写道:"到东北调查后,据我个人粗浅的观察,除非举国一致,背城借一,不但东北无收回的希望,而且华北也要陷于极危险的地位。事实如此,并非我危词耸听。"接着他愤怒地指责道:"有徘徊观望的国民政府,才有傀儡国的成立。日人的地位一天一天地稳固,我国的机会一天一天地错过。"他以亲眼所见,批评了国际联盟是个纸老虎,调查团的成员只关注自身的利害,不曾真正地调查,提醒国人不要把希望寄托在调查团身上,而要立足于自己的努力与奋斗。同时,他揭露了日本侵略者的虚弱本质,坚定国人必胜的信念:"日本吞东北如吞炸弹,现在日本已经吞下去而不愿吐出来了,等到中国内部一致,或是世界经济比较转好以后,这个炸弹总有爆发的一天。""现在日人所能支配的只是几个沿着铁路的大都会,以外都是义勇军或胡匪的活动地盘。今年耕地一半无收成,农村破产,民不聊生,惨苦万状,其势非与全民族共起奋斗,打出一条生路不可。"在危难时刻,戈公振没有像调查团的外国成员那样屈服于日本人,走过场敷衍了事,而是以一个中国记者的勇气,真实报道东北的实际状况,呼吁全国人民积极行动起来抵抗敌人的侵略。

离开东北后他又随着国联调查团前往欧洲,一路上祖国受难的情景总是压在他的心头。他在写给邹韬奋的信中说道:"弟对于国事实抱无上悲观,但吾人既稍有知识,只有尽一份子责任,从自己奋斗起。"①社会责任感和强烈的爱国热情使他回国后加入《申报》,用照片和图片报道时事,呼吁所有的中国人一齐努力抵抗侵略者。

戈公振临终前,仍然牵挂工作和眷念祖国,他向邹韬奋交代了自己尚未完成

---

① 戈公振:《从东北到庶联》,第33页。

的研究和工作,用尽所有的力气说道:"在俄国有许多朋友劝我不必就回来……国势垂危至此,我是中国人,当然要回来参加抵抗侵略者的工作……"他以生命最后的旋律表达了对祖国深切的感情。他逝世后著名爱国民主人士沈钧儒为他作悼亡诗:"浙江古越国,勾践人中杰。尝胆卧则薪,我是浙江籍。苏州有青门,炯炯悬双睛。怒视敌人入,我是苏州生。哀哉韬奋作,壮哉戈先生。死犹断续说,我是中国人。"诗写至此,沈钧儒笔端的激动无法控制,多次"我是……"的反复,表达出诗人被戈公振真挚的爱国热情所深深感染。

(五)勤勉的学术研究态度

戈公振最宝贵之处在于,他不论在怎样的新闻岗位,都勤奋好学、善于思考、积极探索。他一边认真完成记者工作,一边对实践作深刻思考。当他感觉欠缺理论水平时,便去欧洲考察,探寻国外报业发展的经验。戈公振对自己的要求很高,年过三十还补习英文。尽管教师年纪比他小,朋友也讥笑,他仍旧坚持。为了研究,他还学习日文、俄文。

在写《中国报学史》时搜集资料非常重要,他经常到私家的藏书室和图书馆借阅,长时间地阅读抄写。为了保证资料的准确性,他还经常向各方面的专家请教。为了解俄国人在我国出版的各种俄文报纸,他和蒋光赤多次通信。在国外考察时,他也一直注重收集资料。朋友们得知他为写作报学史花费的巨大心血,每当在书肆中看到可能有用的图片也都主动帮他搜集。戈宝权在纪念文章《回忆叔父戈公振二三事》里提到叔父在他小时候送给他一盒积木,并在盒盖里写了两句话:"房子是一块砖头一块砖头造成的,学问是一本书一本书读成的。"这两句话是对后辈的鼓励,也是戈公振勤勉和严谨治学态度的真实写照。

三、戈公振的新闻思想

戈公振通过实践和国外考察,对新闻工作有较为先进的认知。他站在历史的高点上,一方面梳理中国新闻传播的历史状态,另一方面又聚焦到外国的传播现状,而后研究分析新闻传播的经验和教训,以期冀对中国报业的发展有促进作用。他除了研究中国新闻史,在新闻教育、报刊经营、新闻实务等方面都有创见,一些理念至今仍具指导意义。

(一)报纸的地位与作用

20世纪上半叶,报纸是最主要的新闻传播媒介,戈公振通过实践认为报纸在社会生活中发挥着重要的作用。他说:"盖报纸者,人类思想交通之媒介也。夫社会为有机体之组织,报纸之于社会,犹人类维持生命之血,血之停滞,则立陷于死状;思想不交通,则公共意识无由见,而社会不能存在。有报纸,则各个分子之意见与消息,可以互换而融化,而后能公同动作,如身之使臂,臂之使指然。报纸与人生,其关系之密切如此。"①

他在回顾中国古代官报发展的历史后指出,中国官报尽管产生年代比较早,但是报纸的作用仅仅是统治者为了阻止人民干预国政,以实现行政统一的目的,在文化传播方面毫无影响,这样的结果是严重限制了报纸的发展,使它的生命力衰落,远不及西方报业的发展。随着时代的发展,他认为报纸已经越来越普及,如同日用品一样成为国民的需要,报纸承担着非常重要的教育作用。正是对报纸的地位和作用有着深刻的认识,才激发戈公振对中国几千年报刊发展史做系统的研究,对新闻理论做深入的思考。

(二) 报刊的业务标准

戈公振总结了报纸在当时发展的三个方向,即"平民化""艺术化"和"世界化",并对报刊的业务标准提出了具体规范的相应要求。

他非常重视新闻报道的真实性和客观性,在谈到报纸的特性时,他认为"现实性"是报纸不能轻视的要素。他说:"身为记者,于此应先下一番研究功夫,以徐待事实之证明,若根据捕风捉影之谈,人云亦云,漫为鼓吹相攻击,其不为通人所齿冷也几希。"②为保证新闻的客观公正性,他把真实放在第一位,不允许有任何"有偿新闻"的交易。

作为记者,戈公振始终秉持尊重事实、谨慎的写作态度。他在苏联考察时,邹韬奋希望他能多写一些通讯,他在信中谈到了自己刚开始有写作的勇气,时间长了反而难以下笔,他觉得写作苏联的通讯"第一,要能无成见……第二,要不为习惯所囿。……第三,要无以一地一时或一事的情形来肯定或否定一切。……第四,要有专门学识,最好更能精通俄国语文"③。20世纪30年代的戈公振已是名声大振的记者了,可是他对自己的要求依然很高。

在报纸的业务发展上,戈公振认为报纸的新闻传播要有一定的标准和规律,这是一种对报业传播共性规律的追求,不能只讲过去和现在。他谈到民报的勃

---

① 戈公振:《中国报学史》,第1页。
② 同上书,第196页。
③ 戈公振:《从东北到庶联》,第41页。

兴时指出:"其可得而称者,一为报纸以捐款而创办,非以谋利为目的;一为报纸有鲜明主张,能聚精会神以赴之。斯二者,乃报纸之正轨,而今日所不多觏见也。"①同时,他也注意到当时的上海新闻界销量大的报纸都具有鲜明的特点,很少有同质之争,提出各报都应追求独创性。为了解决报纸之间消息内容的重复,扩大消息来源的丰富性,戈公振提出报纸可以尝试搞合作化的方式,以实现共同发展。

戈公振还认为,报纸在各种新闻报道中要注意运用形象化的手段,不仅运用照片和图片等直观的方式,在编辑上也要力避千篇一律,避免"阅过一报,则他报即一无可阅"的状态;记者在采写中应重视用通俗易懂、生动形象的文字报道,让读者看得懂;随着国民整体素质的提高,报纸应注重提高大众品味,在文化传播上多做努力,提高业务水平。这些对当代新闻报道都有启示意义。

(三)舆论与报纸业务

戈公振为报纸下的定义是:"报告新闻,揭载评论,定期为公众而刊行者。"②他积极提倡新闻自由,认为"言论自由,为报界切肤之问题,此问题不解决,则报纸绝无发展机会"③。自由的言论能发挥重要的社会作用,他在《中国报学史》自序中说,"军事扰扰,岁无宁日,吾人欲挽此危局,非先造成强有力舆论不可"。舆论萎缩,报纸便无法发挥监督作用。

对于舆论的来源以及与报纸的关系,戈公振有自己的见解,认为"报纸与舆论之生成有关系,确为当然之事实。不过其间不能不加以分别,即报纸与舆论生成有关系之事实,其程度如何,其意思如何,应加以研究耳"④。他还认为,对于作为社会意识的舆论,其表现与本质都应该给予详密的研究。戈公振反对报纸"制造舆论",认为舆论的价值在于是全民公共意见的合成体,记者应该客观公正地传达民声,第一不能伪造所谓的舆论,第二民声的来源不能是"名人"和"要人"。他呼吁:"深愿主笔政者,今后能够易其眼光,开豁其胸襟,予平民以发抒意见之机会,勿执己见,勿护过失,而第以寻求真理为归也。"⑤

---

① 戈公振:《中国报学史》,第176页。
② 同上书,第6页。
③ 同上书,第359页。
④ 同上书,第13页。
⑤ 同上书,第360页。

(四) 媒介经营的重要性

报纸的发展需要良好的管理,戈公振对报纸的经营有很好的见解。在《当时报界之情形》中,他描述了中国报馆的编辑形式、记者地位、营业状况等内容,指出与外报相比,中国报纸内容琐碎、形式单一、销量很低,这与记者编辑的工作环境简陋、薪水酬劳低等经营状况有很大关系。他还指出:"报馆经济不独立,则言论罕难公而无私。"①倘若报馆需要靠一些组织的救济,那么免不了会出现"有偿新闻",在言论上会受到限制,所以报馆必须保证经济上的独立。

这种经济的独立需要有完善的经营机制,戈公振根据实践经验提出过许多认识。他认识到广告的作用和价值是报纸获得经济支持的重要来源,同时也是社会发展进步的一种记录方式。他指出报纸广告不发达,原因主要是报社思想上不重视,继而忽视设计,无法吸引读者注意,这样更不会招揽广告主。为避免这种状况,他主张"应设法引诱本国商人登载广告,为之计划,为之打样,为之尽力,必使商人不感困难,又排列务求美观,印刷务求清晰,地位务求明显,俾易入读者眼帘,使其出费小而收效大"②。他还提出报刊可以适当设计广告学研究的专栏,吸引广告商的兴趣,认识到借助报纸进行产品宣传的好处。同时他强调不得刊登虚假广告,包括违反道德的广告。戈公振不仅看到广告的优势,提出发展的建议,更可贵的是他不以经济收益为第一要务,而将报纸的公信力视为重中之重,这在当时非常可贵。

(五) 理论与实践相结合培养记者

戈公振认为记者是报纸发展最重要的因素,必须做好记者的培养工作,但他反对记者可以依赖天分自然成长或者直接依靠报社培养。1929年他从欧洲考察回国后对西方新闻教育进行审视,总结如下:美国注意职业训练,重实际操作;德国注意学习理论和基础知识,重理论学习;英国则二者并重。在此基础上,他提出对记者的培养必须理论与实践相结合,处理好在学校学习知识和去报社实习的关系。

他不赞成在学校过多地教授学生职业的技术和技巧,认为记者应具有独立的人格,有团结一致维护职业理念的坚定性。他强调学校应加强学生思想道德和职业修养的教育,建立崇高的信念,这才是产生优秀记者的基础。此外,学校

---

① 戈公振:《中国报学史》,第21页。
② 同上书,第220页。

新闻教育不必使学生成为通才,应设置相应需求的专业,有针对性地培养,使学生成为某一方面的专才。他提出各种记者应具备的知识体系:政治记者应通晓历史、地理、法律、经济、统计学和外语等知识;商业记者须掌握国民经济及统计学、个体经济、地理、重要的法律和英语;省报或地方报的记者应研究历史、地理、国际法、国民经济及统计学和特殊的法律;文艺记者应研究哲学、历史和本国文字。只有这样的专业人才,进入报馆后才能够独当一面有所发展。在戈公振看来,培养一名合格的记者,学校教育只完成了一半工作。学生必须到报馆实习,经过业务锻炼才能掌握实际的经验。这种希望中国新闻学要将职业教育和职业训练都涵盖在内的设想,今天仍具现实意义。

戈公振还主张要注重人才的可持续培养,关注优秀记者的成长空间,"遇有可造之才,宜少责以事,使有读书之暇,多与以薪,使无生计之忧。倘能实行年功加俸之制,则人自不至见异思迁,视报馆如传舍矣"①。他不仅是优秀的新闻记者,还是学识渊博的新闻理论学家、有远见的新闻教育家,他为新闻事业贡献了毕生的精力,为中国报纸的发展、新闻学科的建设做出了巨大的贡献。

参考文献

1. 戈公振:《中国报学史》,生活·读书·新知三联书店1986年版。
2. 戈公振:《从东北到庶联》,湖南人民出版社1984年版。
3. 郑贞铭:《百年报人——报业开路先锋》,台北远流出版社2000年版。

---

① 戈公振:《中国报学史》,第246页。

第5章 邹韬奋

——"鞠躬尽瘁、死而后已"的壮丽旗帜

邹韬奋（1895—1944），著名记者、出版家、社会活动家。1927年主编《生活》周刊，后创办生活书店，参加宋庆龄、蔡元培、鲁迅等发起的中国民权保障同盟并当选执委。1935年起相继创办《大众生活》《抗战》《全民抗战》等刊物，坚决反对不抵抗政策，号召全国人民团结起来抗日图存，受当局迫害两度流亡香港。1942年到苏北抗日根据地。1944年7月在上海病逝。1993年，经中共中央宣传部批准，以他名字命名的"韬奋新闻奖"设立，这是我国新闻工作者的最高荣誉奖，并且是常设的全国性新闻奖。2005年，"韬奋新闻奖"与"范长江新闻奖"合并为"长江韬奋奖"，用以表彰全国的优秀新闻工作者。

一、邹韬奋为人民服务的一生

1895年11月5日，邹韬奋出生于福建永安县一个封建官僚家庭，取名恩润，乳名荫书。邹家祖籍江西余江，是传统的"书香之家"，韬奋的祖父、父亲都做过清朝小官，因此他从小接受了中国传统文化的熏陶。6岁起，韬奋就经历了近十年自称为"牢狱式"的私塾教育，但同时，悠久灿烂的民族文化也为他打下了坚实的国学基础，积淀起他以后从事新闻的良好准备。

邹韬奋13岁时母亲因病去世，他一生都对此有深刻记忆，30年后还写了《我的母亲》一文表达对慈母的眷念。15岁时邹韬奋考取了诞生于洋务运动中的福州工业学校，他在这里接触到许多新鲜事物，先进的西方科学文化思想让他视野大为开阔。1912年，邹韬奋跟随父亲来到上海，插班考进南洋公学下院（附属小学），一直到1919年考入圣约翰大学，他在南洋公学八年，度过了小学、中学和大学的头两级。南洋公学以工科见长，邹韬奋进入这所学校的初衷是想当工程师。但在接下来的学习中，他发现自己对数学和物理都无兴趣，吸引他的是国

第5章 邹韬奋——"鞠躬尽瘁、死而后已"的壮丽旗帜

文和历史。因此他有意识地培养自己的写作能力,刻苦钻研"写的技术和内容",受到老师的欣赏。这一时期他开始向报刊投稿,产生了成为一名新闻记者的念头。他后来回忆说,在南洋公学时就被《时报》上黄远生的通讯所吸引,"希望自己将来也能做成那样一个新闻记者"①。梁启超的《新民丛报》和章士钊的《甲寅杂志》两份刊物,也让年轻的韬奋着迷,常常挑灯夜读,激励着他要做一名优秀的记者。

1913年,邹韬奋升入了南洋公学中院(附属中学)。此时由于父亲的失业和投资的失败,邹韬奋陷入经济上窘迫的状态,"过一学期算一学期,过一个月算一个月。这学期不知道下学期的费用在哪里,甚至这一个月不知道下一个月的费用在哪里"②。但贫困没有放慢邹韬奋前进的步伐。从中学到大学,他通过自己的努力完成了学业,其中包括向报刊投稿、做家教等。值得一提的是,南洋公学规定获取"优行生"资格的人可以免除学费,邹韬奋一直到大学二年级,除了一个学期外都获得了这一资格。而未获得"优行生"的那个学期,原因是他表现过于优异,校长觉得物质已难以奖励,故特意将"优行生"评选暂停一次。

1918年底,邹韬奋经过考虑决定转考圣约翰大学。与偏理工的南洋公学相比,圣大以文科见长,再加上在南洋公学的大学二年级后,邹韬奋感到自己对所学的电机专业无法适应,所以选择了"弃理从文"。但圣约翰大学的学费高,也没有南洋公学的"优行生"奖励。幸好此时邹韬奋的一位同学给他介绍了一份家教工作,于是,1919年2月邹韬奋没有回南洋公学报到,而是来到宜兴的乡下当了半年家教挣学费。经过努力,他于9月考入圣约翰大学三年级,主修西洋文学,辅修教育。在圣大的两年时间,韬奋虽仍受经济的制约,但却更加练就了他坚忍不拔的精神和自强不息的品格。他广泛而深入地学习西方科学文化知识,增强了驾驭语言的能力,还强化掌握英语。这一切,为他日后成为优秀的新闻工作者打下了坚实基础。

1921年邹韬奋从圣约翰大学毕业,经人介绍到了民族资本家穆藕初创办的厚生丝厂,不久又到上海纱布交易所担任英文秘书。邹韬奋的职业初衷是当新闻记者,只因偿还求学期间欠的债务不得已选择了自己并不喜欢的岗位。不过,在工作之余他还是想办法来拓展自己的新闻能力。正好邹韬奋在圣约翰大学的校友张竹平担任《申报》经理,他便寻机帮助其处理英文函件。在《申报》的日子虽不长,却为邹韬奋积攒下有关新闻编辑的经验。

---

① 《韬奋全集》第7卷,上海人民出版社1995年版,第144页。
② 同上书,第151页。

除了前往《申报》实习，邹韬奋还在工作之余兼任上海青年会中学的英文教员，他觉得也可尝试一下在教育界的发展机会，于是向黄炎培写信毛遂自荐。当时黄炎培正主持中华职业教育社的工作，需要一名中英文都好的编辑人员。经过认真考察，黄炎培请邹韬奋担任中华职业教育社编辑股主任，负责编辑《教育与职业》月刊和编译《职业教育丛书》。1922年，邹韬奋从交易所辞职来到新的岗位。不过，职教社只能聘请他工作半天，薪金也较低。黄炎培又介绍邹韬奋到江苏教育会的"科学名词审查会"兼职，编辑已审过的各科名词。

从1922年到1926年，邹韬奋在职教社工作了近五年时间。除了编辑工作外，他编译出版了不少职业教育丛书，如《职业教育研究》《职业智能测试法》《职业心理学》等，翻译了杜威的名著《民本主义与教育》。同时他还担任了职教社的职业指导股副主任，兼任中华职业学校英文教务主任。

1926年10月，邹韬奋的人生迎来了一个重大转折。在1925年10月，中华职教社创办了《生活》周刊，银行家王志莘为主编。1926年王志莘脱离周刊专职于银行业务，邹韬奋被任命为新一任主编，从此，他开始了辉煌的新闻出版工作生涯。刚接手《生活》周刊时，邹韬奋的态度勉强，因为这个刊物当时没有什么影响，主要是分送给职教社职员和拿到外面去送人阅读。邹韬奋在接任周刊主编时还兼有中华职校的职务。1927年他辞去职校后又接受张竹平的邀请，兼任了《时事新报》的秘书主任，主持该报副刊《人生》编务。一直到1928年，邹韬奋越来越陶醉于《生活》周刊的工作，才辞去了所有兼职全身心地投入《生活》周刊的编辑出版。

《生活》周刊起初因内容狭窄且定位不清，未能受到读者认可。邹韬奋上任后根据社会和读者需要，从各方面进行了大幅度的革新。他把该刊宗旨定为："本刊期以生动的文字，有价值有兴趣的材料，建议改进生活途径的方法，同时注意提醒有关人生修养及安慰之种种要点，俾人人得到丰富而愉快的生活，由此养成健全的社会。"慢慢地，在邹韬奋主持的七年里，《生活》周刊从一个不起眼的小刊物，发展成为从交通不便的穷乡僻壤到灯红酒绿的十里洋场都有着广大影响的刊物，发行量最高时达15.5万份，创造了当时国内期刊发行的新纪录。

《生活》周刊受到读者的欢迎是邹韬奋付出心血的结果。他提出要注重联系群众，使刊物能被读者所接受、喜爱、信赖。他首先对文章的内容和形式更新，要求采用明显畅快的平民化语言，增加文体形式和内容的趣味性、价值性，以朴实的文风和多样的表达方式吸引读者眼球。邹韬奋还开设了"读者信箱"专栏，联系读者服务读者，仔细阅读并认真答复读者的每封来信。由于刊物文字朴实、亲切自然、贴近生活，又敢于面对现实、伸张正义，《生活》周刊成为群众倾诉衷

第5章 邹韬奋——"鞠躬尽瘁、死而后已"的壮丽旗帜

肠的热心伙伴,很快就赢得了读者的信任和热爱。尤其是邹韬奋以经世致用为己任,同社会上的邪恶势力做斗争。他站在人民的角度在《生活》周刊上发表了多篇评论,对贪污腐化等现象予以揭露和批判。"韬奋"的笔名就是在这一时期使用并逐渐著名的,他还使用过其他多个笔名。不过,以后人们都亲切地称他为"韬奋",反而忘却了他的本名。

1931年九一八事变后,忧国忧民的邹韬奋在《生活》周刊上宣传抗日救亡,坚决反对不抵抗的妥协行为。他积极支持各地的救亡运动,声援爱国学生的游行示威,还在刊物上发起了援助马占山等东北抗日将士的募捐活动。1932年一·二八事变爆发,邹韬奋对政府妥协退让的行径进行猛烈抨击,并为十九路军开展筹集资金等助战工作。《生活》周刊成为宣传抗战、反对投降的舆论阵地。同年,邹韬奋还创办起生活书店,在全国多个城市开设了分店。1933年初,他加入宋庆龄、蔡元培、鲁迅等发起组织的中国民权保障同盟,并被推选为中央执行委员,从此走上了争取中国民主政治的斗争之路。

邹韬奋积极投身争取民主政治的行为引起了当局的忌惮,他们采取各种方式限制《生活》周刊的发行,并对邹韬奋的其他新闻传播行为设置阻碍。1932年3月,邹韬奋创办了《生活日报》,但仅到10月就被当局压迫停刊。1933年6月18日,国民党特务将著名的爱国民主人士、中国民权保障同盟总干事杨杏佛暗杀,邹韬奋也被列入黑名单,他被迫离开祖国,开始了两年的流亡生涯。邹韬奋出国不久,1933年底《生活》周刊就被当局查封。

邹韬奋流亡海外期间足迹遍及亚欧和北美,他带着对世界大势和中华民族出路的考察,将这些考察心得整理为《萍踪寄语》三集和《萍踪忆语》出版,深刻地认识到资本主义社会无法克服的弊病,中国需要寻找别的道路来实现民族解放和国家富强。为了寻求解决的方法,他特意到苏联进行参访,系统地学习了马克思列宁主义理论。他在《萍踪寄语三集弁言》中指出:"我们的民族是受帝国主义压迫和剥削的民族。所以我们的出路,最重要的当然在努力于民族解放的斗争。中华民族解放的斗争,决不能倚靠帝国主义的代理人和附生虫;中心力量须在和帝国主义的利益根本不两立的勤劳大众的组织。"经过在国外的考察和学习,邹韬奋在思想上产生了巨大的转变,形成了马克思主义的世界观。

1935年"新生事件"发生,《新生》周刊被迫停刊,邹韬奋的好友、《新生》的主编杜重远被捕入狱。《新生》是《生活》周刊被查禁后,生活书店聘请杜重远所主办,继承了《生活》周刊的办刊理念和传统。当时远在美国的邹韬奋闻听此讯,愤怒不已,决定立即回国。8月27日,邹韬奋抵达上海,继续高举"抗日救亡"大旗,投身民族独立与解放的斗争。11月16日,他创办了《大众生活》周刊,

在发刊词《我们的灯塔》中,将"力求民族解放的实现,封建残余的铲除,个人主义的克服"定为宗旨。很快,《大众生活》以其鲜明的政治立场受到读者的欢迎,销售量达到20万份,超过原来的《生活》周刊,再次打破当时国内杂志发行的纪录。邹韬奋接连发表评论,斥责当局所谓"攘外必先安内"的行径,号召全国人民投入爱国救亡运动。一二·九运动爆发后,他高度赞扬学生的救亡运动并表示热烈支持。同年12月上海文化界救国会成立,邹韬奋当选为执委。

邹韬奋主办的宣传抗战的《大众生活》周刊

对邹韬奋和《大众生活》,当局又恨又怕,不仅利用禁邮等方式大肆打压《大众生活》,还进行拉拢收买。国民党负责宣传的官员张道藩专门去找邹韬奋,希望他为当局领导人宣传,并威胁说:老实讲,蒋先生要对付一个人很容易,就像踩一只蚂蚁一样。邹韬奋将生死置之度外,在威逼利诱面前毫不动摇,说他"绝不做陈布雷第二"。1936年2月,《大众生活》被当局查封,邹韬奋再次踏上流亡之路,离开上海前往香港。到港后不久他就着手筹办《生活日报》,在发刊词中提

第5章 邹韬奋——"鞠躬尽瘁、死而后已"的壮丽旗帜

出"本报的两大目的是努力促进民族解放,积极推广大众文化","从民众的立场,反映全国民众在现阶段内最迫切的要求"。《生活日报》和随报发行的《生活日报星期增刊》,一起担负起向大众宣传争取民族解放的重任。由于种种困难,《生活日报》出版了55天就于1936年7月31日停刊,邹韬奋决定从8月1日起迁到上海恢复出版。由于当局的阻挠,《生活日报》最终未能再次面世。

在进行新闻舆论宣传的同时,邹韬奋还投身于民族救亡的社会活动中。1936年5月31日,全国各界救国联合会在上海成立,不在上海的邹韬奋仍被选为执委。救国会成立后,邹韬奋与沈钧儒、章乃器、陶行知联名发表了《团结御侮的几个基本条件与最低要求》的公开信,提出各党派联合进行抗日的主张,对发动全国人民的抗日救亡运动起到了积极作用,但也再次引来当局的迫害。11月22日深夜,国民党特务将邹韬奋和沈钧儒、沙千里、王造时、李公朴、章乃器、史良等七人逮捕,制造了震惊中外的"七君子"事件。面对捏造的"危害民国"罪,邹韬奋毫不妥协,坚称爱国无罪,揭露当局媚外欺内的嘴脸。国民党的暴行激起了全国人民的怒火,在社会各界的强大压力下,1937年7月31日,邹韬奋等七人被释放出狱。

邹韬奋出狱前,卢沟桥的枪声已打响。出狱后,他立即投身于全民抗战的洪流中。他在上海创办了《抗战》三日刊,并六天一期增出《抗战画报》。他在刊物中大力宣传抗战救国,鼓舞全国军民的士气,热情讴歌爱国将士的英勇行为,社会反响热烈。上海沦陷后,他将刊物移至汉口出版,坚守抗日救亡、争取民族解放的舆论阵地。1938年6月,邹韬奋被当局聘为国民参政会参政员。在参政会里,他竭力推动爱国民主的进步,也再次使得当局恼怒不已。

1938年7月,邹韬奋将《抗战》三日刊与柳湜主编的《全民》周刊合并为《全民抗战》三日刊。他因反对国民党的片面抗战政策,主张全民抗战和民主建国,遭到了当局的野蛮打压。除在稿件刊发上当局采取审查制度控制外,从1939年4月起还陆续对生活书店的各分店封店捕人。当时生活书店在全国有56家分店,员工近五百人,到1941年2月除重庆分店外,其他都在当局的文化压制下凋零。愤怒的邹韬奋又一次选择了流亡,在1941年2月第二届国民参政会第一次会议开幕之际,他离开重庆到了香港。

到香港后,邹韬奋继续为抗日救亡和民主政治大声疾呼。他为范长江的《华商报》撰写长文《抗战以来》,揭露批判政府的专制面目,也赞扬抗日战士前仆后继的牺牲精神,并给予读者中国必将获得抗战胜利的希望。同年5月17日,邹韬奋在港恢复《大众生活》的出版,这也是他所主办的最后一份刊物。他在《复刊词》中写道:"摆在全国人民面前的紧急问题,就是如何使分裂的危机根

本消灭,巩固团结统一,建立民主政治,由而使抗战坚持到底,以达到最后的胜利。"复刊的《大众生活》产生了巨大的社会影响,销量很快达到10万份。他还经常在其他刊物上发表评论,如《保卫中国同盟通讯》和《救国丛书》等。1941年5月,邹韬奋与救国会留港代表茅盾、范长江、金仲华等人在《华商报》联名发表《我们对于国事的态度和主张》,分析了中国面对的抗战形势,并要求进行民主政治改革,保障争取民族解放斗争的胜利。

1941年12月,太平洋战争爆发,日军侵占了香港,《大众生活》被迫停刊。在中共的帮助下,他到了广东的东江游击区,后又辗转到达苏中和苏北抗日根据地。在根据地的考察使韬奋感慨万千:"当我在敌后抗日民主根据地,亲眼看到民主政治鼓舞人民向上精神,发挥抗战力量,坚持最残酷的敌后斗争,并团结各阶层以解决一切困难的情形,我的精神极度兴奋,我变得年轻了。我对于伟大祖国更看出了前途光明。"①他在根据地感到自由、振奋,正准备以崭新的姿态投入抗战宣传时,不料原有的耳疾被确诊为耳癌,他病倒了。在中共的尽心安排下,邹韬奋到上海就医。病重期间他不顾剧痛困扰仍在思考祖国和民族命运,在病榻上口述了对《国人的呼吁》,赶写了《患难余生记》(原定四章,因病情恶化只写了几万字),还计划撰写《苏北观感录》《民主在中国》和《各国民主运动史》。

病情的恶化没有给邹韬奋更多的时间,1944年7月24日他被病魔夺去了生命。消息传出,举国哀痛,中共领导下的各抗日根据地纷纷举行追悼大会,隆重纪念这位杰出的政治活动家和新闻记者。邹韬奋在遗嘱中提出了入党申请:"请中国共产党中央严格审查我一生奋斗历史。如其合格,请追认入党。"中共中央在9月28日致邹韬奋家属的唁电里,追认他为中共党员,并高度赞扬了他为理想和真理而坚持奋斗的战斗精神,对他一生所从事的正义新闻事业给予了极高的评价,毛泽东、朱德、周恩来等中共领导人纷纷题词表示深切哀悼。

二、邹韬奋的办刊思想

邹韬奋在二十多年的新闻生涯中,形成了独特的新闻思想和办报风格,在我国新闻事业发展史上画上了浓重的一笔。

(一)贴近群众的办刊定位

邹韬奋主编过多种报刊,他要求刊物将受众定位于社会中下层民众,以新颖

---

① 《韬奋全集》第10卷,上海人民出版社1995年版,第815页。

有趣的文字贴近群众生活,达到吸引读者的目的。他在主编《生活》周刊时明确表示:"本刊的态度是好像每一星期乘读者在星期日上午的余暇,代邀几位好友聚拢来随意谈谈,没有拘束,避免呆板,力求轻松生动简练雅洁而饶有趣味,读者好像在十几分至二十分钟的短时间内参加一种有趣味的谈话会,大家在谈笑风生的空气中欣欣然愉快一番。"①在文章选材上,他要求放弃乏味的空论而选择雅俗共赏的趣味性事实,并将这种事实分为三类,一类是新鲜的事实,一类是著名历史人物的生平事迹,一类是为大多数民众所不知的国内外奇闻逸事、风俗人情等,趣味性和贴近性成为他办刊吸引读者的一大法宝。

邹韬奋也认识到趣味性要兼顾社会价值,他不主张一味猎奇,更反对以淫词秽语来吸引读者,认为刊物应承担与之相对的社会责任,使价值和趣味相统一,既能给读者带来生活中的快乐享受,又能充当他们人生的指向标,抑恶扬善,促进社会的进步。这样的思想贯穿了邹韬奋的整个办刊生涯,在以后主编《生活日报》时,他继续坚持这一思路,要求记者编辑站在最大多数群众的角度,接近大众,服务大众,为大众办报,让大众懂报。他指出,办报不是为了只让受过高等教育的精英们读报,而是要让生活在社会底层的工人农民也能读懂。

邹韬奋还在文字表达上注意采用通俗畅快的"平民式"语言,反对"佶屈聱牙"的贵族式文字。其中有代表性的是他开创的"小言论"文体,这是邹韬奋从《生活》周刊第2卷第47期起开辟的专栏,每期仅几百字,以平民化的言论风格、多样化的表述方式和通俗化的言辞结构,从群众的立场出发,抓住群众最关心的问题,进行独具特色、精辟独到的评论分析,受到广大读者的欢迎。"这一栏也最受读者的注意;后来有许多读者来信说,他们每遇着社会上发生一个轰动的事件或问题,就期待着看这一栏的文字。"②

(二) 重视新闻采编人员的职业素养

邹韬奋非常重视采编人员的职业素养,坚决反对任人唯亲而坚持素质至上的用人。1930年8月他招聘一名撰述助手,在《生活》周刊上打出《征求一位同志》广告,列出了作为一名合格撰述人员所应具有的素质:"敏锐的观察与卓越的见识,再说得简单些,就是思想须能深入……这个条件是从事撰述评论的人所不可少的,是很显明的,用不着多说。至少须精通一种外国文。主持评论的人有八个字很重要,就是'搜集材料,贮蓄思想'。所谓贮蓄思想,是平时无论如何

---

① 《韬奋全集》第2卷,上海人民出版社1995年版,第791页。
② 《韬奋全集》第7卷,第198页。

忙,要能静想,想些抽象的好意思,蓄在胸中,好像'贮蓄'一样,遇事触机而发为言论,便较有精彩。与贮蓄思想有密切关系的便是'搜集材料'。多阅读平时出版的中外书报,所以至少须精通一种外国文。现在比较重要的外国文要算英法德日。我自己可用英文,勉强看得懂法文,我所用的西文书报参考书以英文为多,所以我希望的帮手以能英文为最宜,法文次之,虽则别国文并非绝对不可。"正是由于邹韬奋的用人唯才,《生活》周刊拥有了一大批德才兼备的记者编辑、撰述人员,如胡愈之、李公朴、戈公振、艾寒松、杜重远、王光祈等中国现代著名学者,其中一些人正是邹韬奋所发掘培养的。

关于新闻记者的业务素质,邹韬奋认为应善于思考和提问,能根据事实的变化随机应变,排除现场的干扰,迅速清晰地进行记录和分析新闻线索。他还要求新闻记者能周旋于社会各阶层之间,善于与各类社会人群进行交流,方能完成采访任务。

(三)关注广告营销

邹韬奋主编《生活》周刊,为了不增加读者的负担,在增加篇幅、加印彩页时没有向读者收取额外的费用。这虽然体现出为读者着想,但也增加了刊物的经济压力,《生活》本来就没有巨额的开办费。为了应对这一局面,韬奋除了扩大销路之外,还在报刊广告方面下了很大的功夫。在他的努力下,《生活》实现了以广告和刊物互利互惠的良性循环。《生活》的巨大社会影响力使得诸多厂商乐意刊登广告,邹韬奋又利用广告的受益来促进刊物的发展,取得更大的社会知名度,同时也带动了销路。

邹韬奋并不是让所有的产品都能刊登于《生活》周刊,他认为广告和新闻一样,要向读者负责。他对刊登广告标准作了严格的限制:"略有迹近妨碍道德的广告不登,略有迹近招摇的广告不登,花柳病药的广告不登,迹近滑头医生的广告不登,有国货代用品的外国货广告不登。"[①]邹韬奋这样做极其不易,与当时中国部分报刊为了运营而不顾职业道德,大肆登载浮夸虚假广告相比,显得弥足珍贵,这对今天的传媒集团仍有着启示意义。

三、邹韬奋的新闻思想

邹韬奋去世后,毛泽东向他表示哀悼的题词总结了著名的"韬奋精神":"热

---

① 沈谦芳:《邹韬奋传》,山东人民出版社 1998 年版,第 67 页。

第5章 邹韬奋——"鞠躬尽瘁、死而后已"的壮丽旗帜

邹韬奋在工作

爱人民,真诚地为人民服务,鞠躬尽瘁、死而后已。这就是邹韬奋先生的精神,这就是他之所以感动人的地方。"这是对邹韬奋的新闻生涯的最好诠释。

(一)为人民大众服务的立场

主编《生活》周刊时,邹韬奋就很重视读者来信,专门设立了"读者信箱"专栏,以期及时与读者沟通,了解他们的思想动态和社会现实,从而能更好地为人民服务。信箱每年都收到数万封读者来信,邹韬奋称其为"本刊真正的维他命","写作思想的源泉"。对读者信中提出的各种问题,他总是认真回答并尽力地解决,将处理读者来信当作是一次为人民服务的机会。信中的问题有青年学子对未来的困惑,有普通群众希望得到帮助支持,还有夫妻间争吵之类的生活小事,邹韬奋不觉得它们烦琐,总是尽可能地亲自回信为读者解惑分忧。他一个人实在忙不过来时,才会安排别人回复。即使在这种情况下,他仍然坚持对回信审阅和签章。竭尽全力为群众解决困难的理念,贯穿了他的整个新闻刊物出版生涯。

1930年9月,邹韬奋在《生活》周刊上创办"书报代办部",通过这一特设的部门来完成读者们的种种希望。小到求购书籍衣物,大到代请医生律师,邹韬奋领导《生活》周刊为读者们排忧解难。开办"书报代办部"后,不论是大洋彼岸的华侨,还是身居内地的读者,都得到《生活》周刊全心全意的服务。

邹韬奋还注意照顾广大社会群体的利益。由于热心为读者服务,《生活》周

刊的发行量大大提升。当时也传出邹韬奋办刊物发了大财、盖了洋房甚至娶了小老婆等谣言。实际上，为了让更多的读者能订阅报刊，邹韬奋极力设法降低报价，让利于读者。他把办报的利润用在了发展刊物和减轻读者的负担上，在刊物增刊、加印彩页、增加页码时，都力求刊物自己承担而不增加定价。他自己登在本刊的稿件不取稿费，甚至带头降低薪水以稳定刊物的售价。

（二）强烈的社会责任和使命感

自鸦片战争以来中国饱受列强欺凌，民族矛盾和社会矛盾都十分尖锐。邹韬奋希望自己通过办刊这一方式，达到救国救民的目的。在接手《生活》周刊后，他将反映社会大众的疾苦、求得民族独立和社会进步作为最主要的目的，而不是为了发财富贵。1927年他在《本刊与民众——本刊动机的重要说明》中就表示："农人的苦生活，工人的苦生活，学徒的苦生活，乃至工役的苦生活，女仆的苦生活……都是本刊已载过的材料，也是本刊替民众里面最苦的部分，对于社会的呼吁。"1930年他继续在《我们的立场》中说："我们是立于现代中国的一个平民地位，对于能爱护中国民族而肯赤心忠诚为中国民族谋幸福者，我们都抱着热诚赞助的态度。我们不愿唱高调，也不愿随波逐流，我们只根据理性，根据正义，根据合于现代的正确思潮，常站在社会的前一步，引着社会向着进步的路上走。所以我们希望我们的思想是与社会进步时代进步而俱进。"

随着中华民族危机的加剧，邹韬奋的社会使命感和责任感越来越强烈。"九一八"事变后，他立即在《生活》周刊发表《本周要闻》，高举抗日救国的旗帜，宣传抗战，反对不抵抗政策，并积极为抗日将士募款。在其之后主编的《大众生活》创刊词中，更是立场鲜明地提出"力求民族解放的实现，封建残余的铲除，个人主义的克服"。这些举措表明，邹韬奋已不仅仅是新闻工作者，更是自觉挽救民族危机的民族斗士，他所从事的新闻活动带上了浓厚的社会责任的烙印。

（三）新闻自由的辩证观点

邹韬奋对新闻自由给予了很高的关注，他把新闻自由看作是民主政治的要素和基础，并认为是民主政治的结果和产物。他认为新闻自由与民主政治是彼此互相影响的，指出"自由言论的民主权利得到了相当的保障，然后民主政治才能建立起来，逐渐发展，逐渐巩固"[①]。

[①] 《韬奋全集》第6卷，上海人民出版社1995年版，第706页。

第5章 邹韬奋——"鞠躬尽瘁、死而后已"的壮丽旗帜

邹韬奋还强调,不同性质的新闻媒体代表着不同阶层的利益,因此在其所享有的权利和义务上也就有所不同。他不仅对"官意言论"和"民意言论"进行了界定,分析了两者在民主与专制环境下的两种不同境遇,更提出了新闻自由的阶级性观点,认为只要社会中还有阶级存在,那就只有一定阶级范围内的新闻自由,超阶级的、绝对的新闻自由是不存在的。

尤其是经过在欧美的考察,邹韬奋仔细分析了英国、美国、德国以及苏联的不同新闻体系后,得出了自己的看法:"一种是在法西斯的国家,其作用是替日暮途穷的资本主义制度挣扎,实际只替少数特权的阶层说话,在大多数人方面看来固然是绝对没有言论自由,即替少数特权阶层作传声筒的人们也说不上有什么言论自由。一种是在号称民治主义的国家,尤著的是英法两国,这些是多党政治,大规模的言论机关当然也在少数特权阶层中人的掌握,但在某范围内还许一小部分替大多数人发表的言论有出版的可能,在表面上,似乎稍为宽容,但只是程度上的差别,并不是性质上的不同。还有一种便是政权已在勤劳大众自己的手中,言论自由为大多数人所享有,而因为尚未达到没有阶级的社会,仍有少数人不能享得言论自由的权利;而且所谓言论自由,也有它的相当的范围,不是无限制的。"① 在这里,邹韬奋总结出的三种不同性质的新闻自由,是非常深刻而又符合实际的。

参考文献

1. 《韬奋全集》1—10卷,上海人民出版社1995年版。
2. 沈谦芳:《邹韬奋传》,山东人民出版社1998年版。

---

① 穆欣:《韬奋新闻工作文集》,新华出版社1985年版,第179页。

第6章 张季鸾

——坚守国家中心论的"报界宗师"

张季鸾(1888—1941),中国新闻家、政论家,新记《大公报》首任总编辑,是民国时期声望极高的报人。从事新闻工作30年,一生忧时谋国、爱人济世,文笔犀利、敢于批评执政者,提出"不党、不卖、不私、不盲"的编辑方针,影响颇大。1941年《大公报》获得美国密苏里新闻学院颁发的"密苏里新闻事业杰出贡献荣誉奖章",在中国新闻史上写下了光彩的一笔。

一、勤奋一生的新闻活动

张季鸾,字炽章,祖籍陕西榆林。1888年3月20日出生于山东邹平,1901年父亲去世后随母亲扶柩返回榆林,先进入榆阳学堂,次年就读于烟霞草堂,后转入三原宏道书院。

1905年清政府令各省选派学生赴日留学,张季鸾因学业突出进入陕西省官费留学生之列。到日本后他最初在经纬学校学习日文,后转入东京第一高等学校学习政治和经济,结识了于右任、胡政之、吴鼎昌等好友,当时他就希望创办一份像《苏报》那样开风气之先的报纸。张季鸾学识广博、文笔恣肆,好友井勿幕和康心孚提议他担任进步刊物《夏声》的编辑。1907年4月,张季鸾听闻于右任在上海创办的《神州日报》声名远播,下决心回国后为新闻事业献身。

留日五年中张季鸾交游甚广,和孙中山、黄兴都有过往来,但他不想加入同盟会。他说自己只是文弱书生,要当新闻记者以文报国,而做记者最好超然于党派之外,说话可不受约束,宣传一种主张,也易于发挥自己的才能,为广大读者所接受。可见,他后来的"四不"编辑思想根植深远。

1909年,张季鸾为于右任刚创办的《民呼日报》写稿,稿子寄到上海时报纸已被封闭。后来他又为《民吁日报》写稿,这是他新闻事业的开始。留日归来

第6章 张季鸾——坚守国家中心论的"报界宗师"

后,张季鸾受于右任邀请,在上海协助编辑国民党机关报《民立报》,与同盟会的宋教仁、于右任、陈其美等人共事,还担任政学会机关报《中华新报》总编辑,但始终不参加任何党派。1912年孙中山出任中华民国临时大总统,于右任推荐24岁的张季鸾为总统府秘书,才华横溢的他参与起草了《临时大总统就职宣言》等重要文稿。

1913年初,张季鸾奉于右任之命赴北京任《民立报》记者,不久他在京创办《民立报》北京版,任总编辑。张季鸾的《民立报》发刊不久就以消息灵通、言论犀利备受各方瞩目。由于报道袁世凯指使凶手刺杀宋教仁及"善后大借款"的事,他被囚禁了三个月,经好友多方营救才得以释放,随即被驱逐出京。回上海后,他在《稚言》月刊上发表了《铁窗百日记》,揭露袁党的黑暗统治。1915年,张季鸾和曾通一、康心如在上海创办《民信日报》,声讨袁党罪行。次年袁世凯死后他被聘为在全国颇有影响的《新闻报》驻京特约记者。1918年,张季鸾再次接任《中华新报》总编辑。当时,段祺瑞政府企图借参加第一次世界大战为自己扬名,不惜出卖国家主权,以胶济铁路为抵押向日本秘密借款。《中华新报》披露了这一消息,段祺瑞命人查封《中华新报》等六家报纸及邵飘萍主办的新闻编译社,张季鸾等人被捕,半月之后经由国会抗议等多方营救才恢复自由。

张季鸾二度从政是在1925年,他被担任河南军务督办的同乡挚友胡景翼推荐为陇海路会办,这是当时有名的"肥缺",可他到任不足一月就拂袖而去,说:"不干这个劳什子,还是当我的穷记者去。"他回到天津无固定工作,每日访新闻,写评论投寄沪报。

1926年,张季鸾与吴鼎昌、胡政之在天津创办了新记《大公报》。张季鸾是抱着"文章报国"的理想,一心以新闻事业为安身立命之主业;吴鼎昌是把办报作为实现其政治理想的途径,后来他当上了政府的实业部部长;胡政之是唯一采访过"巴黎和会"的中国记者,他把办好一张报作为事业的根本。三人办报动机虽有不同,但"只许成功,不许失败"的办报决心是一致的。他们约法三章:经济完全独立,不受任何方面资助,主要由吴出资;胡、张三年内不得在外有任何兼任,他们的薪水、生活所需由吴负责;吴任社长,胡任总经理兼副总编辑并主持行政用人,张任总编辑兼副总经理和主持言论,吴只帮助写社评。在"三驾马车"的率领下,《大公报》面貌焕然一新,在读者中的影响每日俱增,尤其是张季鸾的社评风靡一时。

1935年日军逼近平津,《大公报》面临发展困局。在张季鸾的主张下,《大公报》搬到上海,可出版三天报纸都被上海的《申报》《新闻报》收购一空而不能与读者见面,胡政之请杜月笙出面斡旋,读者才看到了《大公报》。到1936年发行已达5万份,成为全国屈指可数的畅销报纸。西安事变发生后,《大公报》发表的《西安事变之善后》《给西安军界的公开信》《再论西安事变》等社论主张"国家中心说",一切以救蒋为第一义,同时建议政府对张学良和杨虎城"宽大处理,一概不咎",这与国民党的各报鼓吹讨伐张杨的观点截然不同,宋美龄甚至将40万份《大公报》空投西安。果然不久"化乖戾之气为祥和",蒋介石因此对张季鸾欣赏有加。

1937年八一三事变后,上海《大公报》自动休刊。1939年在香港各界举行的国庆大献金时,张季鸾将儿子满月时好友和官员所送的金器全部献出,说:"抗战期间,前方将士为国洒热血牺牲,我张某不能为得一子而收此巨礼。"此后张季鸾因病退居幕后,在重庆静养。1941年9月6日,张季鸾因病逝世,一代报人亡故惊动了国共高层。蒋介石发唁电称:"季鸾先生,一代论宗,精诚爱国,忘劬积瘁,致耗其躯。"毛泽东等人的联名唁电说:"季鸾先生坚持团结抗战,功在国家。惊闻逝世,悼念同深。肃电致悼,藉达哀忱。"周恩来、董必武、邓颖超的唁电称:"季鸾先生,文坛巨擘,报界宗师。谋国之忠,立言之达,尤为士林所矜式,不意积劳成疾,遽归道山;音响已沉,切劘不耳,天才限于中寿,痛悼何堪!"蒋介石、周恩来等国共要人亲往丧礼吊唁,他的灵柩以国葬规格葬于西安,碑铭极简:"中华民国故报人榆林张季鸾先生。"

二、张季鸾新闻评论的特色

张季鸾的新闻评论受梁启超"笔锋常带感情"文风的影响,写作时往往纵横捭阖,挥洒自如,一生所著不下3000篇,主要特色有:

(一)独立的立场

张季鸾1923年在《新闻报三十年纪念祝词》中,表达了他对报纸品格的见解:"自怀党见,而拥护其党者,品犹为上;其次,依资本为转移;最下者,朝秦暮楚,割售零卖,并无言论,遑论独立;并不主张,遑言是非。"可见,中国知识分子"富贵不能淫,贫贱不能移,威武不能屈"的文章报国精神根植在他的办报理念中。

1926年,在《大公报》的"续刊号"上,张季鸾署名"记者"撰写社评《本社同人旨趣》,提出著名的"四不"办报方针:"第一不党……纯以公民之地位发表意见,此外无成见,无背景。凡其行为利于国者,吾人拥护之;其害国者,纠弹之。第二不卖……不以言论作交易。换言之,不受一切带有政治性质之金钱补助,且不接受政治方面之入股投资是也。是以吾人之言论,或不免囿于知识及感情,而断不为金钱所左右。第三不私,……除愿忠于报纸固有之职务外,并无私图。易言之,对于报纸并无私用,愿向全国开放,使为公众喉舌。第四不盲,……随声附和是谓盲从;一知半解是谓盲信;感情冲动,不事详求,是谓盲动;评诋激烈,昧于事实,是谓盲争。吾人诚不明,而不愿自陷于盲。"

他后来写的新闻社论,都是本着以上的立场,因而能独树一帜,有着广泛的社会影响。

(二)广泛的选题

张季鸾兼具文人的深厚学养与报人的职业敏感,他的社评目光敏锐、视野开阔。具体体现在以下几个方面:

第一,鞭挞腐败政治,揭露社会黑暗。张季鸾的批评矛头往往直指当权者,揭露其反动虚伪的面目。他担任《大公报》总编辑兼社评主笔初期,发表了三篇斥责权贵的社评,即著名的"三骂":一为《跌霸》,对曾"独霸一时"而今大势已去的吴佩孚的结局进行了精辟分析,该文也成为吴氏及直系军阀的送终之作。二为《呜呼领袖欲之罪恶》,对忽而"联共",忽而"清共""分共"的汪精卫之反复无常进行揭露,并指出中国十余年军阀混战、政局动荡的原因,是"领袖欲与支配欲为之祟耳"。三为《蒋介石之人生观》,专门就蒋宋联姻发表的声明进行了辛辣的讽刺和批判,揭露了蒋介石的虚伪,并将蒋宋联姻放在大批兵士战死的时代背景下进行对照,立场鲜明,爱憎分明。

他还表现出对百姓疾苦的深切关注,对吏治腐败的深恶痛绝。如《中国的文明在哪里》,是他对记者到河北农村进行大规模的实地调查后配发的,对多重剥削之下生活悲惨的民众给予了极大的同情,对中国农村及农民现状表现出深切忧虑。在《人民与政府》中,开篇即指出"近代中国人民最普遍之政治观,为骂政府,若曰人民一切不幸,皆政府之不良致之。苟有良政府,则国家地位,人民境遇,必不如此",揭示了国势衰微、民怨四起的根本原因。

第二,揭露日本野心,明耻教战。张季鸾主持《大公报》笔政的15年间,先后爆发九一八事变、卢沟桥事变,他目睹了日本的侵略野心变为行为的过程,直至他去世之时抗战仍处于僵持阶段。他的社评中有关日本问题、中日关系和抗战的内容比重相当大。台湾学者陈纪滢曾说:"季鸾先生洞察时事,眼光之敏锐与远大,就中日关系来说,先知先觉,是最权威之政论家。"[①]

[①] 陈纪滢:《报人张季鸾》,台湾重光出版社1971年版,第17页。

九一八事变前,张季鸾凭其对日本问题的关注与了解,已察觉到日本对中国的野心。1931年7月12日他在《读日俄工业参观记感言》中忧虑地指出:"日本一切能自造,而中国一切赖舶来;日本且叹'不景气',中日前途更是何等结果?此吾人所大感危惧者一也!"九一八事变后,他的著名社评《国家真到危重关头》,对事变后两月间的国内、国际局势进行了全面而深入的分析,提醒政府和国民:"盖日阀行动,证明其志在灭中国,不止在并三省,其行动之范围,常以国际形势所许之最大限度为限度,而求以最小牺牲,得最大效果。中国至此,已非国耻问题,而真为存亡问题。"张季鸾撰写这方面内容的社评还有《愿日本国民反省》《望军政各方大觉悟》《马占山之教忠!》《救东三省避伪独立》等,都结合最新事态,从不同角度分析时局变化,警示告诫世人。

抗战全面爆发后,他写的有关抗日救国的社评更多,著名的如《九一八纪念日论抗战前途》《感谢卫国军人》《勉全国公务员工》《勉出川抗战各部队》等,既有对抗战历程的反思,更有对民心士气的鼓舞。南京大屠杀期间他的社评无不体现出强烈的爱国之情与坚定的抗战之志,其中《最低调的和战论》是对时局的准确分析,《置之死地而后生》是对民心军心的大力呼唤,《为匹夫匹妇复仇》则是对遇难同胞的深切哀悼,对侵略者兽行的强烈声讨。直至1941年9月去世前,对战局的关注,对政府和国人抗战精神的激励,一直是他社评的重要内容。

第三,坚守"国家中心论"。张季鸾将报亲恩与报国恩联系起来,使他既具有强烈的爱国之心和报国之志,又使他抱持"国家中心论",对当局有骂有帮。作为一名知识分子,其政治理想是建立自由、民主的资产阶级共和国,因此他对共产党和社会主义的苏联抱有成见。如1941年5月23日发表的《读周恩来先生的信》中,虽然肯定了中共在促成抗日民族统一战线和抗击日本侵略者等方面的努力,但对中共的基本判断却是"负号的而不是正号的"。在有关苏联的评论中,他既指出了苏联对中国的威胁,又提出向苏联学习工业化、电气化的建设经验,观点看似矛盾,政治立场其实是一以贯之的。这种政治立场的集中表现,就是对"国家中心论"的强力维护。无论是张季鸾早期在《蒋介石之人生观》中的"骂",还是在西安事变中对蒋介石的"保",包括全面抗战爆发前对蒋介石政府有关政策的支持,都是出于对国民党"正统"政府的承认与维护,对"国家中心论"的坚信与坚持。

第四,关注社会教育,开启民智民风。张季鸾言论报国思想的另一表现,是他的社评也关心青年、妇女、教育,以此来开启民智,倡导新风。特别是他对年轻人寄予了莫大的希望。社评《青年思想的出路》是他谈论青年的代表性作品之一。面对危机的国势,纷乱的世事,渺茫的前途,他首先对青年普遍存在烦闷与彷徨的心理表示理解,指出:"为思想的出路而感觉烦闷之青年,为社会最有用之一部分。人类之幸福,世界之进化,皆赖此辈求之。就中国论,亦只患青年无思想,并不患青年有烦闷。"他更多的是为青年的发展提供建议:"其一,趋自然科学,加速度地学习西人所已能,更发明其所未能,求现代的利用厚生之技术,以救中国同胞之穷;其二,则趋社会科学,根据外国学者研究结果为基础,再思索之,讨论之,以求真理最后之归宿,决中国永久之针路。"这一建言今日仍具有针对性和启示性。

南京大屠杀两个月后,张季鸾在《中国青年》一文中提出:"救亡建国的艰难重任,无疑在全国青年肩上。因为青年能刻苦,有勇气,可以做困难工作,可以克服逆境。特别是青年的荣誉心、责任心、正义心,都旺盛,可以将拥护中国独立自由的大业担负起来。"文中特别强调,青年不仅指学生,也包括"广大的武装卫国的青年和有爱国心意识的一般青年民众",呼吁他们在为同胞悲痛"鼓励自己,坚决奋斗"。在社评《学生与政治》中,他就国难当头青年学生如何处理学业与政治、学科与政治、人生与政治的关系问题,循循善诱,深入浅出地议论。特别是在谈只讲专业不讲政治的危害时,就理工、文哲和经济各科可能出现何种于国有害的后果逐一述之,既切中肯綮又令人警醒。其中谈到自然科学教育"如不适合人民利益的进行,则技术人才有时反演助纣为虐之角色。如造械徒以杀人民,飞行亦足奖内乱是也,即不然,徒增长少数人利益。或甚而作国际资本之工具,以剥削其本国之财富,此技术万能之说不成立也"。此番议论看似危言耸听,实则振聋发聩,即使今日读来亦具预见性与启迪性。

第五,申明办报宗旨,倡导新闻自由。张季鸾深感新闻自由的可贵与必需,在其社评中多次反对政府控制舆论、限制新闻自由,并直陈其危害,如《国府当局开放言论与表示》《改善取缔新闻之建议》。1939年5月5日发表的《抗战与报人》,直接联系到日本侵华对新闻自由的毁灭,议论"任何私人事业,与国家命运不可分,报纸亦然。自从抗战,证明了离开国家就不能存在,更谈不到言论自由"。他将"新闻自由观"置于"国家观"之下进行新的考察,体现出对既有的"新闻自由观"新的思考与诠释。

(三) 严谨的风格

第一,及时点题,强调时效。张季鸾接掌《大公报》社论主笔时,媒介日益增多,信息日趋发达,使新闻的传播速度和传播范围大大提高。张季鸾的评议对象往往锁定于刚刚发生的新闻事件,在对由头或论据时间的表述上,从"近日""日前"逐渐变为"前日""昨日"。如1931年11月20日发表的《马占山之教忠!》,

开篇就介绍了新闻事实:"马占山将军与其所部诸将士,孤军守土,援绝弹尽,竟已于十八日撤退,昨夜日军占齐齐哈尔……"新闻中的"昨夜"距报纸发排不过几小时,其时效可见一斑。他能保证《大公报》社评时效性的重要做法之一是"看完大样写社评",他在每晚9点审阅大样、小样和各类电讯,确定社评的依据。有时,在付印前传来值得评论的最新消息,他就连夜更改社评内容,几乎都要工作到凌晨两三点。

第二,洞悉时局,预测事态。张季鸾的社评中大量是对新近发生的事实判断和价值判断,给人印象深刻的,往往是对一些重大新闻的因果判断和趋势判断,其分析之独到、预测之准确常令人啧啧称奇。如西安事变前夕,他在《中国之前途》中对中日关系走势做出明确的预测:虽然"时局紧张与重大",但"前途光明有必然者"。其原因有二:一是"中国统一之凝固,自古以来,无如今日";二是"在中国自力更生之过程中,国际大事如何,自亦与我有重大之影响,由此而论,亦与中国有利益"。事变后国内抗日民族统一战线形成,珍珠港事件后国际结成反法西斯战线,都印证了张季鸾在了解国内外情况的基础上,对时局走势判断的准确性。

在淞沪抗战告一段落,十九路军退出闸北的第二天,张季鸾发表《沪局与国民的觉悟》,就全国民众对上海沦陷的不安,对未来形势做出评论,"上海本不是中国对暴日之决战地,八一三以来之上海战,只是对日抗战的序幕"。他最后推断,"这一次,方式是长期抗战,结果是最后胜利",事实证明他的判断准确。张季鸾不是政治家和军事家,他对时局发展常能有所预见,很大程度上源于长期的积累和职业敏感。

第三,结构严谨,逻辑缜密。与梁启超纵横捭阖、跌宕起伏的文风相比,张季鸾的社评更注意逻辑的缜密与议论的严整。如发表于1938年3月9日的《妇女与抗战》,其新闻由头是昨日武汉纪念大会上发出的《告全国妇女书》,新闻背景是两月前南京大屠杀中无数妇女遭蹂躏屠杀的日军暴行。他开头说道:"此次敌寇在中国,罪恶万端,而特别是凌辱残害妇女,为其最大之罪状。"他为何将其视为最大罪状?因为"中国文化的特色之一是保护女性。自古重视婚姻",这是中华民族形成文明和最大民族的原因之一,中华民族的根本道德"以凌辱妇女为最大的罪恶——则永远不会变更"。然后他以上一个自然段的逻辑论证为基础,由古论今分析男女平等的合法性,使保护妇女有了文化、道德及法律上的依据。接着他笔锋一转,说日本的入侵"使我们的文化,法律,善良风俗及传统信仰……立刻一切失其保障"。最后他倡议全国男子承担起保护妻儿姊妹的责任和妇女自保互保,并要做实际的指导,只有保护中国才能保护妇女。全文立论结合驳论,结构层层推进,道理越讲越明,话题也越议越深。

张季鸾的其他评论,如前面提到的"三骂"和西安事变中的四评,虽议论方式不同,但都不同程度地表现出其说服人、打动人的逻辑力量。①

第四,语言平实,文字通俗。张季鸾的社评有一个从文言文向白话文转变的过程。接任《大公报》总编辑初期,他所写的评论多半文半白,带有明显的文言文痕迹。徐铸成曾评价:"张先生的白话文,还有裹过脚的痕迹。"而到其主笔的中后期,白话文运用越来越多,且尽量使用平民语言,议百姓关心之事。

在《最低调的和战论》中有这样一段议论:"这四个月来,以海陆空大军进攻中国南北省区,其直接加诸中国的军事的摧残不用说了,其在城市,在乡村,在陆,在海,以飞机,以炮火杀戮我们的平民,不知道多少千,多少万,焚烧摧毁我们平民的财产,又不知道是多少亿,多少兆,这都不用说了,而现在一面言欢迎调解,一面庆祝进攻我首都!"这段文字以叙为主、叙议结合,句式以短为主、长短结合,既像对读者诉说,又像劫后余生的难民向世人控诉。文中"这都不用说了"式的百姓生活语言,给人以平易近人、深入浅出之感。

第五,客观公正,大胆敢言。张季鸾在《今后之大公报》中对该报"公正性"的解释是:"要求同人尽可能地剖析事实,衡量利害,不畏强权,不媚时尚,期以工整健实之主张,化全国各种感情思想上之歧界。"

"四不"原则是他追求公正性的基石,虽然其"公正性"在报刊发展的不同时期有所变化,且具有一定的相对性,但与同时期的大多数报刊言论相比,张季鸾的社评力求表现出一种客观公正的取向。如在抨击国民政府的腐败政治时,能针对具体问题做出客观的分析;在抗战困难时期能冷静分析敌我力量对比,提出较为可行的建议;在抗战烽火正烈、全国军民共御外侮时,能把日本政府与人民相区别,不一概而论统统加以声讨。①正如他所说:"要以钝重之笔写锋利文章,以锋利文笔写钝重文章。也就是说,只要文章的观点和信息有足够的杀伤力,根本就不必在文气和辞藻上剑拔弩张,杀气腾腾。"②

三、张季鸾的新闻理念

张季鸾担任《大公报》总编辑及社论主笔的15年,中国内忧外患不断,社会

---

① 涂光晋:《张季鸾和他的时事评论》,载方汉奇等:《大公报百年史》,中国人民大学出版社2004年版。
② 职茵:《张季鸾先生诞辰120周年——新闻人长安祭报界宗师》,《西安晚报》2008年4月7日。

矛盾、阶级矛盾、民族矛盾错综复杂，先后爆发了四一二政变、九一八事变、一二·九运动、西安事变、七七事变等重大事件，是中国历史上极为动荡不安的时期。作为传统知识分子，他素来抱着"文章报国"的理想，关注国际风云，评论国内政治，揭露高层误国，提倡气节廉耻，大胆论政，为当局的政策制定提供了参考。

（一）大局意识

无论是《蒋介石之人生观》还是西安事变后发表的四篇重磅救蒋社论，张季鸾想的都是为国家不至陷入大乱。他曾对徐铸成说："我的中心思想，是要抗战建国，必须要有一个国家中心。蒋先生有很多地方也不尽如人意，但强敌当前，而且已侵入内地了，没有时间容许我们再另外建立一个中心，而没有中心，打仗是要失败的。所以，我近几年，千方百计，委曲求全，总要全力维护国家这个中心。"①

在《最低限度的和战论》中，他表明："我们是无党无派的报纸，向来拥护政府，服从国策。在开战以来，从来没有一天以言论压迫政府主战，也没有附和一部分人年来所谓即时抗战论，以使政府为难……"然而，通过言论影响政府的议程、决策则是张季鸾写社评的目的之一，他希望通过客观报道和言论影响中国的外交政策，达到"文章救国"的理想。如1929年中苏在中东路问题上起争端时，他撰写大量社评，呼吁东北当局不要轻易与苏联开战，让日本坐收渔翁之利。果不其然，在1929年8月与苏军的冲突中奉军因装备陈旧、素质低下、斗志薄弱而损失上万人，苏军仅伤亡百余人。抗战期间他撰写评论坚决主张联苏抗日，并极力支持邵力子访苏加强中苏友谊，都体现出他对国家的大局意识。

（二）新闻思想

张季鸾所提出的"四不"办报方针，体现出中国知识分子"富贵不能淫，贫贱不能移，威武不能屈"的精神，主张以客观的言论、独立的精神充当公众喉舌，实现文章救国的使命。

他期望《大公报》"能成为全国人民生活之缩影"，与他在《一个自由而负责任的新闻界》中提到的报纸应"呈现社会各阶层的真实情况"的理念十分吻合。他意识到了中国农村的整体性衰败，1930年底在《大公报》发表了《中国文明在哪里?》的社论，抨击"中国政治为都会政治"，冀望社会各界能够调查农民的民生状况。第二年他在《本报一万号纪念辞》中除强调《大公报》的"四不"外，明

---

① 徐铸成:《报人张季鸾先生传》(修订版)，生活·读书·新知三联书店2009年版，第157页。

确表示将调查农民疾苦列为首要任务,以期该报能成为全国人民生活之缩影:

> 抑中国地广民众,交通未开,中国人不仅少知世界,且少知中国。而中国现状,百分之九十以上之人口为乡农,在今日工业幼稚之时,农为国本,而乡间状况,都会不详,是以中国革命之第一要务,为普遍调查农民疾苦而宣扬之。此固报纸天职,而力亦不逮,故必须望全国读者之努力合作,凡属真确见闻,随时不吝相告,期使本报成为全国人民生活之缩图,俾政治、教育各界随时得到参考研究之资料。

张季鸾还聘请画家赵望云为特约记者,以图画写生的方式报道农村现状,画了130多幅农村的风貌,在当时的报纸中是十分少见的。①

(三) 文人论政,言论报国

胡政之评价张季鸾:"是一位新闻记者,中国的新闻事业尚在文人论政的阶段,季鸾就是一个文人论政的典型。"②张季鸾在秉持中国文人"天下兴亡,匹夫有责"的爱国精神、社会责任感和文化传承的同时,继承了中国知识分子"文人论政"的传统,并将之提高到一个新的地位。他以"新闻救国""言论报国"为理想,凭借手中的笔,以报刊社论为载体,针砭时弊,议论国是,坦陈时政,分析变局,其言论不仅奠定和提高了《大公报》的社会地位,也常对当局或时局产生重要的影响。

1941年,日军对重庆进行大规模的轰炸。张季鸾告诉悲观的王芸生:"今天就写文章,题目叫《我们在割稻子》。就说,在最近十天晴朗而敌机连连来袭的时候,我们的农民在万里田畴间割下黄金稻子,让敌机尽管来吧,让它来看我们割稻子。抗战到今天,割稻子是我们第一等大事。有了粮食,就能战斗。"18天后张季鸾病逝,终年53岁。他在遗嘱中称:"余生平以办报为唯一之职业。自辛亥以还,无时不以善尽新闻记者天职自勉,期于国族有所贡献。"③这正如于右任对他的精当评语:恬淡文人,穷光记者,呕出肝胆。

四、游刃有余的总编经验

据原《大公报》记者徐铸成回忆,张季鸾待人处事大处落墨,不拘小节,工作

---

① 熊培云:《一个村庄里的中国》,新星出版社2011年版,第147页。
② 见胡政之为《季鸾文存》(大公报馆1944年版)所写的序。
③ 徐百柯:《民国风度》,九州出版社2011年版,第148页。

勤勉而无忙乱之态。白天和各方人士接触,晚上则写社评改稿,考虑版面和制作重要标题,审阅各版大样,务求精审,他在极为繁重的新闻工作中总能游刃有余。

(一)有条不紊的工作状态

张季鸾在北平主持《大公报》笔政,通常下午2点左右到报馆,先看经济行情,次阅英日文报纸,也略加读览本市及上海报纸。3点接待各方来访者,有时还特邀一些读者到报馆谈话。晚上约9点上班,大小样、本外埠稿件、电讯稿纷纷送来,他先把电稿分类并关照编辑如何处理——次要的先标题付排,重要新闻则发三栏或四栏,题目留待他自己最后制作。对较重要几版的大小样,他仔细审阅,有的标题亲自动手重写。到11点,他对当天的重要新闻已了然于胸,便开始动笔写社评,或修改吴、胡两位写的评论。

无论报馆外面多嘈杂,他都能全神贯注地工作,而且写稿能长能短。有时为了抢时间争速度,他可以边写边付排,全篇完成后再在小样上润色。最后来了重要新闻,他也能在写好的社评上划去一段补上一段,或划去几个字补上几个字,不影响行数可准时定版付印。他的笔头功夫倚马可待,遇重大问题时篇幅被广告挤少了,他也能畅所欲言;小问题而需篇幅长,他也能旁征博引,使人没有勉强拉长的感觉。张季鸾知识丰富,对时事了如指掌,掌握有关国内外重要数据,古今中外的知识他都能熟记于心,引证时毫无错误。毛泽东曾赞誉说:"张季鸾摇着鹅毛扇,到处作座上客。这种眼观六路、耳听八方观察形势的方法,却是当总编辑的应该学习的。"①

(二)政治判断准确,社会观察深刻

张季鸾的社评对政治人物和国内外局势有深刻独到的见解,如在1924年《列宁逝世》一文中,他肯定了列宁的历史价值:"列宁逝世之报,将永为人类历史上特笔大书之事,何则?由一种意义言之,彼乃千古之一人也。……列宁之理想,则为人类的,其事业则世界的。……列宁则独能于世界一大君权国中,除破坏其政治组织以外,并将其社会组织、经济组织根本推翻,创空前未有之劳工专制体制,以外抗强邻,内压敌党,巍然为资本主义一敌国,以至今日。"可见,他具有高瞻远瞩的政治眼光。

1930年国内政治局势呈现微妙的变化:广东陈济棠联合李宗仁反蒋,酝酿另组政府;孙科虽在几位元老的挽留中,迟早也会去广东;改组派的核心人物已

---

① 王芝琛:《王芸生与大公报》,中国工人出版社2001年版,第40页。

纷纷去粤活动;汪精卫也从巴黎回国;等等。张季鸾对此非常关注;各方政治有什么矛盾？是否能形成一个大联合？改组派打出政府旗号后会不会对蒋用兵？出于对这些问题的关注,他派徐铸成到广东采访,使《大公报》在第一时间报道了中国最关键的政治事件,为读者提供了第一手材料。

(三) 写作中的独到经验

张季鸾写新闻评论得心应手,有他自己的一套独到经验:(1) 不用冷僻的字或典,太冷僻读者面就缩小了;(2) 不写过长的句子,一句话讲不完宁可拆成两句甚至几句来说明,否则一句长达几十个字,读者看到后面时已忘记前面了;(3) 在遣词造句或用成语的地方,凡别人已用滥了的就另找一相同或类似的字或句子,老生常谈会使人生厌;(4) 对新发生的事如果没有把握就不轻下断语,否则,自以为"十拿九稳"的事也往往会在事实面前碰壁;(5) 根据现状看不透的问题,就学孙行者跳到半空中向下鸟瞰,会看得清楚一些;(6) 多和别家报纸比较,但不抄袭别人的观点,要有自己的主见,说出读者心里想说的事,而且要说得合情合理。①

参考文献

1. 张季鸾:《季鸾文存》,大公报馆1944年版。
2. 徐铸成:《报人张季鸾先生传》(修订版),生活·读书·新知三联书店2009年版。
3. 陈纪滢:《报人张季鸾》,台湾重光出版社1971年版。
4. 方汉奇等:《大公报百年史》,中国人民大学出版社2004年版。

---

① 徐铸成:《报人张季鸾先生传》(修订版),第154、156页。

第7章 胡政之

——勤恳耕耘终身伴随新闻事业奋斗

胡政之(1889—1949)，著名记者，卓越的报刊经营事业家。从1912年开始在报刊上发表新闻作品，从事新闻工作近四十年。他曾担任《大共和日报》总编辑，创办《新社会报》，主持《国闻周报》，长期担任新记《大公报》总经理兼副总编辑，创办了国闻通讯社，以毕生的精力献身于中国的新闻事业，在同时代人中有"报业祭酒,论坛权威"之誉。

一、胡政之忙碌的一生

胡政之1889年出生在四川成都的一个旧官僚家庭，名霖，兄弟三人中他排行老二。父亲胡登崧是1894年甲午科的举人，在安徽捐官知县，胡政之在四川只生活了几年便随父到了安徽。略通文字的母亲对他非常慈爱，能教他读点唐诗认些字词。胡政之在私塾里学了几年后，就学于安庆安徽省高等学堂。在这所新式学堂里，他接触到西方社会思潮和先进的自然科学观，读过严复译的《天演论》及《申报》、《新民丛报》和《苏报》等进步书刊，这对他日后思想的发展有较大影响。

1906年胡政之的父亲因病去世，他在安徽无法再读书了，扶柩回川那年他17岁。次年胡政之在嫂子的资助下到日本勤工俭学，成为东京帝国大学法律专业的学生，五年的留学生活胡政之刻苦饱读，掌握了几种外语。他生活非常俭朴，每月家里供给的一百多元除了住宿衣食外，还要购买书籍用具等，但他都安排得很合理。他与在东京学习商业的同乡吴鼎昌相识，还认识了张季鸾。孙中山在东京组建同盟会时，他去见过这位伟人的风姿。

辛亥革命爆发后，胡政之结束学业回到上海，先教过英文，不久通过律师考试，与友人合组"横平律师团"，在江苏省高等法院第二分院担任刑庭推事。

第7章 胡政之——勤恳耕耘终身伴随新闻事业奋斗

1912年胡政之受聘于上海《大共和日报》，任新闻栏目日文翻译兼写评论，从此走上了为之奋斗一生的新闻道路。1913年起任《大共和日报》总编辑，直到1915年随着进步党的瓦解，《大共和日报》自动停刊。

此后胡政之到东北吉林法院谋职，不久为吉林巡按使王揖唐赏识拔擢任为秘书长。1916年随王揖唐进京任内务部参事，由王揖唐介绍结识徐树铮，与安福系发生关系。9月中旬，英敛之将他经营了十多年的《大公报》售与安福系财阀王郅隆，徐树铮推荐胡政之为《大公报》经理兼总编辑。

1917年7月1日，张勋率辫子军悍然拥清废帝溥仪复辟。第二天胡政之在《大公报》上以《共和果从此告终乎》的大标题，用多个版面的篇幅，对复辟的情形、北京的秩序、清皇室的态度、外交界的反应等都做了详细的报道，之后《大公报》每天都以主要篇幅报道这一事件，直到闹剧在一片叫骂声和武力讨伐声中匆忙收场。多年后胡政之在《回首一十七年》中说："张勋复辟之役，本报言论纪事，翕合人心，销路大增，一时有辛亥年上海《民立报》之目。"

第一次世界大战结束后召开巴黎和会，胡政之在1918年12月以唯一中国记者的身份赴会采访，这是中国记者第一次采访重大的国际事件，使他成为"中国采访国际新闻的先驱"。和会后胡政之考察了西方各国著名通讯社，坚定了回国后创办通讯社的决心。1920年8月胡政之离开《大公报》，在《新社会报》停留数月后，于1921年8月创办国闻通讯社，并在汉口、北京、天津、沈阳等地建立分社。1924年8月他创办《国闻周报》，《发刊词》中提出"本乎改造新闻业之精神，欲于创造真正舆论上，多效一分绵力"。

1926年6月，胡政之与张季鸾、吴鼎昌成立"新记公司"接手《大公报》，他担任总经理兼副总编辑，随后国闻通讯社和《国闻周报》也迁往天津。在此后《大公报》辉煌的二十多年中，人们说起《大公报》，都要提到擅长集资的吴鼎昌、文风犀利的张季鸾、善于经营的胡政之组成的"三驾马车"。吴鼎昌1935年因出任政府官员而离开《大公报》，张季鸾也于1941年病逝，只有胡政之主持《大公报》达27年之久。他不断革新报纸版面，增设专业性副刊，开辟"星期论文"，并采访重要事件和撰写评论。他还善于发现人才，大胆培养和使用。《大公报》从复办时的几千份到1949年增至20万份，报社资产从5万元到1949年增至6亿元，报纸亦由一份地区性报纸发展成为全国性知名大报，胡政之倾注了大量心血。西安事变时蒋介石被扣留在西安，宋美龄急得没有办法，把张季鸾的社评《给西安军界的公开信》加印十几万份，派飞机在西安上空散发安抚人心，可见当时该报的影响。

抗日战争爆发后，在战时环境下办报十分困难，胡政之长时间奔走全国各地,为《大公报》开辟上海版、汉口版、重庆版、桂林版、香港版,确保《大公报》能够薪火相传。1941年5月,《大公报》被美国密苏里大学新闻学院评选为该年度最佳外国报纸,该校教务长马丁专门写信给胡政之表示祝贺。这是中国报纸首次获得这种荣誉,此前亚洲只有日本的《朝日新闻》获过此种奖励。

《大公报》与当局的关系比较密切。吴鼎昌后来当了政府的实业部长,张季鸾在报纸上宣传"国家中心论"。对此,胡政之曾表示过不满。1941年张季鸾去世之后,他与当局的关系开始走近。1942年胡政之被增补为国民参政员,1943年底他作为参政会访英团成员出国访问。1945年4月,他作为中国代表团成员参加了在旧金山举行的联合国成立大会,并在《联合国宪章》上签字。

1945年6月中国代表团在美国旧金山参加《联合国宪章》签字仪式,签字人为胡政之

抗战胜利后,胡政之忙于《大公报》各地方版的复刊。1948年他赴香港复刊港版《大公报》时,由于长期的身体透支和思想上的苦闷徘徊,他被累垮了。1949年4月14日,胡政之病逝于上海虹桥医院,其时刚过60岁。

二、胡政之的作品特色

胡政之自1912年进入《大共和日报》到1949年病故,两度主持《大公报》,创办国闻通讯社及《国闻周报》,他在新闻舞台上经历了整个民国时期国内外发生的重大事件,并用文字记录了他的见证和认识。特别是他赴欧洲采访巴黎和会,发回了大量专电及时详细报道了会议情况,为五四运动的爆发提供了重要的新闻信息。

(一) 细致入微的翔实描写

在巴黎和会的采访中,胡政之考虑到国内读者迫切想要了解"结果是什么"的心理,选择了短小精悍、简洁明快的专电形式,持续不断地报道事态的最新进展,一般只讲结果而省去过程。同时,他还发出通讯或专题,对前因后果进行详细报道,并加入许多现场的细节描写,以补充专电在内容上的单薄,让读者了解得更详细。在新闻写作上,他注意现场细节和个人感受相结合,使人读来有感有悟、身临其境。如通讯《和平会议之光景》中,他这样描写:

> 威总统起立演说十五分钟,其辞当为外电所报告,予不必再述。惟有可纪者,威氏演说声调之优美、态度之殷挚、炼句之精警,实为予生平第一次所闻。方其演说之要点处,目光四射于听众。若见听者未大动容,则以下续发警句必使听者之精神为所吸动而后已。当威氏演说时,全场肃然静听,克列们梭、路易乔治两氏以手支颐、目视威氏不稍息。及其语毕,新闻记者席中忽有一人拍掌。此本非会场所许者,其人盖忘其所以而如此,亦足见威氏口才感人深矣。

> 继威氏而演说者,为英相乔治。其人短而肥,貌似中国梁氏治氏,所说不外赞成威氏意见,特其态度辞句多激昂悲愤之观而已。嗣则法、意诸代表先后为赞成之演说。我国陆专使征祥亦手执原稿朗诵中国赞成之意,旁听席中颇有人赞其法语之纯熟者。随即,有比国代表外交总长亥蒙时起立,谓诸君议论均极是,惟办法究当如何因责难以十九国选五代表办法之非是。继之者有塞尔维亚、波兰、希腊诸代表赞成比代表之说,要求各派代表加入分会。

从这两段中可见,胡政之写发言的诸代表详略分明:对美国总统威尔逊使用了大量笔墨,对其他代表仅简要写其发言的主要内容和所持的态度。在对威氏的刻画中他以正面描写来赞美其声调、态度,还用侧面衬托的手法,通过在场者对其发言的反应,来表现其发言之精彩。他特别选择了一个典型事例:大会本不允许随便拍掌的,但威氏的发言使一位记者都忘记了大会规定,以此衬托出威氏发言的感染力。

胡政之注重细节在报道中的使用,如上面的"目光四射于听众""以手支颐""目视威氏不稍息"等,可见他在采访中观察仔细,不放过任何细微之处,包括人物的眼神、神态,并且懂得运用这些细节来展现报道内容。通过这些报道技巧的运用,他的会议报道并不显得枯燥冗长,反而妙趣横生,现场感和纪实感都非常突出。

(二) 文人论政的以理服人

胡政之一生都保持着淡泊的文人本色,自奉简朴不谋荣利。自1912年加入《大共和日报》到1949年去世,始终奋斗在新闻行业,在同时代人中有"报业祭酒,论坛权威"的美誉,可见其评论的影响力。他的新闻评论主要包括政论和时评两部分,涉及政局时弊、社会问题、民众疾苦等,其中尤为关注外交和国际问题。在分析国内外重大事件时,他常以法律的角度去审视,寄希望于在人们心中树立一种法治观念,能够真正地实现民主法治。

在中国对外重大事件的交涉中,胡政之的新闻评论都会从法理和事实上寻找依据,为当政者提供建议,也使民众了解事件的渊源。老西开事件[①]发生后,他从法理上分析"吾国因外人在我领土有领事裁判权,故与外人特立条约开辟商埠,俾其杂居于一定地域,免为吾国法权之障碍,至于租界之设,则又为商埠之特例,即划一定区域为各外国专管之地是也。故租界地方,固犹是中国之领土,不过因条约关系,土地主权受一层制限,是以要求扩张租界,即是要求在我之完全领土上多加制限。于法理上绝不得谓为正当"[②],这段话坚定地表达了老西开是中国领土,外国无权对此提出要求,从法律上否定了外国企图侵占老西开地区的所谓依据。五卅惨案时期,胡政之为了让公众了解并促成惨案外交交涉的胜利,在《法律上之"五卅"事件观》的评论中,首先从法律上分析惨案,告诉民众这一事件在法律和事实上的来龙去脉。

(三) 视野开阔的国际报道

胡政之作为《大公报》的总经理,工作极为繁忙,但他仍然踏遍大江南北采访写作。特别是他多次游历过西欧、美国、日本,访问外国新闻界同行,考察外国新闻业状况,这在民国记者中少见,这使得他视野开阔,写的国际报道和评论显得格外突出,比他人更具有世界眼光。如他采访巴黎和会,向国内发回"巴黎专电"和通讯评论,并不是孤立地报道每天的会议进程,不少都结合当时的国际风云变幻,把会议中发生的新闻和国际环境联系起来,以更广阔的眼光来观察事件。这样写出的报道,往往给人豁然开朗的感觉,给国内读者以更多的思考。

1945年4月,胡政之作为中国代表团团员之一赴美国旧金山参加联合国成

---

① 老西开事件:1916年发生在天津,由天津法租界试图进一步扩张所引起的天津市民的抗议事件。
② 胡政之:《关于老西开交涉案之研究》,《大公报》1916年11月10日。

立大会,《大公报》连续刊载了他采写的多篇通讯,如《纽约归鸿》《胜利中的美国动向》《旧金山会议的回顾》以及由"国际大势之发展""美国趋势与中美关系"等几部分组成的长篇通讯《美国归来》,其中内容很多都是将之置于国际背景之下,来审视第二次世界大战结束后世界形势的变化,这样,便把读者的眼光从中国引向了大西洋彼岸乃至整个世界,给读者提供更大的思考空间。

三、胡政之的报刊经营

《大公报》的成功,很大程度上有赖于胡政之的经营管理才能。他学过法律重视规章制度,工于算计能够管理人才,经营目光远,办事魄力大。文人办报往往鄙于求利,但如果不考虑印刷、发行、广告、销路,报纸必然没有发展前景。胡政之以经营为本,以办好报纸为目的,在经营管理上费尽心思,创造了独具风格的办报经验,在中国现代新闻史上是很成功的。"外国报界对于胡霖的大名是以报界巨子看待"[①],他没有虚枉此誉。

(一) 内容为先,注重革新

为使报纸能吸引读者,胡政之和张季鸾一起对《大公报》从外观到内涵进行了一系列的革新。在版面编排上,他们参考日本《朝日新闻》等报的综合编辑方法,对各版内容做整体安排,突出社评和国内外要闻,每版长短新闻搭配并冠以醒目的标题,有时还配图片使报纸图文并茂,这些都走在了京津各报的前面,具有很强的竞争力。

胡政之负责《大公报》记者的采写,强调新闻以快捷翔实、内容丰繁为重,受到读者的称许,这有赖于他精心建立的广泛通讯网。《大公报》在全国重要城市设办事处,有特派记者。在许多地方不仅有通讯员,还经常派记者到各地采访,并给一些出国人员以特派记者身份,获得有关国外的报道。遇有重大新闻时,他常亲自出马,利用各种社会关系进行采访。1928—1930年间,他就利用与东北军的老关系,三出关外采访到东北易帜、中东路交涉、张学良入关等独家新闻。

胡政之主持《国闻周报》也注重内容的特色,他要求时事报道和述评能给人以详尽的事实和有趣的知识。列宁逝世时,他请特约记者写了一篇通讯,报道莫斯科及苏维埃各地的哀悼情况,令国内读者耳目一新。他还邀请一些崭露头角的年轻作家撰稿,以提高报纸的发行量,沈从文的著名小说《边城》就是在该报

---

① 陈纪滢:《报人张季鸾》,台北重光文艺出版社1957年版,第98页。

发表的。后期的《国闻周报》成为《大公报》的姊妹报,常发表张季鸾的政论来提高报纸的声誉和"人气"。上海战事爆发时,胡政之专门出版了几期富有鼓动性的特刊激励抗日军民的信心,很受读者的欢迎。

(二)知人善任,网罗人才

胡政之掌握《大公报》的人事大权,很懂得人才的重要性。他指出:"报纸因为是商品的关系,所以竞争性很厉害,一方面是人才的竞争,同时也就是资本的竞争,不过如果同一有资本而怎样去运用,却又要看人才如何而定。"[①]他在管理方面任人唯贤,绝少聘用自己的亲友同乡。不少名记者如范长江、萧乾、徐铸成等都是他慧眼识珠,一经发现便委以重任,并且重视保护和避免外流。九一八事变后,《大公报》由王芸生编写了甲午前后以来日本强加给中国的屈辱,在报上连载两年多并汇集成七卷本的《六十年来中国与日本》,由此轰动成名。南京政府外交部聘请王芸生为条约顾问,胡政之不愿人才外流婉拒了外交部。如果当初放走了王芸生,日后在新闻史上也就少一个名报人了。

胡政之还注意物色人当通讯员,增强本报采访力量,有的后来就崭露头角成为《大公报》的名记者。20世纪30年代初,他委托画家赵望云和记者一起深入农村,以写生画配合报道农民受灾的状况,很为读者欢迎。九一八事变后,他物色吉黑邮政管理局职员陈纪滢为特聘通讯员,源源不断地获得日伪统治下的东北新闻。1935年红军长征达到陕北,胡政之资助范长江为特约通讯员去西北采访,在《大公报》连续发表范长江的旅游通讯,引起了全国的震动。范长江采写的《毛泽东过甘入陕之经过》《陕北共魁刘志丹》《陕北甘东边境上》《从瑞金到陕北》等,以身历其境的见闻、引人入胜的描述,揭开了神秘的大西北的内幕,第一次向全国报道了红军长征的消息,范长江也从因此成为该报的正式记者并扬名全国。

(三)注重广告与发行

胡政之很早就认识到广告与发行对于报纸的重要性,他说:"夫报纸之为国民精神养料,而广告费则报纸物质上之粮食也。故新闻事业须有大工业做后盾,乃能充分发达。"在国内民众掀起的反帝爱国运动中,部分情绪激昂的人在喊出抵制外国货的口号时,呼吁报纸拒绝刊登外国商人的广告,对此胡政之有不同看法。他说:"吾人每呼打倒帝国主义,抵制外国广告,但报纸若不登外国广告,则

---

① 王瑾、胡玫编:《胡政之文集》,天津人民出版社2007年版,第1050页。

无以维持现状","卖报所获既微,广告收入既少,新闻事业安能发展?"①他把一般单纯的经济活动和政治分开来看,头脑是冷静的。一方面,他不会因此影响广告的收入;另一方面,他仍大张旗鼓地报道群众反帝爱国运动的新闻。由于他的重视,《大公报》的广告收入源源不断,从当初续办时的每月几百元,到20世纪30年代初已每月上万元,报社的经营兴隆,正如他说,"通常报馆收入,卖报之外,最大为广告费"②。

胡政之一直重视报纸发行。《国闻周报》创刊之初他主要忙于国闻通讯社事务,后来吴鼎昌在财政上支持国闻社,他就集中精力经营《国闻周报》。他采取的经营策略是"抱定营业本位,宁少销而报费有著,不多发以重赔累"③。北迁天津后与《大公报》联合经营,印刷发行费用大减,再借助《大公报》的广告效力销行,到1931年《国闻周报》已完全可担负国闻通讯社的费用了。胡政之建立的《大公报》推销发行网在国内报界也有特色,除了邮寄的直接发行手段,还实行了一种有效的批销制度来推广发行,到1936年除日本占领的东北地区外在全国各省有1300个分销处,抗战胜利后销行更是猛增:从1945年的97000余份增到1949年的20多万份。

(四)严于管理,身体力行

在日常管理上,胡政之身体力行,事无巨细,报社的大事小事如什么时候应添一台电台、买一架印报机、外汇涨跌买什么纸划算等,他都事必躬亲。冬天在新闻业务会上,他叮嘱记者到外地采访要多带衣服,注意安全。译电员如何做到"信、达、雅"、校对员应注意什么等,他都交代得十分清楚。每天清晨他先到报馆看发行和广告情况,查对账目,了解白纸行情。下午则详细阅读本市和外埠各报,寻找新闻线索,参加并指导编辑会议,讨论撰写社评。晚上要和吴张二位商讨社务,研究时事,选择社评体裁,还要亲理各科账目,查问印刷厂情况,甚至还去报馆单身宿舍查看等,每天奔忙十几个小时。

胡政之是法律科班出身,善于用多种规章制度来管理有几家分版的《大公报》。胡政之制定《职员任用级考核规则》要求不得兼任社外职务,并由他和张季鸾带头遵守;《董监事联合办事处规章》对各事处的任务做了详细规定;《大公报社各馆组织规则》着重强调经理部工作的重要性,详细规定各项事务并明确

---

① 王瑾、胡玫编:《胡政之文集》,第1040页。
② 同上书,第1039页。
③ 政之:《如此十年》,《国闻周报》1934年3月1日。

二级财务核算的原则和办法;《大公报社各馆采购材料规则》要求严格开支,杜绝浪费。①《大公报》的各项制度包括人才录用管理制度,编辑经理两部人才通用内外互调制度的制定,以及"大公剧团""大公篮球队"的组建和开展各种社会服务活动,大都由他过问。《大公报》职工从续刊时的七十多人,到1936年间已达七百人规模,发展欣欣向荣,与胡政之的精心管理密切相关。

四、胡政之的新闻思想

在36年的新闻实践中,胡政之形成了自己的新闻思想,包括事实观、言论观、舆论观、媒介观②,经营观上文已述,此不再赘。

(一)事实观:"报告事实,不著意见"

胡政之将记者类比为古代的史官,而且对社会发挥的作用和承担的责任更大。他说:"盖古昔史家纪述以一代帝室之兴亡为中心,而今世界新闻家所造述则包罗万象,自世界形势之嬗迁,以迄社会人事之变动,靡不兼容并蓄。且古昔史家著述旨在纪往以规来,意微言精,长论定于千秋百祀之后。今之新闻则一纸风行,捷于影响,上自国际祸福,下至个人利害,往往随记者述叙之一字一句而异其结果。夫职责之繁难如彼,势力之伟大又如此,宜乎新闻家之无忝厥识者不数数觏也。"③他深知记者记录事实的艰难,再加上"世变益剧,以社会内容之糅杂,人群心理之深邃,绝非新闻家之直觉与思考所能尽窥底里"④。因此,无论是重大新闻还是一般事件的采访,他都很注重第一手材料的搜集,以确保新闻的真实性。

胡政之创办报刊和通讯社,都会在代表其宗旨、定位的发刊词中表达真实报道的决心。1921年8月在创办国闻通讯社时,他阐释:"舆论之发生,根于事实之判断。而事实之判断,则系于报馆之探报。因采访之不周,或来虚伪之一记载,视听既淆,判断易误。"对于虚假报道,他直言为"新闻界之大耻",是"于职务未免太不忠实,对于读者,亦未免诈欺取财"的表现⑤;他甚至认为"是非不明,功

---

① 王瑾、胡玫:《回忆胡政之》,天津人民出版社2009年版,第162页。
② 郭恩强、马光仁:《"报告事实"与"发自由意见"——胡政之办〈国闻周报〉的理念和实践》,《国际新闻界》2009年第6期。
③ 胡政之:《〈国闻周报〉发刊辞》,《国闻周报》1924年8月3日。
④ 同上。
⑤ 胡政之:《外交新闻可假造耶》,《大公报》1917年2月25日。

罪渚混,天下滔滔,大乱糜已"的新闻记者的失职之罪,"实应与军阀政客之祸国同科"①。

他刚到旧《大公报》时,就主张要"改良新闻记事,以为铸造健全舆论之基础"②。为此他辞退了编造新闻专电的职员,在全国各地招聘记者,并且亲自采访重大新闻,保证其真实性,以防这种新闻失实带来不良的影响。他看到新闻和评论的职能不同,倡导新闻报道"不著意见"地记载事实,这样可增强读者对新闻的信任,还可以减少新闻报道所带来的某些政治风险,这与西方的新闻观相似。

(二)言论观:"秉独立之观察,发自由之意见"

胡政之对新闻评论的态度是:"得以根据事实,秉独立之观察,发自由之意见,固与原有之业务无关,而其批评与主张自亦足以供公众参考或促成舆论之用。此同人所由于通信社之外,更同力合作于国闻周报之刊行,盖仍本乎改造新闻事业之精神,欲于创造真正舆论上,多效一分棉力。"③这表明,他对待新闻事件所持的立场态度,坚持自己独立观察与判断,不受到党派或其他利益团体的左右,其精神内涵类似于《大公报》"四不"编辑方针中的"不党"理念。

胡政之在《国闻周报》七周年时发表《本报之旨趣》,重申当初创刊时所秉持的独立观察的理念:"本报之发刊,系由国闻通讯社南北同人合作之结果。同人从事通信事业,已逾十年,冀以独立公正之精神,创造中国国民独立的新闻机构,六年前更于服务之暇创设兹报。无党派心,无阶级见,无左右倾,其根本态度,为爱国的自由主义者。其办报方针,为欲成为国民公共交换意见,研究问题之机关,并供给以批判中外时事之正确资料。"④这里的"无党派心,无阶级见,无左右倾,其根本态度,为爱国的自由主义者",其精神实质就是不偏不倚的新闻理念。

对于"发自由之意见",胡政之解释:"周报文字则一以自由发挥为原则,本社同人散处各地,见仁见智各有不同,独立自由方见真实。是则周报之主张与通信社之稿件,绝对不相联属,斯又同人所愿于发刊之始,郑重声明于社会各界之前者也。"⑤胡政之还根据现实的言论环境,认为"论事评人,宁愿以平易凡庸贻

---

① 胡政之:《〈国闻周报〉发刊辞》,《国闻周报》1924年8月3日。
② 《本报之新希望》,《大公报》1917年1月3日。
③ 胡政之:《〈国闻周报〉发刊辞》,《国闻周报》1924年8月3日。
④ 《本报之旨趣》,《国闻周报》1931年4月19日。
⑤ 胡政之:《〈国闻周报〉发刊辞》,《国闻周报》1924年8月3日。

笑方家,不敢以高调玄谈,取媚愚众,此又地位不同,环境特异所致"①,这不失为一种求生存的策略。

(三) 舆论观:"舆论统一乃国家统一之先声"

胡政之的新闻思想以其舆论观为核心,他认为舆论是"近世国家所赖以治国范群者,……自新闻纸不能表现真是非而舆论之有无与其势力之是否足重,乃成为一社会问题,而治国范群之一利器已寝寝失其作用"。在国家处于混乱、分裂的状态下,他非常重视舆论对于国家的重要性。他认为,"舆论统一乃国家统一之先声,提倡鼓吹,不能望诸南北报界同人之努力也"②。同时,他也认识到舆论出现的原因之一是"政治不上轨道,记载即失自由,而新闻宣传性成分既多,即失读者之信仰而为茶余酒后之消遣"③。可见,胡政之所说的舆论,主要指社会舆论,其形成与报纸记载的内容和政治自由息息相关。

对于如何形成舆论,胡政之在1934年的《中国为什么没有舆论?》中指出,要形成健全而合理的舆论,应该先把事实真相公开,让大众充分认识与理解,"然后根据真知灼见,由少数有识解的人们,无忌惮地加以批评纠正,拿出具体主张。此际如果另一部分少数识者,别具见地,也尽可以公开研讨,不客气地交换意见,彼此切磋,再由大多数人在这许多不同的观点之间,根据他们对于事实之认识和理解,运用其自由而无成见的理智,选择一种他们所认为比较合理的议论,一致起来赞成它,拥护它,主张它"④。胡政之认为,经过这样几个阶段,才可以形成所谓健全而合理的舆论。

在新记《大公报》,胡政之和张季鸾一道力主开放言论,以形成和壮大《大公报》声誉的舆论。张季鸾提出在1934年1月创立"星期评论",由他直接负责,胡政之也帮助约稿。《大公报》专门登了一则《本报特别启事》:"本报今年每星期日敦请社外名家担任撰述'星期论文',在社评栏地位公布。现已商定惠稿之诸先生如下:一、丁文江先生,二、胡适先生,三、翁文灏先生,四、陈振先先生,五、梁漱溟先生,六、傅斯年先生,七、杨振声先生,八、蒋廷黻先生。""星期评论"的作者最初只有这八个人,后来作者范围逐渐扩大。"星期评论"存在了15年之久,不仅成为精英知识分子发表言论的平台,也成为思想交锋的市场,为国民政府制定建国方针、中国现代化进程、文化发展、外交走势等起到一定指引

---

① 《周年纪念敬告阅者》,《国闻周报》1925年8月3日。
② 胡政之:《混战与收拾》,《国闻周报》1926年3月28日。
③ 胡政之:《中国新闻事业》,《新闻学刊》1929年第3期。
④ 胡政之:《中国为什么没有舆论?》,《国闻周报》1934年11月2日。

作用。

（四）媒介观：报纸者天下之公器，非一人一党所可得而私

早在 1917 年，胡政之就发表文章阐明新闻事业的专业特征。他说："新闻事业之天职有二：一在报道真确公正之新闻，一在铸造稳健切实之舆论，而二者相较，前者尤重。"①他还说："新闻者天下之公器，非记者一二人所可私，亦非一党一派所可得而私。不慧自入报界，以不攻击私德，不偏袒一党自誓，更不愿以过激之言辞，欺世盗名，故本报向来报道多而主张少，今后亦当如此。"②1926 年 6 月，新记公司收购《大公报》后提出不党、不卖、不私、不盲的"四不"编辑方针，体现了胡政之的上述观念。

"四不"方针实际上是把报纸视作国家与社会之间的一个公共空间。胡政之说："我们在私的意义上，并不是任何人的机关报，在公的意义上，则全国任何人，甚至全世界任何人，只要在正义的范围，都可以把《大公报》看作自己的机关报使用。"③报纸既然是具有政治功能的公共领域，就要反映社会现实。胡政之说："人类是政治的动物，所以不能与政治绝缘，而且不应漠视政治。然而政治社会是复杂的，是罪恶多端的，新闻纸应当以极超然的态度，公正是非，为公理公益监督政治。好的不妨说好，用不着避嫌疑，坏的尽管说坏，用不着怕危险，然后不愧为国家公器。"④胡政之在经营《大公报》的漫长时期，都在试图争取报纸的实际政治独立。当然，实际上往往很难做到。

参考文献

1. 夏林根主编：《近代中国名记者》，福建人民出版社 1990 年版。
2. 《新闻人物界》编辑委员会编：《新闻人物界》（四），新华出版社 1984 年版。
3. 王瑾、胡玫编：《胡政之文集》，天津人民出版社 2007 年版。

---

① 胡政之：《本报之新希望》，《大公报》1917 年 1 月 3 日。
② 同上。
③ 吴廷俊：《新记大公报史稿》，武汉出版社 2002 年版，第 100 页。
④ 胡政之：《新闻记者最需要责任心》，《燕京校刊》1932 年 5 月。

第8章 王芸生

——"人海燃犀尝烛鬼,论坛主笔仰扶轮"

王芸生(1901—1980),著名的学者型记者、政论家,在新闻界四十余年,自称"彻头彻尾的新闻人"。曾任《大公报》总编辑多年。他撰写的社评"洋洋洒洒,如江河奔泻",体现了"文人论政,文章报国"的济世情怀。他撰写的《六十年来中国与日本》被认为是很有影响的日本问题著述。

一、光彩而坎坷的一生

1901年9月26日,王芸生出生在天津运河北岸佟家楼的一个贫寒厨工家庭,原名德鹏,排行最小,"芸生"是进他《商报》时介绍人随口给取的名字。

(一)从茶叶店学徒到新闻从业者

王芸生小时候父母省吃俭用供他上学,为了凑学费母亲四处借"当"交给他送进当铺,只要够上一块现大洋他就赶快交给母亲缴学费去了。私塾里的陈楚珍老师打起学生来下手重,学生私下叫他"陈扒皮",但陈老师看王芸生念书非常用功、规矩,非但不打他反而经常安慰他。王芸生勤学苦干且记忆力超群,从不放过任何学习机会。13岁时佟家楼的老邻居介绍他到一家茶叶店当学徒,他白天干活晚上读书,经常为老邻居们绘声绘色地讲《水浒传》《三国演义》,连诗词都能一字不漏地背出来,令听者一片喝彩。

王芸生很喜欢读报,从上面了解许多时事,时间一长他萌生了给报纸投稿的念头。当时正值徐世昌当总统,段祺瑞做国务总理,报纸上几乎天天都有讽刺他们的文章。王芸生受此启发,写了一篇《新新年致旧新年书》的稿子寄给《益世报》,借旧去新来讽劝徐世昌、段祺瑞不要贪权该下台了,此文被刊登出来,这对他以后生活道路的改变具有重要作用。

第8章 王芸生——"人海燃犀尝烛鬼，论坛主笔仰扶轮"

后来王芸生被大哥推荐到天津禅臣洋行当学徒工，每天下班后他就带着几块干粮到阅报室读京津沪的报纸。王芸生从报刊上了解到西方各种社会思潮，也读到了陈独秀、李大钊、瞿秋白等人的文章。他还借钱苦学外文，最后把洋行里的英文文牍事务接下来成为正式职工。

1925年，上海发生的五卅惨案波及天津。24岁的王芸生和天津各洋行的青年员工发起组织"天津洋务华员工会"，并被推为宣传部长主编工会的周刊。因鼓动爱国反帝宣传，他曾受到军阀褚玉璞的通缉。后来工会的周刊改为日报取名《民力报》，他仍任主编，但该报1926年3月被迫停刊。1926年，王芸生从天津到上海，进了国民党上海市党部，与博古等人合编过《亦是》《短棒》等周刊。在博古等人的影响下，他加入了中国共产党。

1927年春节前因母亲病重，王芸生回到天津，在国民党天津市党部所办的《华北新闻》负责写社论。3月，当北伐军打进南京时，英美法日意等帝国主义的军舰炮轰南京，引起程潜率领的第六军官兵奋起反抗。王芸生在《华北新闻》的社论中声援第六军将士的正义行动，而《大公报》却试图和稀泥甚至要国人自我约束，其社论说："'躬自厚而薄责于人。'人与人如是，社会和平矣；国与国如是，世界和平矣……"第二天王芸生执笔的社论《中国国民革命之根本观》在《华北新闻》发表，对《大公报》这篇社论进行反驳。王芸生在社论中写道："中国自鸦片战争以来，即沦为帝国主义侵略下的半殖民地，被侵略者对侵略者无所谓'躬自厚'的问题。中国国民革命的根本任务，不仅对内要打倒军阀，对外还要取消一切不平等条约，把帝国主义的特权铲除净尽！"《大公报》总编辑张季鸾没有回应，但向人打听《华北新闻》社论的作者，得知是王芸生后传话希望会晤，王芸生到《大公报》见了张季鸾陈述自己的立场，这给张季鸾留下了深刻的印象。

不久四一二政变发生，在白色恐怖下王芸生躲进了法租界。军阀褚玉璞抓不到王芸生，就将他二哥逮捕入狱，王母忧惧而死。在目睹了党派间的斗争后王芸生感到失望，他决心脱离一切党派，专心致力于新闻工作。1928年，天津《商报》请王芸生担任总编辑，由于与老板在观点上有严重分歧，他很快就辞职了。王芸生给张季鸾写求职信，张亲自登门接他到报社。这样，从1929年起28岁的王芸生开始为《大公报》工作，直到1966年因"文化大革命"中止，他人生中三十多年的最好时光都与《大公报》联系在一起。

（二）初进《大公报》

进天津《大公报》后，王芸生先任地方新闻编辑，次年编辑该报隶属的《国闻周报》，并编写国内外大事记。九一八事变后，《大公报》总编辑张季鸾、总经理胡政之召开会议宣布两项决策,一为"明耻",一为"教战"。"明耻"即尽快开辟一个专栏,记载自 1871 年中日两国签订《中日修好条规》至 1931 年九一八事变的重大事件,帮助读者了解甲午以来的对日屈辱史,栏目名称为"六十年来中国与日本",指定王芸生专主其事。

从 1931 年 10 月开始,王芸生奔走于京津之间,往来于故宫博物院和北平各图书馆广泛搜集史料,尤其是清朝外交史编印处的档案。他开始编撰工作时正好赶上溥仪离开故宫,清代历史档案得以公开,其中清朝与外国列强的很多外交文件,内容极为丰富。经过三个多月的紧张工作,从 1932 年 1 月 11 日起,王芸生在《大公报》推出"六十年来中国与日本"专栏,每日登载一部分,连续两年半无一日中断。每日刊出的文前,他都要冠以"前事不忘,后事之师!国耻认明,国难可救!"这个专栏很快就受到日本军政界的关注,在短时间内就有了两个日文译本。这些内容也受到国共两党领导人的关注,蒋介石在 1934 年专门请他上庐山讲中日关系。这个专栏使得王芸生处于中日关系研究领域的前沿,也奠定了他在《大公报》的地位。

1935 年日军铁蹄逼近平津,《大公报》被迫搬到了上海,王芸生这时已任《大公报》上海版编辑主任。1937 年 11 月日军占领上海,《大公报》改在法租界坚持出版。不久日军成立新闻检察机关,逼迫在租界出版的报纸也要接受检查,《大公报》拒绝送检,于限期前一天即 12 月 14 日停刊。

(三)重庆时期坚持抗战

1938 年秋《大公报》从汉口迁到重庆后,张季鸾的病情日益严重,编务逐渐交给王芸生处理,每日一篇的《大公报》社评经常由他执笔。张季鸾常对人说:"王芸生文章好,人品好,编辑业务交给他完全可以放心。"①

刚到重庆时,王芸生就收到国民政府聘他为军委会参议的聘书和薪水,他不顾好友陈布雷的劝阻退回去了。这件事得到张季鸾的好评,国民党方面却认为他太清高。日军大轰炸重庆时期,《大公报》也屡屡遭难。1941 年 8 月 18 日,王芸生对病中的张季鸾说:"敌机来了毫无抵抗,我们怎么可以用空言安慰国人打击敌人呢?"张季鸾拥被而起说:"今天写文章,就叫《我们在割稻子》。……有了粮食,就能战斗。"第二天,王芸生便写了一篇社评发表。史学家唐振常后来评价说:"'割稻子'是一象征用语,代表了中国人民的坚毅精神,代表了中国知识分子不苟的气节。"

---

① 王芝琛:《一代报人王芸生》,长江文艺出版社 2004 年版。

第8章　王芸生——"人海燃犀尝烛鬼，论坛主笔仰扶轮"

1941年9月，张季鸾病逝于重庆中央医院，《大公报》从此由王芸生主持笔政。抗战期间他因敢于批评孔二小姐和国民党高官，激怒了蒋介石。蒋介石曾经说道："譬如《大公报》，过去张季鸾主持，对抗战建国的基本国策，尽力支持，在中央执行技术上则作善意批评，在社会上有中立声望。张氏一死，王芸生继主笔政，作风一变，由善意批评改为恶毒讽刺。"①

抗战胜利不久内战开始，《大公报》处在政治夹缝中，依然贯彻"四不"的编辑方针。1947年5月，王芸生写社评反对国民党查封《新民报》，蒋介石命令陶希圣以《中央日报》的名义，发起对王芸生的"三查"批判："第一查，查出1946年7月到1947年3月，王芸生君致力于国际干涉运动，为莫斯科会议做准备……第二查，查出自1947年3月中共通过一个决议，响应共产国际谴责南斯拉夫共产党的决议，特别是铁托元帅的论文和通讯在《大公报》上发表，作为他效忠共产国际的证明……"结果是不了了之。

（四）中华人民共和国成立后的活动

中华人民共和国成立前夕《大公报》同人有两个选择：一是随胡政之迁往香港，二是继续留在内地。王芸生的同事李纯青受中共地下党委托告诉他，毛泽东邀请他参加新政协，这使王芸生留了下来。②

1948年底王芸生准备北上，他的目的很清楚，初衷不改不想为官，以文章报国在《大公报》继续奋斗。1949年1月，中共中央在给天津市委的电报中说："《大公报》过去对蒋一贯'小骂大帮忙'，如不改组，不能出版。"2月27日，《大公报》天津版更名为《进步日报》，被定性为"大地主大买办官僚资产阶级"的报纸。之后《大公报》重庆版改为中共重庆市委机关报《重庆日报》。幸而周恩来告知王芸生："上海《大公报》不必改名了，《大公报》还是民间报纸，你们自己经营，我们不来干预。"6月17日，《大公报》上海版发表王芸生起草的《新生宣言》："大公报虽然始终穿着'民主'、'独立'的外衣，实际是与蒋政权发生着血肉因缘的。《大公报》始终维持着一种改良主义者的面貌，它在中上层社会中曾有一定影响，即由于此。"社评最后说："今后的大公报，从经济观点上说，是私营企业，而在精神上，是属于人民的。……在毛泽东主席的旗帜下，大踏步走向新民主主义国家的建设！"③至此，《大公报》用阶级观点否定自己的过去，放弃了早

---

① 王芝琛：《王芸生与〈大公报〉》，中国工人出版社2001年版，第54页。
② 周雨：《大公报史》，江苏古籍出版社1993年版，第252页。
③ 转引自方豪主编：《大公报与现代中国》，重庆出版社1993年版，第708页。

已形成的传统和风格。

1949年9月,王芸生到北平与胡乔木等14位新闻人士组成中华全国新闻工作者协会筹备会。此时他对自己在新社会的生存有几点顾虑:他曾参加过共产党,但后来退党了;他曾上庐山为蒋介石讲解过中日外交史;《晋南战事作一种呼吁》和周恩来打过笔仗;重庆谈判时王芸生在宴席间曾对毛泽东说"共产党不要另起炉灶"。这些往事都让他心里不踏实。

1949年10月1日,王芸生作为政协代表登上天安门城楼参加了开国大典。进入新社会的他将面临更加不适的现实:20世纪40年代末上海《大公报》发行16万份,后来逐年下降,1952年只有6.3万份,面临倒闭。在此情况下,王芸生给毛泽东写信。毛泽东在中南海接见了他并作出指示:"《大公报》北迁天津与《进步日报》合并,仍叫《大公报》,先在天津出版,待北京馆建成后迁京出版。作为全国性报纸,分工报道国际新闻与财经新闻。"①毛泽东还风趣地说:"王大公,恭喜你恢复失地了啊。"他特别指示让王芸生担任《大公报》社长,王芸生为此兴奋不已。②

1957年的"反右",王芸生没有被戴上"右派"的帽子,"反右"后不久他继续接任《大公报》社长,但不必管《大公报》的业务,专心做学术研究。1958年,受极左思想的影响,王芸生不得不与原《大公报》总经理曹谷冰一起,汇集了1949年以后对《大公报》的人和事的批判,写成《1926—1949年的旧大公报》。在这部违心之作中,他们进行"自我讨伐",承认《大公报》对国民党是"小骂大帮忙"。1966年,《大公报》宣布停刊。

1980年5月30日,王芸生因病医治无效在北京去世,时年79岁。全国人大常委会、全国政协和中央统战部于6月19日在全国政协礼堂为王芸生举行了隆重的追悼会,邓小平、叶剑英、彭真、邓颖超等分别送花圈或参加追悼会,他的骨灰安放在北京八宝山革命烈士公墓。

二、王芸生新闻评论特色

张季鸾的社评以"老谋深虑"著称,能抽丝剥茧层层深入,常有对仗的警句以理服人,而王芸生的社评则如江河奔泻,给人以痛快淋漓之感。

---

① 政协全国委员会文史资料委员会编:《文史资料选集》第97辑,文史资料出版社1985年版,第8页。
② 王芝琛:《王芸生与〈大公报〉》,第55页。

第8章 王芸生——"人海燃犀尝烛鬼，论坛主笔仰扶轮"

（一）以国家为前提，站在人民的立场

"国家中心论"是《大公报》一直秉持的理念。西安事变和平解决后，抗战成为全国人民的首要任务。王芸生赞同张季鸾提出的"国家中心论"，在《国闻周报》上称："我的看法，认为应该把'联合战线'的口号改为'团结建国'。以国民党为中心，共产党和最大多数无党无派的国民，共同培植这个中心走向民主建国的大路。"[①]在当时的历史条件下，这个观点是可以理解的。

在抗战中，王芸生屡次批评国民党的施政不当。1940年四川粮价连续暴涨，老百姓叫苦不迭。王芸生在《大公报》上发表社评《天时人事之雨》，主张用曹操借人头的办法，杀几个囤积居奇的奸商以平抑粮价。文章发表后不少读者拍手称快。1941年底，物价跳涨金融市场混乱，王芸生请社外人士谷春帆写了十篇"紧缩论"作《大公报》社评发表，提出当前最紧要的事情有两桩：一是收缩钞券，一是收缩信用，而根本便是收缩事业。同时提出了管理银行和防止不法商人哄抬物价的办法，主张将四个银行合并成一个名实相符的中央银行等措施。这触怒了孔祥熙，要不是蒋介石阻拦，王芸生就要受到迫害了。

1941年孔二小姐上演"飞机洋狗事件"后，王芸生在《拥护修明政治案》中抨击：

> 最重要的一点是"肃官箴，儆官邪"。譬如最近太平洋战争爆发，逃难的飞机竟装来箱笼老妈和洋狗，而多少应该内渡的人尚危悬海外。善于持盈保泰者，本应该敛风谦退，现竟这样不识大体。又如某部长在重庆已有几处住宅，最近竟用65万元公款买了一所公寓。国家升平时代，为壮瞻观，原不妨为一部之长置备漂亮的官舍。国家生平时代，他的衙门还是箕踞办公，而个人如此排场享受，于心怎安？

1942年河南大旱，饿殍遍野，而国民党政府照样征收粮课。《大公报》刊载了记者采写的《豫灾实录》，王芸生配发社评《看重庆，念中原！》，呼吁政府征发富豪的资产并限制富者们的挥霍浪费。当时政治黑暗、官场腐败，极大地妨碍了抗战。王芸生撰写社评《为国家求饶》，先向"官僚们"，继而向"国难商人"们，最后向那些"非官非商亦官亦商以及潜伏在大团体里的混食虫们"三呼："放手吧！请你们饶了国家吧！"在纪念抗战胜利40年之际，资深的老大公报人李纯青还撰文说："作此论的王芸生愤激到如此田地，三吁'请你们饶了国家吧！'《大

[①] 王芝琛：《王芸生与〈大公报〉》，第23页。

公报》同人一心一德,这片爱国赤诚之心,可指天日,不能訾议。"①

1944年底日军长驱直入,桂林、柳州相继失守。12月22日王芸生发表社评《晁错与马谡》,在引用了汉景帝杀晁错而败六国之兵、诸葛亮斩马谡以正军法的史例后说:"当国事机微,历史关头,除权相以解除反对者的精神武装,戮败将以服军民之心,是大英断,是甚必要。""除权相"是要求罢免孔祥熙,"戮败将"是主张杀何应钦。1945年王芸生社评《莫尽失人心》,对国民党做了大胆的揭露:"可怜收复区同胞……睡了几夜好觉,发觉他们都已破家荡产。""这二十几天的时间,几乎把京沪一带的人心丢光了。"

1947年1月,王芸生在社评《新年三愿》中提出三点希望,其中第三点就是:民生太苦了,必须安定之。同年5月社评《须要替老百姓找出路》认为:"到了今天,非迅速替老百姓找生路,否则一旦民心瓦解,必然会国家土崩,敌我冤亲。"这样的呼吁接二连三,诸如《建设与破坏》《通货膨胀下的农民》都是为民呼吁,充满时代责任感。

(二) 有独立见解,不人云亦云

王芸生在写社评时有独立见解,有时甚至犯了众怒。1936年10月19日鲁迅逝世,文艺界一片哀恸,王芸生的《悼鲁迅先生》却引起了轩然大波。文章称:

　　文艺界巨子鲁迅先生昨晨病故于上海,这是中国文艺界的一个重大损失。

　　他已是世界文坛上的有数人物,对于中国文艺界影响尤大。自《呐喊》出版,他的作风曾风靡一时。他那不妥协的倔强性和那疾恶如仇的革命精神,确足代表一代大匠的风度。他那尖酸刻薄的笔调,给中国文坛划了一个时代,同时也给青年不少不良的影响。

　　无疑的,他是中国文坛最有希望的领袖之一,可惜在他晚年,把许多力量浪费了,而没有用到中国文艺的建设上。与他接近的人们,不知应该怎样爱护这样一个人,给他许多不必要的刺激和兴奋,怂恿一个需要休息的人,用很大的精神,打无谓的笔墨官司,把一个稀有的作家的生命消耗了。这是我们所万分悼惜的。

虽然《大公报》的社评向不署名,也不追究个人责任,但大家很快就知道这是王芸生之笔。后来他解释这件往事时说,鲁迅曾对王芸生所喜爱的梅兰芳大

---

① 王芝琛:《王芸生与〈大公报〉》,第7页。

第8章 王芸生——"人海燃犀尝烛鬼，论坛主笔仰扶轮"

加嘲讽，"对梅先生实在太'不恭'了！"王芸生后来为这篇文章吃了不少苦头。事实上他对鲁迅非常尊敬，只是对鲁迅晚年频繁的"笔墨官司"颇有微词。①

1941年5月，日本帝国主义为了逼蒋投降，以5万人的兵力进攻山西南部黄河北岸的中条山地区。国民党军队尽管有25万人防守，但对日军的进攻毫无思想准备，三周之内不仅丧失了5万余人，余下的部队也渡河逃跑。日寇在进攻的同时还发动舆论攻势，挑拨抗战军队之间的关系，称"八路军不愿与国民党中央军配合作战""八路军乘机扩大地盘""另立中央政府"等。这时不仅《中央日报》等照抄日军言论，就连战报也这样说。王芸生并没有人云亦云，他写了一篇社评《为晋南战事作一种呼吁》，虽然指出"这些说法，固然大部出自敌人的捏造"，但也表示"第十八集团军要反证这些说法，最有力的方法就是会同中央各友军一致对敌人作战"。这篇文章发表后，周恩来致信《大公报》予以驳斥，《大公报》全文转发。周恩来虽然批评了王芸生，但对他这篇文章的评价是："爱国之情，溢于言表，矧在当事，能不感奋？！"②

（三）感情充沛，有理有据

西安事变发生后，王芸生在《前进吧，中国》和六篇《寄北方青年》中，称"西安事变诚然是一个极大的不幸，而这个不幸也给了我们一个深省的机会。……西安事变的结果如实现一个噩梦中的情景，必将逼着国民党走上一条狭隘而反动的路，蒋先生如平安脱险，重任国家领袖，则国民党必将更开明地走上民主的路"③。这些观点鲜明、正反论证的文字对当时的青年极具号召力。

1937年卢沟桥事变爆发，中国开始全面抗战。王芸生在上海《大公报》上陆续发表了《第一次全国对外战争》《东亚大时代》《勖中国男儿》《勉北方军人》等评论，鼓励国人奋起抗战。1937年12月14日，《大公报》发表了王芸生写的两篇社论。一篇是《暂别上海读者》，说："我们是中国人，办的是中国报，一不投降，二不受辱。哪一天环境不容许中国人在这里办中国报了，便算是我们为上海三百万同胞服务到了暂时的最后一天。……我们是奉中华民国正朔的，自然不受异族干涉。我们是中华子孙，服膺祖宗的明训，我们的报及我们的人义不受辱。"另一篇是《不投降论》，号召中华儿女"不投降"：

> 不投降的意义非常重要。只要我们的武士不做降将军，文人不做降大

---

① 王芝琛：《王芸生与〈大公报〉》，第166页。
② 《周恩来书信选集》，中央文献出版社1988年版，第198页。
③ 《芸生文存》第二集，大公报馆1937年版，第7—28页。

夫,四万万五千万人都保持住中华民族的圣洁灵魂,国必不亡。岳武穆百战不挠,袁督师独拒强敌,这两人虽都被奸佞陷害,赍志以殁,然忠烈所被,千载之下,犹令中华子孙感奋零涕,播下复仇种子。文天祥断头菜市口,史可法战死扬州城,更给中华民族保存了浩然正气。反之,石敬瑭、张邦昌、吴三桂、臧式毅、殷汝耕等辈,或投降异族,或甘做傀儡,哪一个不是毒被全族、祸及身家?凛然的历史教训。凡是中国人都应该牢记心头。我们是报人,生平深怀文章报国之志,在平时,我们对国家无所赞襄,对同胞少所贡献,深感惭愧,到今天,我们所能自勉兼为同胞勉者,唯有这三个字——不投降。

由上可看出,王芸生的社评说理透彻、通俗易懂,笔锋常带感情,具有极强的鼓动性。

三、王芸生的新闻思想

(一) 文人论政,文章报国

王芸生进《大公报》之前,就确立了"做一个彻头彻尾的新闻人,不参加任何党派团体,不进政府做官,不参与实际政治斗争,对时代有一个独立的观点和立场,为人民立言,以文章报国"的新闻思想。进入《大公报》以后,他坚持张季鸾的"四不"方针,用行动证明了自己的思想。他说:"我作为一份民间报纸的发言人,要保持自己独立的人格,我才有独立的发言权,我才有资格说真话,对国民党才能嬉笑怒骂。同时,待国共双方都必须一样,是我一贯的原则。"

王芸生是新记《大公报》的第二代总编辑,他继续捍卫了民间报纸"文人论政"的传统,主张报纸要超党派,并不是超政治无立场,而是敢言政治,反映民众的活动,成为民众喉舌。他以"敢言"著称,文章更多带有文人论政的性质,言论立足点是黎民百姓和国家的利益。

在国共两党对决的夹缝中,他坚持独立的立场,既批评当权的国民党,也批评革命的共产党。他的笔触涉及中国社会的每一个角落,只要是关乎国家、社会和人民,他都以独立的态度、理性的分析来发表见解。他既为河南灾民呼吁,也为国民党的贪腐愤怒,也错误地对中共的抗日态度颇有微词。抗日战争中他不遗余力地鼓舞士气、呼吁人们献金,以及中华人民共和国成立初期提倡建立民主自由的现代国家等,这些社评都体现了他"文人论政"的思想。

(二) 新闻记者的职业素养

1944年,迁至成都的燕京大学请王芸生讲演。他在演讲中说:新闻记者最需要仗义执言,敢说真话;最忌讳趋炎附势,阿谀逢迎。他告诫大家:"如果你因为讲真话而获罪,被抓到刑场,揪住小辫子,钢刀一举,咔嚓一声的时候,小子,你要一声不吭,咬紧牙关顶得住,才算得上是一条好汉、一个好记者。"

王芸生非常注重新闻的客观与真实性原则以及报刊的舆论功能。1936年5月8日,他在燕京大学新闻系发表《新闻事业与国难》的演讲中说,新闻"第一要平常化。不矜奇,不立异,老老实实,平平常常,一切循平常轨道而行,直接养成坚实的舆论,间接促进社会坚实的风气"。

他认为,一个能恪尽职守的新闻记者,须具备几种异乎常人的条件:第一,"须有坚贞的人格,强劲的毅力,丰富的学识,明敏的头脑,热烈的心肠,冰霜的操守,发扬'威武不屈,贫贱不移,富贵不淫'的勇士精神"。第二,"对新闻事业有浓厚兴趣。报纸是现代历史,新闻记者是替现代做历史的一员。因此,对时代应有一种独立的观点和立场"。第三,新闻记者要具有"是非之心,羞恶之心,恻隐之心,奖善惩恶愈法官,济弱扶贫如义侠"。第四,"不锦上添花,尤其不要为少数'要人'虚张事实,新闻记者最忌阿谀奉承"。

王芸生对记者的这些要求体现了职业报人的理念,他强调无论是报道新闻还是发表言论,都不应受到权势和任何外界的影响。他对此的概括是,"真实地记出你所见到的事,勇敢地说出你心里的话,可以无愧为一个新闻记者了。敢说,敢做,敢担当,是自由人的风度;敢记,敢言,敢负责,是自由报人的作风"。他赞成司马迁"戴盆何能望天?"的话,在他进入《大公报》后,头上戴着记者这个盆子便不往别处看了。他的新闻思想中包含了西方新闻专业主义理论因素,如客观、公正、独立、超党派等。美国密苏里大学新闻学院在1941年赠予《大公报》"密苏里新闻事业杰出贡献荣誉奖章"。

(三) 新闻自由思想

王芸生的社论中多表达了新闻自由。他认为:"新闻就是客观事实的写照,为美为瑕,事实是顶好的说明。苟根据事实所写的新闻自由发表,自由交换,一任其公开于光天化日之下,则真相毕露,丑恶者无处藏身,也就无从矫造欺瞒,偷天换日。"①他把新闻自由看成是求真的钥匙,"要自由,要民主,一个字就是

---

① 1944年9月29日《大公报》社论。

'真'。'真'是最可靠的,'真'是最美丽的,惟有'真'才是是非善恶的最高评判。是是非非,善善恶恶,把真相公开了,就毫无危险,就能够趋吉避凶,一切是坦途"。"新闻自由,就是求'真'的钥匙。新闻自由太可贵了。"①

他认为,在"政府高压,士人自讳"这双重枷锁下,不会有新闻自由与言论自由。"但报纸若无自由,新闻只记些'宫门抄',言论只登些'圣谕广训'或'天主圣明颂',纵或也有读者,那绝不会有舆论,更不会有民主,更与自由不相干……人类本是生而耳聪目明的,但不知为什么越有权力的人,就越要封人家的嘴,以间接塞自己的耳,越要掩盖人间的事实,以间接蒙自己的目,真是不可解。"②

王芸生说:"尽管新闻自由如此缥缈发发,各国政府为了颜面,为了招牌,为了争取民众的支持,既不轻易摧残,也常不断嘶嚷着拥护它……向世界夸耀国家如何光荣尊重新闻自由。不管那光荣真实到怎样程度,能够把新闻自由认作光荣,这趋向总是极其可喜的。如果把新闻言路严密堵塞起来,我们敢说沾光不是政府,更不是升斗小民,却必然是胆大包天的贪污腐败的一群。"他常常强调新闻自由的重要意义。"一国之内如有新闻自由,它的政治必然相当清明,国家社会如有新闻自由,各国间的关系必能相当稳定,而消弭许多争斗及危机。""一个国度内的政治黑暗与纷乱,一部分原因是秘密政治的存在,国家间的冲突斗争,一部分原因是秘密外交的存在。这两点都可以用新闻自由来消灭它。"

王芸生认为,中国的皇权制度和读书人为尊者讳、为亲者讳、为贤者讳的宗派之见阻碍了新闻自由的实现,指出"新闻自由,是新闻记者的本分要求,这等于要求一种权利。但权利不应该是片面享受的,我们还应该忠实地尽到我们的义务"。抗战期间,他的很多社评都是在争取新闻自由。抗战结束时,王芸生在《政府可先做一件事》中呼吁政府为政治民主化先做一件事,就是取消新闻检查,开放言论自由。"新闻检查的后果是领袖神圣化,只闻谀词,身入云端,政府一切好,绝对无错,在政府的文告里,永远责备人民,而不自检,于是久而久之陷于腐化无能而不自知。"1945年10月,当局被迫取消新闻出版检查制,他当即在《大公报》发表《新闻言论自由之始》的社论,说"这真是中国新闻界值得大笔特书的一件事!"尽管如此,却并没有实现新闻自由,钳制言论、捣毁报社、逮捕记者的事件层出不穷。1948年7月南京《新民报》被勒令停刊,《大公报》发表题为《由新民报停刊谈出版法》的社论,指出当局的出版法是袁世凯政府出版法的翻版与延续,要求此法予以废止。

① 1945年4月3日《大公报》社论。
② 同上。

第8章 王芸生——"人海燃犀尝烛鬼,论坛主笔仰扶轮"

1948年9月1日的"记者节",王芸生在社评《九一之梦》中说:"记者们不必服膺中国圣人的忌讳主义。他们不必'为尊者讳',国家元首也是人民公仆,他们可以随便批评或指摘;他们不必'为亲者讳',那倒无谓'大义灭亲',因为真理面前,只论是非,不管亲疏,其父攘羊,而子证之,一点也不算稀奇;他们也不必'为贤者讳',举国皆曰好人,他若一旦做了糊涂事,报纸照样群起而攻之。"这些都是王芸生新闻自由最理想化的阐释。

参考文献

1. 王芸生:《芸生文存》第二集,大公报馆1937年版。
2. 王芝琛:《一代报人王芸生》,长江文艺出版社2004年版。
3. 王芝琛:《王芸云与〈大公报〉》,中国工人出版社2001年版。
4. 周雨:《大公报史》,江苏古籍出版社1993年版。

第9章 萧乾

——"未带地图"地穿行于欧洲战场

萧乾（蒙古族，1910—1999），著名记者、作家、翻译家。1936年起在《大公报》做记者和编辑；1939年至1946年赴伦敦大学东方学院任讲师，兼任《大公报》驻欧特约记者；第二次世界大战期间，作为中国战地记者在欧洲战场采访，1945年采访了联合国成立和波茨坦会议及纽伦堡审判。回国后历任《大公报》《人民中国》《译文》《文艺报》编辑。出版回忆录《未带地图的旅人》，报告文学集《人生采访》，长篇小说《梦之谷》，以及译著《尤利西斯》等。

一、萧乾行走在路上的一生

1910年1月27日萧乾出生在北京，原名萧秉乾。父亲是看管东直门的差役，在他出生一个多月后就去世了。由于家境贫寒，母亲带着他寄居在叔舅家。萧乾的表嫂是个美国传教士，四岁时萧乾开始跟她学英文背《圣经》，从小就对西洋文化有所涉猎，也打下了英文根底。

16岁中学毕业后，萧乾自谋职业在北新书局做练习生，每天骑车给作家送稿费。这期间他结识了在北京的众多作家，对他以后的写作受益匪浅。他读了许多新文学作品和外国名著，其中华林的《新英雄主义》对他影响很大，他特别喜爱易卜生《国民公敌》里的"最孤独的是最坚强"这句台词。因为和另外两个小学徒一起为改善待遇而罢工，他丢了工作，只好回到中学读书。

萧乾在高一时秘密参加了共青团，并在校内向学生发放宣传革命的小册子，被侦缉队逮捕受到拷打，但他没有屈服。经亲戚疏通和学校保释出狱后，由学校看管，平时不许他出校门。读高二时，萧乾将北伐军到达北京的消息说成"这下革命成功了"，又活跃起来被推选为学生会主席和兼职校刊主编。高三时学校以"闹学潮"名义将他开除，并上了国民党北京市党部的黑名单。于是，"连一丝

第9章 萧乾——"未带地图"地穿行于欧洲战场

牵挂也没有,有什么不敢"的萧乾受一位潮州籍华侨同学的邀请,到汕头一所中学当国语教员。

1929年夏天萧乾回到北京,进入燕京大学国文专修班,与杨刚①相识,在思想上得到很多帮助。次年他考入辅仁大学英文系,边学习边在一家英文杂志《中国简报》负责中文部分,并在采访中认识了沈从文。大三时,他转学到燕京大学新闻系,选修了斯诺的"特写—旅行通讯"等课程。受斯诺的启发,萧乾决定选择新闻记者这个职业。他利用两个假期,借助平绥铁路上当货运员的朋友提供的便利,多次往来于北京和包头之间,写成了他的第一篇特写《绥远散记》。

从1933年起,萧乾开始给《国闻周报》和《大公报》写稿。1935年毕业到《大公报》任副刊编辑。同年夏天,鲁西、苏北发生了严重的水灾,报馆派他去灾区采访,同行的还有画家赵望云。两人一写一画历时半年之久,采写的《鲁西流民图》在《大公报》上陆续发表,引起了社会反响。次年萧乾受命到上海筹备沪版《大公报》,途中经南京访问冯玉祥,时受软禁的冯玉祥依然坚持抗战的主张让他敬佩之至。但他采访冯玉祥的稿件发表时,关于抗战的内容全部被删,令他感到气愤。正在上海的斯诺闻此消息后愿意"弥补一下",带着萧乾的介绍信去南京采访了冯玉祥,斯诺的稿件在英国发表后,竟引来了日本外务省向南京方面的抗议。

上海版《大公报》于1936年4月发行,萧乾同时负责编辑津沪版《大公报》的文艺版,他首创了"大公报文艺奖金"。1937年8月日寇飞机轰炸上海,由于纸张奇缺,《大公报》从十四版缩减成四个版,报社大量人员被遣散,萧乾也在其中。他辗转到了汉口,巧遇在燕京大学读书时的杨振声老师和沈从文从北京逃亡出来,于是他们结伴同行,途经湘黔两省最后到达昆明,他的新闻特写《湘黔道上》就是这时期的见闻。不久逢《大公报》招聘,萧乾在昆明继续编文艺版。一年以后,他赴香港进行恢复港版《大公报》的工作。在这期间,他先后编发了来自延安作家的散文通讯,如严文井的《春天》、何其芳《新的山西》、吴伯箫的《潞安风物》等,成为《大公报》文艺版最引人注目的内容。萧乾还结识了到香港筹款为冀中游击队购置医药器材的黄浩,并根据他的讲述,写成了特写《爆破大队长的独白》。这篇关于八路军奇袭日军的稿件,对国统区的读者来说非常新鲜,使他们了解到敌后游击战的威力。

---

① 杨刚(1905—1957),中国著名女作家,《大公报》记者,二战期间特派美国。中华人民共和国成立初期任周恩来办公室主任秘书,后任中共中央宣传部国际宣传处长,《人民日报》副总编辑。1957年10月7日,因不堪受"反右"的错误打击而自杀身亡。

1939年春,萧乾前往滇缅采访10万国军出境征战的壮举。行至缅甸东部的腊成,一路上他看到抗战的壮烈情景,来自不同国家的人民为了和平,浴血筑就了一条战争补给线,他采写的《血肉筑成的滇缅路》特写反响热烈。萧乾返港后,接到伦敦大学东方学院邀他去做讲师的来信。刚开始他还犹豫,《大公报》驻港社长胡政之则鼓励他去。当时希特勒相继吞并了奥地利和捷克,战火已经在欧洲上空弥漫,胡政之判断欧洲一定有大仗,希望萧乾去一边做讲师,一边兼《大公报》驻欧特约记者。就这样萧乾登上了前往伦敦的轮船,次日第二次世界大战就爆发了。

刚到伦敦时,萧乾像其他旅英中国人一样,饱受英国内务部规定条文的限制及当地居民的歧视。因不满丘吉尔为保全英帝国的残局而封锁滇缅路以讨好日本人的行径,萧乾应援华会邀请在英国几个城市演讲,向听众讲述中国战时的一切,包括政治、军事、文学,还介绍了滇缅公路上一个个可歌可泣的故事。后来,他因参加英国进步组织的人民大会,受到伦敦警察局的盘问。珍珠港事件后由于中国变成了"盟邦",他在英国的地位也得到提升。

1942年,萧乾辞去伦敦大学东方学院的教职,到剑桥大学皇家学院攻读"英国心理派小说"硕士学位。次年他开始写硕士论文时,胡政之作为中国友好代表团成员访英,到剑桥参观时对他说:"你还差一年就可以得到硕士学位,可是学位对你有什么用场?当记者不需要它,当作家也不需要它,眼看第二战场就要开辟了,这可是千载难逢的机会啊!"①他鼓励萧乾到战场去驰骋一番。于是,萧乾放弃了学业,专门从事新闻工作。他聘请了三位助手,在伦敦舰队街挂出了《大公报》办事处的招牌。除了每天发往重庆的电讯外,还写了不少通讯。

为了获得战地记者的资格,萧乾向英国新闻部递交了申请。后者审阅了他自1939年任《大公报》驻欧记者以来所写的大量通讯,批准了他的申请,成为中国在欧洲战场上唯一的记者。多年后,他还回忆起当时的兴奋:"当看到(随军记者证)上面写着'此记者如被俘获,须按照国际红十字会规定,给以少校待遇'时,心里怦怦直跳,设想耷拉着脑袋走在俘虏队伍的情景。"②萧乾随着美国第七军的运输队,挤在箱箱炸药和浮桥木料丛中,由东法越过萨尔河,经汉堡、恺撒劳顿,向莱茵河挺进。当时不能从前线直接往重庆发电报,得由伦敦办事处转。因此他曾多次横渡德国潜艇出没的英吉利海峡,往来于随时都可能踩到地雷的前线,并在盟军攻入柏林后,作为第一批记者进入被攻占的希特勒总理府,目睹了

---

① 萧乾:《未带地图的旅人——萧乾回忆录》,凤凰传媒集团2010年版,第122页。
② 同上书,第125页。

第三帝国的溃败。

1945年3月,胡政之电告萧乾赶往美国参加联合国成立的采访。虽然他对前线报道难以割舍,但还是取道伦敦乘船前往旧金山。在船上,萧乾获悉他所跟随的美国第7军发现了纳粹德国的金库,他感到万分遗憾,因为如果不离开部队就能在那里采访这件大事了。

1945年5月25日的旧金山处在世界的焦点,这天联合国成立大会开幕,来自四十多个多家的首脑、近万名学者专家以及世界各地的两千多名记者汇集于此。重庆《大公报》发表《新闻车抵旧金山 我国与会记者二十人》的报道中,特地提到了萧乾:"本报伦敦特派员萧乾已由伦敦赶到……"25日下午,当宣布联合国大会开幕时,萧乾就飞奔大西方海底电报局,向重庆《大公报》发出了消息:

> 本报特派员25日下午五时二十五分旧金山发专电:在记者发出电讯前的五分钟,联合国会议在简单隆重和戏剧意味的方式下,由美国国务卿斯退丁纽斯主持开幕。……除了正在崩溃中的轴心国家与骑墙的中立国,几千名政治家,外交家,专家和观察家,记者,广播员,摄影员,来自世界的每一个角落,参与盛会……

1945年7月中旬,萧乾飞往柏林采访即将在波茨坦举行的斯大林、丘吉尔、杜鲁门三方会谈。采访期间从三巨头那里捕捉到的信息很少,只是些花边新闻。萧乾不愿在这上面耗费精力,就采访了共同管理柏林的美英法苏的军政府。7月底他飞回伦敦,恰逢英国大选揭晓,工党获多数,丘吉尔内阁辞职。对于这样的大选结果,萧乾同大多观察家一样感到意外:丘吉尔在战争中力挽狂澜,为国家做出了巨大贡献,居然在竞选中败北。通过认真仔细的观察,萧乾向《大公报》发回一篇深度解析报道,认为这是民主制度的胜利,是工党改善人民生活的计划使其获胜,这远比保守党所获得的国际声望对选民更有号召力。同年10月,萧乾提前赶到纽伦堡采访对纳粹战犯的审判,获得了在审判前去监狱观察战犯的机会。他花18天时间踏访了美法占领区,长篇特写《南德的暮秋》就是根据这次采访见闻写成的。

1946年3月,萧乾告别了生活七年的英国回国,仍在《大公报》负责文艺副刊,并从事国际问题研究,成为社论撰稿人之一,同时兼任复旦大学英文系和新闻系教授。1948年6月杨刚从美国返回上海,在她的"指引和支持下",萧乾奔赴香港,同李纯青、王芸生等策动了香港《大公报》的起义。同时,他还秘密参加了香港地下党对外刊物英文版《中国文摘》的编译工作。

中华人民共和国成立前夕,萧乾到北京参加国际新闻局的筹备工作,后任

《人民中国》副主编兼社会组组长,仍担任《大公报》驻北京特派员,直到包干制改为薪金制才辞去这一职务。三年后,萧乾调往中国作协任《译文》杂志编委会编辑部副主任,也坚持为《人民中国》写特写,偶尔也为一些报刊写散文。1957年6月,萧乾在《人民日报》上发表了《放心·容忍·人事工作》等文,因此被打成"右派"。此后的22年他被剥夺了写作的权利,"文化大革命"期间更被揪斗抄家,所藏图书、研究资料及文稿全部丧失。1979年2月,中国作协为萧乾平反。此后他从事翻译、讲学与交流等工作。1999年2月11日,萧乾病逝于北京。

二、萧乾新闻的采写特色

萧乾大学期间就在《大公报》和《水星月刊》上发表小说,具有很好的文学修养。大三时他从文学系转到新闻系,斯诺在特写课上强调新闻同文学的联系,"你可以说前者是摄影,后者是绘画;难道你不能从摄影里学到点取景的角度,学到明暗对比吗?更何况两者的素材都离不开生活本身呢?"①并讲起狄更斯、萧伯纳早年的记者生涯。斯诺的话让萧乾逐渐明确了他向往的走文学家的生活道路,但因生活资历浅需要选一个接触人生最广泛的职业积累经验,于是他选择了新闻,而且特别看中旅行记者生涯。"希望目前这点新闻训练能给予我以内地通讯员一类资格,借旅行和职务扩大自己的生活视野。如果经历中我见到了什么值得报告给大众的,自己纵不是文人,也自会抑制不住提起了笔。倘若我什么也不曾找到,至少在这个大时代里,我曾经充当了一名消息传达者。"②

可见,萧乾当年对未来的畅想是写小说,而记者能提供创作所需要积累阅历的契机,因此他在《大公报》更多的是为文艺版写稿和编辑,这使他的报道风格洋溢着文学色彩。

(一)文学因素浸染的新闻写作

萧乾的新闻报道以特写最为见长,显现出其文学修养和优势。他灵活应用文学的多种叙述方式,将新闻事件和人物鲜活地呈现出来,读者印象深刻。

对于写景和写人,萧乾都较多运用素描、白描的手法,寥寥几笔就让各种形象跃然纸上。如在《大公报》的鲁西水灾采访中,他没有走常规的采访路数,去访遍灾区搜集与水灾有关的信息和统计资料,而是按照所见去写,"最初,就站

---

① 萧乾:《未带地图的旅人——萧乾回忆录》,第120页。
② 《萧乾选集》第三卷,四川人民出版社1984年版,第284页。

在一个站台上,看到许多难民,我就描写他们",于是不同年龄、不同情态的灾民被他描写得生动真实:绝户老妈"蓬头削肩"跪在地上叩首、"大头瘦脸婴儿"抓着松软无乳奶头、"80岁的老翁"仰头叹息"天呐,天呐"。再如对一位老妇人的细节描写,典型地反映出了受灾群众的悲惨境遇:"她闭着眼,抖着,嘴里念着:'我七八十岁的老太婆,受这个罪',领着黑馍馍放在她怀里时,她用枯柴般的手牢牢抓着,死命地往嘴里塞,胸脯的瘦骨即刻起痉,恨不得一口全都吞下去。旁边那个妇人劝她慢些,她赶紧勒紧前襟,狠狠地瞪了那妇人一眼,以为是要抢她的那份。"①

这种白描的手法,能让读者身临其境地感受到文中传递的事实和情感,激起怜悯之心,增强了报道的效果。在《鲁西流民图》系列的《大明湖畔啼哭声》一文结尾处,萧乾这样描述:"我拖着一颗沉重的心,踱出收容所的门槛,也许母亲们又撇开了堵在孩子嘴里的手,一片'冷啊,冷啊'的啼哭声由我后面紧紧地追来,秋风吹得蒲叶呼呼地响,湖面似飘着一片愁苦的灰云。"读者看到灾民所承受的痛苦和不幸,心情无疑愈加沉重。

在速写新闻人物时,萧乾更多让人物的语言、行动去展示自己,以增强感染力。如在《一个破坏大队长的独白》中,他采取了自述形式,自己隐藏在文后不显山露水,而让主人公直接和读者对话,用富有个性的语言,讲述抗日游击队如何深入敌后炸军火列车、烧汽油库等事迹,整篇报道一气呵成,主人公那毫无造作的战斗形象栩栩如生,如:"嘿,咱'新八路'可也不含糊呀!你瞧,你瞧,这块疤痕是枪刺,这是弹片,还有,别吓坏你呀,这是枪穿过的,从七七,我放下书本,你信吗?胳膊大了,个子大了,胆量大了,真好像是得到高粱的灵感。可是今日华北平原上,每个人都长大了。"

萧乾还善于描写环境来衬托人物形象和事件,用富有代表性的场景和气氛增强报道的立体感,使之更具感染力。在《血肉筑成的滇缅路》中,他略施笔墨,就将修筑滇缅路的艰难展示出来:"怒江在全国河流中踞势之险峻,脾气之古怪,读者或已闻名了。《禹贡》里的'黑水'据说就是它,老家在西藏泡河老,经西康徇念他翁山和柏舒拉岭而入滇,是中国西南部一条巨蟒。……江流多险滩,水质比重又轻;既无舟楫之便,即想利用江水冲运木料也不易。当惠通桥未修成时,每年死在渡江竹筏上的人畜不计其数。"

萧乾写景时常师法自然,介入个人情感相互衬托,使得景物也散发情绪以渲染主题。如《大明湖畔啼哭声》的开头:"济南城里到处淙淙地流着小溪,也流着

---

① 《萧乾文集》,内蒙古人民出版社1995年版,第177页。

成群唉声叹气的难民。大明湖又荡漾起秀逸的秋色了,风吹的尖长蒲叶摇摇动撼。青簇簇的千佛山依然迎面耸立着,湖畔可失却了它往日的宁静。张公祠、铁公祠、汇泉寺,一切为文人雅士吟诗赏景的名胜都密密填满了人。这样狼狈褴褛的人当然不是游客,他们不稀罕可餐的湖色和远山的倩影。"这里,利用经久不变的优美景物描写,反衬因黄河泛滥被摧毁宁静而生活窘迫的灾民,让读者顿感天灾的不可抗逆性,生出悲天悯人的情怀。

(二) 人性化的战地通讯

1939年到1946年,萧乾作为《大公报》驻英特派记者,往国内发回众多战火纷飞的通讯。他利用深厚的学识、审慎的态度、敏锐的观察力和勇往直前的无畏精神,为国内读者呈现了一个多维度的战时世界。

萧乾经历了两次伦敦大轰炸,并以一位亲历者的身份记录了其过程,以及伦敦人民面对残酷的轰炸时的种种风趣与幽默,让远在中国的读者不仅了解到希特勒战争的策略,也让他们领略到英国人的民族性格。在《矛盾交响曲》中他写道:"这是什么时代?这是英雄的时代。一座平民住宅眼看倒下来。十个壮汉用胳膊硬托住了三层楼,让救护队在瓦砾中抱扶老少。一个戏班子巡游了两千五百英里为军队做义务表演,回程汽车周围落着炸弹,演员们在车里洗着脸上的油粉。空袭制止不了生育,产婆也带上了钢盔。第一批就是两万顶。"几句话就将不同身份的平民英雄在战争中恪守职责的形象刻画出来。在《衣食足然后可以御侮——战时物资供给问题》一文中,他将战时期食物部长的非常工作详细写出来,让中国读者看到了部长的亲民现象:食物分配完了,还得指导如何调理使用、每餐需花几便士,等等。

萧乾用富有人性化的笔调,选取非常典型且最能打动人的视角进行报道,真实、细腻且具有穿透力。如在拟人化的《活宝们在受难——空袭下的英国家畜》特写中写道:"在英国这场空战中,兽类的机智也打破了纪录。撒雷地方一家人正吃晚餐时,狗突然狂吠了起来。顷刻警报也响了,但它仍然吠,两个小时后,一颗炸弹把那座房子炸掉了一半。猫们一闻警报,也即刻往地窖里逃。据说有些狼犬,甚至能辨别敌机还是英机。"在《妇女在战争中》,他诙谐地描述:"谁料到希特勒的闪电战突然到来,炸弹落在房顶,澡房,甚至婴儿室内。倘若孩子们预先晓得来到的是这么个世界,他们还肯从母腹中爬出来吗?"而在《银风筝下的伦敦》里,写伦敦轰炸时一个14岁的女孩在乱砖中埋了四昼夜,当救援队发现她后,她仍不忘礼貌地说:"谢谢先生,我很好。"六小时后她被救出抬上担架后还说:"瞧,我的手表打破了,是生日祖母给我的呢!"

萧乾就是通过这种以事显人、以人带事的记录方式,将这场波澜壮阔的战争立体地展示出来,让读者真切地理解战争。这种报道方式中的主角大都是普通人,在普通读者中很容易引起共鸣,比单纯描述战争的过程更能贴近他们的心灵。

(三)忧国忧民的爱国情怀

萧乾是个爱国主义者,在抗战正式打响之前他两次访问过冯玉祥将军。虽然当时冯玉祥处于当局监视之下,但依然提出抗战,反对绥靖政策,萧乾深深认同冯将军的观点,不顾禁令写了一篇与此相关的报道。全面抗战开始后,萧乾在香港《大公报》积极刊登来自延安的通讯,还报道了华北游击队的抗日活动。1939年6月他前往滇缅公路采访,向读者真实全面地报道了英勇的修路人,让国人认识到这条用血肉筑成的战时唯一补给线。到了英国,他还就丘吉尔为讨好日本封锁滇缅路一事,进行了多次抗议性的演讲。

萧乾在异国他乡的七年正是国内全面抗战时期,他从未将自己置身事外。在报道欧洲的战事和人民经受的苦难时,他也常常为国内抗战和民众经受的苦难所牵挂。他后来回忆:"那七年,我的心没有一天离开过故土,不断地思念着老家以及老家的一切。"他的这种"往往强烈到难以自持"的爱国之情,促使他将国外好的方面介绍给国内读者。如他看到英国民众在遭空袭时保持秩序和理性,依然不失幽默与乐观,觉得这对于国内遭受日本侵略的民众来说具有一定的鼓舞作用,便采写了一系列通讯在《大公报》上发表。在七七事变八周年纪念期间,他邀请许多英国政界要人向《大公报》的读者、中国人民致辞,这些友人对中国人民的抗战给予了很高评价,他将这些内容整理好发往国内报纸,这对国人来说是极大的鼓舞。欧洲战事结束,美苏的冲突逐渐浮出水面,中国的前途开始被美国重视,在国外也成了人们热议的话题,萧乾更是为国内的冲突感到烦恼和棘手,希望祖国早日走向光明。

1945年7月英国大选揭晓,曾经力挽狂澜的丘吉尔落选,这给萧乾以极大的触动,他对此进行了反思:盖座大楼要招标,原来治理国家也可以搞招标。"我完全没有料到一个领袖功劳再大,人民照样可以罢免他、另换旁人的可能。"① 工党的获胜启发了萧乾:注重民生,才能在战后获得人民拥护。他认为当时的中国也面临同样的问题,经过战争磨难的人民需要喘喘气,过上安定的生活。他在报道中写道:"工党不理会消极方面,专心在人民的衣食住行和工作与

---

① 萧乾:《未带地图的旅人——萧乾回忆录》,第141页。

民生问题的积极方面下功夫。很明显的,一个政党解决国内问题的能力,比国际声望对选民更有号召力。共产党在下院仅增获一席一事,表示英国人民对意识色彩并不关切,但是他们亟欲见到民生问题的解决,酷爱自由的英国人民,虽然憎恨国家管制,但是在有效无瑕疵的战时配给制度下造成的日用必需品的公正分配,已使一般平民相信:国家管制,假如由公正人士温和地推行,能予人民以更多的幸福。"①不久,萧乾又发回《注重人民的生计——工党以国内政策获胜》的消息,表达他对国内战后命运的忧虑,希望报道能启发国内的读者思考。

正是萧乾的这种情怀和文学造诣,同代旅美记者赵浩生这样评价他:"世界上大多数新闻记者的作品,生命力不足一天,有些特定地区特定时代的新闻作品寿命更短。现在有些记者不会跑新闻,或者会跑而不会写新闻。萧乾不同于一般记者,他的作品不仅有新闻的时效,而且有文学的艺术、历史学的严谨。他把文学技法,把对历史的严肃感情写进新闻,所以他作品的寿命不是一天,而是永远。萧乾是一个成功的人。"②

三、萧乾的新闻思想

萧乾将自己的一生总结为不带地图的旅人,他求学时曾和杨刚讨论过人生的规划:理想就是采访人生,而不想按图索骥地度过一生。他认为地图代替不了旅行,要通过亲身经历去体验光怪陆离的大千世界。"没地图照样可以走路,而且更不平淡,更有趣。"③萧乾所说的"地图"指的是理论指导,旅行指的是实践活动,他坚持实践活动比理论指导更重要。这样的人生观使萧乾在中国现代文学史上独树一帜,作品颇丰且影响深远,在中国的名记者中也显得别具一格,新闻思想带有浓厚的"萧氏风格"。

(一)新闻应该为现实服务

萧乾在新闻实践的早期就意识到,新闻媒介作为一种面向大众传播信息的载体,所刊登的文字应为现实服务。1935年他和画家赵望云报道鲁西水灾,受赵先生关于"国画如果要有前途,必须从芥子园的框框跳出来,与现实结合"思想的启发,萧乾也意识到,文字不能追求玄妙,逃避现实。写什么,怎么写,关键

---

① 李辉:《浪迹天涯——萧乾传》,中国文联出版公司1987年版,第338页。
② 唐师曾:《我师萧乾》,《新华文摘》2006年第6期。
③ 萧乾:《未带地图的旅人——萧乾回忆录》,第115页。

在于心中有没有民众,新闻报道者要有一颗"反映民间疾苦为己任的心"①。正是秉着这样的理念采写,萧乾与赵望云的报道和画受到报社的表扬。这组报道刊登以后,社会各方面的捐款"大批大批汇到了报馆"。由于捐款数目众多,《大公报》干脆为灾区正式募捐起来。

1938年萧乾在香港《大公报》做编辑,他同共产党人黄浩深入广东岭东进行宣传和募捐活动,刚到潮州就碰到林炎发冤案。林炎发是大革命时期岭东的农民领袖,因受迫害流亡到海外,国共合作抗战后他返回了岭东。不久遭到当地恶势力莫须有的罪名加害身陷牢狱。萧乾为弄清楚真相采访问了包括两方面的十多人:一边是陷害林炎发的人,一边是林的家里人或同情者。他在报道中不加评语,客观讲述事实本来面目,让读者了解事情的真相。新闻报道在香港刊登不久,潮州当局被迫释放了林炎发。这件事使萧乾"又一次体会到文字是能为现实服务"的,他更加认识到:一个新闻记者绝不能只是一个热门新闻的追逐者,必须善于观察,透过重重表象看清事情的本质;必须侠肝义胆,坚定站在受欺压者一边,揭露邪恶;记者的职务是报道,但更应担当扶持正义、捍卫真理的神圣职责。

正是秉着这样的新闻理想,第二次世界大战结束以后萧乾怀着一颗赤子之心回国。看到国内腐败他非常愤怒,发表评论抨击社会不公,发出"余以人民利益为至上,国家利益为第二,党的利益为第三"之声,呼吁"民主在中国不再是专供玩弄之名词,而应变成一种上下共同持有的态度!""民主的含义尽管不同,但有一个不可缺少的要素,那便是容许与自己意见或作风不同者存在。"他倡导文字工作者"把笔放到作品上,以知其不可为而为之的精神,写下这一辈中国人民的希望与悲哀、遭际与奋斗,使文坛由战场而变为花圃:在那里,平民化的向日葵与贵族化的芝兰可以并肩而立"②。

(二) 新闻应注重读者的"心理接近性"

萧乾在英国不负《大公报》领导胡政之所托,往国内发回大量的战时通讯,让读者了解到欧洲战场上的烽火硝烟。他也没有忘记向国内读者介绍国人在异国他乡的境遇,从心理上拉近这场战争同读者间的距离,在他的欧战报道中经常能看到中国人的身影。

在《南德的暮秋》报道中,萧乾描写了一位住在临时难民营里的青田商人徐

---

① 萧乾:《未带地图的旅人——萧乾回忆录》,第57页。
② 唐师曾:《我师萧乾》,《新华文摘》2006年第6期。

君,"由果盘里拿下苹果非要我吃不可,并替我沏了龙井茶。朋友唯恐我替他生活担心,还打开衣柜,给我看他是几套西服并排挂着"。接着,萧乾自然而然流露出情感:"没出国之前,听到多少老留学生批评青田商人,说他们如何为国家出丑。但屡在法、比、德与这般漂泊全欧的中国'吉普赛人'接触后,我对青田商人只有脱帽致敬。他们代表了中国人的许多美德:勤劳乖巧,凭两只手一个脑袋吃饭,不靠天,也不靠本国的力量。他们以微本从家乡出发,有的曾从西伯利亚而到中欧,患难相助,踊跃捐输,凭的完全是一份聪明机智;赚钱之外,抱的还有一腔义气。但异于吉普赛人,他们有祖国,而且不忘祖国。"这篇通讯载于1945年12月的《大公报》,当时国内抗战结束不久,人们刚从日寇的魔掌中解放出来,这时候能从欧洲战场上看到一名普通中国人的身影,无形中就会生出惺惺相惜、不胜感慨之情。况且萧乾对流落在欧洲的中国商人身上体现的民族精神的赞美之情,也让国内读者油然而生"天涯若比邻"的兄弟情与自豪感。

波茨坦会议期间,各方记者云集,十八般刺探新闻的武艺使尽也只能采些花絮式的琐碎新闻,作为单枪匹马的中国记者,要想有所突破就更难了。萧乾另辟蹊径,琢磨国内的读者最想从他这里知道什么消息。他想到经过六年的欧战,柏林遭受了多次轰炸,停留此地的中国留学生现在怎么样?在通信中断的情况下国内的家人最关心的就是他们的安危了。于是萧乾前往柏林直奔驻德大使馆,找到困在那里的中国留学生。通过对这些留学生的采访,他不仅了解到在纳粹统治下的柏林人民生活,还将纳粹管理国家与城市的策略进行剖析,发往国内以防微杜渐。更重要的是他访问了众多幸存的学生,了解到每个人的情况,然后给重庆《大公报》发去电讯稿,专门报道留德学生的状况。尽管电讯看起来像一份名单枯燥无味,但是刊出后报社收到许多相关亲友的来电来函,感谢报社的这种义举,萧乾也又一次受到报社的褒奖。

(三)与时俱进的编辑思想

萧乾一到《大公报》就接手副刊《小公园》的编务,不久他便感到矛盾:这个副刊以传统曲艺和旧闻掌故为主,稿件都是探讨曲艺的文章,他既不懂也不感兴趣,便据实以告胡政之。胡的话使他"大为开窍":"你觉得不对头,这就对了。我就是嫌这个刊物编得太老气横秋。《大公报》不能只编给提笼架鸟的老头儿看。把你请来,就是要你放手按你的理想去改造这一页。你怎么改都成。"①

---

① 萧乾:《未带地图的旅人——萧乾回忆录》,第50页。

于是在巴金、凌叔华等友人的支持下,萧乾决定把《小公园》副刊变成文艺青年的园地,但绝不能降低质量。为了说明情况,他在《致文艺生产者》的信中,以过来人的身份对投稿者表示深切理解,对取稿标准进行了阐述和保证:有稿必看,"编者只是作者与读者间的媒介,他的良心不容他埋没可贵的贡献……只要作者不吝惜精力,编者要学习一个好渔夫的榜样,永不让佳作漏到网外",并争取退稿时都附信说明。萧乾的这种真诚与对作者和读者的尊重,使得改版活动顺利进行,也让他从"编报屁股"的自卑感中脱离出来。紧接着他开辟了"读者与编者"栏目,强调读者的参与而非编者的独白,提倡两者之间的平等对话和交流。由于读者的积极参与,这个栏目非常活跃。萧乾后来又在《文艺》开辟"编者、作者、读者"栏目,为的是"可以在三者之间交流思想,沟通信息,反映刊物的新打算,作者的新动向,读者的新要求,以及对已发作品的片断意见或对个别谬误的订正"[1]。

为了指导读者购买和阅读有价值的书,萧乾开辟了"书评"专栏,填补当时文化界的一个空白,认为"书评的责任在于制止劣品的发行,奖励那些裨益读者的出版物。它像个漏斗,书评家精细地滤去出版物的渣滓,只有健康的、正确的、美的才为读者接近"[2]。该栏目很受读者欢迎,并建立一起支书评队伍。而且,这个栏目不管萧乾在天津、上海还是香港都没有间断过。他还相继开辟了"名著介绍""文艺新闻"等栏目,都获得了成功。

1936年是新记《大公报》十周年,萧乾仿照哥伦比亚大学设立普利策奖的做法,设立了"大公报文艺奖金"以奖励文坛优秀作品,让刚开馆不久的上海《大公报》名声大振,提高了在文艺界的声望,吸引了更多的文学爱好者加入进来。抗战时期萧乾更是紧随形势,申明"《文艺》过去从不登萎靡文章,现在仅仅那样就不够了,我们要把文章变成信念和力量",并突出了两点:一是编编"综合版",最大努力地加强对抗战的信念并揭露敌人,打破纯文艺框框,"凡是鼓舞我方士气的,不论军事、政治还是经济,都可以谈";二是加强刊物的国际性,强调中国战场是世界反法西斯战线的重要组成部分。

萧乾这种与时俱进、不断创新的编辑思想,使《大公报·文艺副刊》聚集了一大批著名的作家和评论家,也为当时的文学队伍培养了众多新生力量,成为中国新闻史上有名的文艺副刊,并影响深远。

---

[1] 傅光明、孙伟华:《萧乾研究专集》,华艺出版社1992年版。
[2] 萧乾:《未带地图的旅人——萧乾回忆录》,第53页。

参考文献

1. 萧乾:《未带地图的旅人——萧乾回忆录》,凤凰传媒出版社 2010 年版。
2. 萧乾:《萧乾文集》,内蒙古人民出版社 1995 年版。
3. 李辉:《浪迹天涯——萧乾传》,中国文联出版社 1987 年版。
4. 吴廷俊:《新记大公报史稿》,武汉出版社 1994 年版。

第10章 彭子冈

——为信仰而以文报国的巾帼英豪

彭子冈(1914—1988),著名女记者,20世纪30—40年代以文情并茂的通讯、特写蜚声报坛。先后担任过上海《妇女生活》编辑,汉口《妇女前哨》主编,天津《进步日报》、《大公报》及《人民日报》记者,《旅行家》杂志主编。她爱憎分明,无私无畏,以其灵秀锋利之笔,抨击黑暗势力,揭露腐败现象,歌颂民族功臣。1957年被打为"右派",辍耕报业。1979年重任《旅行家》杂志主编,1988年1月9日病逝于北京。

一、彭子冈的波澜经历

1914年2月7日,立春刚过,严冬依然威震北国,北京城南一座简陋的四合院里,彭子冈伴着飞雪降临人世,老祖母触景生情给她取名雪珍,乳名阿雪。彭子冈的父亲是留学日本的博物学家,民国初年是大学教授兼任北京政府教育部佥事,与鲁迅共事过。他对动植物颇有研究,但对官场一窍不通,且有甘避尘嚣的清高,终在1926年弃官迁回苏州专心执教。父亲的性情和勤学多识,母亲刚毅的个性,这些都从小渗入了彭子冈的心灵。

1930年1月,叶圣陶、夏丏尊、丰子恺等人创办《中学生》月刊,发刊词中指出,其宗旨为"替中学生诸君补校课的不足;供给多方的趣味与知识;指导前途;解答疑惑;且作便利的发表机关"。次年该杂志为鼓励中学生研习文艺之兴味,设立文学竞赛会,每月举办命题作文赛事。彭子冈在苏州景海女子师范学校读初中三年级,连续参加了三次作文竞赛活动,第一次是第二名,后两次都获第一名。这引发了她的写作兴趣,写散文、游记。在叶圣陶等人的指点下,文字表达的基本功日益扎实,也培养起她以文为生、用笔助言、为天下人状哀怨的人生理想。

坦率的彭子冈在不喜欢的数学课上开小差,她讨厌那些用买课本的钱去买脂粉、皮鞋的同学。一般女孩子羞于开口的恋情问题,她也毫不掩饰地阐明态度:"至于'恋爱',不是永久不会萌芽在我心头的,但我很知道,爱只可以当作生活中的'清凉剂',是不能当作'生活的营养'的。我愿意爱基于'双恋',我颂赞这圆满的站在水平线上的爱,这是圣洁的、永久的。"①不久,《中学生》在上海的热心读者和文艺竞赛优胜者徐盈,进入了彭子冈的感情生活,他们从书信来往到相知相爱。1933年7月,曾与徐盈共同创办《尖锐》文学杂志的汪金丁在上海被捕后关押在苏州,徐盈写信托彭子冈就近探望并照顾。彭子冈不计利害,穿上在苏州名声颇响的振华女校的校服,带上书籍食品,以表兄妹的身份勇敢地敲开了看守所大门,曾一度引起风波。她以探监的体验创作了第一篇小说《狱囚》,首次用"子冈"的笔名发表在1934年1月号的《中学生》上。

1934年夏,彭子冈高中毕业,她的文科成绩拔尖,数学却不及格,但仍然考入了北平中国大学英语专业。她并不在乎学校成绩的好与坏,说:"根本我不承认上学只是念书,要紧的还是学习群众的生活啊!有活力的生活才是可讴歌的呢。我之换学校无非是想看一看更宽广的世界——其实也只能说是瞧瞧中国青年学生生活的一般情形而已。"②彭子冈从风光旖旎的南方水城苏州来到古老巍峨的北国故都,但半年后她觉得失望,用"味同嚼蜡"来概括学校生活的枯燥乏味,便索性退学。经中学时代的图画老师沈兹九的介绍,她参加了上海《妇女生活》杂志的工作,跨入新闻界的大门。

1936年春,彭子冈从北平到上海,担任《妇女生活》助编并采写专稿。她采写的新闻特稿文采四溢,很快在社会上产生了影响,引起了名家大师们的注意。这年10月鲁迅逝世,邹韬奋约彭子冈为《生活星期刊》采写鲁迅葬礼的特稿,她为此采写的《伟大的伴送》得到报界人士的好评。嗣后延安出版的《鲁迅纪念文集》也把这篇特写收了进去。11月,上海各界救国联合会负责人沈钧儒、邹韬奋、章乃器、李公朴、王造时、史良和沙千里因从事民族救亡活动在上海被捕,羁押在苏州高等法院看守所,史称"七君子事件"。为了反映七君子在狱中的状况,特别是看望曾给予她亲切教诲的导师韬奋先生、史良大姐,彭子冈化名"小梅",冒充史良的堂妹前去探监。她很快将史良慷慨激昂的谈话整理成《堂姐史良会见记》,在《妇女生活》杂志发表,进一步引起人们对七君子的关注。

西安事变和平解决之后,当局的新闻封锁有所放松,彭子冈和徐盈决定趁机

---

① 彭雪珍:《我与异性》,《中学生》第22期,1932年2月。
② 彭雪珍:《致友人书》,《中学生》第32期,1933年2月。

第10章　彭子冈——为信仰而以文报国的巾帼英豪

去江西老苏区根据地采访。为了方便采访,这对恋爱了四载的恋人宣布结婚。1937年3月,他们踏上了征途,这次旅行采访在彭子冈和徐盈的记者生涯和思想发展上都有重要影响。

彭子冈的记者生涯大部分都在《大公报》。华北危急之日,徐盈受命前往采访在华北的八路军,彭子冈则奔赴武汉。她先是主编《妇女前哨》杂志,1938年1月该刊物停刊,彭子冈进入《大公报》当外勤记者。1938年8月由胡绳介绍,中共中央宣传部部长何凯丰监誓,彭子冈和徐盈双双在汉口加入中国共产党。此后,这对志同道合的夫妻,以地下党员和《大公报》记者的双重身份战斗在国统区。不久,彭子冈随《大公报》从武汉迁往陪都重庆。

作为女性记者,彭子冈关注中下层妇女和儿童的命运。她在《大公报》写的第一篇通讯,就是关于收容和护送难童到后方的事。她的《擦皮鞋童献金救国》等几篇关于儿童的特写十分精彩,打动了千万读者的心。特别是彭子冈充分发挥自己观察敏锐、文笔传神的特长,较为准确地在新闻报道中勾勒出宋美龄抗战以来的形象,张季鸾对此大为称许,说"颂而不谀,恰到好处",破例为子冈晋级加薪。这在《大公报》内是一种殊荣,从此她在《大公报》拥有了一块坚实的立足之地。

抗战时期彭子冈写出大量优秀的新闻作品,尤其是1941年为桂林版《大公报》写的近百篇"重庆航讯",关注社会底层,表达平民声音,被新闻界誉为"重庆百笺"。"这不仅是她一生中最重要的作品,也是足以与范长江的《中国的西北角》等相媲美的传世之作。"[①] 1945年8月9日,《大公报》以醒目突出的位置刊出《毛泽东先生到重庆》一文,成为彭子冈采写的新闻特写名篇。

彭子冈经常深入下层社会采访,大胆真实地为生活在底层的民众奔走呼号。如人力车夫被视为无足轻重的小人物,一般记者也很少关注到,她采写的报道透视出相当的深刻性:

> 在没有电车同时汽油贵似人血的重庆,这一万二三百条人腿却是市内交通工具的主流!……感谢抗战,它使得我们拙笨的落后的一切技术可以乘时繁荣一下,代替洋货,挨过这艰苦的时期,这一万二三百条人腿构成的巨轮在战时首都所尽的任务是应该记在光辉的抗战史上的![②]

这恐怕是中国历史上第一次将人力车夫与民族救亡大业联系起来,既表现出她作为记者所具有的新闻敏感,又反映出她作为一个站在时代潮头的记者所

---

① 傅国涌:《文人的底气——百年中国言论史剪影》,云南人民出版社2007年版,第232页。
② 子冈:《重庆的人力车》,重庆《大公报》1939年9月24日。

具有的思想高度。

抗日战争胜利后,彭子冈和徐盈被调入《大公报》北平办事处工作。1946年2月,她不顾当局阻挠到共产党控制的张家口采访,在《大公报》发表《张家口漫步》系列通讯,客观真实地描述解放区的情况。当年12月国共全面破裂后,她发表作品怀念在解放区的弟弟。军调部国民党的代表蔡文治当面恫吓她:"彭子冈,你的文章真有煽动力。你是共产党?"其实他根本不知道彭子冈就是以《大公报》为战斗堡垒的地下党员。

中华人民共和国成立后,彭子冈先后在《进步日报》和《人民日报》任记者。她曾深入新疆等边远地区采访,写出许多富有文学气息的新闻作品,还先后随各种代表团出访苏联和东欧以及印度等多个欧亚国家。1949年第一次出国归来后,她的通讯作品汇编成《苏匈短简》一书出版。1951年她加入了中国作协。1955年1月,彭子冈出任中国青年出版社创办的《旅行家》月刊主编。1956年10月至1957年6月,先后写了《出版社可否综合一下?》《她们五十六个》《刊物的霜冻》《假如我还当记者》《旧闻新抄》《我怎样写社会新闻》等后来被称为"鸣放"的文章。

1957年8月,彭子冈被划为"极右"分子,开除党籍,下放到农村改造。后因腿疾回京在中国青年出版社印刷厂劳动,之后在全国政协文史资料委员会做编辑。"文化大革命"结束后,在1979年10月的全国第四届文代会上,彭子冈作为代表复出。尔后《旅行家》杂志复刊,她重任主编。然而,此时她已65岁,早已不是那个"爽朗敏锐,漂亮洒脱,穿着大红毛衣在国统区跑来跑去的子冈"[①]了。1980年她突患脑血栓半身瘫痪。即便困于病榻,她的思想依然活跃,一篇篇由其子徐城北代笔的口述文章陆续发表,千字散文《人之初》还获得《人民日报》1980年评选优秀作品二等奖。晚年她还出版了《子冈作品选》《时代的回声》《驰骋文坛的女斗士》三本文集。1988年1月彭子冈病逝,《人民日报》发表了题为《握一管神笔有两只慧眼:著名女记者子冈默默离去》的文章纪念她。

二、彭子冈的新闻采访

做一个正直的记者,既要有撞了南墙不回头的韧性,还要有闯不了红灯绕着行的灵性,彭子冈在新闻生涯中练就了这样本领,出色地完成各种采访任务。

---

① 付阳:《不悔的子冈》,《炎黄春秋》2004年第5期。

第10章 彭子冈——为信仰而以文报国的巾帼英豪

彭子冈1940年在重庆采访民主人士沈钧儒

（一）现场细致观察和体验

彭子冈之所以被称为"神笔"，是因为她有一双慧眼，在纷繁复杂的事物中，善于捕捉反映生活本质的东西，并认真体验，然后以女性特有的细腻笔触将它表现出来。

1936年10月鲁迅出殡当日上海的大学生游行，形成了向当局的大示威势头。《大众生活》的主编邹韬奋向初出茅庐的彭子冈约稿，请她采写这一感人的场面。把鲁迅视为精神上的父亲和导师的彭子冈参加了葬礼，采访结束后她顾不得回家吃饭，当即写出《伟大的伴送》，开头两句为：

> 太阳在头顶上闪，人的心阴着。
> 一片黑暗，人有点昏眩。[1]

这是当时她本人的心理，也是群众的心理，是她采访时的真实体验。她写送葬的人们"记起了鲁迅先生的遗志，肩胛上觉得有个担子压上来。大家不自觉地把手臂挽得更紧，失去了父母的孩子不是会更亲热的吗？"子冈身处于群众的送葬行列之中，不需要经过任何中转环节，得来的全是她用眼睛仔细观察的第一手材料。《伟大的伴送》这篇特写，已经不是一般的纪实之作，而是一次历史性葬礼的传神写照，具有新闻报道、历史文献和文学欣赏的三重价值。

中国成语的"百闻不如一见"，就是强调眼睛在了解、认识事物中的重要作用。记者的任务就是要通过实地采访，将周围发生的事情如实地告诉人民。只

---

[1] 子冈：《伟大的伴送》，《生活星期刊》第1卷第22号，1936年11月1日。

有身临其境仔细观察,才能写出有声有色的作品,彭子冈正是这样做的。1946年2月,国民党积极发动全面内战,解放区被封锁。彭子冈为报道解放区军民的生活,单枪匹马越过封锁线,深入张家口进行了四天的采访。她参加了聂荣臻、罗瑞卿举行的招待会,考察了张家口地区的民主政治、群众生活,还访问了边区行政委员会主任、无党派人士宋劭文,参加了华北联合大学、《晋察冀日报》与新华社的两次聚会,会见了大批文化人和共产党的各级干部,写了《张家口漫步》的新闻报道连续发表在《大公报》上,并在其中赞誉说,"这是一个新的传奇、新的诱惑,就像延安之在抗战初期一样"①。这组报道以她亲历解放区的观察和体验,打破了当局的新闻封锁和谎言。

彭子冈是一位勇敢者,要完成党组织的任务,用手中的笔参加革命斗争。1943年9月下旬三届二次参政会召开,彭子冈报道说:"刘王立明在蒋主席莅会时,发言请政府多多给予人民自由,如言论出版,甚至吃饭,受到场中嘘声,有人说:'哪儿来的那么多的自由!'"②这是纯客观的报道,却体现出彭子冈的勇气与善谋。当时《大公报》有一条不成文的规定:谁都可以骂,但不能碰蒋先生。这条新闻中,有人当着蒋介石的面呼吁给予人民自由,这轻轻的一笔巧妙揭露了当局的独裁。

(二)采访坚持耐心和韧性

彭子冈采访过不少显赫一时的人物。有的名公巨卿之门警卫森严,这给采访带来了相当的难度,但不管任务如何艰巨,采访对象如何刁难,她都能想尽办法出色地完成采访。1940年3月31日,宋家三姐妹首次联袂飞抵重庆,这是一条重大新闻,不仅全国关注着宋氏三姐妹这一多年未见的和解团聚行动,世界各地都注视着这一事态。

彭子冈获悉这一消息之后当即出发采访。经过奔波,终于获悉宋庆龄正在孔公馆会客,她便去守候在大门口等待。时光一分一秒地过去,"今天再错过了怎么办呢?"彭子冈便走上近百级石阶来到宋庆龄会客的大楼门前。副官们一见记者靠前便轮番驱赶,说这是他们的职责,否则孔祥熙院长会骂他们。彭子冈说:"我们在这儿也是为了我们的职责,今天见不到孙夫人,报馆和读者要骂我们。"副官无可奈何,只好任由彭子冈站在会客厅门口。终于等到宋庆龄送客出来,彭子冈立即上前致敬,终于得到了采访的机会。她把与宋庆龄握手见面的情

---

① 子冈:《张家口漫步》,天津《大公报》1946年2月12日。
② 子冈:《民主精神》,桂林《大公报》1943年9月29日。

景与自己对宋的仰慕和旧日所耳闻目睹的宋庆龄的事迹结合在一起写进《孙夫人印象记》。这篇特写发表以后,正在开会的参政员们纷纷赞许,同为参政员的张季鸾特地打电话把参政员的反应告诉子冈。她正是凭着这种韧性,捕捉到许多独家新闻。

1936年9月的一天,彭子冈正在妇女生活社编稿,一位女推销员上门来推销国货。当时民族危机加深,抵制日货运动高涨,上海国货运动联合会想出此举来扩大国货的销售。编辑部其他人员和推销员进行购销交易后就散去了,彭子冈则将她留下来,详细询问了她应聘的经过、工薪待遇、工作情况和遭遇的困难,尤其了解到经济状况不同的家庭主妇对待国货的不同态度。这些谈话经过彭子冈稍加整理就形成了一篇很好的访问记。

(三)勇于深入虎穴获取新闻

彭子冈身在国统区采访报道,仗义执言要冒很大危险。"不入虎穴,焉得虎子",为了写好新闻,真实呈现国统区的各方面状况,她采访过各种对象如壮丁、荣军、工人、车夫、清道夫、苦力、难民流浪儿乃至于妓女、监犯,了解他们的疾苦和要求,正确估计他们的作用,呼吁社会注意将他们的潜力充分发挥出来,用之于抗战大业。她把自己的安危置之度外,曾躲藏在国民党参政会会议厅的大镜子后面,混杂于警察局内,甚至经常涉足监狱、贫民窟、难民所以及妓女麇集的小街暗巷,所以她采写的新闻言之凿凿,受到群众的欢迎,官僚们则极为头痛。

抗战结束后的国共和谈期间,1946年4月3日凌晨,当局以漏报户口为名逮捕了中共刊物《解放》的总编辑钱俊瑞等二十多人。彭子冈不顾危险深入警察局采访,并巧妙地带出他们给军调部中共首席代表叶剑英的密信。当晚7时,中共代表在北京饭店召开中外记者招待会,宣布当局这次逮捕非法,是公然破坏和平、民主,挑动反共内战。彭子冈当即将这一消息电发往天津和上海《大公报》:

北平市副市长张伯谨在记者招待会上说,关于新华通讯社及解放三日报被逮捕四十八人事尚无所闻,但愿尽保护公民责任,即令警察局调查。

中共解放报编辑发行两部及滕代远公馆被捕走四十八人,分别拘押于(北平市)外二区、内四区及内二区警局,迄未释放。

叶剑英接见记者称:"中共人员四十八人非法被捕事发生在北平,殊为不幸。滕副参谋长于事后赴行营长官部、市府等机关询问,均答称不知,证明为特务分子所为,意在制造事件,破坏和平民主事业。中共在执行部工作之人员至为义愤,但叶氏已嘱彼等以冷静态度处理,依法与主其事者力争。"

三日晚七时半,十八集团军副参谋长兼北平办事处主任滕代远举行中外记者招待会,报道非法捕人之经过并提出要求:"(一)释放被捕人员;(二)惩治捕人者,并向中共道歉,赔偿损失;(三)保障以后不发生此等事件。"

新闻刊登后,在各方面的舆论压力下,北平警察总局局长陈烽被迫认错道歉,释放了被捕人员。

三、彭子冈的作品特色

从1938年入《大公报》的十多年间,彭子冈发表了大量生动鲜活的新闻作品。1941年撰写的近百篇《重庆航讯》寄往桂林发表,披露了陪都各界的生活状态,被新闻界誉为"重庆百笺",这是她一生中最重要的作品,可惜后来出版的《子冈作品选》《时代的回声》《挥戈驰骋的女斗士》都鲜有收集,著名报人徐铸成为此感叹,这样"使读者不易明了其战斗锋芒,也容易失其历史的真实"[1]。

(一)融文学笔法于新闻写作

彭子冈在中学时代给《中学生》杂志投稿,就是以文学作品起步的。写散文、游记、诗歌,这些也造成彭子冈容易冲动、喜欢形象性的东西、热衷于写情的性格。在初中时写的《我是燕子》的文艺竞赛中,她细腻地描绘了小燕子思念在长途飞行中失散的"唯一的侪伴"西塞丽的缠绵凄恻之情:"我的可怜的西塞丽啊,在这茫茫大地孤云野鹤分飞的当儿,谁知西塞丽不在天涯那岸泣着呢?这孤茕的生活却怎能挨过?恨西风无知,令人无处传话,天使在哪里?万能的天使在哪里?"[2]生离的痛楚,情之深,意之切,溢于言表。

彭子冈虽没有接受过新闻教育,第一次作为记者前去采访冰心女士,便在新闻写作中自然而然地运用了文学笔法,这得益于她经常习惯写散文和小说。1935年深秋,彭子冈趁在会客室等待的时间,打量了一下冰心的家:"楼下差不多是四件,样式玲珑的红木家具中夹着沙发,壁上是风景画和古色古香的屏条,微光从白纱窗帘外透进来。"她用寥寥几笔,便描绘出上层知识分子的家境。紧接着描述:

---

[1] 付阳:《不悔的子冈》,《炎黄春秋》2004年第5期。
[2] 《中学生》第12期,1931年2月。

第10章 彭子冈——为信仰而以文报国的巾帼英豪

一位女外国校医出门后,谢先生下楼了,握手,道歉。黑白格的旗袍外罩着褐色短外套,头发正如前些年在"女作家专号"上见到的一样,在额上两面盖住鬓角,后面挽着鬟髻。记得前些年听说谢先生体弱多病,但现在却是很健康,微笑里显着庄重,由文章里读到的"人缘好",倒是很实在的。①

简单的勾勒准确地抓住了冰心的主要特征,使读者活灵活现地"见"到了敦厚温良、有着水晶般心地的冰心女士。

彭子冈的许多访问记渗入了文艺的笔法,使之清新明快,如山间的潺潺溪流。陈纪滢在评析彭子冈的笔法时,说她在同辈记者中打破了当年新闻报道状人记事的机械死板,是"融文学手法于新闻采写较早的一个",这点出了彭子冈新闻写作的独特风格。

(二) 擅长人物形象描写

初进《大公报》,彭子冈就以几篇关于儿童的特写获得业界赞许,《擦皮鞋童献金国》曾打动了千万读者的心。这篇特写集中笔墨刻画了八个擦皮鞋的爱国儿童形象,他们给《大公报》送去18元1角5分钱,委托报社代为捐献给抗战事业,文中写道:

他们一律穿着蓝工服,每人肩上挂着的不是书包,不是糖果兜,而是放着擦皮鞋用品的一只沉重的木箱,上面还镂着"自力更生、抗战到底"八个大字……艰苦的生活洗去了他们这段年龄应该有的忸怩与羞怯,八个孩子大踏步地走进来,一脸笑,一脸汗,一脸灰尘……

身份低微但却慨然共赴国难的儿童形象栩栩如生地跃然纸上,让人又亲又敬又爱,不能不为之动情。

彭子冈抗战时期的新闻作品大量记录了重庆各阶层妇女的境遇,如《女参议员之声》《进步中的女工友们》《戏装的女儿行》《妇女救亡工作在长沙》《纱厂一日》《失业女工访问记》《绿川英子偶访》《妇女百像》等,形象逼真,性格凸现,喜怒哀乐,系人胸怀,可谓当时中国"妇女百像投影",她的才华和风格也得到充分的显露。

彭子冈在描写人物形象的新闻中擅长特写,运用"放慢"和"放大"两种功能,摄取新闻事实中最富有特征和表现力的片段,通过多种表现手法,进行具有强烈的视觉和感染效果的生动刻画,使其产生立体感,从而更集中、更突出地表

---

① 彭子冈:《子冈作品选》,新华出版社1984年版,第61页。

现新闻主题。《毛泽东先生到重庆》是她这方面的代表作之一。这则新闻特写恰似"清水出芙蓉,天然去雕饰",有种淡雅秀丽之美。有人把这篇新闻精品与方纪写毛泽东离别延安在机舱口转身挥手的特写名篇《挥手之间》并称为"姐妹篇",此誉实不为过。

(三)白描手法呈现客观事实

抗日战争期间,彭子冈直言无忌的报道常常遭到新闻检查的扣压、删削。多少次深更半夜她都拿着被删得面目不清的稿件去据理力争,虽然也抢救出一些,但收效不大。这样,也使她在政治上、业务上更趋成熟,文风逐渐从渲染描绘转向简洁含蓄,不施浓墨重彩,以叙述的语言进行描写,白描成为主要的表达方式。1938年7月12日武昌遭到日军的飞机轰炸,她目睹日本强盗的肆虐,直接叙述武昌城内所目睹的悲惨景象,给人以强烈的悲愤:

> 粮道街、三道街等处附近成了火烧场,成了屠门,成了新坟。
> 哭泣,叹息,咒骂。
> 焦黑的死尸,破烂的瓦片,倾斜的电线杆,荒冢一样的瓦砾场……
> 一个老太婆哭红了眼睛,她那在医院帮工的儿子也被埋在瓦砾堆里。她不忍再走近了寻找,当每一个担架床从他身前过时才敢瞅一下。然而,把一切咒骂加给敌人吧,她四次失望,四次恸哭,黄昏带给她悲哀,带给她不幸的信念。抬出四个男人,一死三伤。[①]

以前她多采写随时发生的新闻,写航讯却是或一周或十天半月才写一篇,但又要反映出这段日子的政风民情,且还不能重复那些电讯都抢发的重大事件。她便采用了传统笔记文学的表现手法,撷取那些饶有深意的趣闻逸事,交代必要的背景,尽量不渲染。通过近百篇航讯的写作,彭子冈练成了这方面的高手。后来的《毛泽东先生到重庆》,正是她白描技法娴熟的成功之作。

鉴于地下党员的身份,即将直面毛主席,彭子冈有很多话是不宜和不便直说的。"我有幸能在重庆九龙坡机场去欢迎他,并要在自己所工作的《大公报》上发新闻,作为一个入党已经七年的秘密党员,第一次在国统区见到自己的主席,其激动心情是可想而知的。"[②]但她又必须保持外表上的平静,因为新闻要经当局的审查方能见报。多年以后,彭子冈忆述当年的苦心:"衷心拥抱那个历史性

[①] 子冈:《扑灭现代刽子手!》,汉口《大公报》1938年7月13日。
[②] 子冈:《记者六题》,《新闻记者》1984年第1期。

的事件,但是必须平和地娓娓地记下来,让多少读者也衷心拥抱那个事件、那些人。"①《毛泽东先生到重庆》的开头这样描写:

> 没有口号,没有鲜花,没有仪仗队,几百个爱好和平自由的人士却都知道这是维系中国目前及未来历史和人民幸福的一个喜讯。

三个"没有",一下子点破了雾重庆的政治气氛。这是彭子冈慧眼独到的观察结果。

> "很感谢,"他几乎是用陕北口音说这,当记者与他握手时,他仍在重复这三个字,他的手指被香烟烧得焦黄。当他大踏步走下扶梯的时候,我看到他的鞋底还是新的。无疑这是他的新装。

> 毛先生敞了外衣,又露出里面的簇新白绸衬衫。他打碎了一只盖碗茶杯,广漆地板的客厅里的一切,显然对他很生疏。他完全像一位来自乡野的书生。②

这里两次写到毛泽东的衣着,衬托出延安生活的朴实无华,也从侧面鞭挞了重庆权贵的豪华奢侈。不过,这两段描写在"反右"和"文化大革命"中没少挨批判,说她"亵渎领袖"。她始终认为这"是符合'历史真实'的,它蕴含了我当时对于主席的诚挚感情。这样写,只能在广大国统区人民中赢得好感,而不是相反"③。

四、彭子冈的新闻理念

1984 年 1 月彭子冈脑疾严重,"那双曾写下 600 万字的手已不能握笔",只能通过口述,由她儿子徐城北记录,写出总结她毕生记者工作经验的《记者六题》,寄托了她对新一代记者的厚望,她提出的几六点要求,体现出她的新闻理念与追求:

(1) 土地——要有新闻理想,立足人民最根本的利益。
(2) 棱角——要有独到的见地,有鲜明的爱憎,敢于批判和创造,敢说真话。
(3) 抱负——要有责任心,视天下为己任,以主人翁的姿态对待日常生活。
(4) 笔法——在新闻作品中学会用文学手法,注重出"情",切忌太"纯"。

---

① 子冈:《旧闻新抄》,《新闻与出版》1957 年 6 月 10 日。
② 彭子冈:《子冈作品选》,第 157—159 页。
③ 子冈:《记者六题》,《新闻记者》1984 年第 1 期。

（5）冲刺——采访力求快，前期准备充足，不辞劳苦。
（6）学识——打下扎实的学识基础，多多充电。

这是彭子冈难得的一篇富于理论色彩的文章，"是由于她在50年之间，从事过异常艰难的工作，有过曲折的经历，又对我国新闻事业的发展具有坚定信心，才能提出这等真知灼见"①。

中华人民共和国成立后，党组织曾希望彭子冈参加改组后的《进步日报》编委会，她推辞了。报社希望她担任《进步日报》北京办事处主任，她推荐了另一位党员，决心自己以记者职业终其生涯。"子冈不想当官，只想当记者。从跨入新闻队伍的第一天开始，子冈就爱上了这个职业，这个能广泛地观察社会，认识人生，为民喉舌的光荣而艰难的职业。"②现在，彭子冈已离世二十多个春秋，作为一位知名老记者，她在生命终结前对后继者的希望，对新闻改革的建议，都显示出智慧的光芒，那是她几十年实践得出的真知。她敢闯敢拼、敢说真话的新闻品质，值得所有的新闻从业者学习。

参考文献

1. 夏林根主编：《近代中国名记者》，福建人民出版社1990年版。
2. 《新闻界人物》编辑委员会编：《新闻界人物》（十），新华出版社1989年版。
3. 彭子冈：《子冈作品选》，新华出版社1984年版。

---

① 于友：《怀念子冈》，《新闻研究资料》1988年第4期。
② 《新闻界人物》编辑委员会编：《新闻界人物》（十），新华出版社1989年版，第163页。

第11章 范长江

——历史转折时期的弄潮儿

范长江(1909—1970),杰出的新闻记者、社会活动家。20世纪30年代采写的《中国的西北角》轰动国内外。新中国成立后担任过人民日报社社长,为新闻事业的发展做出很大贡献。1991年中国记协与范长江新闻奖基金会联合设立了"范长江新闻奖",表彰奖励我国优秀的中青年新闻工作者。11月8日是他创建"中国青年新闻记者协会"的日子,被国务院确定为"中国记者节"。

一、求学经历与战地新闻生涯

范长江原名范希天,1909年10月16日出生于四川省内江县赵家坝村一个没落地主家庭。他的祖父博通诗文,是清末秀才。范长江自幼就随堂兄弟读书识字,他时常仿照祖父的模样和腔调,摇头晃脑地念着先祖范仲淹"先天下之忧而忧,后天下之乐而乐"的名言,从小就打下了良好的语文基础。

(一) 在学习中认识社会

1923年秋,范长江小学毕业考入内江县立中学。他在班上年龄最小,学习却很出色,"尤其是写文章,才思敏捷,洋洋洒洒,下笔千言,辞意并茂,誉为一班之冠"①。1927年初他报考重庆军校未果,进入中法大学重庆分校学习。该校是四川党组织领导创办、吴玉章任校长培养革命干部的学校,范长江在这里接受了反帝反军阀的思想。他积极参加社会活动,上街进行宣传讲演,1927年3月因参加游行示威,与前来镇压的军阀展开斗争,被当局通缉。范长江被迫离开重庆

---

① 张匀石:《宝剑锋从磨砺出——忆范长江同志往事片断》,《内江市文史资料选辑》第18期,内江市政协文史资料委员会2001年印行。

逃到武汉,加入了国民革命军第 20 军的学生营。不久,他随军到江西参加了八一南昌起义,在转战途中部队被打散,好不容易辗转到了南京。

1928 年秋,范长江考入南京中央政治学校,这是国民政府培养行政干部的学府。范长江希望将来改变贫穷落后的农村面貌,他选学了乡村行政系。由于有着参加政治活动的经历,他加入了国民党,课余和大家组织一些高谈阔论的聚会。九一八事变后,范长江与同学们组织起抗日救亡宣传队,积极上街开展宣传活动。但校方在背后施加压力阻挠,教育长罗家伦还亲自找范长江谈话,最终宣传队被解散。

范长江对此感到痛心,觉得到这里不是他待的地方,打算去北平,那里是中国文化中心,有著名的高校、丰富的图书、思想界的名师,可以去弄清"个人及国家将往何处去"的问题。在同学的帮助下,他凑了点钱物,换掉学校的制服,悄然离开了再过一学期就可获得的毕业文凭并能捞个一官半职的学校。他在留给学校的信中宣布脱离国民党,阐明自己的观点:"合理的教育应当是启发青年的思想,使他们能对宇宙和人生的法则有正确的把握,然后配合着各时代的环境和个人的兴趣与修养,培养他们服务于人类、国家的能力。"①

1932 年初范长江到北平,同年秋天进入北京大学哲学系学习。在北大期间他认真广泛涉猎哲学、政治、经济等书籍,对古希腊的苏格拉底、柏拉图、亚里士多德以及近代德国的康德、黑格尔等人的哲学思想逐一研习,并攻读了大量有关政治经济、历史地理方面的书籍。为了能读懂外文原著,他拼命学习外语,并经常思考如何用正确的哲学思想来为现实服务,关注抗日救亡形势的发展。

在一次哲学课上他向教授提出两个问题:全国人民要求抗日而政府不作为,怎么办?一个人肚子饿了又没钱,铺子里堆满食物能不能拿来吃?教授回答:这不是哲学的事,哲学主要是为了弄明白各学派的情况,不是解决实际问题的。这个回答让范长江对大学教育失去信心,如果哲学不能为社会服务,学它干什么呢?于是他走出书斋,决定在国难当头之际投入到现实中去做实际的工作。

(二)从步入新闻行业到成名之举

1933 年 1 月日军侵占山海关威胁平津,民族危机空前。范长江参加了朱庆澜将军主持的"辽吉黑热抗日义勇军后援会"。2 月,他随义勇军后援会组织的一支运输物资队伍去东北。在离开北平之前,他受人委托挂了一个"热河战地记者"的头衔,给南京《新中国报》和《民生报》写战地通讯。然而出师不利,运输

---

① 范东升:《介绍我父亲范长江同志的早期新闻活动》,《新闻记者》1984 年第 4 期。

队刚到热河凌原即与敌军遭遇,车辆物资全丢失,他幸被一蒙古族老乡收留,吃了不少苦头才回到北平。

1933年下半年起,范长江开始为北平《晨报》《世界日报》和天津《益世报》等采写文化教育方面的新闻通讯,以此维持生计。他多年学得的渊博知识通过一篇篇稿件逐渐显露出来,他的文笔精练、视角独特,引起天津《大公报》的注意。1934年下半年,《大公报》驻北平办事处请他专门为该报写稿,每月固定稿酬15元。他经过采访研究,先后写出《佛学在北大》《陶希圣与"食货"》《顾颉刚与"禹贡"》等数篇通讯发表,引起反响。不过,这种文化新闻方面的采写与查资料工作,不是他的主要兴趣所在,他仍然关心着国家的前途和民族的命运。

在日本侵略者紧逼中国、全民抗战前夕,范长江从政治的角度敏感地意识到:中日一旦开战,沿海一带必不可久守,抗战的大后方肯定会在西北、西南一带,而这些地方的情况到底怎样呢?他觉得很有必要去进行实地考察和研究。经与《大公报》商量得到允许,报社只付稿酬,不给薪金和差旅费,且文责自负。1935年5月,范长江从天津塘沽登上轮船,经烟台往上海,到浙江杭州、兰溪等地采访,然后从上海逆江而上进入四川。他从天津出发就开始往报社写稿,先后发表了《塘沽码头》《安东的中国人》《烟台警察枪杀女学生》《浙江政治新动向》《兰溪实验》《千里江陵一日还》《成渝道上》等一系列通讯,客观地报道沿途所见所闻,清新的内容吸引了大批读者。

7月14日,范长江从成都出发开始了考察西北地区的惊人壮举。他沿着崎岖不平的古道跋山涉水,风餐露宿,经江油、平武、松潘到甘肃西固、岷县等地行程三千余里,其中不少地方是红军长征路过的。9月3日到达兰州后他又继续西进至敦煌、玉门、西宁,转而北达临河、五原、包头,再往返于西安、兰州等地。历时十个月的旅行采访,足涉川、陕、青、甘、内蒙古等广大地区。艰苦的劳动换来了丰硕的果实,他以卓越的见识、出众的才华,将耳闻目睹的事实融会于笔端,写出了《毛泽东过甘入陕之经过》《从瑞金到陕边》《松潘战争之前后》《红军之分裂》等一系列通讯,客观地向全国读者报道了有关红军长征的消息,告诉人们共产党军队的存在。他还真实地记录了西北人民生活的困苦,对少数民族地区有关宗教、民族关系等问题也做了深刻的反映,这些报道在国统区广大读者中产生了强烈的反响。他将通讯汇编为《中国的西北角》一书,读者踊跃抢购。接着数月内该书又连出七版,一时风行全国。范长江的西北之行报道不仅使《大公报》发行量陡增,他也因此名声大震,一跃而成闻名全国的记者。

范长江回到平津后没有满足于所取得的荣誉,他以丰富的知识和独特的见解,继续采写了《从嘉峪关说到山海关——北戴河海滨夜话》等广受好评的通讯报道。他还奔赴绥远前线采访,并在十分艰苦的情况下,骑骆驼穿越塞上戈壁滩到内蒙古西部采访,先后写出了《百灵庙战后行》《忆西蒙》等长篇通讯,翔实地记录了战地实况和当地民情风俗。这时他所思考的问题,也越加广阔深刻,思想趋于成熟。

(三) 报道西安事变真相

1936年12月西安事变爆发,范长江决定冒险前去采访。当时西北对内地的交通被封锁,他利用私人关系飞赴兰州,说服了甘肃省主席兼51军军长于学忠,特地派一辆军用卡车和数名武装卫士,护送他前往西安。1937年2月2日晚,范长江终于在混乱中顶风冒雪抵达西安。

在《大公报》西安分销处同仁的协助下,通过陕西省主席邓宝珊的介绍,范长江来到杨虎城公馆。周恩来热情接待了这位年仅27岁的勇敢的记者,向他详细介绍了西安事变的经过及后续情况:原来,张学良、杨虎城将军无法忍受蒋介石"攘外必先安内"的政策,在不得已的情况下采取"兵谏",扣留了来西安部署"剿共"的蒋介石及其军政要员十余人,并通电全国提出以停止内战、一致抗日为主旨的八项主张。中共从民族的利益出发,主张和平解决西安事变,逼蒋抗日,以防止新的内战爆发,应邀派出以周恩来、博古、叶剑英等组成的代表团到西安参加调解谈判,向张杨陈述中共的主张。由于中共代表团的主张与斡旋,蒋介石在1937年2月24日接受了停止内战、联共抗日等条件。25日蒋被释放回南京,西安事变和平解决。

通过采访周恩来,范长江清楚了西安事变的真相以及中共和平解决的主张,厘清了事变并非什么"受恶意的勾煽"发生的。为深入了解陕北的情况,范长江向周恩来请求到延安去采访。1937年2月9日,在博古和罗瑞卿的陪同下,范长江到达延安,抗日军政大学举行了热烈的欢迎仪式。他先后见到了林彪、廖承志、朱德等人,他是除美国记者斯诺外,第一个以国统区新闻记者身份进入延安的人。虽然他在延安只待了一天时间,却感受到那里的热情。当晚,毛泽东在自己工作生活的那孔"除了一条大炕外,还有一张木椅、一张桌子、一条木凳、一盆火炭"的窑洞里会见了范长江,向他讲述了红军长征北上的详细经过。同时,毛泽东还就中国革命的性质、任务和中国共产党现阶段的总路线、总政策以及抗日民族统一战线等重大问题,作了精辟的讲解。

中共的胸怀和气概打动了范长江。他想留在陕北,一面学习,一面收集材料,写几本宣传中共与红军的主张和事迹的书,但时局不允许他这样做,中共需要他通过《大公报》向全国宣传,以促进抗日民族统一战线的迅速形成,毛泽东希望他尽快到上海开展这项工作。因为2月15日国民党五届三中全会开幕,会议的主要内容就是讨论由西安事变所引起的重大政治问题,这也正是宣传中共主张的大好时机。

2月14日范长江飞抵上海,一下飞机他便直奔《大公报》社编辑部,找到总经理胡政之,争取能顶着当局新闻检查机关的压力,发表他从西北采访的报道。胡政之经过"反复动摇",从《大公报》独占西北情况优势的新闻观出发,次日在显著位置登载了范长江连夜赶写的《动荡中之西北大局》。该文打破了当局的新闻封锁,不仅报道了西安事变的真相,而且清楚地传达了中共抗日民族统一战线的政策和主张。文中写道:"中国此时不需要国内对立,中国此时需要和平统一,以统一的力量防卫国家之生存。""照中国实际政治情形需要,国家的政治机构应当起到统一的民族阵线,即是统一国力,集中力量,以求对外图存。"文章希望国民党五届三中全会有一个好的结果,告诉人们"'双十二事件'之突发,共军并未参加预谋,其关系人员之入西安,乃在事变四日之后……"

这篇报道轰动了朝野,人们争相购阅。蒋介石看到内容与自己所做的报告相反,大为生气,将正在南京的《大公报》总编辑张季鸾找去斥责,并要以后严查范长江的文章和信件。而毛泽东在延安看了报纸后非常高兴,提笔致信范长江称赞:"那次很简慢你,对不住得很!你的文章我们都看了,深致谢意!"[①]此后范长江又写了《陕北之行》《西北近影》等长篇通讯,客观地记述了他在西北地区的经历。这些通讯和他在内蒙古采写的一系列报道汇集成《塞上行》一书,同样和《中国的西北角》一样畅销全国,成为20世纪30年代著名的新闻通讯集。

(四) 抗战报道

抗战全面爆发时,范长江在上海《大公报》编辑部负责战地记者的派遣和联络工作。为了及时采访报道八路军的抗战,他专程去八路军驻太原办事处找彭雪枫主任,提出派记者随军采访的要求。毛泽东得知后亲自电示彭雪枫转告范长江:"欢迎《大公报》派随军记者,尤欢迎范长江先生。"[②]范长江精神振奋,先后采写了《卢沟桥畔》《淮上血战记》《台儿庄血战》《察南退出记》《西战场》《察哈尔的陷落》等大量的战地通讯,及时地向全国人民报道了前线实况。上海沦陷后武汉一时成为抗日宣传中心,中共为了在国统区宣传抗日主张和统一战线政策,决定在武汉创办《新华日报》。范长江积极推荐办报人才、进步记者到《新

---

① 《毛泽东书信选集》,中央文献出版社2003年版,第102页。
② 范长江:《关于"反共老手问题"——答若干同志问》,《人物》1980年第3期。

华日报》,他对《大公报》的记者陆诒说:"从国内的大局看,只有中国共产党和它所领导的八路军才是中华民族抗战最坚决的力量。"①他还介绍陆诒与博古、潘梓年、华岗等认识,推荐他去《新华日报》。

1938年5月,他在徐州突围途中负伤回到武汉,组织从前线回来的几十名记者聚会畅谈抗战形势。周恩来亲笔致函:"长江先生:听到你饱载着前线上英勇的战息,并带着光辉的伤痕归来,不仅使人兴奋,而且使人感念。闻前线上归来的记者正在聚会,特驰函致慰问于你,并请代致敬意于风尘仆仆的诸位记者。"②

日军威胁武汉,令不少国人有些悲观失望,国民党右派提出"一个党,一个主义,一个领袖"的主张,强化独揽抗战的主导权。《大公报》要范长江写一篇与之迎合的社论,但他却认为,中共"愿为三民主义之实现而努力,红军亦已改编国民革命军,在统一指挥之下对外抗战,这实在是中国历史的新章,这是不可忽视的重大进步"③。因此,他写了《抗战中的党派问题》,阐明自己的观点,主张团结抗战,只有坚持抗日民族统一战线,才能取得最后胜利。总编辑张季鸾看后认为"《大公报》不能发表这种社论,必须以蒋先生的意见为意见"④。

范长江坚持自己的立场,把稿子送到邹韬奋主编的《抗战三日刊》上发表。报社对他的这种行为十分不满,但又碍于他在新闻界和社会上的影响奈何不了他。总经理胡政之专门找范长江商谈,要他放弃拥共,提出报社的战地记者全由他指挥,同时配给一辆专车和一部电台,随蒋介石的大本营行动采访。范长江没有为如此优厚的条件所动,不放弃支持共产党的主张。于是,他与成名于兹的《大公报》脱离了关系,而更加积极地向中共靠拢。

二、钟情于无产阶级新闻工作

(一)建立记者组织

抗战全面爆发后,面对国内政治经济文化等各方面的迅速变化,战争又促使普遍民众对于新闻倍加关注,范长江感到新闻界有些跟不上形势,特别是一些青年记者缺乏知识与经验,新闻工作的质量亟待提高。他认为:"最主要的方法,

---

① 陆诒:《忆博古同志和汉江新华日报》,《新闻研究资料》1980年第2期。
② 范长江:《关于"反共老手问题"——答若干同志问》,《人物》1980年第3期。
③ 范长江:《抗战中的党派问题》,《血路周刊》1938年第2期。
④ 范长江:《关于我的青年时代的历史情况的交代》,1967年6月3日。转引自《有胆有识、英勇无畏的新闻战士》,内江市东兴区人民政府网站,2010年1月1日,http://www.scnjdx.gov.cn/news/mshow/3419,2012年6月1日访问。

是我们有事业心的记者应该团结,用团结的集体的力量,以解决我们自身和当前新闻事业一部分的困难。"[①]这就需要把青年记者组织起来,相互学习和交流经验,不断提高业务水平,以适应瞬息万变的形势发展需要。

1937年11月8日,范长江和一些青年记者在上海成立了"中国青年新闻记者协会"(这一天后来成为中国的记者节)。上海沦陷后这个组织停止了活动。1938年3月30日,他在武汉又与同行成立"中国青年新闻记者学会",团结与组织大批青年记者投入战地采访,报道中国军民的抗战活动。范长江还与他人先后在成都、长沙、重庆、西安、南昌、兰州、广州、桂林、昆明、贵阳、延安以及香港、南洋等地建立了分会,创办了《新闻记者》《青年记者》《新闻战线》《记者通讯》等刊物,除报道消息外进行业务探讨,推动抗战时期的新闻事业发展。

1938年10月20日,范长江和其他人在长沙建立了"国际新闻社",向外发布新闻稿件,打破了在国统区只有中央通讯社发稿的局面,扩大了新闻消息的来源。11月12日,国民党的"焦土抗战"造成长沙多日的大火灾。在周恩来的安排下,范长江率领部分记者撤到广西桂林,建立了国际新闻社桂林总社继续发稿。此时,范长江还肩负着中国青年新闻记者学会的组织领导工作,来回穿梭式地奔走于重庆、桂林、昆明等地,十分繁忙。但他仍坚持战地采访工作,先后带领记者深入到广东战区和苏南、皖南敌后采访,写了大批的战地通讯和有关新闻论稿。他还主编或与人合著出版了《抗战中的中国》丛刊,包括《淞沪火线上》《西线风云》《徐州突围》《川军与抗战》《川军在前线》等大量战地通讯集。

(二) 加入中国共产党

1939年5月,在重庆曾家岩"周公馆"里,由周恩来做介绍人,范长江秘密加入中国共产党,并与周恩来、李克农单线联系。至此,范长江从爱国主义者进入了无产阶级战士行列。

1941年春,国民党掀起第二次反共高潮制造了皖南事变,并乘机公开下令逮捕范长江等人。在党组织的安排下,范长江转移到香港,主办中共在海外的机关报《华商报》,并兼顾国际新闻社香港分社的工作。同年底日本发动太平洋战争,香港沦陷,范长江转回桂林。不久当局再次下令抓他。范长江对此毫不畏惧,在党组织的安排下离开桂林,辗转于1942年7月进入苏北新四军根据地。

在根据地范长江仍从事新闻业务,并兼新闻教育工作,先后任新华社华中分社、华中总分社社长和《新华日报》华中版负责人及华中新闻学校校长等职,为

---

① 范长江:《通讯与论文》,新华出版社1981年版,第259页。

解放区新闻事业的发展不遗余力。抗战胜利后,1946年4月范长江参加了以周恩来为首的中共代表团,赴南京与国民党谈判,并作为代表团的新闻发言人参加谈判活动。他广泛结交民主党派和新闻界人士,宣传中共的政策主张。同时,他还担任新华社南京分社社长,报道中共代表团在南京的各项活动。解放战争期间,范长江任新华社和解放日报副总编辑。1947年国民党大举进攻延安,中共中央被迫撤离,毛泽东、周恩来等留在陕北主持中央和解放军总部工作。新华总社一部分人在廖承志率领下向太行转移,另一部分人由范长江率领简称"四大队",跟随中央转战陕北。"四大队"在范长江的领导下,主要是抄收国民党中央社和外国通讯社的电讯稿,供中央领导及时了解国内外情况;同太行总社保持通讯联络,传达解放军总部战报和中央领导的各种指示及为新华社撰写的评论、社论等;抄收新华总社的广播稿,编辑出版《新闻简报》和《参考消息》供中央领导阅读;代表总社就近指导新华社西北总分社、西北野战军记者的报道业务工作。范长江领导"四大队"出色地完成了这些任务,受到中央领导和总社的多次表扬,为解放战争的胜利做出了积极贡献。

(三) 对《人民日报》的贡献

1949年1月31日北平和平解放,时任新华社总编辑的范长江随先头部队进城,接管国民党的各新闻单位,组建了北平解放后的第一张党报《人民日报》,成为新中国新闻事业的奠基人之一。

在准备出版《人民日报》(北平版)时,市委书记彭真考虑刚进城,事情很多人手不够,设想报纸先出对开两版,以后再出四版。范长江说,国民党的《华北日报》还出对开四版,我们是胜利者无论如何不能少于四版,而且两版容量太少,内容多不好安排,他愿立出四版的军令状:保证报纸不出大错误,完不成任务愿受处分。1950年1月,范长江被任命为人民日报社社长。

进城后的《人民日报》,面临着从区域性党报到全国性党报和从农村土地运动到城市经济建设的两个重要转变。范长江上任伊始大力推进各项改革,短短两年使《人民日报》迅速成为中国第一大报,并在国内外产生重要影响。该报实行的后来被各报仿效的一系列制度,许多都是在范长江领导时期确定的。1949年12月前,《人民日报》编辑部只有164人,采编分开,力量分散。范长江将采编通联合一,集中优势,专业化分工。如他带头同中央领导机关建立密切联系,要求大家做到"耳目灵通";记者每月要完成规定的消息与通讯任务,并通过广大人民的生活来体现党的政策;各省市设记者站、发行站,形成记者网、发行网,广泛组织读者会、读报组;驻地记者每一到两月回总社一次,三个月做一次全面总结;等等。很快,报社通讯员由年初数百人发展到遍布全国各地四千九百多人。编委会还提出实行物质奖励,工资待遇应按业绩发放,鼓励大家充分发挥创造性。

此前《人民日报》的社论很少,范长江上任十天即向中央提出组织言论委员会,约请名人专家、领导干部撰写评论并形成工作习惯,每月都有上报中央的评论计划。中央工委书记兼中华全国总工会党组书记李立三、政务院副总理兼中央财经委主任陈云、财政部部长兼中央财经委副主任薄一波等都分别为该报撰写过社论,中央号召各级党委负责人向他们学习,"经常自己动手在报纸上写这种能够透彻解决问题的社论"①。范长江还要求编委会成员带头写稿,他自己一次曾撰写和组织过八篇评论,仅1951年一年内,《人民日报》就发表两百多篇社论和各种短评。重要社论他都交中央负责人审阅,并告新华社全文广播,直接传达中央声音,给实际工作以迅速直接的指导。

1950年2月,新闻总署署长胡乔木在京津新闻工作会议上指出:"经常的批评与自我批评可以使我们呼吸到新鲜空气。批评与自我批评也是一种引导党与政府工作前进的动力。"②按今天的话说,就是要重视新闻监督,范长江对此很重视,在《人民日报》加大批评报道分量,几乎各版都有这种专栏,如"信箱""黑榜""党的生活""人民园地"等引人注目,很快被各地党报效仿。《人民日报》也转载各地党报上有全国意义的批评稿件,形成生动的互动局面,推动实际工作。

范长江还大力提倡争做名记者。过去《人民日报》的记者稿件尤其消息只有电头没有署名,范长江主张都要署上作者名字,强调"我们就是要培养无产阶级的名记者"③,要有一批记者为国内外读者所熟悉。1951年4月11日《人民日报》第一版发表的特约记者魏巍的《谁是最可爱的人》,影响了几代中国人。1952年,范长江服从组织调动到政务院工作,先后在文化、教育、科技等部门担任领导职务。

"文化大革命"期间,范长江被诬为"三十年代反共老手",遭到"四人帮"的残酷迫害,被强行到河南确山监督劳动。1970年10月23日,范长江含恨离世,终年61岁。1975年邓小平主持中央工作期间,范长江的骨灰移入八宝山革命烈士公墓。"文化大革命"后中央为范长江彻底平反,1978年底为他举行了隆重

---

① 朱悦华:《范长江新闻生涯的最后两年》,《中国记者》2010年第2期。
② 同上。
③ 同上。

的追悼会,胡耀邦等中央领导人分别送了花圈和参加追悼会。

三、范长江的新闻特色

作为一代名记者,范长江的新闻作品具有以下特色:

(一)揭示社会问题

范长江选择的新闻视点大都是国内关心的大事、热点,不仅报道民众急于想知道的事情,更为他们提供深层次的信息,解答疑惑。如20世纪30年代在国内首先公开如实报道了红军长征的一些真实情况,增进了人们的了解和认识。在当时公开出版的报刊中,他首次称红军而不是"共匪",并透露出红军是北上抗日而非流寇,指出日寇的险恶用心是一种非常狠辣的对华军事大策略的实施,提出在未来的对日战争中我国沿海对外交通线有被切断的可能,呼吁应早日谋求打通西北国际交通线等等。这些都是当时的社会热点,甚至是未雨绸缪,提出了未来抗战将面临的重大问题。特别是关于西安事变的报道,不仅向国统区澄清了事件真相,使歪曲的"叛乱""共匪蛊惑"等欺骗民众的舆论破产,而且传达了中共建立抗日民族统一战线的主张,如重磅炸弹般激起了社会波澜。

在许多新闻通讯中,范长江都对尖锐的社会问题给予了揭露。如他的西北之行采访,大量的篇幅描述了当地人民的悲惨景象,揭露出西北地方的弊政和突出的民族矛盾,这在《中国的西北角》中表现非常明显。有的新闻作品选题虽小,但他的挖掘也深,如《烟台警察枪杀女学生》,看似一般的社会新闻,他也结合了烟台当时的政治、经济、风俗等来描述惨案经过、社会反映、当局态度等,以小见大地透视出这并非一般个案而是社会问题。正因为范长江的新闻作品关注社会问题,具有的强烈时代感和深刻内涵。所以他从一走上新闻道路就崭露头角,并很快一举成名。

(二)重视民生状态

在关注社会政治的同时,范长江对民众的生存给予了极大的重视,这在《中国的西北角》通讯集中有大量的反映。如在报道连绵不绝的战乱所造成的灾难中,随处可见面目黧黑、衣服褴褛的妇女衣不蔽体,以及"天气炎热,中暑病倒之兵夫,络绎于途"的人间惨状。他慨叹:"生于乱离之世,不死于枪炮,亦丧于徭役,哀我农民,奈何无自救之方也。"在他笔下,西北社会经济的凋敝不堪,人民生活的痛苦、民族关系的紧张以及东北军在陕西被迫"剿匪"的处境悲惨,很多家属流离失所等,都有真实细致的描述,引导读者对现实的思考。

范长江还通过揭露当局的腐败,表现对民生的关注。如在《"金"张掖的破产》中,他写道:"甘肃省财政厅规定要张掖每年缴将近二十万的'烟亩罚款',不管你种不种烟,政府非要这笔款子不可。"他揭露国民党的所谓"开发西北"是假的,轰动全国的"西兰公路"实际是"稀烂公路",旅客怨声载道。他擅长用对比手法,把强烈的爱憎寓于鲜明对比的事实叙述中。如"出了新都城即是一片丰腴的农田,禾苗正峥嵘地长着。看形势,今年又是丰收。但是奇怪得很,城根附近和大道两旁,却有许多被饿得半死的农民"①。这里,以农业即将丰收而农民却饿得半死的景象,揭示出黑暗的社会现实,引导民众认清社会的现状。在关注民生状态的新闻中,范长江的行文叙述蕴涵着浓烈的感情,在给予读者丰富信息量的同时,也调动起读者的情感,为劳苦大众掬一把同情的泪水。

(三)刻画人物逼真

范长江的采访观察深刻,在新闻中写人生动逼真,辞约意丰,形象饱满,令读者身受感染。如《塞上行》中对毛泽东的描述:"许多人想象他不知如何的怪杰,谁知他是书生外表,儒雅温和,走路像诸葛亮'山人'的派头,而谈吐之持重与音调,又类村中学究,面目上没有特别'毛'的地方,只是头发稍微长一点。"寥寥几笔,栩栩如生地刻画出了毛泽东具有一代政治家风度的人物形象,与国统区报纸的歪曲宣传大相径庭。周恩来则是另一种神态:"他有一双精神而朴质的眼睛,黑而粗的须发,现在虽然已经剃得很光,他的皮肤中所藏浓黑的发根,还清晰地表露在外面。穿的灰布棉衣,士兵式的小皮带,脚缠绑腿,口音夹杂着长江流域各省的土音。"这样的刻画使一位聪睿精干的红军领袖跃然在纸上,甚至还能让人想到周恩常年奔波的情形。刘伯承则"身体看起来很瘦,血色也不好,四川人有这个性突出,形象生动,样高的个子,要算'高'等人物"。简单几句,幽默地将刘伯承的形象勾勒了出来。

对反面人物的刻画则是另外的描写手法。如地主家的收账人"戴貂皮小帽,穿着马褂,背上背着布口袋,口里含着长旱烟筒,一手拿着白布包好的账簿,一手提着打马棍,或者嘴上还留着八字胡"。这种人一走进村子,"那个村子立刻变成了肃杀的气象。大人不讲话了,小孩也不闹了。主人的气势一泄,狗也不

---

① 范长江:《中国的西北角》,新华出版社1980年版,第3页。

敢放声狂咬,夹着尾巴退到一旁"①。这里的人物、现场、气氛真是让读者如见其人,如临其境。对人物如此生动传神的描绘,来源于范长江采访观察的细致、深刻,而且还经常结合表现对象的具体环境。如在《白水江上源》中,描写送粮藏女:

> 女子装束甚简,赤足,短围裤(粗土布为之),粗土布单衣,袒胸,发束为十余条小辫,披于颈后,表现十足之天然美!盖女人美的条件,以近代观点言之,为黑发、大眼、黑瞳、挺胸、大臀、健腿、天足,且须姿态自然。藏女因生长蛮荒,终日爬山越岭,受充分日光、水、空气之陶养,加以长期之劳动,故体力充实,举动捷活,十足地具备近代美之要件。

短短一段话没有多余的铺陈与形容,不仅描绘出藏族妇女的装束、模样,而且交代了她们为何形成这般形象的环境,不失为神来之笔。

(四) 地域文化浓郁

范长江的许多旅游通讯囊括了山川大地、风土人情,体现出浓郁的文化氛围和地域特色。他喜欢在开篇用鲜明的色调描绘出地域特点,如《瞻回松稻岭》的前面描绘蒙古戈壁:

> 穿过许多沙河,上上下下许多小山,草地慢慢减少,丛生的骆驼刺,一小堆一小堆地长着,有点像人头上长的癣癞。……东一个红石头,西一个黑石滩,偶尔有一片草滩,驻上一个蒙古包,几匹小马,几头牛羊,蒙古包的毡子也破破烂烂,一切都表示穷困。

这里首先就给读者以地域整体印象,起着烘托主题之妙用。《兰州印象》中,他先描述兰州的地理环境:"兰州高出海面一千五百余公尺,本入高寒地带……兰州城位于平野之北边。冬季西北风作,皆由黄河北岸高原上直过南原,故兰州城市区域,不甚感受西北风之袭击。"然后,再讲述兰州的历史:"在历史上,汉代以后,汉族对于西北各民族之征伐或抗拒,多以兰州为极西之支撑点。"这样的交代,兰州作为中原与西部枢纽的军事重镇意义便不言而喻了。

在对沿途人文风情描写的同时,他还常常对一些历史遗迹或地理环境进行考证,还原当初的真相。如在穿越蜀陇古道时,认为四川松潘境内的沓藏即为过去的沓中。他根据史册记载结合个人的考察,得出三国的邓艾是率军"由狄道(今临洮县)经今之岷县,顺岷河(即岷江,古羌水)而下,以至白龙江……从白龙

---

① 范长江:《中国的西北角》,第128页。

江翻摩天岭,取道涪江流域,直捣绵阳",并考证邓艾过摩天岭后,翻越平武以东百余里的左担山即达南坝镇,蜀汉曾在这里曾设"江油戍"。

范长江还善于从所写的地域引发联想,让读者由此及彼地获得更多的信息,如在《兰州永登间》中,由兰州至红城子之间百余里中残留的左宗棠征战新疆时所植的柳树,联想到他当年的道路政策。西北地区少数民族居多,他在通讯中不忘将看到的具有民族特色的文化记录下来与读者分享。如《回教过年》中,专门讲述他们过年的仪式大典:奉斋"即是这一月里面,每天日出以后,日入以前不进饮食,饮食的时间只能在日出之前和日落之后"。大典举行时,在广场上"席地而坐之整万回民,没有丝毫浮动气象","他们老老少少的自动向西方坐成很整齐的行列"。新闻中的观察之细致、描写之准确,实令人赞叹。

(五) 多种艺术手法

范长江从小就打下了很好的语文基础,加上后来的刻苦读书,练就了很强的写作功底,他的新闻作品处处显示出熟练驾驭语言的能力,写人记事、绘景描物都能运用多种艺术手法。西北之行的采访,他一路车马舟楫,横渡涪江渭水,跨越祁连山阙,几度浮筏黄河,北临包头,西极敦煌,所到之处的壮丽景致、人情习俗及缤纷的民族色彩、浓郁的地方风味,在他的巧妙表达下晓畅流利而又凝练简劲,平白如话而又古朴典雅。如在《"金"张掖的破产》中,他采用了先扬后抑结合的艺术手法,开头就以"金张掖,银武威,秦十万"的民谚先声夺人,接着交代其在唐宋的影响、元明清的地位,尔后又带着读者去观赏"向西流去如带的黑河"和"牦牛互市"的街市。当读者沉浸于陶醉之际,他陡然文势一转,笔底给人展现出"没裤子穿的朋友太多了"和妇女孩子哄抢"大衙门大公馆厨房里抬出来的残羹剩饭"以及妓院老鸨唠叨12岁的女孩六块钱的身价"太贵"了的张掖现实。这几幅悲惨的画面,很快就让人们的"金"张掖的印象荡然无存。这种萦回曲折、欲擒故纵的艺术手法,显然更能吸引读者。

范长江喜欢在新闻中运用古典诗词,使之增添艺术般的感染力。如在《兰州永登间》中,就引用杜甫的《兵车行》、柳中庸的《凉州曲》等五首古诗词,其中以明代郭登的"青海四年羁旅客,白发双泪倚门亲;莫道得归心便了,天涯多少未归人"来佐证"历代诗人对于青海的描写太坏,容易给人以凄凉的印象,减少前进的热力";用清代李涣的《甘泉道中即事》来对比现在青海的社会现实;用左宗棠的七言诗"大将西征尚未还,湖湘子弟满天山;遍栽杨柳三千里,未因春风度玉关",佐证当年左宗棠让人种植、而今还矗立在庄浪河两岸的杨柳。作品古今穿越,文采飞扬,给人沧桑古朴又饶有兴趣的感觉。

白描也是范长江常用的手法,简单的勾勒中又融入叙事,有如故事般引人耐读。如《金矿饿殍与藏人社会》对藏族青年男女恋爱的描述:

> 男女皆善骑马,男子出外多骑马背枪,威风十足,女子亦能疾驰如飞。惟女子地位,至为特殊,其在少女时代,春情发动以后,可以与任何男子恋爱,家庭中毫无问题,如将情人带至家中共宿,其家人亦乐于招待。其恋爱方法,大半系在山野溪边,放出娇嫩歌喉,唱思慕英勇男子之情调。在另一方面之男子,如自觉尚过意得去,亦高歌相应答,深致倾诚渴念美人之私衷,如歌情相合,两方遂愈唱愈近,而佳偶遂"天"成。

这里的字里行间语言风趣,生动地表达出了藏族青年恋爱生活的浪漫情调。

四、范长江的新闻思想

(一) 新闻的政治性与普适性

范长江认为,报纸的政治性和新闻性两者密不可分,前者尤为重要。他指出:"新闻事业为社会各种事业部门中最富于变动性的事业,它不只是迅速地多样地反映时代的变化,而且如果有正确政治认识作指导,新闻工作又是加速推进社会的重要力量。"[1]针对"报纸是政治的工具,在我们中国新闻记者中还没有成为普遍的意识"这种现象,他认为新闻的政治性"是一个基本的新闻学原理……任何一个报纸在实际上也没有脱离政治……一般说来,私人经营的报纸,有可能没有直接的党派组织关系,而在政治言论立场上,则不可能没有一定的归趋"[2]。因此,他强调记者应主动与政治相结合,这与新闻事业本身的性质是相吻合的,因为"任何报纸与通讯社,都代表着一定社会势力的利益,绝对没有超社会的事情。只有它所代表的社会势力,在那时的全社会中是主导的势力,而且在正确的政治主张的条件下,这个新闻事业才是主导的新闻事业,但是它不是也不可能是'超社会阶层'的存在"。既然如此,报纸作为政治的工具,新闻记者理应重视政治而不要漠不关心,更"不要故意表面避开"[3]。

与此同时,范长江也指出新闻具有的普适性问题。他说:"报纸在根本上有它一定政治态度或趋向的,但是在民族问题还存在的世界,一个正确的报纸,还

---

[1] 范长江:《通讯与论文》,新华出版社1981年版,第213页。
[2] 同上。
[3] 同上。

应有它的'国家性'或'民族性',一个国家或者民族在一定时间之内,有那一个国家或民族内各阶级各党派的共同利益,为了全国共同的利益,各种态度及各种范畴的报纸,都应修正其原有态度,一致为此共同利益而奋斗,违反国家或者民族的要求,固执狭义的党派的成见,这是落伍的或幼稚的报纸,不是时代的报纸。"①他在这里讲的报纸的"国家性"和"民族性",也就是认为报纸作为政治的工具有它的态度或趋向,但这些都是在服从整个国家利益与民族利益的大前提之下的,如果报纸只是一味地"固执狭义的党派的成见",就违反了国家和民族的这一共同利益的要求,必然为时代所淘汰。范长江新闻思想中的这个观点,是非常精辟的。

(二)新闻的人民性

范长江认为"报纸是人民的",人民性是其新闻思想中鲜明的观点之一。他强调新闻报道要真实地传达民众的呼声,成为"人民(确实按人民方式思考的人民)日常思想和感情的表达者",这样,新闻工作者才能"生活在人民当中,真诚地和人民共患难,同甘苦,齐爱憎"。

范长江的作品之所以在全国民众中引起巨大反响、受到好评,正是他以自己的行为来实践新闻的"人民性"理念。不论是20世纪30年代闻名遐迩的《中国的西北角》和《塞上行》通讯集,还是后来他在新中国领导《人民日报》的工作,都非常重视将民众作为新闻的中心。他认为,"人民的生活,人民的意见,人民的斗争"本身是新闻存在的本体,民众是一切新闻活动中最具有价值与意义的源头,离开了这个民众之本,新闻将成为一种无本之木、无源之水的活动,因此"新闻必须是有利于人民的",新闻工作应围绕这一基点来开展。1961年他发表《记者工作随想》一文,系统地阐释了这一观点,指出:一个记者最基本的锻炼就是人民群众观点的锻炼,记者应活跃在人民群众中间,了解他们的心思、行为,而对记者的评价也不是报社说了算,应由人民群众来评判。

如何体现新闻的人民性?范长江指出重要途径是"大家办报",这不是说让群众都到报社来,而是指让群众"认为有新闻价值的事情,写给报社"。他在《关于新闻工作的三个问题》中说:"把办报工作只限制在报社内外的少数专业人员办报写稿,不发动广大读者群众大家动手,这等于闭门造车,一定不能与其他工作相结合,一定脱离群众。""也只有广大的读者、群众,大家为报纸写稿,报纸才能办好。"第一,报纸所选择的新闻必须真实,这样才能取得群众的信任,他们才

---

① 范长江:《通讯与论文》,第215页。

能将报纸作为指导自己生活的依据;第二,所选择的消息必须是群众喜闻乐见的,并贴近群众的大众化需求,坚持以"人民群众"为本位的思想,从群众的实际情况出发;第三,作为选择消息的主体,记者要有正确的政治方向,坚定的正确态度,树立全心全意为人民服务的思想。他还提出报社各部门建立通讯小组与群众联络,这样对于实现新闻的人民主体性,有积极的促进作用。

(三)记者要有全能的素质

范长江认为,记录时代的记者要具备多方面的素质,才能胜任这一工作,因此他对记者提出很高的要求,强调具备这样一些条件才具有作为记者的资格:正确而坚定的政治认识;献身于新闻事业的态度;刻苦耐劳的身体;相当的知识修养和写作能力;比较干练的组织能力;相当的编辑和印刷技能;最基本的社会关系。他结合自己的新闻实践经验,认为这几个基本条件对做好一个记者必不可少。

记者要有这样"全能"的素质,必须不断提高在各方面的修养。为此范长江提出如何来加强修养:"新闻记者第一原则,是要修养人格的……有了健全高尚的人格,才可以配做新闻记者,有了健全的人格,才可以谈到其他各种技术的问题。""新闻记者责己要格外严,律己要格外密。丝毫不苟,丝毫不乱,才配做新闻记者。"[①]他在《怎样学做新闻记者》中专门阐述了记者的修养:第一,要有坚定的政治态度,这对于记者很重要。"没有正确的政治认识,等于航海的船没有了指南针。"第二,要有高尚的操守。他强调"新闻记者要能坚持着真理的火炬,在夹攻中奋斗,特别是在时局艰难的时候,新闻记者要能坚持真理,本着富贵不能淫,贫贱不能移,威武不能屈的精神,实在非常重要"。第三,要广泛储备知识,"新闻记者之所以可贵,除了有正确政治认识与坚贞的人格而外,还要有丰富的知识,这个知识,既要博,又要精"。第四,要掌握相关的技术。他说:"上面三个条件,可以说是基本的修养,而运用起来,就要有技术条件,否则可能是学者,不一定是记者,一个健全的记者所不可少的技术,是采访方面。流利的谈话、速记、打字、摄影,和至少一种外国语。在表达方面:写论说、通讯、特写、译电、翻译和演说。在行动方面:骑马、游泳、骑自行车、开汽车、打枪、驾船、长途徒步、航海习惯,将来最好能开飞机。"此外,不断加强自我学习,也是他强调的记者修养方面之一。

---

① 范长江:《通讯与论文》,第275页。

1951年10月,毛泽东和范长江谈话

参考文献

1. 范长江著、沈谱编:《范长江新闻文集》上、下卷,新华出版社2001年版。
2. 范长江:《通讯与论文》,新华出版社1981年版。
3. 范苏苏:《范长江百年诞辰纪念文集》,群言出版社2009年版。

第12章 徐铸成

——孜孜以求文人论政的济世情怀

徐铸成(1907—1991),著名记者、编辑、新闻评论家。他的新闻界生涯以及所参加的政治活动,涉及中国现代史上许多重要的历史事件和人物。晚年仍笔耕不辍,撰写出版了《报海旧闻》《旧闻杂忆》《新闻艺术》《报人张季鸾先生传》《徐铸成回忆录》《新闻艺术》等十多本著作,并热衷于新闻教育事业,兼任多所新闻院校的教授。

一、徐铸成从事新闻的一生

1907年6月26日,徐铸成出生于江苏宜兴县城一个教师家庭。

徐铸成16岁考入无锡第三师范学校,在这里他接触了报纸,尤其对《申报》的邵飘萍《北京特约通信》、《时报》的《彬彬特约通信》和《新闻报》的《一苇特约通信》等感兴趣。它们给徐铸成留下深刻的印象:"有最新的信息,有内幕新闻,剖析入里,绵里藏针,而又文辞秀丽,各有特色。"[①]1927年他考入北京师范大学国文系,读书期间翻译了一篇英文小说,由舅父朱幼珊推荐发表在《国闻周报》。后来在舅父的帮助下,进入国闻通讯社北京分社做抄写员。在工作中,他发现国闻社发给各个报纸的新闻基本上都是衙门式的"宫门抄",缺少新闻意味,于是就写信向社长胡政之提出自己的想法,认为国闻社应当改变业务重点,加大对文化活动的报道。胡政之接受了他的意见,并派他去河北定县采访晏阳初的平民教育活动。回京后他写了社会调查通讯《定县平教会参观记》,先在《大公报》连载,后来为《国闻周报》转载。很快,徐铸成被聘为国闻社兼《大公报》记者,以文教为中心展开采访活动。这一年他20岁,上午在师大上课,下午从事新闻

---

① 徐铸成:《徐铸成回忆录》,生活·读书·新知三联书店1988年版,第14页。

第12章 徐铸成——孜孜以求文人论政的济世情怀

工作。

大学毕业后,徐铸成很快成为国闻社天津分社代理主任,在天津《大公报》工作了两年多。1932年春他担任《大公报》特派记者兼汉口办事处主任。1935年底到上海参加沪版《大公报》的筹备工作。1936年4月报纸发行,他和许君远轮流编二三版要闻,并每周为《国闻周报》写一篇《一周时事述评》及《一周大事日记》。1937年上海沦陷后,报纸不愿接受日本人的审查被迫停刊,徐铸成只领到三个月的解散费。为了解决家庭的经济问题,他担任了《国民公报》驻沪记者。

1938年2月,徐铸成给创刊不久的《文汇报》写了社论《告若干上海人》,义正词严地警告了充当汉奸的民族败类。发稿三天后便有暴徒用炸弹袭击报社,造成一死两伤的惨剧,他并不因此而畏惧。一个多月后,胡政之与严宝礼合作投资《文汇报》,徐铸成进入《文汇报》负责编辑部。"接手一个月后,销数即直线上升,突破一万大关……到4月之后,发行数激增至近六万份,超出一向冠于上海各报之《新闻报》。"[①]后来报纸被洋经理克明出卖给汪伪当局,1939年5月徐铸成主动宣告停刊,报纸仅存在一年多。

《文汇报》的成功显示了徐铸成办报的能力,胡政之写信希望他能回到《大公报》。从1939年7月到1941年12月,徐铸成担任香港版《大公报》编辑主任。太平洋战争爆发后报纸停刊,日本人说报纸想复刊必须答应一些条件,但徐铸成选择了出逃,他化装成粤籍难民登上了开往广州的汽艇。

1942年,徐铸成被任命为《大公报》桂林版总编辑,报纸的发行数很快就和在桂林各报的总和齐平,并销往广东和湖南。郭根在《记徐铸成——我所知道的一自由主义报人》中写道:"桂林《大公报》是抗战中期比较最满人意的一张读物,崭新进步的作风,敢说敢言,是文化城的支柱,更重要的是维系着大东南半壁的人心。"然而,由于日寇的进攻,1944年10月报纸停刊。徐铸成回到重庆主编《大公晚报》,他说这是一段"冻结"的日子,仅仅是写了一些自己不愿意再看的稿件。

抗战胜利后1945年11月上海《大公报》复刊,徐铸成负责编辑及言论工作。报纸敢于登出重庆版不敢刊载的内容,并配以显著的标题。报纸的星期论文由马叙伦、郑振铎、夏丏尊等名家轮流执笔,大义凛然。由于报纸敢于说真话,引起了一些势力集团的不满。1946年3月徐铸成离开《大公报》,同年回到已恢复的《文汇报》任总主笔。上任前他与负责人严宝礼"约法三章":(1)报头下署

---

① 徐铸成:《徐铸成回忆录》,第79页。

"总主笔徐铸成";(2)编辑部一切用人升黜调动,由他全权决定,经理部不得干涉;(3)由他参加之日起,《文汇报》不接受任何带政治性的投资,报馆或记者不得接受任何津贴。此后徐铸成着手报纸的改版,以新面目见读者,并创刊了《半月文摘》。

1947年5月,《文汇报》因一再抨击当局被停刊,南京方面提出要复刊必须答应几个条件。徐铸成当即严词拒绝:"复刊应是无条件的;有条件绝不复刊,再说《文汇报》由我负责言论,所登文章,均经我亲自审过,有什么责任都由我一人负责。"①此后,徐铸成与朋友合作创办《国民午报》,由于各种原因报纸没能发行。

1948年,他参与香港《文汇报》的筹办工作,9月创刊后担任总主笔兼总经理,报纸受到各界读者的欢迎,发行量突破至25 000份,而当时香港《大公报》不过发行13 000份。

上海解放后,1949年6月《文汇报》复刊,徐铸成任管委会主任兼总主笔,销量在10万份左右,都是读者自费购买,直到1956年3月底奉命停刊。5月,由徐铸成参与筹备的《教师报》在北京创刊,每周出版两次,不久发行量就超过50万份。两个月后,他又奉令再办《文汇报》。筹备期间经过四次试版,力求精益求精。10月《文汇报》再度出版,从内容到形式都做了大力革新,销量很快超过10万份。

徐铸成在新中国曾任第一、五、六、七届全国政协委员,全国人大第一次会议代表,民盟中央委员。1951年参加中国人民赴朝慰问团,所采写的稿件与其他人的文章合编为《访朝归来》出版。1957年3月他应邀出席北京召开的全国宣传工作会议,并受到了毛泽东的接见。毛泽东对他说:"你们的《文汇报》办得好,琴棋书画,梅兰竹菊,花鸟虫鱼,应有尽有,真是办得好!我下午起身,必先找你们的报纸看,然后看《人民日报》,有工夫再多翻翻其他报纸。"这番评价是对徐铸成办报的高度肯定和赞赏,他感到"像一股暖流,在我血液里汹涌"②。

1957年3月,徐铸成作为中国新闻工作者访苏代表团的副团长,访问苏联历时50天,他的《访苏见闻》在《文汇报》连载。很快国内形势发生了巨大变化,1957年6月5日《人民日报》发表了《这是为什么?》的社论,接着刊登了《文汇报一个时期的资产阶级方向》和《文汇报的资产阶级方向应当批判》两篇评论。徐铸成被打成"右派"受到批判,从1958年到1976年,他经历了劳动、学习、改

---

① 徐铸成:《徐铸成回忆录》,第58页。
② 同上书,第263页。

造,其后参与《汉语大词典》、《辞海》的编纂工作。"文化大革命"结束后,1977年已经71岁的徐铸成,应约为香港《文汇报》创刊30周年纪念写了《三十年前》,这是他被尘封21年后首次开笔,从此他常为香港《文汇报》写"旧闻杂忆"。

1980年8月,徐铸成和其他一些爱国民主人士被摘掉了"右派"帽子。此后他自称是"旧闻记者",撰文回忆自己新闻生涯中亲历的人与事,为香港《新晚报》开辟专栏"海角寄语";为香港《明报》写作"上海书简"专栏通信;1981年开始写作《杜月笙正传》,在上海《青年报》连载;1983年开始写《哈同外传》,在《新民晚报》连续发表;1985年开始写《报人张季鸾先生传》,在《中国建设》连载。十年间他勤奋写作,出版了《报海旧闻》《旧闻杂忆》《新闻艺术》《杜月笙正传》《哈同外传》《报人张季鸾先生传》《徐铸成回忆录》《新闻艺术》等17本著作。

徐铸成晚年还热衷于新闻教育事业,兼任复旦大学、厦门大学、武汉大学、安徽新闻刊授大学和西北新闻刊授学院的新闻教授,并指导硕士研究生。他的新闻教育理念很有远见,1981年初夏在上海对余也鲁谈协助厦门大学创办新闻系的计划时,他说:"旧大学新闻系,辄纸上空谈,学生毕业后不能立即投入实际工作。按我的想法,厦大不乏在海外之毕业生,拟发起募款,为厦大建立一规模相当,近于香港中文大学之传播系,电脑设备雏形齐全,便于学生在学习中,逐步掌握电脑等最新传播媒介。"同时,徐铸成还接受各报的邀请,面向社会做关于新闻传播知识的讲座,对一些新闻理论问题和实践活动进行回顾和总结。

1987年5月,徐铸成80岁时完成了自传写作,取书名《八十自述》。1991年12月23日,徐铸成在上海逝世,享年85岁。他去世七年后《八十自述》更名为《徐铸成回忆录》出版,书中徐铸成以平实流畅的笔触,追忆了自己八十多年来跌宕起伏的人生历程,着重于其报人生涯和所参加的政治活动,涉及中国现代史上许多重要历史事件和人物。

二、徐铸成的新闻成就

徐铸成的数十年新闻生涯中不仅是记者,还是报纸的创办者和引领者。从1938年创办《文汇报》开始的20年里,他办的报纸前后多次停刊、复刊、易地出版等,他在曲折中磨砺成为十分优秀的报人。

(一)呕心沥血办好报纸

"办好报纸"是徐铸成一生中的追求,由他创刊或参与的报纸都受到读者的普遍欢迎,销量倍增,甚至超过一些老牌的名报。他的新闻生涯有三个黄金时代:一是抗战后的上海《文汇报》;二是创刊初期的香港《文汇报》;三是1956年复刊的《文汇报》。这里不仅是指他主办报纸的影响力,也表明他实现了自己的追求。当然,他付出了极大的操劳和心血。如在桂林《大公报》期间,中午起床吃完饭就在编辑部翻阅当地以及重庆、衡阳、昆明等地送来的各家报刊;审稿、选稿;思考第二天的社论题材、准备资料;晚上10点开始写社评;等待当天中央社的最后一批电讯、新闻检查处发回检查稿⋯⋯到看完最后一版大样时,天色已亮了。

面对办报缺乏资金的问题,他绞尽脑汁想办法。如《文汇报》抗战后复刊,他就与严宝礼约法三章不接受来任何政府资助,以保证"一张民间报纸的纯洁性"①。报纸虽然销路好,但面临资金周转的困境,他便与严宝礼采取公开招股的方法,在报纸上刊登招股启示,把报纸纯私人集资经营的企业性质、资本数额、经营状况、增资金额、招股办法(强调避免股权集中,避免任何政治性的变相投资)等都公布于众。启示一出读者踊跃认购,大家都支持办这样一张"自己的"报纸。

徐铸成创办香港《文汇报》时,除了严宝礼的1万港元和一套新的铅字和排字房器材,没有印刷机,也没有报馆。1万港元只能购买30吨白报纸,各方承诺的经费迟迟不能到位。没有做过报纸经营管理工作的他,面临着一系列的资金困难。然而,最终他还是千方百计地解决了所有难题,报纸出版受到欢迎。

最大的压力还是来自强权的打压。在汉口办事处工作期间,他为了新闻报道在绥靖公署被盘问了三个小时,一次还为新闻真相与武汉警备司令进行舌战。他还几次挫败当局想控制《文汇报》的图谋,如1947年一位友人设"鸿门宴",提出向《文汇报》投资10亿元,企图改变办报方针。徐铸成在酒桌上断然拒绝,当着陈立夫、吴国桢、潘公展等政府高官的面说:"《文汇报》是用我的墨汁喂大的","不接受任何方面的津贴和政治性投资"②,坚决表明了维护《文汇报》独立地位的决心。

(二)新闻作品特色

徐铸成的新闻作品不仅数量多,涉及的类型也广泛。在担任记者时,他采写新闻消息和通讯稿,担任报纸主笔时,他写作大量的社论和短评;晚年重新拾笔

---

① 李伟:《报人风骨徐铸成传》,广西师范大学出版社2008年版,第144页。
② 徐铸成:《徐铸成回忆录》,第141页。

第12章　徐铸成——孜孜以求文人论政的济世情怀

时,他根据做记者的经历写了许多故人旧事的散文,并写了三部人物传记。人们常说"文如其人",徐铸成正直坚守的品格使他的作品呈现出独特的风格。

1. 新闻报道力求"独家"

"独家新闻"是每位记者都期盼的报道内容,在徐铸成的职业生涯中,屡次获得引起轰动的独家新闻。这里有几方面的原因,首先是他拥有的新闻敏感和职业素质,其次是得到名师张季鸾的悉心指导,再次是他平时与各类人物都保持良好的关系,最后是他辛勤付出后报纸的名气引来的"独家新闻"。

1930年的军阀混战中,冯玉祥、阎锡山、蒋介石三方轮番厮杀,外界真实的信息非常少,蒋、阎方面整日施放各种信息烟雾掩盖事实真相,《大公报》特派徐铸成去太原采访反蒋联合的局势能否形成以及今后的动向。此前徐铸成采访过冯玉祥,这次却没办法见他。焦急中他在山西大饭店无意中看到冯玉祥的部下在打牌,他想到冯玉祥对部下要求非常严厉,如他还在此地,部下怎敢如此?他推测冯玉祥已不在太原。但记者的素质要求他必须证实这个猜测,他便造访冯的总参议刘治洲,假装随便一问:"冯先生已经离开太原了吧?"刘大吃一惊:"你是怎么知道的?你可千万不要发表。"一个重大的军事机密被徐铸成凭借敏锐的观察和机智的反应获得,他知道这一新闻的重大价值,如若轻易发出来会危害到局势,何况也不能通过新闻检查,可又必须让总编辑知道这个信息,于是他使用隐语向报馆发电报,电文是:"天津四面钟对过胡霖表兄鉴:二舅真晚西逝,但请勿告外祖,以免过悲。寿。"其中,"四面钟对过"是当时《大公报》的地名;胡霖是胡政之的姓名,旁人很少知道胡政之就是胡霖;"二舅"隐指二集团军的头领冯玉祥;"真"是十一日的韵日代号;"西逝"可做西去解;"勿告外祖"是说不要公开发表。很有经验的张季鸾对这样的电报内容心领神会,他采用了"录此存照"的手法,在12日有关时局的大标题下,又加了一行五号小字:"北京电话:据太原来人谈,冯玉祥于十一日起不见客。"几天之后,当内幕完全揭开时,报界都惊叹《大公报》的神通广大。

1945年11月,上海《大公报》复刊后由于态度鲜明、敢于直言受到读者的信任。在昆明血案发生后,一位《扫荡报》的记者坐飞机到上海把真实的报道交给徐铸成,希望能披露真相。徐铸成将它全文刊登在要闻版头条,并赶写了社评,这是全国第一家揭露昆明血案真相消息的报纸。1949年1月,被蒋介石软禁在南京的龙云,在美国人的帮助下逃到香港,立即与徐铸成见面,徐铸成第二天把这条独家新闻以《冒险脱离虎口　龙云昨晚安全抵港》为题刊出,震动世界,报纸不断地重印。

2. 坚守新闻的真相

在纷乱的年代,各种信息混杂,需要有良知的报纸为民众揭开真相,徐铸成对此乐此不疲。1946年下半年国民党开始发动全面内战,当局的报纸则以和谈骗局制造舆论。徐铸成识破了这一点,发表题为《内战还要打下去》一文予以揭露,读者据此弄清了时局的真相,令南京政府非常震怒。

徐铸成把追求真相视作从事新闻的第一要义,也是他一生写作的原则,即便是晚年写回忆性文章也是如此。他说:"司马温公有一句名言:'事无不可对人言',我凑上一句,'脸有是非堪自信',作为一副对联,用以自况。所以,自己在写回忆录的时候,用不着推敲,更毫无'外惭清议,内疚神明'之处,可以信笔直书,无所隐讳。"他"从1979年'解冻'开始写作之际,即抱定一个态度:于人,不囿于成见,不'以成败论英雄';于己,既不乱涂白粉,也不妄加油彩,一切本着实事求是的精神,尽量详尽地回忆过去所经历的事实"①。

作为一名报人,即便是遇到新闻与宣传的关系时,他也将事实摆在第一位。1981年他在福建举行如何改进对台湾宣传工作的讲座,会上他强调要"实事求是,不夸大自己之长,亦不抹杀对方之优点,更不应以幸灾乐祸之口吻,夸大对方之天灾人祸"②。

3. 新闻编辑讲究技法

徐铸成是写了大量新闻作品的记者,也是考虑报纸整体面貌以及生命力的负责人。在新闻业务方面,他在采访、写作、编辑等方面都非常讲究技法,在报纸的版面策划和设计上积极创新、富有特色。

他重视新闻作品的形象性与生动性,把事件的本质以巧妙的方式分析,让普通的民众知晓。1947年4月前后,国民党结束了"和谈"的假戏,召开"国大",和青年党、民社党一起分赃。徐铸成在《文汇报》上发表了一篇《袭人出嫁》的评论,以袭人出嫁作比青年党、民社党参加国大,说"《红楼梦》上袭人的出嫁也是经过这一段过程的",先是装出羞羞答答的样子,说不准备参加"国大",然而等到谈得差不多了,民、青两党都踏进了"国大",从而把复杂的政治斗争讲得浅显易懂,将民、青两党装腔作势、以示清高为图得实利的本质刻画得入木三分。

徐铸成对新闻的题目尤其重视,认为标题的优劣决定一篇文稿质量的高低。他很重视研究读者心理,在标题的制作上总是花很大工夫,力求标题的鲜明、准确、有力、生动,又希望能给读者以思索与启迪。1947年孙科因与蒋介石发生矛

---

① 徐铸成:《徐铸成回忆录》,第1页。
② 同上书,第347页。

盾突然离职,徐铸成用了《孙科何事消极》的标题。如果直接用主要新闻事实做题,那效果就会逊色了,况且直截了当的标题还无法通过新闻检查。

1956年《文汇报》复刊前期,徐铸成提出报纸复刊要办出特色,重点突出知识分子关心的问题,精心写作新闻报道,提倡要"生产信远斋的酸梅汤",不要大路货的"一般汽水"①。这些尽管后来在运动中被视为"反党"毒草,但这也正是办好报纸的规律和经验。《文汇报》复刊后,他在编辑方面力求创新,报纸改为横排,采用楼梯式标题。安排版面时,他以新闻的重要性和信息量为标准,敢于将当时青年团中央全会召开的新闻放在次要版面,而将越剧名伶袁雪芬结婚的报道放在显著地位。《文汇报》还提出论题引发读者的讨论,在副刊上刊载旧体诗词等。这一时期《文汇报》的改革,在新闻史上都是值得关注的。

三、徐铸成的新闻思想

徐铸成在新闻经历中积累了宝贵的经验,凝结成为他丰富而深刻的新闻思想。

(一) 报人应有自己的品格素养

徐铸成在《报人张季鸾先生传》中说道:"我国近代新闻史上,出现了不少名记者,有名的新闻工作者,也有不少办报有成就的新闻事业家,但未必都能称为报人。历史是昨天的新闻,新闻是明天的历史。对人民负责,也应对历史负责,富贵不淫,威武不屈;不颠倒是非,不哗众取宠,这是我国史家传统的特色。称为报人,也该具有这样的品德和特点罢。"②这是对张季鸾的赞誉,这也是徐铸成自己新闻职业生涯的恪守之道。

1938年上海沦陷,《大公报》被停刊,徐铸成一家六口仅靠遣散费度日,经济处于困顿之中,《文汇报》邀请徐铸成为即将出版的报纸写社论,他首先问的是:"言论有没有限制?"得到"题目和内容,一切由你决定,报馆保证不加删改"的答复,他才应允。郭根在《记徐铸成——我所知道的一自由主义报人》中,写徐铸成在桂林主办《大公报》时,领导桂林报界向贪污宣战运动,结果报纸受到许多威胁恐吓,还有恶势力要到报社抓人,徐铸成毫不动摇,说那些稿件都是他写的,要抓人就抓他。即使到了晚年,他一直保持着说真话的品质。

---

① 徐铸成:《徐铸成回忆录》,第260页。
② 徐铸成:《报人张季鸾先生传》,生活·读书·新知三联书店1986年版,第6页。

为了办好报纸,他克服一切困难,置自己的生死于不顾,不听从任何指使,不为金钱名利所动,无所畏惧,敢于直言。在汉口的四年里,他给自己规定了"三不主义":一不跑机关,二不参加任何招待会,三不接受任何礼物。他的心中只有国家和民族的利益,最看重报人的品行标准。他在《文汇报》招募人才时就明确表示:"只要是爱国而有一定文化程度又愿意学习的,即使没有一点新闻基础也先吸引进来,教其边做边学。"他认为做一名合格的记者也应具备专业素养,在《大公报》十年他向张季鸾、胡政之等前辈虚心求教,认真钻研,不断积累经验。他说,新闻工作者"不论是总编辑还是一般采访人员,都是记者,每时每刻都不要忘掉手中的笔,勤学苦练"[1]。他形成了坚持动笔的职业习惯,从进入《大公报》开始就写旅行通信,即便后来做总编辑也没有放弃,"有机会外出,碰到一个消息,总要打电报回编辑部或者写成通讯"[2]。他认为记者平时要做好积累工作,这种把有价值的人和事记录下来的习惯,也为他晚年写作回忆性文章提供了大量的素材。

(二)报纸要有独立的品格

徐铸成受《大公报》的影响较大,在他的办报经历中始终强调:"报纸要有品格,首先要敢于宣传真理,同时深入地了解读者的心理,比如他们有什么甘苦之处,思想上有什么疑难之处,有什么具体痛苦、困难,报纸上要努力为他们反映,给他们解答。以诚待人,群众就会接受,就爱看,就会逐步把我们的报纸当作知心朋友,当作自己的报纸。"[3]在他的新闻生涯中,主办的报纸都有鲜明的主张,由抗日爱国到追求民主,停止内战,再到贯彻"双百方针",推动文化发展,始终能够吸引读者,创造一个个销售奇迹。

《文汇报》创刊之初,在人员、经济等方面并无优势,它能在上海走红,最主要的原因就是它鲜明的主张和独特的品质。当时的环境,不愿接受新闻检查的报纸受到钳制,而愿意接受检查的大多趋炎附势,民众无法及时获得真实的消息。徐铸成坚守"以宣传抗战、宣传爱国主义为言论方针,对汉奸声讨毫不留情"[4]的方针,《文汇报》的内容与抗日基本步调一致,陆续发表八路军的声音以及史沫特莱的见闻录,鼓励孤岛人民发扬爱国大义,保持民族气节,因此深受广大爱国同胞的喜爱和支持。

---

[1] 徐铸成:《新闻艺术》,知识出版社1985年版,第9页。
[2] 同上书,第22页。
[3] 徐铸成:《新闻丛谈》,浙江人民出版社1983年版,第155页。
[4] 徐铸成:《徐铸成回忆录》,第79页。

在创办香港《文汇报》时,他在创刊号上发表社论《敬告读者》,鲜明地表达了他的立场。社论回顾了1938年以来的"十年岁月,实际只有三年生命,而三年也无时不在风风雨雨中,受诱胁,受迫害。所余一身傲骨,遍体鳞伤,民间报遭遇之惨烈,《文汇报》可说是一个典型"。接着笔锋一转,说道:"这样的遭遇,也正是'咎由自取'。因为今日的时代,只许有宣传,不许有舆论;只许说假话,不许说真话。这情形,远在抗战前就已如此,抗战时和胜利后,并没有多大改变。我们并不是不认识环境,横逆之来,也并非不能趋避。"接下来他谈到不趋避是因为感到报纸的责任:

> 报纸既是人民的喉舌,社会的公器,就不容许投机取巧,看风使舵,中国之有现代报业,虽仅七八十年,但一贯的传统是明是非,辨黑白,刀锯在前,斧钺在后,决不歪曲事实,改变一字的褒贬。我们虽是中国报业的后起,但决不妄自菲薄,随波逐流,而愿始终守住新闻界应守的岗位,对真理无愧怍,对历史有交代,成败利钝,在所不计。

他还坦陈了一贯坚持的立场:

> 一、我们是独立而不是中立的报纸。所谓独立,就是对问题有一贯的看法,对新闻有一贯的尺度,决不与政治发生任何关系,也不在党派中间作伪装中立的乡愿。二、我们是向下看而不是向上看的报纸。作为一张民间报,就应该诚心诚意代人民说话,为人民服务。因此我们决不考虑权力者对于我们什么态度,党派对于我们什么反响。我们只问所说的话,是不是老百姓所要说的?有没有偏见?对一般社会的影响又怎样?三、我们是一张说真话而不是说假话的报纸。在是非之间,我们绝不含糊,在真理面前我们决不固执主观。①

(三)提倡"新闻烹饪学"

1981年,徐铸成在福建做了题为《新闻"烹调学"》的讲座,讲述对大众传播的意见,其中提出两条:一是要注重传播技术的革新;二是"须本于实事求是之精神,重视宣传效果",要"尊重大众传播之客观规律,反对教训人、满堂灌之模式,而视读者为知心朋友,以平等之态度,耐心摆事实。说清道理,以求得读者之爱读、信服而引起共鸣"②。新闻之所以成为"烹调学",他认为记者就像是厨师,

---

① 徐铸成:《徐铸成新闻评论选》,武汉大学出版社1985年版,第247页。
② 徐铸成:《徐铸成回忆录》,第347页。

不管原料是什么,都要力争适应读者口味,"每菜色、香、味俱全,吸引读者垂涎欲滴,食指大动"。"如每菜都贴上社会主义标签,而作教条主义宣传,则恰如厨师每菜必加上大把辣味,则顾客必望而却步矣。"①

他创办的香港版《文汇报》,每天都登几篇他执笔的短评,及时评论每天新发生的问题,很受读者欢迎。他还注意其他加工如加导语、按语或附记、配漫画、图片或花边等。特别是重视报纸周刊的命名,如他请郭沫若主持的六个周刊都冠以"新"字开头:《新思潮》《新文学》《新经济》《新青年》《新教育》《新妇女》,"新"字系列既整齐又醒目,给读者留下深刻的印象。1980年,徐铸成应邀参观香港新闻界,他看到设备较新的报馆和电视台,感叹传播技术的变革,同时也深深认识到"信息社会,是新时代的特征之一。新闻传播事业如不彻底更新,流连于旧模式,仍受窑洞文化的禁锢,那将是自绝前进之路"②。他反对报纸千篇一律,强调报纸要有特色和风格,尊重大众传播的客观规律,做读者的知心朋友。他的一生都在追求如何"办好报纸",无论环境如何恶劣始终不放弃,不仅业务精良,写了许多优秀的新闻作品,而且为人正直坦荡、品格高尚,不愧为一位令人尊敬的记者、报人。

参考文献

1. 徐铸成:《徐铸成回忆录》,生活·读书·新知三联书店1989年版。
2. 徐铸成:《新闻丛谈》,浙江人民出版社1983年版。
3. 徐铸成:《新闻艺术》,知识出版社1985年版。
4. 李伟:《报人风骨:徐铸成传》,广西师范大学出版社2008年版。

---

① 徐铸成:《徐铸成回忆录》,第347页。
② 同上书,第341页。

第13章 赵超构

——"让新闻飞入寻常百姓家"

赵超构(1910—1992),笔名林放,无党派人士,记者,报刊杂文家。从事新闻工作半个多世纪,长期担任《新民晚报》总编辑。他的一生是中国知识分子从旧社会走进新社会的缩影,著有《延安一月》《未晚谈》《林放杂文选》等,在新闻界受到尊重。

一、赵超构的漫漫人生路

1910年5月4日,赵超构出生于浙江温州府瑞安县大峃镇龙川村一个书香门第家庭。依照赵氏族谱记载,他是宋太宗赵光义第41代裔孙,因生于庚戌年父亲取其名为阿狗,构字便是谐音狗字而来。

赵超构幼年在曾祖父创办的同春私塾学习,打下了良好的古文基础,练就了惊人的记忆力。1924年他考入温州艺文中学,次年五卅惨案爆发,他也加入了反帝爱国运动,满街高喊口号,散发传单张贴标语,宣传抵制日货,抗议帝国主义的暴行,结果被校方退学。1926年,赵超构进入私立瓯海公学读书,毕业后考进浙江省第十中学。这段时间他接触过梁启超、陈独秀、鲁迅、胡适、郭沫若、郁达夫、考茨基等人的作品,这种"读杂书"的习惯使得他后来的杂文知识结构丰富。1927年发生四一二政变,当局大肆捕杀共产党员和左翼人士,温州也陷入白色恐怖中,赵超构迫于形势回到了老家。

1929年春,他与父母订的"娃娃亲"刘阿丁结婚,开始了风雨同舟、相濡以沫的六十年婚姻生活。1930年暑假,赵超构考入中国公学的经济专业。求学之前他刚出生的儿子夭折,读书期间母亲也病故,但他没有因悲痛而放弃学业,凭着一股韧劲,1934年他获得了毕业文凭。

毕业后赵超构踏进了南京《朝报》,任国际新闻编辑与《小评》栏目主笔。

《朝报》的办报方针是"预谋以言论报国",思想开放,网罗了当时文化界的名流。他在报社上夜班,每天写一篇言论稿。由于学的是经济学专业,最初他主要以写经济新闻评论为主,如《数字上之中国经济》,指出各都市资金集中于上海,内地农村资金干涸,导致农村崩溃、工业危机、工商业破产等。一二·九运动期间,他主持的《小评》支持学生的爱国运动。抗战爆发,《朝报》因被日军轰炸而停刊,赵超构辗转到了重庆。

1938年6月,赵超构进入重庆《新民报》社。该报是1929年9月创刊于南京的一份"超党派、独立性、纯国民"的私营报纸,扮演着"民众诤友"的角色,报纸的方针逐渐向"居中偏左"的立场转变,副刊成为进步文化人乃至共产党人的阵地。陈铭德、邓季惺夫妇是该报的办报能手,善于延揽人才,人称"三张一赵"的张友鸾、张恨水、张慧剑、赵超构都被纳入其麾下。群英荟萃的《新民报》抗战期间在重庆销量大,广受喜欢,也在我国新闻界自成一家。赵超构起先编国际新闻,不久升任主笔写社论和小言论,取材范围大到二战形势,小到市井琐事,他都能信手拈来。

1941年11月《新民报晚刊》创刊,赵超构开辟的"今日论语"专栏让新闻界耳目一新。他以"沙"为笔名每日发表一至三篇、每篇200—300字的新闻性随笔,题材大至世界政治军事,小至重庆街头巷尾。1943年6月,《新民报》派张友鸾、张慧剑、赵超构等人赴成都创办《新民报晚刊》成都版,赵超构的"未晚谈"杂文专栏放在显著位置,此后他在重庆的"今日论语"和成都"未晚谈"都发稿。这两个栏目是赵超构从经济评论向批评社会转型的关键一步。1943年10月,重庆《新民报晚刊》开辟"灯前客话"专栏,一个多月内赵超构就在上面发表29篇言论,他在《答两位读者》文中写道:"我每天执笔,时常接到一些读者的来函","我把读者的事当作自己的事,与读者的酸甜苦辣,打成一片"。他学习邹韬奋与读者密切联系的办报作风,一直坚持到晚年。

1944年6月,赵超构参加"中外记者西北参观团"赴延安采访。在延安一个多月,他采访了毛泽东、周恩来等中共领导人,写下了10万余字的《延安一月》,分别发表在成都、重庆两地的《新民报》上。返回重庆后,他在《新民报》上与张恨水、张友鸾、张慧剑、姚苏凤、方奈何、程大千七位"主笔级"人物共同开辟了"七人座谈"专栏,影响广泛,一时间"山城处处新民报"。

抗战胜利后国共重庆谈判期间,9月16日《中央日报》利用《纽约时报》时评攻击共产党"如同军阀",意欲诛而伐之。但赵超构已抢在9月15日发表了一篇题为《关于"反对派"》的评论,表明"政府应当做到的,是保障共产党与其他党派的'反对派'地位",不必为共产党反对政府大惊小怪。毛泽东看到这篇评

第 13 章 赵超构——"让新闻飞入寻常百姓家"

论后单独约见了赵超构长谈六个多小时,内容涉及时局、重庆新闻界以及美蒋企图联合消灭共产党军队等问题,还跟他开玩笑:"赵先生,你叫赵超构,超过赵构了,比宋高宗高明,哈哈……看到你写的《延安一月》了,你善于用曲笔,我看你是个自由主义者。……在重庆写这样的文章也不容易。"①

1945 年《新民报》南京版复刊,各方有识之士都看好,纷纷捐款投资,很快资金超过 3 亿,社长陈铭德提出报纸要在一两年内扩展到 8—10 个报的设想,但对在上海滩立足没有把握。赵超构认为上海有更多的言论空间,于是请缨打头阵。1946 年 5 月 1 日《新民报晚刊》在上海与读者见面,赵超构任《新民报》副总编辑兼上海版晚刊总主编。当时报纸发行量少,陈铭德夫妇已赔了不少钱。赵超构提出小报不能和大报一样,要发挥名流撰稿的优势,在"晚"字上做文章,办出特色就能扩大发行量,为此他首创了"内幕新闻"专栏。在赵超构的辛勤付出和报社同人的努力下,仅三个月报纸发行就跃居上海几家晚报前列。

1947 年上海发生当局镇压学生的五二〇血案,学生游行打出"请《新民报》主笔沙先生伸张正义"的标语,可见赵超构在读者心目中的分量。因他大胆批评教育部长朱家骅和行政院长张群,致使《新民晚报》在 1947 年 5 月底被查封,部分记者编辑被列入黑名单。危难之时,赵超构显示出勇于担当的精神,他坚守在报社,直至在陈铭德、邓季惺夫妇多方奔走下报纸于 7 月复刊。由于政治环境不断恶化,许多进步报刊被查封,作家、记者大批逃离上海去延安或香港。赵超构继续以充满激情的笔揭露当局的苛捐杂税、官员侵犯司法权力等种种丑恶现象,直到 1948 年 7 月 15 日被迫停笔,12 月逃到香港。时值中共中央发出召开新政治协商会议的号召,大批民主人士从香港转赴解放区参加新政协。赵超构也于 1949 年 3 月到达北平被选为新政协代表,9 月参加了第一届政治协商会议。10 月 1 日,赵超构登上天安门城楼参加了新中国开国大典。

新中国对传媒内容实行严格的管理制度,如要求私营报纸若要刊登重大国内外政治新闻,均须以新华社为准,不得解释政府的法令政策等。这样,私营报纸的特色被淡化或消失了,这些报纸的新闻工作者感到不知所措,不知该怎样脱胎换骨才能办好一张符合人民需要的报纸。上海市政府指示《新民晚报》的报道内容要多介绍工业生产、工人劳动的情况。由于赵超构写惯了批评旧社会的题材,一时无法适应"为人民服务"的内容只得停栏,况且当时报纸上也取消了个人署名的专栏评论。1956 年中央提出"双百"方针,赵超构提出了《新民晚报》"短、广、软"的办报方针,受到读者欢迎,发行量涨到 10 万多份。1957 年 3 月,毛

---

① 赵则玲:《报界宗师赵超构评传》,浙江大学出版社 2009 年版,第 90 页。

泽东在北京接见上海新闻界代表。他对赵超构的"软"提出意见,认为应该"软中有硬",后来《新民晚报》的办报方针修正为"短、广、软、软中有硬"。

1957年初全国"大鸣大放"热火朝天,爱说真话的赵超构以一天一篇短时评的热情投入其中,其文《先锋何在》批评新闻界缺乏敢于直言的先锋。毛泽东看后说:"内容相当尖锐,但文笔比较客气。"①在"反右"中有人曲解他的笔名"林放"是反对阶级斗争的意思,赵超构被迫检讨了自己出生于没落地主家庭、受过旧民主思想的影响、在政治上是改良主义者看不见人民群众的伟大力量等。由于他的检讨及时,6月28日毛泽东把他叫到中南海谈了《新民晚报》的问题,提出"杂文家难得,我要保护一些杂文家"的想法,并与赵超构共进午餐,提醒他不要老去坐茶馆,要多接触工农群众。毛泽东称他是"我的右派朋友",这等于给了他一张"护身符"。后来赵超构辞去了《新民晚报》总编辑职务。9月17日毛泽东到上海视察工作时在西郊宾馆接见了他,鼓励他养成自我批评的习惯,犯错误改了就行了。1958年1月6日,毛泽东在杭州又派人将赵超构、谈家桢、周谷城三人从上海接去,和他们聊到深夜12点并吃夜宵,同时告诫他们:"今后要走出报社、书斋,经常到下面去走走,多接触工农群众,接受再教育。"②不久,赵超构回故乡走访了温州市区、瑞安等六县。当时全民炼钢和人民公社化运动开始,他采写了《我自故乡来》《春郊行脚》《徐州之旅》等反映运动的通讯。1961年5月1日,毛泽东在上海锦江饭店接见赵超构并鼓励他:"你们的报纸办得好,有特色,我喜欢看。"③

20世纪60年代,他的文章数量大幅下降,大多是谈论人情世态、市井琐事、改革婚丧习俗等题材的"劝世之作"。"文化大革命"开始,他被戴上"资产阶级反动学术权威"的帽子而搁笔,后来被下放到奉贤海滨的上海新闻出版五七干校劳动了三年。1972年他再次当选全国人大代表,调到上海人民出版社的《辞海》修订组工作。粉碎"四人帮"后,他被任命为上海辞书出版社副社长、副总编辑,上海市出版局顾问和《辞海》编委会副主编。

许多老读者纷纷给中央、市委、市政府和人民日报社、解放日报社写信表示:"我们要看《新民晚报》。"1980年上海市委决定重新恢复出版《新民晚报》,胡耀邦总书记也特别指示要恢复该报。1982年元旦,停办16年之久的《新民晚报》终于得以恢复,赵超构提出"宣传政策、传播知识、移风易俗、丰富生活"的十六

---

① 赵则玲:《报界宗师赵超构评传》,第156页。
② 同上书,第167页。
③ 同上书,第177页。

字办报方针。在《复刊的话》中,他把《新民晚报》比做"穿梭飞行于寻常百姓之家的燕子",力戒浮夸,少说大话,实事求是,不唱高调,发表一些切实的、平凡的报道和论说,为民分忧,与民同乐,跟千家万户同结善缘。他在《夜光杯》副刊上又以"林放"的笔名为"未晚谈"专栏写稿,表达"人活着,不是为了捞一把进去,而是为了掏一把出来"的人生观。

从 1984 年起,赵超构除担任新民晚报社社长外,还兼任上海市政协的联合时报社社长。他在该报创刊七周年之际提出了"政党、思想、人物"的特色。所谓政党,就是要多报道共产党领导的多党合作,多反映民主党派活动的消息;所谓思想,就是提倡广开言路,多发表参政、议政的言论和不同意见的商讨;所谓人物,就是要报道各方面的人物。晚年的赵超构仍以"林放"的笔名在"未晚谈"上发表杂文,呼吁在各个方面清除"文革"遗毒、匡正社会风气。1992 年他在去世前一个月,还嘱托《夜光杯》主编登他的作品《说话与听话》,寄予了他对中国知识分子言论自由的一种希望。自 2006 年起,由中国晚报工作者协会每年评选的赵超构新闻奖,是中国晚报界的最高奖项。

二、赵超构的采写技巧

(一) 善于观察,博闻强识

赵超构的言论"随物赋形",将新闻与随笔结合得非常巧妙,一方面得益于他敏锐的"新闻鼻",能当天消息当天评论,另一方面得益于他丰富的文史哲素养,以及他"平生以随意任性为乐,不喜欢俨乎其然"的个性和志趣。

赵超构认为,目见、耳闻、笔记是记者的职业常规,特别是博闻强识,是做好记者的基本功。他在延安采访期间,没有记笔记,听力也不好,一切全凭记忆以及沉思默想。这得益于他幼年时在私塾里养成的超强记忆力,故而采访时看似"作壁上观",但能把所见所闻牢记在脑子里。因此他在延安的一个月,对那里的政治、经济、文化、教育、卫生、土地政策、群众组织乃至民俗巫神,都做了全方位的审视和思考,他没有被国统区的偏见所左右,客观地反映了延安生活的方方面面,描述了这些生活的本质特点:

> 除了生活标准化,延安人的思想也是标准化的。我在延安就有这么一个确定的经验,以同一的问题,问过二三十个人,从知识分子到工人,他们的答语,几乎是一致的。……在有些问题上,他们的思想,不仅标准化,而且定型了。说主义,一定是新民主主义第一,这不算奇,奇怪的是,他们对于人物

的评判,也几乎一模一样,有如化学公式那么准确。也不仅限于公众问题,他们的私生活态度,也免不了定型的观念,甚至如恋爱问题,也似乎有一种开会议决过的恋爱观,作为青年男女的指导标准。①

采访中赵超构对人物、事件的观察细致入微,为很多历史人物留下了剪影。他记录的第一位共产党干部是王震旅长,他的点评是:"一个喜怒立刻形诸颜色的人,也许比那些不可捉摸无表情的人来得容易理解。"②他以平视的视角描写了毛泽东的形象,仿佛在与读者平易地对话,与解放区将毛泽东颂为"大救星"的视角不同,但能使人信服,也更尊重受众:

  身材颀长、并不奇伟。一套毛呢制服,显见已是陈旧的了。领口是照例没有扣的。一如他的照相、画像那样露着衬衣。眼睛盯着介绍人,好像在极力听取对方的姓名。……
  谈话时,依然满口的湖南口音,不知道是否因为工作紧张的缘故,显露疲乏的样子,在谈笑中简直未见笑颜。然而,态度儒雅,音节清楚,辞令的安排恰当而有条理……我们依次听下去,从头至尾是理论的说明,却不是煽动性的演说。③

在他的笔下,延安并不像中央社描述的"无定河边一堆骨,延安城内三整风"那样,戳穿了国民党的一些谣言。他描写了像"男士般"抽烟的丁玲,有"绅士般"爱美习气的陈学昭,姿态苗条、冷若冰霜的陈波儿,印证了她们都还活着。他也和因"野百合花"事件被关押的陈实味交谈了一个小时,发现"他的精神所受的刺激,就在和我们会面的时候,也还是掩饰不了的。要说'野百合花'事件在他心理上没有留下一点创伤的疤痕,那是不可能"④。这些字句为20世纪40年代的文化史提供了宝贵的史料。

赵超构在向青年记者介绍采写经验时,特别强调实地采访要一看、二听、三问。一看是先到对象的单位、住处看看;二听是先听听群众的反映,再听被访人介绍;三问是通过自己思考,提出关键问题询问。他对朋友讲过观察生活的方法:在城隍庙喝茶也好,在弄堂里乘凉风也好,都是接近群众的最好时候;新闻工作者要善于观察一切,然后加以分析研究。这样写出来的东西也就能更接近群众,编出来的报纸就会受到读者的喜爱。

---

① 赵超构:《延安一月》,上海书店1992年版,第78页。
② 同上书,第52页。
③ 同上书,第62页。
④ 同上书,第147页。

（二）鲜明的杂文写作特色

1. 短小精悍，针砭时弊

赵超构的杂文被称为"新闻性杂文"，是一种夹叙夹议的短评，针砭时弊，体现出很强的时代性。从中学到大学时代，他最仰慕邹韬奋，特别喜欢《生活》周刊上的"小言论"专栏。人们研究发现赵超构的文风、办报思想和编辑方针都与邹韬奋相似。如他们的评论都针对广大读者最关心和最焦虑的社会问题发表意见，语言简洁通俗，文笔犀利，篇幅短小精悍，文风朴实；他们都强调报纸要接近群众，像白居易的诗一样"老妪能解"，让人感到亲切通俗；让老百姓在报纸上说话，尊重人民群众在报纸上的发言权，把读者的事当作自己的事，与读者同心，等等。

赵超构说过："我们写文章如果光谈主义，却不研究眼前迫切需要解决的社会问题，那就会空话连篇，言之无物。我写的题材多属于社会现象的批评，我就是按照'多谈些社会问题'的这个态度来写的。"①他晚年的言论"砭痼弊常取类型"，如他笔下的"犹大""宗教裁判所""囚探""江东弟子"等都是"文化大革命"中一些人的形象。

2. 选材自由，纵横捭阖

20世纪30年代赵超构最初以写经济新闻评论、国际评论为主，逐渐转移到以社会批评为主的"小评"专栏上来。这个时期他的专栏文章，以邹韬奋式的小言论为主，洋溢着爱国激情，以鲜明畅快的文风抨击时弊、激浊扬清，显示了敢于大声疾呼、抗争的特色，在报刊舆论界开始引人注目。"小评"内容多反映重要历史事件和社会问题，如爱国报人史量才被国民党暗杀，浙江省公安局抓了一个老百姓当替罪羊，他从尊重人权的角度出发发表《请拿证据》一文质问："如果汤云生确有罪，请拿证据来，并依此证据，迅速破案。如果汤云生与史案毫无关系，应立即释放，以尊人权。"在《阮玲玉之死》里，他指出阮玲玉的两个男人唐季珊和张达民"一个虚伪，一个卑劣"。

1936年10月10日他发表《国庆日杂感》说："袁世凯祭天祀孔，段祺瑞念佛消灾，吴佩孚用周易卜胜负，陈济棠以星相决进退，民国历史，多悲剧亦多滑稽剧。"笔锋直指国民党人，称他们"无事不管而一无所为"，"作威作福，简直不让从前的土劣。民间称呼此辈为'党官'、'党老爷'"，"至于少数高级官员，少工作而多享受，依附奔走，私而忘公，其革命热情之消沉，更不必说"。他从穷苦同胞身上看到了国家的希望，他们"知识或者欠缺些，却都是有血性的……将来从

---

① 赵则玲：《报界宗师赵超构评传》，第267页。

容赴难担负牺牲的,一定还是这班衣食不饱的同胞"。

到《新民晚报》后,他的"未晚谈"选题大到辽阔宇宙,小至苍蝇之微,从环球到里弄,意气纵横,充满了锐气和奋发精神;从决策大政到生活琐事,从领袖伟人到小娃娃,天南地北,无所不谈;远至欧洲战场,近至身边琐事,都是他引发议论的题材。

3. 大处着眼,小处着手

赵超构写时评的经验是:看问题要有联系,写起来就会左右逢源。他写平凡的题材总能生发开去赋予其不平凡的意义,往往窥一斑见全豹,从一滴水见太阳。如在"文化大革命"结束后的《临表涕泣》一文中,他从一张幼儿园登记表看到了"左"的影响可笑地刮到了小娃娃身上。他的小言论另一秘诀就是要有预见性,这就要靠记者观察是非的水平,主要靠平时积累,知识丰富阅历多,就会目光如炬,识见远大。如在《江东子弟今犹在》中,他提出要警惕"四人帮"的残余分子被提拔到领导岗位上来的危险,发人深省。

赵超构在《关于写短评》这篇业务文章中总结了七条经验:(1)题目抓得小一点,具体一点。(2)讲一个问题,有主干,有旁枝。(3)小文章也要有波浪,有起伏,有曲折,否则别人读了还是嫌长。(4)各种引文要尽量减少,非必要时不用。(5)写短文特别要注意开头。(6)要勇于删改自己的文章。(7)写小言论要短而不空,要有割爱的功夫。

4. 深入浅出,通俗易懂

赵超构认为小言论应寓知识于趣味之中,读来才有兴味。如他写《关于略施脂粉》,虽然他赞成天然本色是最美的,但是人家擦点脂粉也无不可,这毕竟是个人生活私事,如果作者当个道学先生去干涉人家,批评人家,这样文章就没有趣味了。为了让文章更有趣,他还常用一些明白晓畅的方言俗语,如"一些些人""拆烂污""忙煞""汗毛淋淋"等。他在《若烹小鲜》中套用了老子的"治大国若烹小鲜",希望对文化生活少些折腾,来个"治文化若烹小鲜",并用生活中的经验解释了这个古语:"你的小黄鱼放在锅子里了,佐料都放好了,这就是了,如果还要拿勺子炒来炒去,那小鱼一定会炒得糜烂不堪,上不了台盘。"①

三、赵超构的新闻思想

(一)以民为本,为民立言

赵超构不仅关心国事,也关心民生疾苦,他站在百姓的立场上反映他们的饥

---

① 赵则玲:《报界宗师赵超构评传》,第271页。

寒、困苦和愿望，体现了他悲天悯人、仗义执言的个性，也显示了"以民为本"的新闻理念。

1936年，针对苏州一个大地主状诉290户农民抗租的案子，他写了一篇《抗租》评论此事："290户农民所赖以生存的土地，竟垄断在一家地主手中。耕者无其田，有田者坐而食，这正是农民破产、社会不安的大原因，土地分配如果不获公平合理的解决，复兴农村永远是梦想。"1936年夏，浙江定海县渔民和盐民与税警冲突，造成税警开枪打死打伤一百五十多人的惨案。他在《定海大惨剧》中评论说："总之不外是经济重压下贫民铤而走险的现象。这在我国，或许是通常现象，但是沿海区域，发生如此严重的官民冲突，可谓大危机！"在《六百人之死》一文中，他评论苏俄巨型飞机失事所造成的人员伤亡，全世界为之震动，而山东淄川鲁大煤矿透水淹死600工人，连抚恤金也没有着落，还须向合股的日本方面"交涉"，这是当局对中国人生命的轻视。他强烈呼吁："煤矿公司必须赔偿，政府实业部应保障此后国内矿工的安全。"

（二）晚报要"短、广、软"

办晚报是赵超构的强项，认为晚报不能照搬日报的经验，晚报也不能代替日报，并不能办成专业报，一定要走自己的路，应有社会娱乐性和广泛性。他办《新民晚报》的一个宗旨是：围绕"晚"字做文章。在从事新闻工作50年之际，他在第二次全国晚报经验交流会上讲办报的两种方案：一种是办这样一张报纸，让人家看了就不必看别的报；一种是办一张让人家看了别的报纸后，他非要再看这报纸不可。晚报就属于后一种，它不能代替日报而要补日报之不足。他说，晚报的主要特点就在"晚"字上，人们晚上看报对文娱、体育、副刊的需求量很大，要满足人民群众的业余生活，还要充分发挥社会新闻的作用，做到让读者一天看不到晚报就睡不着觉。1953年赵超构就提出了办晚报要提倡"短、广、软"的特色，这"三字诀"就是他新闻思想的鲜明个性与特质。

"短"就是"短些短些再短些"，即用少许的笔墨表现丰富的内容，表达深刻的思想，在有限的篇幅里勾画出生动的形象，蕴涵浓郁的情意，也就是鲁迅所说的"选材要严，开掘要深"，这是为文者应追求的高超境界。

"广"就是"广些广些再广些"，即指要扩大报道面，体裁多样，内容多样，从言论批评到幽默漫画，从增产节约到家务事儿女情，从中心任务到风花雪月，从科学知识到衣食新闻，总之，从生活的各个侧面来反映上海生活。

"软"就是"软些软些再软些"，即指思想既要正确，又要使报纸生动和通俗一些，文章深入浅出，对读者亲切一些。当然这不是不择手段的软，也不是片面追求趣味的软,而是反对板起面孔来教训读者的作风,是"要让报纸成为读者的知心朋友,把这张报纸办成春风满面,一轮风生,雅俗共赏,有益有趣,从少先队到文化馆的老前辈,从保姆同志到大学教授,都可以看得下去"①。

他还提倡"健康的趣味性",认为不要把"趣味"一词与低级、黄色、无聊联系在一起。另外,他还提倡宣传党的思想、方针、政策要通过新闻事实来宣传,在提供知识、培养趣味中起指导作用。他为《新民晚报》制定的"宣传政策、传播知识、移风易俗、丰富生活"的十六字办报方针,对该报的发展起到了导向作用。

(三)办报写文章秉持公心

赵超构认为写文章要持论公正,坚持中国传统知识分子"为天地立心,为生民立命,为往圣继绝学,为万世开太平"的人生哲学,同时在办报思想上他对立场、公正和"配合时代要求"也很看重。1946年5月1日,在上海《新民报晚刊》的创刊号上,他在《我们的志趣》中表达了立场态度:

> 本报向来是一个纯民间的言论机关,从未参加政党的活动,也从未卷入党派的斗争的旋涡。我们愿意在国民的立场上,忠于民,忠于国,但坚决不效忠任何政治集团。公正的报道,自由的批评,虽然不容易做到,我们总想尽力做到。我们相信一张报纸必须配合时代的要求,始有其存在的意义。我们的时代需要什么?这很容易回答:为了国家的幸福,我们需要民主自由;为了国家的富强,我们需要和平统一,这是普遍于我们民间的要求,也都是极平常的道理,我们愿追随各界稍尽一点鼓吹的责任。

强烈的正义感驱使赵超构正视现实,对一切黑暗、落后都大加挞伐。看到社会上的脓疮毒菌,他就有一种"不能已于言"的激动,情不自禁地论述。如在《歌女生活的背景》(1934年5月28日)中,他以北平市长袁良为例指出:"社会腐化的原因,却在玩弄女星的正人君子身上。"然后进一步指明:"享受妇女的奢侈淫靡生活者才是社会腐化真正的原因。"《外患严重中的太夫人做寿》(1936年4月17日)一文,对天津"一班政军要员"在华北局势紧张、时间极宝贵的当下竟卑躬屈膝为一个长官夫人做寿耗资达20万之巨,赵超构严正斥之为"丧心病狂"。在《土匪的公道》(1936年7月18日)中,他指出:"土匪尚知三不劫(不劫邮政人员、赈灾人员、河工人员),许多官吏实际比土匪还不如。"②

在重庆《新民报》时,他在评论中谴责乞丐成群、冻死饿殍背后的贫富两极

---

① 赵则玲:《报界宗师赵超构评传》,第148页。
② 这几篇评论均发表于当时《朝报》的"小评"专栏上。

分化。1941年太平洋战争爆发，大批文化界人士受困香港，重庆政府派专机前往运接，不料专机载回的却是"孔二小姐"和几只哈巴狗，赵超构当即写下时评《洋狗乘机辩》予以严厉斥责。

（四）寻求新闻言论自由空间

新闻事业离政治很近。重庆时期的《新民报》虽然申明"不偏不倚、无党派色彩"，但赵超构倾向共产党的言论以及对社会黑暗、政治腐败的揭露和评论还是会遭新闻检察官的扣删，因此报纸经常开天窗。

1943—1946年，赵超构对当局钳制新闻的行径无比愤慨，他羡慕苏联"新闻言论虽受统治，而关于指责渎职、弹劾贪污的文字却受着保障"，写下了《还需暴露》《新闻？历史？》《记者的遭遇》《我们要出版自由》等时评。他目睹了社会的种种丑恶和政治黑暗后，逐渐对当局失去信心。1945年赴延安参访，他在《延安一月》中也曾直率地讲："延安人自有理由说他们没有检查制度，而我们也可以说延安有一种批评的空气，是在干涉作家的写作。"重庆谈判期间成渝两地新闻界开始了"拒检运动"，当局被迫宣布废止新闻检查，并借此大肆宣扬。赵超构发表《解放与保障》一文指出："严格的法治和人身自由之尊重，乃是言论自由的实际基础，没有这基础，'舆论'先生将成为刚被解放的黑奴，虽有自由的机会，却失去了生存的保障"，他呼吁"我们还需要不受威胁的保证"。这些言论都表达出他追求新闻自由、积极寻求言论空间的新闻理念。

参考文献

1. 赵超构：《延安一月》，上海书店1992年版。
2. 赵则玲：《报界宗师赵超构评传》，浙江大学出版社2009年版。

第14章 穆青

——在时代变迁中始终眷念着"勿忘人民"

穆青(1921—2003),回族,著名记者。1937年参加八路军,1942年毕业于延安鲁艺学院。曾任职于延安《解放日报》《东北日报》,曾任新华社特派记者。中华人民共和国成立后,历任新华社上海分社社长、国内新闻编辑部主任、副社长兼总编辑、新华社社长及中国新闻学院院长、中华全国新闻工作者协会第三届副主席。出版有多本著述,与他人合写的《焦裕禄——县委书记的榜样》等新闻通讯影响十分广泛。

一、从文学家梦想到无产阶级新闻战士

穆青祖籍河南周口,1921年3月15日在蚌埠出生,爷爷为他取名穆亚才,希望他将来成社会有用之才。穆青小时瘦弱但很漂亮,雪白的皮肤,淡蓝的眼白,高高的鼻子,一头棕色卷发,人见人爱,两年后有了妹妹便主要由17岁的二姑照料他。他喜欢听二姑讲古代忠贤的故事如"二十四孝""孔融让梨""孟母三迁""匡衡凿壁借灯光""头悬梁锥刺股"等,并经常发问:匡衡借光读书,人家不点灯怎么办?王祥卧冰,他冷不冷呀?爷爷教他识字书法,还请了个武术教练教他习拳锻炼身体。在爷爷、二姑的启蒙下,穆青从小就爱憎分明。

穆青6岁后进入一所教会学校,不久父亲便将他转到乡村师范附小。学校气氛活跃,老师经常带学生到田间地头上课,讲农民的辛苦。1930年,穆青的爷爷患病去世,临终前叮嘱一定要好好照顾穆青,他将来肯定会成才。1931年穆青考入大同小学,校长王毅斋是留洋博士,要求严格,希望学生从小就养成艰苦奋斗、勤奋学习的作风。小学毕业后穆青在王校长的帮助下到开封补习考中学,但最终未被录取。王校长气愤地说,这么优秀的学生竟无法考取,便决心在家乡杞县自办一所大同中学。

第 14 章 穆青——在时代变迁中始终眷念着"勿忘人民"

杞县是豫皖苏抗日根据地的发祥地,中共地下组织以大同中学为活动基地积极开展抗日救亡运动,老师课余便讲国内外形势、民族救国责任、红军长征北上抗日等,穆青在这里受到政治启蒙,开始树立革命理想,参加了出墙报、编演救亡戏剧等抗日宣传活动。左翼作家姚雪垠此时也来任教,穆青经常去他那里请教文学知识。

1937 年初夏穆青考入开封两河中学,一位参加八路军的同学给他的来信被校方拆看,并找他训导,穆青感到愤慨。加之早就对校方排挤进步学生不满,他当即与几个同学离校北上参军抗日。他们一路风尘跋涉,年底到达山西临汾八路军办事处。在填表时他想到参加革命不能连累家人,便写下"穆青"的名字,意即用青春去打鬼子。穆青在受训三个月后分配到八路军 120 师宣传队,不久编入 358 旅的"战火"剧团。此后几年穆青行走太行冀中,当文化教员、写剧本对敌宣传、做民运工作等,空闲还写了《红灯》《全民线上》等通讯,是令战士们羡慕的知识分子。在"战火"的宣传下,许多热血青年参加八路军,老乡亦主动为部队运物资出生入死。一天行军途中有位老乡昏倒在地,战士们劝他回家,可他坚决地说不把鬼子赶走决不回村!多年后穆青回忆此事时还热泪盈眶:"没有人民群众,哪有我们的今天!哪有革命的胜利!"①

1940 年下半年,穆青被调回延安学习,在鲁迅艺术学院学习了两年。他非常勤奋地汲取知识,听了许多名家的讲课,如茅盾的中国市民文学、周扬的文学概论、周立波的中外名著选读、何其芳的现代散文歌诗等。他还开始习作小说并请作家们指导,憧憬着当作家的文学梦。因此当 1942 年调他去《解放日报》当记者时,他以不善讲话、不爱活动、性格内向为由拖延。直到领导找他谈"记者和作家没有严格的界限,许多作家都有当记者的经历,比如爱伦堡、高尔基。至于性格,在共产党员面前没有攻克不了的城堡……"穆青才终于去了报社,从此在新闻战线驰骋了 60 年。

穆青在《解放日报》的第一篇新闻作品,是采写陕北劳模赵占魁的事迹,随后又进行了连续报道,受到党中央的重视,发出号召,在边区掀起了"学习赵占魁"的运动。此后穆青不断写出反映抗日根据地的各方面新闻,逐渐声名鹊起。1943 年 8 月,他在冀中白洋淀地区参加抗日斗争,采写了大受读者欢迎的通讯《雁翎队》,该通讯被选入中学课本当写作范文。

1945 年 10 月,穆青被派往东北筹建新华社东北总分社及《东北日报》。这期间他十分繁忙,采写了《东北抗日联军史略》《立功抓地主》《七斗王把头》等

---

① 《当代新闻工作者的楷模——穆青》,新华社,2004 年 2 月 22 日。

一大批广受好评的新闻。东北解放战争期间他留下大量的战地通讯,1948年底围困长春的战斗中他写了《月下萧萧》《空中的哀音》《长春光复记》等一批鼓舞我军斗志、瓦解敌军士气的报道。1949年穆青随大军南下,目睹我军一路摧枯拉朽、排山倒海的气势,写下很多战事报道。此时,他已成为硝烟战场上的著名军事记者。

中华人民共和国成立后,1951年穆青任上海新华社华东总分社副社长、社长。华东局撤销后任新华社上海分社社长。1958年任总社国内部主任。1959年任新华社副社长。"文化大革命"初期和1976年上半年因反对"四人帮"两次被打倒。"文化大革命"结束后任新华社社长。穆青在担负繁忙的领导工作期间,始终没有放下手中的笔,采写了一批极具影响力的新闻作品,如《县委书记的好榜样——焦裕禄》(1966年)、《为了周总理的嘱托》(1978年)、《一篇没有写完的报告》(1979年)、《历史的审判》(1981年)、《风帆起珠江》(1992年)等。对于成功之路,他总结道:"回顾我这一生,我不是才华横溢出语惊人的人,也不善交际,我也没有不眠不休,争分夺秒。……我不过是一步一步走着,没有停下来,如此而已。"①

从硝烟弥漫的战争年代到波澜壮阔的建设时期,穆青始终以一颗赤诚的心关注国家和人民,他从一名年轻记者到新闻界巨擘,坚持不懈地追求为大众服务,无愧于"人民记者"的荣耀。

二、穆青的新闻理念与实践

(一) 贯穿"勿忘人民"的宗旨

穆青经常在案头上书写的几个字是"勿忘人民",这是他一生新闻实践的宗旨。他16岁离开故乡奔赴抗日前线,历经几十年的新闻生涯,深深体会到人民的伟大和可爱。在《穆青散文选》的后记中,他曾吐露这样的心声:"我常常情不自禁地在想,我们幅员辽阔而又苦难深重的祖国,除去悠久的历史,丰富的资源,还有什么是她最宝贵的财富呢?我认为,这就是我们的人民,就是我们人民那种百折不挠,勇于为民族、为国家、为革命事业大无畏的献身精神。"②

穆青用自己的经历来体验和认识人民,将之融入他的血脉。如前面讲到的

---

① 《回族英才——中国杰出记者文学界知名人士穆青》,北方网,2004年1月14日,http://news.enorth.com.cn/system/2004/01/14/000717264.shtml,2012年2月1日访问。
② 《当代新闻工作者的楷模——穆青》,新华社,2004年2月22日。

第14章 穆青——在时代变迁中始终眷念着"勿忘人民"

抗战时期他遇见老乡为部队运物资累倒也不回家的事,让他长久难忘。有次经历更让他刻骨铭心:那是解放战争前期冰天雪地的隆冬时节,穆青奉命从延安去东北工作,途中夜宿老乡家。一天的步行脚和鞋子冻在一起,膝盖以下失去知觉。素不相识的房东大爷赶紧打水来为他解冻,又解开自己的棉袄将他冰冷的脚抱在怀里轻轻揉搓……因此,人民长进了他的骨肉,化为他的灵魂,在他那些为人所熟悉的新闻名篇中,都有人民群众的日常生活、言谈举止、所思所想。"他喜欢写人物通讯,一生写过许多广为流传、深入人心的人物报道。这些作品的主角,几乎全是普通群众和基层干部,其中多数是鲜少出现于报章的中国农民。"①如边区劳动模范赵占魁、修建红旗渠的英雄任羊成、大庆石油工人王进喜、荒山绿化老农潘从正、田间植棉能手吴吉昌……对这些普通群众,穆青乐意将他们身上蕴藏的精神展现在世人面前。

"焦裕禄顶风冒雪走进一个低矮的柴门,向一双无儿无女的老人问寒问饥,老大爷问他是谁,他说:'我是您的儿子!'"这是感动了广大读者的《县委书记的榜样——焦裕禄》中震撼人心的一个场面,也是穆青的内心写照。多少年来他虽身居高位久住京城,但他的身心情感却未离开过普通群众。心灵深处的声音催促着他的脚步不停地走向群众,无论工作多忙,他总要挤时间到基层、农村去走一走看一看。平时不善言谈甚至有些腼腆的他一到群众中间,就活跃起来了。20世纪70年代到90年代,他曾六访兰考,八下扶沟,四去宁陵,八进辉县,两上红旗渠,饿了就到路旁小店买几个烧饼,吃一碗面条,累了就在老乡家的炕上歇一宿,和农民拉拉家常。农民们特别爱和他聊天,拉着他的手有说不完的话。这些普通群众和他们的生活是穆青采访、写作的灵感和源泉,更是他心之所系,情之所牵。

穆青常说:"没有人民群众,哪有我们的今天! 哪有革命的胜利!"正是这样的深情厚谊,使他一生将"勿忘人民"奉为座右铭,他刻画的一个个光彩照人的普通人形象,丰富了新闻史的人物画廊,长久地为读者所记忆。《人民日报》前总编辑范敬宜说:"穆青根扎在最厚的土层里,所以他有最肥沃的养分,他的作品也能代表最大多数的人,他能用最底层的事感动最高层的人。他有我们许多记者都不曾享受到的幸福。"②

---

① 《当代新闻工作者的楷模——穆青》,新华社,2004年2月22日。
② 李俊兰:《著名记者穆青:20世纪中国新闻史不可或缺的篇章》,《北京青年报》2002年1月27日。

（二）坚持党性的宣传导向

穆青从1942年进入《解放日报》，就将自己的心血和激情与党的新闻事业连在一起。延安的这段岁月虽然充满了艰难困苦，但给了他思想和业务方面严格的训练和培养，使他认识到党报记者的职责是"要关心大局，把握大局，要时时刻刻把党的事业、国家的前途、人民的疾苦放在心上，要同党、同国家、同人民同呼吸、共命运、齐爱憎"①。他这样说的，也是这样做的。

这种思想从第一次采访就在穆青的内心发轫生长，并贯穿他几十年的新闻实践。刚进报社，他和一位记者去采访模范工人赵占魁，赵穿着一件破棉袄在炼钢熔炉旁干活，穆青他们提出不少问题，但赵占魁却回答不了什么。穆青便和同伴白天给老赵打下手，夜晚同睡铺炕上。经过二十多天的观察体验，一个劳动态度质朴、革命信念坚定、克服困难顽强的平凡而又伟大的工人形象，在他们心里清晰起来。穆青还强烈地感受到，在困难的关头革命队伍非常需要这种榜样。于是《人们在谈说着赵占魁》《恭喜赵占魁同志》等一系列报道，在边区和抗日根据地成为鼓舞人们提高觉悟、努力工作、多做贡献的形象教材，学习赵占魁的运动在解放区开展了数年之久。

穆青采写的不少凸显着时代精神的人物都给读者印象深刻，如在新中国建设中拼命大干的铁人王进喜、一生奉献于荒山绿化的老农潘从正、百折不挠的植棉模范吴吉昌等，这些典型人物成为人民群众在工作、生活和学习中的榜样。特别是1966年他和冯健、周原采写的长篇通讯《县委书记的榜样——焦裕禄》，焦裕禄的事迹迅速传遍全国，焦裕禄为人民鞠躬尽瘁的形象从此铭刻在人民心中，焦裕禄的精神至今人们依然怀念。

穆青把新闻工作比为吹进军号，认为："不管是战争年代还是和平建设时期，我们的主调是吹进军号，不能吹'休息号'、'解散号'。"②这一简洁的形象概括，体现了他对党的新闻工作的深刻理解。他说，我们的新闻报道不论何时都应以提高群众的政治觉悟、坚定群众的革命意志、鼓舞群众的斗志热情为目的。他身体力行，但决不盲目，更不一味粉饰。"坚持真理，实事求是，深入实际，把握大局"是他在长期记者生涯和新闻领导岗位上恪守的原则。一件事情该不该报道，什么时候报道，采取什么方法报道，他认为首先要看大局，这是他以历史的惨痛教训总结出来的。1958年"大跃进"放"卫星"的热潮，曾让他激动地采编了

---

① 《当代新闻工作者的楷模——穆青》，新华社，2004年2月22日。
② 同上。

一些稿件。但越来越多背离客观事实和报道规律的"跃进",让他深感不安,多年后忆起这段日子他深刻自省。1975年秋,江青在大寨大讲中央有人学宋江架空晁盖,以此影射周总理、攻击邓小平。穆青听了有关记者的汇报顿感风波险恶,认为事关重大必须向中央反映,表现了他的党性和大局意识。

1978年3月,穆青和他人采写的通讯《为了周总理的嘱托》,被认为是中国新闻媒介上公开否定"文化大革命"的第一篇作品。1978年11月15日夜,穆青等新华社领导毅然拍板决定,播发《天安门事件完全是革命行动》的电讯,这则短消息震惊国内外,被称为中国拨乱反正历史进程的标志。他与郭超人、陆拂为采写的《历史的审判》,以高屋建瓴的气势对"四人帮"的倒行逆施、对"文化大革命"的荒诞进行了声讨,人称"法庭外的起诉书"。1989年北京政治风波后,改革发展面临一个紧要的关口,姓社姓资争论阻碍着社会前进的步伐。1992年1月,穆青在实地调研的基础上与人合写《风帆起珠江》,以广东生动雄辩的巨大变化为改革开放正名。这些都表现出他把握新闻导向的意识。

(三)坚持求真务实的精神

穆青在新闻生涯中恪守职业道德,坚持求真务实的精神,实事求是。每次下去采访,面对别人准备好的材料,他都说:我是记者,想自己去看看。他记住当初的一次教训:进《解放日报》不久,他去采写苏联医生阿洛夫讲述苏联人民英勇抗击德国法西斯的报告会。稿件交上去后,社长博古问他去会场没有,他回答听了报告会。博古严肃地对他说:你在稿件中写会场上自始至终掌声不断,既然大家一直在鼓掌,那还怎么做报告,大家怎么听呢?穆青顿时满脸通红,才知道这种想当然的夸张形容违背了事实和常理。

从此,穆青在新闻采写中求真务实,注意包括每个细节的真实,特别是深入到现场去仔细观察、倾听。他在《多写实录性新闻》一文中要求记者深入到群众中去,访问工人、农民、基层干部、知识分子、解放军战士,了解他们的欢乐和苦恼,倾听他们的意见和要求,用实录性文体将他们朴素地再现出来,这样的报道才能够反映出各个阶层的声音。河南辉县老宣传部长冯云宵对穆青最深的印象就是:"他每到一地,先听一听,但他必须深入看一看,再高的山他也爬,再险的路他也走。他这个人你别想哄他。"[①]

当年穆青听到焦裕禄的事迹极为震撼,但他绝不满足于现有材料,一定要亲眼看看和听听老百姓的评价。他和同事到兰考实地采访,在县委大院亲眼看到

---

① 《当代新闻工作者的楷模——穆青》,新华社,2004年2月22日。

了焦裕禄生前留下的那把破藤椅,得知焦裕禄就是坐在上面带病工作,肝疼得厉害时就用硬物顶着,天长日久藤椅被顶了个大窟窿。这个细节写在新闻中使无数读者感动得热泪盈眶。他听人说焦裕禄曾在县城北的黄河故道南坡帮拉车人推车,就找当事人详细询问当时的情况和具体细节;听到焦裕禄在乡下听汇报做记录时肝病发作疼得笔掉在地上,他马上问清楚在什么地方当时谁在场看到的。这篇报道先后七易其稿,精益求精,完成后穆青还让周原带着稿子到兰考去征求意见,除订正了几个人名、地名外,大家都认为事实准确。

(四) 与时俱进的开拓奋进

穆青的新闻实践紧扣时代脉搏,抓住具有时代特征的新闻事件或人物及时反映。从战争年代到和平时期,他采写的人物一个个都是时代的弄潮儿。特别是"文化大革命"结束后作为国家通讯社的领导,面对改革开放的新局面,如何为这个变革时代谱写乐章,描绘历史前进的画面,他有着与时俱进的清醒认识。

他为新华社的《瞭望》新闻周刊撰写的发刊词,就表达出对新时期新闻工作的追求:"坚持实事求是的思想政治路线,忠实地把握时代前进的主流,准确地表达广大人民群众的意愿,全面反映正在发生深刻变革的多彩多姿的社会生活,满腔热情地讴歌各条战线正在风起云涌的可歌可泣的英雄业绩……"改革始自广袤的田野,他多次组织记者深入农村随时关注改革进展,让大家解放思想畅所欲言,把调查到的情况如实反映并上报中央,自己也参与采写了《滇行三千里》、《中国农村的一角》等为农村改革鼓与呼。

1982年穆青受命担任新华社社长,他对新华社新闻报道进行深入分析和思考,强调要着眼于通过现实生活去表现时代,反映时代精神的回声。在他的指导下,大批忠实记录时代和人民业绩的作品陆续播发,鼓舞了群众的信心。如从《谁有远见谁养牛》到《赶着黄牛奔小康》《抢财神》《"光棍村"的欢笑》,为进一步深化农村改革奔走呼吁;从《潮涌中州》到《风帆起珠江》,更是热情地讴歌那些时代的先行者。他还敏锐地认识到,中国必须走向世界,使全球都能听到中国的声音,每天看到中国的真实情况,提出要"建设中国特色社会主义现代化世界性通讯社"。他主张多层次、多渠道、全方位地拓展通讯社的职能,主持创办《半月谈》《瞭望》《环球》《经济参考报》《新华每日电讯》等报刊,丰富了新华社的报道领域,使只为报刊、广播、电视播发通稿的单一业务,迅速扩展成为全社会服务的多项业务功能,并向多媒体集团的目标迈进。

穆青积极探索在新形势下创造性地提高新闻宣传的水平,在20世纪80年代提出"图文并茂,两翼齐飞"的新闻观,要求改变以往重文字、轻摄影的现象。

他就经常背着相机奔走于繁华的都市,穿行于荒僻的乡村,攀登高山之巅,跋涉草原大漠,先后出版了构图别致、画面精美的《彩色的世界》《穆青摄影选》。他还提出要增强新闻的时效性,杜绝在稿件中出现"最近""不久前"这样的模糊字眼。并倡导"新闻三论",即写散文式新闻、视觉新闻和实录性新闻,这些都推动了新闻改革。

为打破西方通讯社对国际新闻的垄断,穆青号召要扩大报道面,不仅要面向全国还要面向世界,不仅要满足中国媒体的需要还要占领世界新闻市场。在他的领导下,新华社取得了令西方同行刮目相看的成就,国外的新闻用户成倍上升,使新华社成为国际新闻界瞩目的新兴竞争者。

三、穆青的新闻作品特色

穆青在各个时期都采写了大量的稿件,形成了自己的新闻风格。

(一)穆青擅长的新闻题材

穆青新闻生涯的前后时期环境不同,其作品涉及的题材亦有不同,在写作和成就上也各有特色,最突出的有这样几类:

1. 战地新闻报道

穆青前期新闻活动的身份是战地记者,他在烽火连天的年代加入新闻队伍,作为一线记者穿梭在枪林弹雨的战场,主要的报道对象是在短兵相接的战斗中的官兵,生动逼真地反映出刀光剑影、热气腾腾的战斗场面,以鼓舞我军将士和后方民众的士气。不论是在抗日战争时期的根据地,还是在东北解放战争的环境,以及跟随大军南下解放全中国的岁月,他主要的采写活动,是记录下战地新闻或与战争密切相关的人和事。这一时期最为优秀的作品,便是选入课本教材反映冀中抗日斗争的《雁翎队》。

穆青的战地报道,有着政治上的敏感力。他往往以十分敏锐的洞察力分析问题,把握形势发展趋势,组织和采写许多具有政治影响和社会反应热烈的新闻作品,起着鼓舞激励我军和群众坚定信心、军民团结一致、战胜困难打败敌人、为解放全中国奋勇前进的促进作用。

2. 典型人物写真

穆青一开始从事新闻就与典型人物结下了不解之缘,在延安时期就是从对模范赵占魁的报道而崭露头角的,所以他在这方面得心应手。特别是新中国成立以后,建设新中国需要大批的生产能手、先进模范和一种拼命工作的忘我精神。他从过去战地报道的军事记者角色中转变过来,掌握生活发展变化的特点,真实反映典型人物的非凡事迹、可贵品质。这一时期的新闻报道,他从表现新内容的需要出发,探索不同于过去报道战地新闻的方式和方法,使典型人物报道的质量和效果都别有一番景致。

穆青根据自己对社会主义新现实的理解和认识,特别注重两方面:一是发现和报道社会生活中不断出现的社会新风,二是报道富于时代特征和意义的典型人物。他还认为,采用文艺性通讯和报告文学的方式报道典型人物,更适应这样的报道任务。他把理解和认识运用到实践中,和他人写出了震撼社会的优秀通讯《县委书记的榜样——焦裕禄》,达到了新闻性与文学性、思想性与艺术性的结合。穆青在谈到这篇通讯的体会时说,其成功主要在于:一是对人物和事迹有很细致的了解,对他们的思想精神也有深刻的认识和理解;二是写作中运用了文学表现方法,诸如矛盾冲突中刻画人物性格,细节描写,环境气氛渲染、烘托等。

穆青报道的典型人物主要是普通群众中的先进分子,他在这方面有很好的基础,和群众接触多、感情深。他采写党员干部,除了表现他们忘我工作为人民服务,总要揭示他们如何带领群众改变现状。这样的典型让大家认为可信、可学。

3. 国际旅游通讯

中华人民共和国建立以来,穆青多次出国访问,先后到过五十多个国家。他以多年练就的新闻敏感,认为这些国家"都有很多可写的东西",因此他写下了《在斜塔下》《法蒂玛》《水城威尼斯》等许多国际旅游通讯。这些作品内容独特、思想独到、激情澎湃,拓宽了读者的视野,为中外文化交流写下了优美的篇章,它们大多收在《意大利散记》《维也纳的旋律》这两本集子中,穆青的国际通讯写作讲究结构艺术,跌宕起伏、多姿多彩。他大量运用对比的手法,创造意境。其中的《在斜塔下》表现得最为明显:一塔一人,恰形成强烈的对照,犹如电影蒙太奇,显示了两种畸形——物的畸形和人的畸形。作品透视出的关切与漠然、欢乐与凄楚的情形,在现实中屡见不鲜,它们既对立又统一。孤立地、静止地只写一面,往往事倍而功半。而从特定的环境和事物的发展过程出发,自然形成两极的就可以相得益彰,从对比中见深度,从反衬中生光辉,这便是穆青这种作品给人的启示。①

---

① 宋义、李继红:《穆青通讯特色浅析》,《新闻前哨》2003年第6期。

(二)穆青新闻的表现特色

1. 语言质朴

穆青的新闻作品在语言运用上极具功力,特别是人物报道善于用许多形象的比喻,显得朴实生动,如"干部不领,水牛掉井""财神婆""光棍村""冒失队长",以及(起伏的沙丘像)"贴了膏药,打了针"等。他还常用一些民谚或顺口溜,如写实行"大包干"前集体经济的财务,群众说是"糊涂病,糊涂神,糊涂糨糊一大盆","干部的嘴是流水账,肚子是总账,口袋是小银行"等,真挚、质朴,使人感到亲切。

作品中引用主人公具有个性的原话,是穆青在许多通讯中喜欢使用的,如写焦裕禄说的"吃别人嚼过的馍没味道""县委书记要善于当班长"等,朴实而富有哲理,折射出新闻人物的思想境界。在《河南农村见闻》中,写到村里的五保户老人的生活得到妥善的照顾,他们经常向干部提出"要写点啥在广播上吆喝吆喝"。这种充满农村生活气息的语言,不经过深入的现场采访,是写不出来的。穆青在与年轻记者交流时就语重心长地说:"人民群众特别是农民有那么丰富的智慧,那么生动的语言,你们几辈子学也学不完。"

2. 刻画逼真

穆青的新闻作品善于对具体的身份各异的人物刻画,典型报道自不待言,一般报道涉及的人物亦是如此,他都尽量地揭示出不同人物的内心世界。如在《界岭夜雨》这篇并不长的通讯中,有我军战士、匪兵、老太婆和"我",虽未出现一个人的名字,但这些人的境界都显示出来了,如惊惶的匪兵阵地到处是钢盔、胶皮鞋、日记本、女人照片,打着雨伞的"拥军商人'跟部队做生意'",老人深夜提着灯笼打着雨伞喊房东去筹粮,老百姓纷纷从床底下和屋角里挖出了不少腊肉和鸡蛋慰问伤员等,虽然着墨不多,但各种人物形象跃然纸上、栩栩如生。

在穆青那些脍炙人口的典型报道中,其塑造的形象更是突出,如工人旗帜赵占魁、县委书记榜样焦裕禄、农民科学家吴吉昌、造林模范潘从正等,这些人物虽然写于不同的时代,从事着不同的活动,有着不同的言谈举止,是不同历史发展方向的代表人物,但他们都是时代佼佼者这一形象是鲜明的、深刻的,不论过去现在和将来,都有感人的魅力。

3. 细节描摹

穆青的新闻作品中最成功的是通讯,而这些通讯中特别突出的,是以大量的细节来表现人物的思想品格、精神面貌,从而吸引读者、打动读者。读过写焦裕禄的长篇通讯的人,都不会忘怀焦裕禄的那把椅子,以及他在一个大雪封门的夜晚去看望两位孤苦老人等细节。正是这些感人肺腑的细节使焦裕禄得以在神州大地屹立。如写焦裕禄勘察洪水：

> 他们赶到金营大队,支部书记李光志看见焦裕禄吃惊地问:"一片汪洋大水,您咋来的?"焦裕禄抡着手里的棍子说:"就坐这条船来的。"到吃饭的时候了,他要给焦裕禄派饭,焦裕禄说:"雨天,群众缺烧的,不吃啦!"说着,就又向雨中走去。

这里的细节,把焦裕禄时刻关心群众安危、为群众着想的精神境界刻画了出来。穆青在采访中总是"千方百计地深入发掘,敏感地捕捉住那些最能体现人物本质的事实,特别是那些感人的细节",这也是他的通讯作品感人至深、风格凸显的重要原因。

4. 感情炽热

感人心者,莫先于情。穆青那些反响热烈的新闻作品,每每得力于文中洋溢的情感,其既表现新闻人物的情感,也通过新闻人物来表达作者的情感。如写王进喜"第一次到北京,看到大街上的公共汽车,车顶上背个大气包,他曾奇怪地问别人:'背那家伙干啥?'人们告诉他:'因为没有汽油,烧的煤气。'听了这话,他没有再问下去,心想:'我是一个石油工人,眼看让国家作这么大的难,还有脸问?'他越想心里越沉重"。通过这件事,穆青写出了王进喜"位卑未敢忘忧国"的情怀。这种主人翁的责任感是他在大庆油田拼死奋战、奉献到生命终结的动力。穆青的新闻作品给人的情感体验,还根据新闻事实的不同而各异,如《一枪未放的胜利》使人心潮激荡,《县委书记的榜样——焦裕禄》催人泪洒衣襟,《赶着黄牛奔小康》让人欢欣鼓舞,《历史的审判》让人神情严肃,读者在不同的感受中品味新闻的魅力。

穆青还常常在新闻中借自然景物来烘托人物的性格特征和精神状态,同时也流露自己的情感。在《为了周总理的嘱托》中,就有多处地方通过对棉桃、棉花的描述来塑造主人公吴吉昌为理想顽强奋斗的性格,并以此来表达作者的情感。如写到他听到周总理去世的噩耗时,有这么一段描述:

> 当他跟跟跄跄从外地赶回家乡时,沿途的村庄、道路、田野在他的泪眼中都像蒙上了一层薄纱,模糊着、颤动着。"再也见不到总理啦!""再也见不到总理啦!"他失魂落魄地推开自家的院门,那些悬挂在檐下、窗前、墙头、树上的一株株棉花,在他的眼前一下子都变成了痛悼周总理逝世的白花……

这里以写村庄、道路、田野在泪眼中仿佛像白纱,尤其是棉花变成白花的描述,充分表达出吴吉昌对周总理的深厚的感情,总理的逝世不啻为晴天霹雳,令他感到极为悲怆、哀伤。此时,眼帘所及之处事物都变成主人公最为寄情的自然物。而穆青对主人公乃至周总理的情感,也借此流露出来。

参考文献

1. 《当代新闻工作者的楷模——穆青》,新华社,2004年2月22日。
2. 宋义、李继红:《穆青通讯特色浅析》,《新闻前哨》2003年第6期。

下编

第15章 约翰·赛拉斯·里德

——亲历十月革命"震撼世界的十天"

约翰·赛拉斯·里德(John Silas Reed,1887—1920),美国著名记者、文学家、政论家,美国共产党创始人之一。参加过第一次世界大战的报道,后成为坚定的反战政治活动家。他目睹了俄国十月革命的发生,并投身到这场伟大的革命中。随后,他采写出了纪实性名著《震撼世界的十天》。1920年10月17日,里德因患斑疹伤寒在莫斯科病逝,长眠于红场的克里姆林宫墙下。

一、里德简短而光彩的一生

(一) 多病而又嗜读的童年

1887年10月20日,里德出生于美国俄勒冈州的港口城市波特兰,父亲原是纽约人,从事农机销售工作,为人正派,母亲是虔诚的教徒,忙碌于社会交际应酬。由于父母都忙于各自的事情,里德在出生后的一段时间都由外祖母照看。

里德幼年发育不良,身体孱弱。但外祖母认为这个小男孩体内隐含着未曾显露的力量,在里德有了弟弟哈里后,她说,哈里是只绵羊,里德是只狮子。里德的母亲却不这样认为,为防止他因为玩得太累而晕倒,总是避免让他过多地运动。因此,里德只能从家中丰富的藏书中寻求慰藉。从《天方夜谭》、马克·吐温的小说到厚厚的《韦氏大辞典》,他都喜欢读。大量的阅读培养了里德丰富的想象力,并能讲述和编撰故事。

不久,里德随父母离开了外祖母的居所。虽然在10岁时里德患上了在当时看来没什么治疗方法的肾病,但经过与病魔的六年抗争后,里德的身体逐步达到了周围伙伴的健康水平,而他在幼年时期养成的编讲故事的能力,也为伙伴们推崇,甚至因此成为就读学校的校刊编辑。

(二) 负笈哈佛,显露才识

1906年,19岁的里德考上了哈佛。进入大学后,他一心要通过自己的努力赢得同学的尊重,证明自己的能力。哈佛的本科生们课余时间大部分都消磨在一些私人的社交俱乐部里,这些俱乐部把那些"不合适的人"拒之门外,通向正式俱乐部的门槛更高。当学生上二年级时,擅长体育、出身豪门以及主要运动队的干事才会被选入"预备俱乐部"里,这些被选中的人只有少数能进入声望很高的正式俱乐部。由于体育是通向这些俱乐部的途径之一,想在哈佛出人头地的里德和同学李普曼都参加了争当新生运动队干事的竞争,其中不乏富豪子弟。由于各种原因,里德遭到了足球队、机船队两次选拔的失败,李普曼也落选田径队干事。于是里德将精力转向了写作,稿件在校内的《讽刺月刊》发表后,他收获了巨大的自信,并把目标转向了更重要的《哈佛月报》。经过努力,这位富有写作天赋的年轻人,很快从《哈佛月报》的投稿人变成了该刊编委会成员,并在刊物的筹划出版中具有举足轻重的地位。

在《哈佛月报》的成功使里德的校园生活变得缤纷多彩。然而,里德直率的个性被校园内占绝对多数的东部人尤其是富豪子弟认为"轻浮",断定他"成不了大器"而疏远他。里德发现自己在校园内仍受冷遇,以致在他未完成的自传《三十将至》中,回忆起这段大学生活时也是充满了痛苦:"我不知道该怎么办,该怎样待人接物……班里,体育家、音乐家、作家和政治家崭露头角,新生俱乐部一个个成立起来,而我却置身于这一切之外。"

虽然感到痛苦和愤懑,但里德很快发现了由被哈佛主流排斥的学生所组成的另一个哈佛。他们也聚集组织一些俱乐部,如来自二十多个国家的学生组成的"世界俱乐部",围绕着西班牙电刑事件、法国的工联主义乃至中国的革命问题展开辩论。里德很快融入其中,并迅速成为其中的活跃分子。他在这些俱乐部中还接触了社会主义学说,成为他以后逐渐转向社会主义革命的一个重要因素。

里德参加"世界俱乐部"的所有活动,同时还参加这些学生组成的戏剧俱乐部并被推举为助理干事。他不仅督促演出人员排练,还要负责场景道具,并为演出筹款,甚至还要设法扩大宣传如为演出写剧评,以提高俱乐部的影响力。里德凭借着满腔热情和颇有成效的工作,不久,在一个"西部人俱乐部"成立后他很快被推举为俱乐部主席。尽管里德身为《哈佛月报》的编委和"西部人俱乐部"主席,在学生中有了一定的名望,但他仍然不被哈佛主流所接受,这主要是因为他身上的叛逆精神和锋芒毕露的性格,使哈佛的贵族子弟感到一种内心的恐惧

第15章 约翰·赛拉斯·里德——亲历十月革命"震撼世界的十天"

和本能的排斥。

课余生活对里德来说是两个世界：一个是无论如何努力都无法进入的冷漠的堡垒，一个是身处其中如鱼得水的温暖乐园。学业对里德来说也是两个世界：一个是他认为让人忍受折磨的痛苦的炼狱，一个是他孜孜以求并畅游其中的天堂。对于前者，他为了完成学业只能坚持到底；对于后者，他下了很大的功夫，典型的就是与教英语的科普兰教授交往。

科普兰的讲授方法不同于那些老学究，他采用启发式的教学引起学生的兴趣，帮助学生掌握捕捉真实情感和使用明确优美语言的技巧。在同事眼里，科普兰行为古怪；但在许多学生那里，他亲和力与吸引力兼具。同时，与其他教授不同的一点是，科普兰享有选择学生的特权。由于哈佛主流对里德的排斥，他在教授们的印象中似乎是个"麻烦制造者"，因此他初次申请科普兰的课程时被拒绝了。但里德经过多次恳求终于使科普兰同意选修他的课程，甚至请他为哈佛的十二年级开设写作讲座课。也正是科普兰教授的培养，使里德在哈佛收获了知识宝藏中的明珠，并为他以后从事记者生涯打下了坚实的语言功底，锻造了合理的知识结构。

（三）初涉新闻界

1910年6月，里德从哈佛毕业，他决定靠做工和写游记完成环游世界的梦想。然而，他在欧洲旅行时，家庭经济状况迅速恶化，因为他父亲在担任联邦法院执行法官时坚持原则，得罪了一些上流社会的"朋友"，这些人联手搞垮了他的生意，使他债台高筑并抵押了财产。里德只能尽快找到工作赚钱养家。于是，他想到纽约找份合适的工作，甚至出人头地。

父亲的一位好友接纳了里德，这正是以"揭露黑幕"著称的记者林肯·斯蒂芬斯。斯蒂芬斯在提携后辈方面也堪称楷模，他把里德带在身边，耐心细致地教他各种知识，开列书目要他认真阅读，还带他出席各种会议。李普曼也受到了斯蒂芬斯的大力培养，在1910年夏秋冬的大部分时间里，里德、李普曼和斯蒂芬斯一起调查金融界的情况。斯蒂芬斯还鼓励里德深入纽约的街道里巷考察，使里德大大提高了观察和思考的能力，更主要的是斯蒂芬斯对美国现实的强烈不满，其思想也影响到里德，这也是日后决定他人生走向的一个重要因素。

为了帮助里德，斯蒂芬斯在《纽约环球报》为他谋得差事，接着又介绍他到《美国杂志》。该杂志是专门揭人隐私和登通俗小说的刊物，里德起初只是负责校对或读稿。不久，他受命为杂志新开一个叫"有趣的人"的专栏，里德在这个专栏发表了一篇热情洋溢的文章，盛赞在哈佛的恩师科普兰教授。起初，在这里里德并不想成为记者而是想当作家。他发奋创作诗歌和小说,在经过多次退稿后,里德与知名作家朱利安·斯特里特合作,以自己的一篇作品为底稿创作了《堕水》在《星期六邮报》上发表,接着在《世纪》上发表了另一篇小说《来自塞纳河的人》。之后他又有一些小说、诗歌等陆续发表,被人视为职业作家,他也因此应邀参加了一个由纽约知名文人雅士和艺术家组成的团体"自费聚餐俱乐部"。1912年6月底,父亲病危的消息使他赶回了波特兰,经与父亲长谈,他明白了父亲在执法官的任上为改革腐败政治做出的牺牲,更使他理解了斯蒂芬斯愤世嫉俗的根源所在:那就是美国的社会制度。父亲去世之后,里德决心投身到政治改革运动中。

1912年里德创作了小说《良心何在》,通过一个舞女的悲惨遭遇对社会的阴暗面进行揭露。这篇小说被纽约主流杂志纷纷退稿,最终发表于《群众》杂志。《群众》是由纽约一些进步人士创办一家非商业性刊物,虽无财力为作者支付稿酬,但却为进步作品提供发表的机会,里德还同时被请去工作。在斯蒂芬斯的提携和自己的努力下,里德以《群众》杂志社为舞台,与一些左翼劳工领袖建立联系,为他今后的事业开辟了一个新的方向。

(四) 从劳工记者到战地记者

1913年3月,世界产业工人同盟领导新泽西州帕特森市25000名纺织工人大罢工。威尔逊总统采取强硬手段镇压这场规模庞大的罢工浪潮,并严密封锁消息。纽约距帕特森并不远,但纽约人却对此一无所知,身在新闻界的里德也是在罢工两个月后在应邀参加工联领袖家中的一次非正式聚会上得知这个消息的。出于强烈的义愤,他第二天即赶赴罢工现场,与镇压工人的警察斗智斗勇,甚至不惜坐牢,进行现场采访。

里德在《群众》上刊发了名为《帕特森之战》的报道。报道一经刊出在美国社会引起了强烈的反响,官方设置的新闻封锁被突破,纽约各报刊也争相派员前往采访报道。不久里德以在帕特森的狱中经历为素材,写了《拉德克利行政司法长官的旅馆》,并在纽约声誉极高的刊物《大都会》上发表。通过对帕特森罢工的报道,里德在政治上转向广大劳苦大众,成长为一名职业化的劳工记者。

在里德为帕特森工人罢工事件奔忙的同时,邻国墨西哥爆发了内战,以韦尔塔将军为首的独裁政权与农民领袖萨帕塔领导的农民起义军,正在为决定墨西哥的命运激烈交战。在农民起义军中,以比利亚率领的一支队伍最为引人注目。为将有关消息及时告知美国民众,《大都会》决定派一名记者前往采访报道。鉴于在帕特森事件中的表现以及斯蒂芬斯的大力推荐,里德被选中,同时还获得了

《纽约世界报》外派记者的委任。他作为两家美国媒体的派特记者在墨西哥待了四个多月,通过与比利亚的农民军同吃同住,在充分掌握第一手材料的基础上,他采写的大量报道刊于《大都会》和《纽约世界报》,后来结集成《暴动的墨西哥》在1914年出版。里德报道墨西哥内战是继帕特森事件后的又一次成功,使他在美国获得了很高的声誉,也使他身为战地记者的形象被多家媒体和大众所接受。

里德此时也在关注劳工权益受损事件。1914年4月他到科罗拉多州花了一个多星期深入调查,为遭受资本家剥削的矿工鼓与呼,并据此写成《科罗拉多战争》出版。此行也使他深信社会主义革命理论的"阶级斗争"观点,以致在与威尔逊会晤时,极大地刺激了总统,导致他随后所写的关于科罗拉多矿工的报道都被扣压不让发表。

(五) 从战地记者到反战政治活动家

1914年8月第一次世界大战爆发,里德作为《大都会》特派记者前往欧洲战地采访。目睹了战争的惨烈,并在对参战各方研究的基础上,里德写下《商人的战争》评论发表于《群众》,旗帜鲜明地反对美国卷入这场不义之战。交战各方出于保密的考虑,采取措施限制记者的活动,里德只能设法改换身份,在法英德等国多次偷越交战双方的边境,以获得战争的真实情况。在欧洲战场的所见所闻使里德坚信这是帝国主义国家间的不义战争。特别是11月在柏林与共产主义者、第二国际及德国党的领导人李卜克内西见面后,他加深了对共产主义思想的了解。里德返回纽约后集中精力报道在欧洲的见闻。1915年他又奔赴东欧,辗转保加利亚、罗马尼亚、俄国等地采访,写成《东欧的战争》出版。

里德对这场战争充满了厌倦,在他为《大都会》发回的报道中,人们看不到未来的希望,映入眼帘的是横尸于火线的死者、在泥泞中煎熬的士兵、神情沮丧的俘虏⋯⋯这一时期里德主要的精力都用于反战宣传。1916年1月里德从欧洲回国,在一次看望母亲时与露易丝·布莱恩特一见钟情,两人志趣相投很快坠入爱河并于当年11月结婚。由于长期过度劳累,婚后不久里德的身体出现严重的健康问题,被迫手术摘除了一个肾脏。在一年的养病期间他尽管不能外出采访,仍发表了许多诗歌作品(最有影响力的当属 *Tamburlaine and Other Poems* 一书)。

1917年2月美国与德国断交,预示着参战在即。《大都会》高层要里德为美国制造参战舆论,他断然拒绝结束了与《大都会》的合作。随后里德发现其他报刊也拒绝刊发他的反战文章,并且,他从新闻界争相延聘的对象和稿酬最高的记者沦为一些低层次报刊的低薪撰稿人,亲朋好友都不理解。但里德仍坚持反战立场,没有报刊阵地他就到处开讲座发表演说,全身心地投入反战事业。美国参战后,国内的一切反战言行均被视为危害国家安全的犯罪活动,要受到严厉的惩处。里德因反战遭到了迫害,但他仍然利用《群众》这个阵地发表文章,谴责政府用法令践踏公民的权利,揭露战争贩子和投机商们的丑闻。

(六) 亲历俄国十月革命

1917年8月,里德作为《群众》和《纽约号角报》特约记者,偕妻转道芬兰去采访二月革命后的俄国。9月中旬里德到达彼得堡就立即投入工作。他走遍全城采访商人、实业家、政治领袖、工人、家庭主妇、从前线回来的士兵以及临时政府的官员等,获得了丰富的新闻素材。

当时临时政府为了实现对俄国的资产阶级统治,结束与无产阶级苏维埃"两权并政"的现状,加快了走向反动的步伐。形势的迅速发展迫使无产阶级要保卫胜利果实并将革命推向深入。双方互不妥协的结果导致十月革命的爆发。11月7日随着"阿芙乐尔"号巡洋舰的炮声,起义队伍攻占了临时政府盘踞的冬宫。里德夫妇也在攻入冬宫的队伍之中,他们亲历了这一无产阶级革命的神圣时刻。

里德充满激情地投入无产阶级政权的建设,他帮助外交事务人民委员会翻译有关材料或新闻稿,并接近苏维埃政权的核心领导层。11月8日他参加了全俄工兵代表苏维埃第二次代表大会并和列宁会面。里德还身背来复枪参加赤卫队的巡逻,保卫革命的果实。在苏维埃第三次代表大会开幕式上,他应邀做简短的演说,许诺要把革命的消息告知美国,激起美国被压迫和被剥削的大众回应……他决心把亲历的伟大事件记录下来,呈献给全世界无产阶级和劳苦大众。

1918年4月里德回到纽约,美国政府扣押了他带回的书稿材料,甚至将他抓进监狱。但里德并不屈服,来往于纽约、芝加哥、费城等大城市演讲介绍俄国革命。经过与当局的艰苦斗争,他终于在11月讨回了书稿。此后他以惊人的毅力用三个月时间完成了写作。1919年3月,不朽的新闻纪实著作《震撼世界的十天》出版,得到了列宁的高度评价,认为它是俄国十月革命的真实写照,列宁的夫人克鲁普斯卡娅亲自将其译成俄文,并由列宁作序后在俄国出版。

(七) 为革命事业做出巨大奉献

受十月革命的鼓舞,里德加入了美国社会党,并迅速成为党内左翼集团的领袖。1919年8月底美国社会党内左右翼决裂,随即里德领导一部分左翼成立了

第15章 约翰·赛拉斯·里德——亲历十月革命"震撼世界的十天"

美国共产主义劳工党,并担任党的机关报《劳动之声》的主笔。9月,美国共产主义劳工党选派里德为代表赴莫斯科参加共产国际的活动。他再次前往苏俄,10月里德被共产国际选为执行委员会委员。

1919年冬到1920年春这段寒冷的日子里,里德走访了莫斯科周边的工厂、农庄,了解人民的实际生活。他利用一切机会了解苏维埃各种革命组织的机能,研究国家机构的作用。他经常和列宁交谈,常常通宵达旦地工作,准备把他所了解的崭新的社会主义苏俄写成一系列的著作向全世界介绍。

美国政府千方百计阻止里德在国内关于苏俄的任何报道,司法部对他和共产主义组织的领导人提出起诉。为应对这一挑战,里德决心回国挫败这一阴谋。1920年3月在他转道芬兰的途中,芬兰政府在美国的授意下逮捕了里德。消息传出,苏俄政府和里德在美国的朋友极力营救,最终苏俄政府用监禁的两名芬兰反动教授换回了里德。6月底里德回到了莫斯科。

里德在莫斯科参加了共产国际第二次代表大会,太过劳累使他病倒了。苏维埃政府给予他良好的照顾被婉谢,他住在工人区用小铁锅做饭,妻子布莱恩特1918年1月回国后就忙于写《在俄国的红色六个月》。在接到里德病倒的消息后,她于1920年8月10日赴俄,15日抵达时里德正在巴库参加共产国际远东委员会,直到9月15日他才回到莫斯科与布莱恩特见面。操劳过度的里德患上了斑疹伤寒,而治疗所需药物又因西方对苏俄的经济封锁求购无门。9月25日里德卧床不起,在10月17日还差三天即满33岁那天去世。苏俄政府给予里德英雄般的礼遇,为他举行了隆重的葬礼,用银棺将他的遗体安放在红场克里姆林宫墙下,墓碑上刻"约翰·里德 第三国际代表 1920年"。

二、里德新闻作品的特色

(一)细节刻画完整,现场感鲜明

里德在报道新闻事件时,力求交代尽可能多的细节,通过细节让读者获得身临其境的感受。这个写作习惯始于里德名声初起的《帕特森之战》,经过墨西哥内战和一战期间欧洲战场的锻炼,在《震撼世界的十天》中更加突出地表现出来。在这些新闻报道作品中,里德努力从多个角度描摹事件发生的细节,使读者在交错出现的事件片段、人物对话中,抓住现场镜头,获取瞬间印象。在读完全篇作品后建立起一个立体的、层次丰富的结构,从而对报道的内容获得完整、全面的认识。

在《帕特森之战》中，里德由于在监狱中被关了四天，得以更深入地了解了罢工工人的实际情况和所思所想，因而在这篇作品中我们可以看到，里德用犀利的笔锋把罢工现场的一些细节刻画得细致入微：人物形象有蛮横粗暴的警察、愤怒而又无助的工人，现场环境有喧嚣而又混乱不堪的罢工场面、戒备森严而又充满狱友情谊的监牢等，令读者一看就立刻得出结论：在表面的平静繁荣之下，美国这个社会其实到处充斥着压迫、剥削等不合理现象。

1913年在采访墨西哥内战时，里德对群众欢迎比利亚的场面进行了生动、细致的描写：

"他来了！""他到这儿来了！""比利亚万岁！""比利亚，穷人的朋友！"

人群后面开始响起了欢呼声，犹如熊熊燃烧的烈火，席卷全场，无数的帽子抛向天空。院子中的乐队奏响了墨西哥国歌，比利亚从街上走了过来。

当因战功向他授勋时，他看了看勋章，搔了搔头皮，说道："这么个小玩意儿，哪里值得献给你们赞扬了半天的英雄啊！"大家都笑了起来。要发表受勋演说时，他和往常一样，神情专注，紧绷着脸，身子向面前的桌子弯下来，声音低得几乎让人听不到，就说了几句："我没什么话好讲。我要说的就是：我全心全意地为了你们。"然后，他用胳膊肘轻轻地捣了一下总督，暗示要他发言。接着坐了下来，往地板上吐了几大口痰。总督只好把演说词像以往那样宣读出来。①

里德在报道墨西哥内战中的出色表现，很多朋友在他尚未回国就寄信表示祝贺，李普曼在信中写道："要对一个你认识的人当面说他是天才，总是有点不太好办的事情。好在你现在不在我面前，而是在一个失去控制的国家里。我无法告诉你这些文章是多么的精彩……要是以往的历史都像你这样来写，该有多好啊！我说：报告文学始于里德。顺便提一句，当然你的新闻报道都是文献。"

十月革命期间，里德作为事件的亲历者到过许多重要的场所，这些地方在《震撼世界的十天》中都被精心地展示了出来。如起义之前作为起义指挥中心的斯莫尔尼宫：

在斯莫尔尼学院，大门口和外面的通道上都站着密密的岗哨，要求每一个人出示通行证。那些委员会的办公室里整天整夜都在发出嗡嗡嘤嘤的嘈杂的声音，成百成千疲乏极了的兵士和工人只要能找到空地方，随即躺在地板上展肢而卧。楼上那间宏伟的大厅里挤满上千的人，在参加那暴风雨般

---

① John Silas Reed, *Insurgent Mexico*, D. Appletonand Company, 1914, pp.114-115.

第15章 约翰·赛拉斯·里德——亲历十月革命"震撼世界的十天"

的彼得格勒苏维埃的大会……①

起义开始后,里德进入冬宫目睹的情景是这样的:

> 我们裹在波涛般汹涌的人群里,从右边的入口跑到冬宫里,右边的入口正对着一个巨大的拱形的空房间,这是一个右侧的地下室,从这里连接着通向各处的曲折迂回的走廊和楼梯。在这里放着许多箱子。赤卫队和士兵们猛烈地向着这里扑了过来,用枪托把箱子打破,从里边拖出了一些地毯、窗帘、桌布、瓷器和玻璃器皿。有一个人把一架青铜制的钟表扛到肩上。另外一个人拿起一支鸵鸟羽毛插在自己的帽子上。但是抢夺刚一开始,就有人喊道:"同志们!什么也不要动!什么也不要拿!这是人民的财产!"立刻就有下下二十个人的声音支持他:"站住!把所有拿走的东西都放回原处!什么都不许动!这是人民的财产!"有几十只手指着那些抢东西的人。他们抢去了锦缎和花毡。有三个人拿走了一只青铜制的钟表。于是他们就匆匆忙忙地把东西又放回到箱子里,在那些箱子旁边有人自动地站岗看守着东西。一切维持秩序的事情都是自发的……②

这些描写属于新闻报道的写作技巧,有些描写则富于文学的艺术性。如里德在起义后来到彼得堡街头:

> 清晨醒来,我们发觉窗格都白了。雪下得这样密,以致几十步远的地方就什么也看不见。脏污的东西都隐匿不见了。阴郁的城市突然变得晶莹夺目,耀眼欲花。雪橇代替了马车,以令人头晕的速度沿着不平整的街道飞驰。把身子包裹得令人可笑的赶车人的胡子都结冰了,变成了冰柱……尽管是革命,——它以令人惊奇的速度把俄国导向谁也不知道的、惊人的未来,——城市仍然是皆大欢喜地来迎接第一次下雪。所有的人嘴角上都挂着笑容,人们跑到街上去,嬉笑着去抓住柔软的、在天空飞舞的雪花。③

里德用他善于发现的眼睛留下了珍贵的速写,充分体现了他出色的现场报道才能,也正是他栩栩如生的报道,使读者身临其境般地感知当时发生的一切。

(二) 用言行描写塑造人物形象

作为在资本主义国家成长起来的知识分子,里德曾受到资产阶级英雄史观

---

① 约翰·里德:《震撼世界的十天》,郭圣铭译,人民出版社1957年版,第63页。
② 同上书,第117页。
③ 同上书,第283页。

的影响。1914年在对罢工事件的采访后,里德的政治态度趋向左转,特别是年底在柏林与李卜克内西晤谈之后他开始成为马克思主义者,无产阶级的群众史观代替了他思想中的资产阶级英雄史观,这在《震撼世界的十天》中表现明显,人们看到推动历史前进的不再是某几个人,而是由从革命领袖到普通群众组成的被先进思想武装起来的大军。

里德努力通过人物的活动展现历史演进的过程。在墨西哥战事报道中,他用细腻的笔触描述了农民起义军将领比利亚的形象:

> 有一次我问他,在新的共和国里妇女是否参加选举。他本来敞着上衣,四仰八叉地躺在床上,听了此话大吃一惊,猛然坐起身来说道:"什么!……你说的选举是什么意思?是指选举政府,制定法律吗?"我说是这样。在美国,妇女已经这样做了。"啊!"他抓着头皮说,"如果她们在那里搞了,我不认为她们在这里就不能搞的。"这个想法似乎极大地逗乐了他。他翻来覆去地思考着,把我瞧了又瞧。"也许像你讲的那样,"他说:"不过我还没有想过。我看,女人只当受人保护,讨人喜爱。她们有啥主心骨,懂得啥是非,只会同情人,体贴人罢了。是不是?"他接着又说:"女人怎会下令处决叛徒呵。"①

在里德的笔下,一个血肉丰满的人物形象跃然纸上。作为一个文化程度很低的农民,比利亚欠缺现代政治知识;但作为一名起义军的指挥员,他又乐于接受新思想,读者从中了解了墨西哥农民起义军所能达到的政治水平,同时也为美国民众消除了比利亚是"嗜血成性的土匪"形象,将他恢复到一个正面的英雄人物行列中。

在《震撼世界的十天》里,里德除了描写列宁、托洛茨基、加米涅夫、季诺维也夫等革命领袖外,还有普通的起义工人、士兵、农民和知识分子,甚至还有孟什维克、临时政府的部长以及彼得堡市长、克伦斯基等反动派。无论是正面人物还是反面人物,在他笔下都血肉丰满。如在革命爆发前,他遇到支持克伦斯基的《共同事业报》主编布尔策夫,他在书中对此的记载是:

> 有一天,我在共和国临时议会的记者招待室里曾经和布尔策夫做了一次谈话。他是一个矮小的人,躯体佝偻,满脸都是皱纹,戴着一副很深的近视眼镜,乱蓬蓬的头发和胡须都花白了。他说:"青年人,记住我的话!俄国所需要的是有实力的人。我们此刻必须使我们的心思离开革命,而集中

---

① John Silas Reed, *Insurgent Mexico*, p.131.

第15章　约翰·赛拉斯·里德——亲历十月革命"震撼世界的十天"

来对付德国人。只怪那些笨蛋,那些笨蛋打败了科尔尼洛夫;而在背后指挥那些笨蛋的就是那班德国的间谍。不然科尔尼洛夫早就得胜了……"①

几笔脸部勾勒加上几句话的实录,一个活脱脱的反动分子形象浮现于读者眼前。里德描绘的众多人物形象中,列宁是最生动传神的。如他写列宁在1917年11月8日召开的全俄苏维埃大会上:

正是8点40分,雷鸣般的欢呼声和鼓掌声告诉人们,主席团来了,伟大的列宁也在他们中间。一个矮胖的、有着大的凸出的额头和宽肩膀的人物。小眼睛、大鼻子、宽而仁慈的口形和沉重的下颌;面孔修得干干净净的,留着过去和将来都很闻名的小胡须。穿着破旧的衣服和按身量来说有些稍长的裤子。他一点也不像人民的偶像,而只是一个普通受人敬爱的人,正像历史上少数受人敬爱的领袖一样。一个非凡的人民领袖,一个纯靠理智的领袖;他不做作,不向感情让步,坚定不屈,没有一些触目的癖好,但却有一种用简单的话语来解释最深刻的思想和分析具体的情势的本领。而且他的洞察事物的机敏是和大胆思考结合着的。②

在接下来他写列宁的发言:

于是列宁走上讲台。他站在那里,手抓着讲台边,眯缝着眼睛巡视代表群众,好像并没有注意延长了几分钟之久的不断的欢呼声。欢呼停止的时候,他简短地说:

"现在是我们从事社会主义秩序的建设的时候!"

又是一阵震耳欲聋的欢呼声。

"我们的第一件事是采取实现和平的实际措施……我们将向全世界各国人民提出以苏维埃的条件为根据的和平;不割地,不赔款,实行民族自决。与此同时,依照我们的诺言,我们将发表秘密条约和拒绝遵守它们……战争与和平的问题是这样的明了,我认为,不要有任何序言,我可以宣读一个对所有交战国家的人民的宣言草案……"

当他说话的时候,嘴张得大开,好像在微笑,他的声音是嘶哑的——不是不愉快的,而是好像在多年的讲话的习惯中获得的,声音是那样均匀,好像它能讲个不停……为了加重语气,他身子稍稍向前屈。没有任何手势。

---

① 约翰·里德:《震撼世界的十天》,第283页。
② 同上书,第139页。

几千个单纯的面孔充满崇敬的心情注视着他。①

里德最先向全世界报道无产阶级取得第一个政权的领袖,他的语言生动、客观,没有人为地拔高。读者从中看到的列宁是一个集伟大革命家和普通战士于一身的无产阶级领袖。

三、里德的新闻理念

(一) 深入一线采访新闻

里德的历次重大采访都是冲到新闻事件的发生地,甚至参与其中,保证了他发布新闻报道都立足于自己的亲身见闻,客观真实地反映新闻事件。这一做法体现了马克思主义者最可宝贵的品质——人民是推动历史前进的动力,历史的发展每个人都参与其中,不存在绝对的旁观者。里德开始并未意识到这一点,他的行动却在不断地证明这个观点。作为亲历者的现场记录,直到现在里德的新闻作品一直是可信的,是研究相关历史事件的文献。

在报道帕特森纺织工人罢工时,里德在现场目睹并加入工人的斗争行列。尤其是在与工人一起被警察关押的时候,他通过几天与工人的深入交流,在赢得工人信任的同时更加深刻地理解了他们遭受的苦难。更让工人们感动的是,当朋友们要保他出狱时他婉言谢绝,请求他们给他送去一些香烟和食品,从而获得了关于罢工事件及其产生根源的大量信息。里德在写到这段经历时说:"我出去的时候到了。我向所有这些和善而机智勇敢的人道别。他们身上那些比他们体力更伟大的气质,使我的思想也崇高起来。他们围着我,拍我的肩,握我的手,是那样友好、热情、信任,情深意长……"

采访墨西哥内战时,农民军以往接触到的美国人都是矿主老爷之类的剥削者,因而对里德也充满敌意。但他以实际行动证明了自己是与农民军一样的劳动者。他与之一同行军打仗;露营时并没有钻进为军官准备的帐篷,而是与普通士兵挤在大铺上;吃饭时也没有与军官坐在一桌,而是与普通士兵同吃一锅饭。农民军在他身上看不出娇生惯养的毛病和破坏分子的征兆,很快把他当成了自己人。这样,里德获得了从一个普通起义士兵的角度观察新闻事件的良机。他还经常拜访起义军将领比利亚,并用各种比利亚没有遇到的问题引导双方交谈话题的深入……在采访墨西哥内战的过程中,里德充分展示了他作为优秀记者

---

① 约翰·里德:《震撼世界的十天》,第 140 页。

第15章 约翰·赛拉斯·里德——亲历十月革命"震撼世界的十天"

的娴熟采访技巧。

在采访欧战时,里德为了获得第一手材料经常变换身份并偷越交战各方的边境,为此常被交战各方当作间谍关进监狱或驱逐出境。十月革命爆发前后,里德满怀激情地投入到布尔什维克一方,跟随起义士兵冲进冬宫,帮助新生的苏维埃政权翻译材料,参加苏维埃代表大会甚至参加赤卫队的武装巡逻等,全方位地参与到这场史无前例的革命之中。

(二)充分占有材料才能动笔写作

新闻采访如果没有对事件全面了解和充分占有材料,仅凭个别当事人的只言片语或某些纸质资料就草率动笔,这样的报道大都是粗制滥造的劣质产品。新闻报道要树立精品意识,记者在深入现场充分挖掘信息的同时,尽可能占有一切需要的材料,只有这样新闻报道才能经得起推敲成为历史检验的"信史",里德在这方面是值得学习的榜样。

在报道帕特森纺织工人罢工时,他凭借在现场和关在狱中所做的翔实记录,才写出使他在新闻界声名鹊起的《帕特森之战》。从那时起,斯蒂芬斯教给他的在新闻现场认真、全面地观察并努力记录下来的技巧,伴随着里德采写下一系列优秀的新闻作品,最具典型的就是十月革命期间的采写。

1917年9月里德到达彼得堡后,白天采访商人、实业家等人时都详细地做了速记,晚上再认真整理。当时经常停电,他点蜡烛也要整理好当天的材料。十月革命期间他搜集了数百种代表各种政治观点的报纸,保存了从1917年9月到1918年1月彼得堡的各种布告、宣言和命令,这些丰富的资料不仅促成了《震撼世界的十天》的诞生,而且在今天对研究那段历史而言也都是一笔宝贵的财富。

(三)将新闻尽快告知尽可能多的群众

新闻及时发布才能实现其价值,否则时过境迁只能当作历史档案。里德深知新闻是"易碎品",在实践中他力求从新闻的时效性出发,千方百计推动新闻传播的速度,扩大新闻的影响范围。

当时,美国政府对工人罢工和革命运动都实行新闻封锁。里德去帕特森采访罢工,就当时的形势而言这种行为本身就是一种突破。因此,在《帕特森之战》发表后,随着纽约多家媒体对事件的跟进报道,帕特森罢工的消息迅速传遍美国全境,以致一位权贵痛心疾首地哀叹:"'一个卑微的哈佛诗人'坐了一下牢,就赢得了25000名罢工工人都不曾得到的东西……竟把报界强加于罢工的隔音墙推倒了。"①

从 1917 年 2 月美国准备参加第一次世界大战开始,政府就开始限制里德的言论在国内传播。特别是 1918 年 4 月里德回到纽约后,为防止他把十月革命的消息告知美国民众,当局不断地迫害他,费城警方曾两度以"鼓动暴乱和进行煽动性演说"的罪名逮捕他。为了让美国人民尽快知道十月革命的消息,了解革命后俄国的社会建设等内容,里德在那段时间顶着巨大的压力,在报刊无法发表相关新闻报道的情况下,冲破重重阻挠穿梭于各大城市演讲,热情地将俄国革命后发生的各种新闻介绍给美国公众。

里德的一生虽然短暂,但他在新闻实践中所表现出来的勇气与智慧,永远值得人们敬佩和学习;他所留下的众多新闻作品,也值得人们细细研读。

参考文献

1. 约翰·里德:《震撼世界的十天》,郭圣铭译,人民出版社 1957 年版。
2. 塔玛拉·霍:《约翰·里德——革命的见证人》,张杰、高耘田译,人民出版社 1980 年版。
3. 吕一民:《世界著名记者传》,河南人民出版社 1999 年版。

---

① 转引自吕一民编著:《世界著名记者传》,河南人民出版社 1999 年版,第 64 页。

第16章 约瑟夫·普利策

——享誉全球的新闻界煌煌巨匠

约瑟夫·普利策(Joseph Pulitzer,1847—1911),匈牙利裔美国人,开创了现代新闻的新时代。一生致力于报业的发展壮大,并热衷于社会改良活动,创办的两家大报《圣路易斯邮讯报》和《纽约世界报》非常成功,获得了美国第一流主编与报人的声誉,为创造"新式新闻事业"做出了巨大贡献。他出资建立了著名的美国哥伦比亚大学新闻学院,其设立的"普利策新闻奖"是全球记者最为羡慕的新闻奖项。

一、为报业和正义奋斗的一生

1847年4月10日,普利策出生于匈牙利的麦科,父亲是匈牙利籍犹太人,一位谷物商,母亲是奥地利籍日耳曼人,家境殷实让童年时期的普利策受到了良好的教育。11岁时他父亲因心脏病去世,母亲再嫁。他与继父不合,以服兵役的方式逃离家庭。由于视力不好和身体太瘦,参军时曾屡遭奥地利和英法军队的拒绝。

1864年,普利策得以在北美进入林肯骑兵部队,因为近视待了一年他便退伍了。由于英语较差,在爱尔兰移民占主流的纽约,他时常像流浪汉一样露宿街头。他做过船上的锅炉工,看守过骡马,当过码头工人、出租马车赶车人、侍者……底层的生活让他的英语水平提高很快。尽管艰难,他在每天的苦力之余仍坚持到图书馆学习。他向《西部邮报》投稿,讲述自己被招工贩子诈骗的经历,该报主编埃米尔注意到了他的才华,这为他以后从事新闻工作打下了基础。

1867年普利策加入美国国籍,1868年获得律师资格并进入《西部邮报》。他每天工作十几个小时,以超人般的意志、非常敬业的精神和丰富的法律知识,让报社的发行人大为赞赏。1872年普利策与主编埃米尔、股东舒尔茨一道为著名报人格里利竞选总统效力。格里利竞选失败后,埃米尔和舒尔茨对《西部邮报》失去信心,他们让年仅25岁的普利策以非常低廉的价格和延期付款的方式获得了该报的控股权。当他们看到报纸充满生机时,又从普利策手里买回了控股权,普利策净赚3万美元成为手头阔绰的人。

1874年,普利策得知破产的《圣路易斯国家报》仍有刊登美联社新闻的特许权,便花几千美元通过竞拍买下了该特许权,又很快以2万美元的价格将该特许权转卖给了该报。随后几年中普利策四访欧洲,并取得了哥伦比亚特区的律师资格。1876年,他帮助民主党总统候选人蒂尔登参加竞选,蒂尔登比另一位竞选者海耶斯更受民众欢迎,可后来却是海耶斯成了美国总统,这让普利策看到了政治斗争中的丑恶现实。

1878年普利策与戴维斯结婚,她是南部联盟前总统杰斐逊·戴维斯的远房侄女,这为普利策更好地融入上流社会提供了机会。他们的婚姻持续了一生,有六个孩子。普利策是一个以自我为中心、工作起来不要命、神经高度紧张、脾气暴躁又挑剔的完美主义者①,这让他的妻子受了很多委屈,做出了很多牺牲。1878年12月,普利策以2500美元买下经营不善的《圣路易斯电讯报》,三天后他又将此报与狄龙在1875年创办的《晚邮报》合并,美国最大的报纸之一《圣路易斯邮讯报》诞生了。

《圣路易斯邮讯报》(后文简称《邮讯报》)仍走黄色新闻路线,以犯罪、灾难、国际战事题材为主,用煽情主义的报道手段吸引读者,如报道因单相思自杀的士兵、死在妻子怀里的富翁,揭露吸金后破产的保险公司、害人的赌博集团及色情表演剧场和红灯区等,经常用耸人听闻的手法处理新闻。但在社论上,普利策以简洁、强健的风格取代原来平淡无奇的评论和自由放任的态度。他希望通过《邮讯报》报道城市的丑恶面,揭露政府的不作为,推动政府工作的进展。这些内容迎合了相当多读者的需要,《邮讯报》获得了成功,它为普利策进一步扩大报业积累了资金,也为他日后进军纽约新闻界累了经验。

《邮讯报》每年净赚四五万美元,普利策并没有就此满足。1883年他到了纽约,用34.6万美元买进陷入绝境的《纽约世界报》。他改组了编辑部,聘请老搭档科克里尔担任主编。他在第一期新《纽约世界报》上表示:

这样一份不仅便宜而且生动、不仅生动而且巨大的、不仅巨大而且又是真正民主的、献身于人民事业的报纸,在这个成长中的大城市,有着充分的发展空间。……它将站在人民一边,不依赖财富势力,它将揭露一切欺骗和

---

① 丹尼斯·布里安:《普利策传》,曹珍芬等译,中国财政经济出版社2004年版,第114页。

第16章 约瑟夫·普利策——享誉全球的新闻界煌煌巨匠

无耻行为,反对一切公共弊端,为人民利益而奋斗。①

第一期新《纽约世界报》头条是新泽西州飓风造成百万美元的损失,头版其他内容是杀人凶手访问记、华尔街的跳楼自杀、匹兹堡的绞刑、海地的暴动以及被冤屈女仆的悲惨状况,报纸很快便成为街谈巷议的话题。1883年《纽约世界报》只有8版,第二年就增至12版到14版,发行量突破10万份,1887年上升到25万份,打破了美国报纸的发行纪录,表明了"新式新闻事业"的出现。其特点是:廉价、发行量大、有进取精神、便于阅读;把新闻传播作为报纸的首要职能;编辑部独立,新闻采集协作化,记者地位得到提高;社论具有独立性;积极开展符合公众旨趣的改革运动;改进新闻写作和版面编排,采用大字标题和插图,以及内容的通俗化。这时,普利策的报纸已经能对国家事务产生一定影响力了,但他非常关注社会的贫富两极分化,在《纽约世界报》上大力支持工人们组织工会团结起来,争取基本生存工资,还建立了一个基金会来帮助矿工。

美国独立一百周年时,法国工人捐资25万美元建造了自由女神像纪念两国人民的友谊,代表"自由照耀世界"的理念。但美国国会拒绝出资10万美元为该塑像建造基座,这尊重达225吨的塑像被搁置在法国。普利策在报纸上号召美国人民"做一点贡献吧,哪怕它微不足道",并带头捐了250美元,使这笔钱很快凑齐,让自由女神像耸立在了纽约。

《星期日世界报》是普利策另一家成功的报纸,它除了刊登日常新闻,还采用供女性、青年读者和体育爱好者阅读的特稿,并使用幽默画和插图,1887年该报的发行量突破25万份。这家报纸虽能从特稿角度报道新闻事件,但它对事实的过分夸张、煽情主义和伪科学报道,也损害了报纸的信誉。

普利策的一生充实、活跃,其新闻事业与政治活动没有截然分开过。他21岁当上密苏里州参议员,同时也是《西部邮报》的记者;38岁时他是第49届国会议员,同时也主持《纽约世界报》的工作;他还帮助过几届美国总统参加竞选。操劳过度导致他不惑之年便多症并发,神经严重失常,生活痛苦,43岁时竟双目失明了。此后他虽不能直接管理《邮讯报》和《纽约世界报》,但他一直领导着这两份报纸,直到去世。

普利策在64岁时已是拥有数千万美元资产的富翁。1903年他立遗嘱:出资兴办哥伦比亚新闻学院和建立普利策奖金,由哥伦比亚大学董事会掌管他遗赠的基金。1911年10月29日普利策逝世,根据他的遗嘱1912年开办了哥伦比亚新闻学院,1917年起设立了"普利策奖",即从他的财产中划出25万美元,其

---

① 丹尼斯·布里安:《普利策传》,第66页。

利息作为每年颁发给优秀的新闻、历史、音乐和戏剧作品的奖金。

普利策是非常勤奋和成功的报人,但也是一个充满矛盾的人。他反对其他报纸进行低俗炒作,自己的报纸却做过同样的事;他认为图片会削弱报纸言论的力度,自己的报纸也经常使用木刻画及漫画;他在揭露社会的两极分化时言辞激烈,但并不主张政府大规模地介入,因为参议院是百万富翁的天下;他严厉抨击放纵无耻的有钱人,他的儿子却娶了"臭名昭著"的富翁范德比尔特家的女儿。

二、普利策的新闻工作特点

成功的记者和报人都有坚强的意志、崇高的信念、独到的工作方法和坚持己见的魄力。普利策新闻工作的三个戒律为精确、简洁、坚持不懈。他对记者的任务作了经典的定义:"倘若一个国家是一条航行在大海上的船,新闻记者就是船头的瞭望者。他要在一望无际的海面上观察一切,审视海上的不测风云和浅滩暗礁,及时发出警告。"①普利策的成功之道主要有几点:

(一)敢于揭露社会丑恶

新闻工作者在体制允许范围内敢于说真话,这是比其他业务能力更为重要的品质。在资本主义社会的环境下,揭露丑恶是普利策的报纸赢得社会声誉的利器。

19世纪末的美国,赌博和贩毒集团的贿赂已经渗透了地方政府和政治,普利策为了公民的利益,一直在揭露"腐败邪恶力量"的真相,《邮讯报》就大力揭露圣路易斯的赌博和色情泛滥等问题。如普利策手下的记者麦肯尼斯通过亲身体验和暗访,采写了《男孩地狱》的报道,揭露一个专门迎合"来自最优秀家族年轻人"的赌博窝点,报道了几百名赌博者经常光顾非法赌博机构的内幕,督促警方严打。《邮讯报》还"扫荡"了城里临近红灯区的混乱剧场,在头版头条发表《堕落之路》,揭露"大约有1000名年轻人"拥挤在剧场包厢里,目不转睛地观看那些"专业的女杂技演员"扮演"女巫",称这个剧场简直就是"以妓女与劣质威士忌作诱饵的专门引诱男人的陷阱"②。

普利策在经营《纽约世界报》时,对社会不公报以很大的同情。《纽约世界报》曾报道了一个强奸妇女却逍遥法外的警察克劳利,并将处境悲惨的受害人

---

① 丹尼斯·布里安:《普利策传》,第414页。
② 同上书,第45页。

保释出狱,为她募捐,每天在头版报道审判情况。最后陪审团认定克劳利有罪,判他服十年苦役。普利策对上流社会的富人也毫不留情,如揭露前总统亚当斯的后代与铁路大亨合伙敛财。无论是谁,只要危害了社会公平正义,普利策都敢将矛头对准他,这是普利策从事新闻工作最难得的品质。

(二) 追求真相,深度挖掘

普利策在经营《邮讯报》时要求:"除非把一件事情的真相弄个水落石出,否则绝不放过它。连续报道!连续报道!直至问题真正被弄清楚。"[①]他在采访中锲而不舍,告诉他的记者"没有哪个人神圣不可侵犯,没有哪个问题不能问及"。

1879年2月18日,《邮讯报》刊载了一则耸人听闻的新闻《真相大白》,全程记录了两名涉嫌与非法赌博集团有牵连的议员的听证会。本来州议会为了保密,将听证会设在林德尔旅馆,禁止新闻界介入。普利策说服了旅馆隔壁的医生,潜伏在诊所的候诊室里,他将耳朵紧贴在那扇密封的门上,尽管无法记录什么,可普利策对那两名议员和证人非常熟悉,凭借惊人的记忆力,他将秘密听证会几乎一字不差地写下来交给新闻编辑。秘密听证会还在进行,报童们已经在吆喝:"秘密委员会听证会!赌博团伙大揭秘!"委员会主任马上买了一份报纸,发现整篇报道比他的秘书的记录还要完整。这篇报道成为新闻界的一大壮举,《邮讯报》也因此被业界人士认为"进入国内最具胆识的报纸行列"。

普利策还鼓励记者通过隐性采访挖掘内幕。《纽约世界报》女记者布莱曾装成精神病患者混入纽约的精神病院采访,揭露病人们所遭受到的医生的冷酷无情、护士的心狠手辣、居住条件肮脏、食物令人作呕等。布莱还发现这所疯人院里关的并不都是病人,有些人仅仅是因为年老多病,而他们同样挨打挨饿,被关在像牢房一样的屋子里。布莱采写的一系列名为《在疯人院铁栏的背后》的报道轰动了纽约和美国全国,迫使政府对疯人院进行调查,并拨了一笔款项用以改善医院的条件。

(三) 把握读者心理,迎合需要

迎合大众的口味并获得他们的信任,是普利策成功经营《邮讯报》和《纽约世界报》的法宝。拳击和斗鸡当时在密苏里州被明令禁止,普利策也承认拳击"野蛮粗俗",但他还是在《邮讯报》为那些感兴趣的读者提供相关报道。为迎合

[①] 迈克尔·埃默里、埃德温·埃默里:《美国新闻史——大众新闻传播媒介解释史》,展江、殷文译,新华出版社2001年版,第201页。

高层次的读者,他也相应地投其所好,每天专门为他们准备一些来自纽约电讯社和美联社的国内外新闻。他的报纸对那些富有和贫困的家庭都关注,《邮讯报》曾一度以写实的手法描摹社会底层的各类人群,同时也列出当地百万富翁的名单,并报道了一名富人的生活方式,讲述此人发财后很快退休在家颐养,而那些居住条件差的贫民根本不能和他相比。

用煽情手法报道殴打、绞刑、暴死、犯罪、两性等问题是黄色新闻时期报纸吸引读者的题材,《邮讯报》经常使用"奸夫淫妇""爱上了厨子""牧师先生酗酒吗?"等作为标题,刊登权势者中名门望族的流言蜚语,这些都符合普利策"新闻要容易引起人们谈论"的新闻观。在经营《纽约世界报》时,他知道读者既希望得到娱乐,又希望报纸起到促进社会进步的作用,因此《纽约世界报》以生动的方式报道重大新闻,以满足变化中的社会需求,并以煽情主义的新闻内容和版面来适应一些人的阅读兴趣,标题往往如"暴风过后死人无数""尖叫饶命""血的洗礼"等,并大量使用感叹号刺激读者。

每逢周日,普利策让《纽约世界报》刊登一些文学作品,通常都是言情小说、浪漫主义诗歌等,以取悦女性读者。报纸还阿谀奉承纽约的女性,说她们性格独立、成熟自信、外貌妩媚、风度胜过其他城市的女性,有着考究的生活方式和饮食习惯,并赞美她们不附庸风雅,与生俱来的优雅气质令她们在"各种社交场合都如鱼得水,是女性的灵魂中最珍贵的东西"。这些赞美为报纸赢得很多女性读者。报纸还刊登"相鼻学"告诉人们鼻子透露出性格的秘密、教人们如何接吻……这些题材,都迎合了相当一部分公众的趣味。①

(四)倡导社会改革,善于促销报纸

普利策曾在《纽约世界报》提出解决社会不公问题的"十大纲领":征收奢侈品税;征收遗产税;征收巨额收入费;征收垄断企业税;向特权公司征税;制定关税规则;改革文官制度;惩办贪官污吏;惩办买卖选票者;惩办在选区中压制雇员的雇主。此外他还不遗余力地为穷人说话,在他经营《纽约世界报》的头两年,社会上掀起了代表移民、穷人和工人阶级利益的改革运动,特别是移民妇女在服装厂的血汗车间里受到的非人待遇、社会不公平的税收负担等题材,都是普利策的社论和新闻报道极为关注的。

倡导实用的社会改革让《纽约世界报》畅销,一些促销噱头也是普利策的特长。最大胆的尝试是1889年派布莱周游世界,看她能否用少于凡尔纳《80天周

---

① 丹尼斯·布里安:《普利策传》,第111页。

游地球》中的时间环球旅行。布莱乘船和火车、骑马、坐舢板周游世界各地时，《纽约世界报》举办猜谜比赛，吸引了百万人来参加此项活动，猜测她到达各地所需的时间。最终布莱没有让读者失望，她72天完成了环球旅行，在举国上下的欢呼声中乘坐旗帜飘扬的专车回到了纽约，《纽约世界报》销量在这个活动中直线上升。

大量采用漫画、木刻画、线条画，也是普利策运用的方法。《纽约世界报》从1889年开始出版定期连环画组，是美国最早着色的报纸。当时最成功的连环画家奥特考尔特为《纽约世界报》供稿，他的《霍根小巷》描写廉租公寓的生活，每张画的中心人物是一个穿着肥大衣服、没有牙齿、咧嘴而笑到处评头论足的孩童，当印刷工人给孩子的衣服涂上黄色时，他就成了新闻史上不朽的"黄孩子"（Yellow Kid），"黄色新闻"一词的来源便与此密切相关。《星期日世界报》则成功地采用大量木刻和线条画，销售量突破10万。当《纽约世界报》的销量达到25万份时，普利策铸造了一枚银质奖章，以祝贺美国报纸的最大发行量。

（五）富于经营管理创新

普利策是善于合作、勇于竞争的领导者。刚开始他的《圣路易斯快报》与《晚邮报》势同水火，他主动与《晚邮报》发行人狄龙合并，报纸更名为《圣路易斯邮讯报》，但合作的前提是他来决策编辑事务。

当时，另一家《圣路易斯星报》经常剽窃《邮讯报》的报道，这使他非常恼火，为此他设了一个圈套。他发了一篇"通过电报发送的"有关阿富汗境内反英暴动的报道，第二天《星报》也刊发了此文。当普利策宣布这是一条请君入瓮的假新闻时，无异于公开揭露了《星报》的抄袭。《星报》虽然随后进行了整顿，但最终也避免不了倒闭的命运。普利策仅花了790美元就将其收购了，并留用该报最出色的员工，他的《邮讯报》成了当地唯一的晚报。

《纽约世界报》在纽约的崛起过程中，普利策也采用了差异化竞争。当《太阳报》以反复无常的态度报道总统竞选，并支持声名狼藉的第三党候选人巴特勒时，普利策的《纽约世界报》因自由派的政治立场而大大增加了发行量。1885年，当普利策支持的民主党人克里夫兰当上总统后，他的社会声望和支持穷人的言论使得《纽约世界报》抢走了《太阳报》1万读者，《太阳报》主编达纳开始攻击普利策，在报纸上讲他是个没教养、没头脑的人，当过马车夫，是他逼迫别人把自己推上议员位置的。普利策毫不客气地还击："达纳是一个能干的、老资格的（66岁）的打手、流氓……哪怕让我选择1000次，我也不愿当《太阳报》的现任主编，我还是宁可做一个正直的马车夫，受到正直的人们的尊敬。"他说达纳的祖上可能是希腊海盗,这能给他的不忠伪善、欺骗撒谎一个很好的解释。他甚至言之凿凿地说达纳在沉船事故中抢先逃命,不顾哀求他的妇女。这些回击增加了《世界报》的读者。

普利策裁员时大刀阔斧,用人时不计前科。他在与《晚邮报》合作后,由于对《圣路易斯快报》原有的多数员工印象不佳,除一名员工外,他解雇了其他所有人,虽然不久这名员工也辞职了。《邮讯报》和《纽约世界报》的成功离不开他的得力助手科克里尔,当科克里尔因失职枪杀斯莱贝克而入狱时,普利策到监狱探望并承诺全力支持他。普利策支持科克里尔,认为他的行为是对诬告和敲诈勒索的正当回应。事实上科克里尔的行为与年轻时的普利策有惊人的相似之处,他也曾因枪击对手而进过监狱。科克里尔有时也会违背普利策的意愿,如他指示科克里尔少用图片,但引起了报纸销量的下降,于是科克里尔没有继续贯彻他的指令,在格兰特将军举行葬礼时使用了大量图片,普利策尊重科克里尔的决定,结果报纸的发行量飙升到23万份。

作为一位优秀的报业管理者,普利策能让员工一起分享成功的喜悦。当《邮讯报》的业务蒸蒸日上时,主编科克里尔拿到了2500美元的奖金;资深记者的薪水每周35美元,居全城之冠;男女排字工同工同酬;所有员工每人有两周的带薪假期;报童们除了一年一度的圣诞大餐外,也得到金表、折叠式小刀和新衣服的奖励。这些是其他报社闻所未闻的。

普利策在经营报纸时也有黄色新闻时代的不良习气,如捏造假新闻、刊登不良广告、经常带有报纸审判色彩等,特别是科克里尔枪杀斯莱贝克一案曾使《邮讯报》成为众矢之的,同行一度认为普利策的工作是"新闻业堕落的骇人表现"。

三、普利策的新闻思想

(一) 报道所有发生的事情

普利策认为新闻"要容易引起人们谈论",所有发生的事情都可以报道。他说:"既然神圣的上帝允许那些事情发生,我还有什么不好意思加以报道的呢?"他在《邮讯报》社论中说:

> 永远为进步和改革而战斗;决不容忍不义或腐败;永远反对一切党派的煽动宣传,决不从属于任何党派;永远反对特权阶级和公众的掠夺者,绝不丧失对穷苦人的同情;永远致力于公共福利,决不满足于仅仅刊登新闻;永远保持严格的独立性,决不害怕同坏事作斗争,不管这些事是掠夺成性的豪

门权贵所为,还是贪婪穷人之举。①

在普利策的新闻生涯中,他所报道的新闻涉及社会生活的方方面面。从宏观方面来看,可在一定程度影响美国的政策。《纽约世界报》曾大造舆论鼓吹过美西战争、抵制过罗斯福的沙文主义并质疑他在开凿巴拿马运河时有腐败、揭开了保险公司舞弊的面目、促成了托拉斯的解散等。从微观方面来看,他未回避任何有新闻价值的人和事:石油大王洛克菲勒父亲的重婚生活、遭工人枪击的市长、贪污受贿的官员、贪得无厌的垄断资本家、地痞流氓、贫民窟和无良房东、地下赌场、红灯区、条件恶劣的疯人院、血汗工厂以及棒球拳击……只要容易引起人们谈论的,他都报道,连著名的竞争对手赫斯特也承认,普利策是"我们国家生活中一股强大的民主力量",是"国内外新闻界的一座灯塔"②。

什么是普利策不会报道的呢?像《纽约论坛报》上关于两个男孩猥亵一个年仅六岁小女孩的这类报道他就不会刊登。正如他在一篇社论里所写的那样,他会将这种报道扔进垃圾桶——然后去报道他认为应当报道的新闻!③

(二) 独立的办报理想

普利策在《邮讯报》的社论中曾这样强调办报的目标:

> 《邮讯报》要为人民大众服务,而不是为任何政党谋利;它不是共和党的喉舌,而是真理的代言人;它不是任何决策者的走狗,它只忠于它自己的信仰;它不是政府的支持者,而是批评者;在任何地方、任何情况下,它都要反对形形色色的弄虚作假;它唾弃世俗偏见和党派偏见,它坚持原则,坚持信念。当初我们的政府正是建立在这种信念和原则的基础之上的,我们国家所取得的非凡成就也归功于此。

普利策对报纸的功能有深刻的见解。他对《纽约世界报》记者克里尔曼说:"我要抨击公共事业单位、警察机关和其他部门的任何不正当行为。我认为报纸就是一位教导世人孰是孰非的道德老师。报纸必须这么做。如果报纸骑墙观望,不表明自己的立场,哪怕我死了也不会瞑目。报纸不应该操纵政府,也不应该牟取金钱,而应该引导大众舆论。"④

他认为"一份追求轰动效应的报纸照样可以服务于崇高的社会目的",因此

---

① 迈克尔·埃默里、埃德温·埃默里:《美国新闻史——大众新闻传播媒介解释史》,第201页。
② 丹尼斯·布里安:《普利策传》,第2页。
③ 同上书,第80页。
④ 同上书,第2页。

他尽可能地制造轰动效应,但他声明主要动机是想吸引更多读者去关注一些严肃文章,在这些文章里他表达了对人生和政治的真实想法。普利策认为人情味报道和煽情故事是争得高发行量所必需的,发行量扩大后可以通过吸引读者关注社论栏和公共事务的新闻报道,来营造健康的公众舆论。廉价的犯罪不应被用来进行过度的宣传,有轰动效应的故事至多也就值得刊发一篇特写并绝不能虚构。他常挂在嘴边的话是:我要对一个国家,而不是一个特别委员会讲话。

普利策始终认为,一份报纸应该做到不折不扣的精确,要避免出现任何淫秽或色情的东西,因为这些东西会有悖于其读者的良好趣味或降低他们的道德格调;但是在这些限制之内,报纸的责任就是刊登新闻。不过情形并非他所想象的,如他手下的科克里尔在《邮讯报》就制造过许多低级趣味的黄色新闻。科克里尔以渲染富有人情味的消息见长,经常组织重大的本地及国内外新闻,突出妇女和体育报道。因此不少人认为普利策是一个伪善者,但又没有充分的证据表明他的确是这样的人。从他写给一位主编的信里,可以看出他是有追求、有胆识和值得尊敬的,他说:

> 每期报纸都提供一个机会和责任:讲一些勇敢和真实的话,摒弃平庸与陈腐,讲一些令社会上有知识、有教养、有独立见解的人们敬重的话,无虑党见派性和流行偏见。我情愿每天都有一篇这样的文章,而这篇一二十行字的文章很可能就是一整天辛勤劳动、聚精会神地认真思考、修改、斟酌文体和推敲字句的结果。①

(三) 用新闻影响时代

在普利策生活的时代,美国的政治多有腐败,社会价值观也在相当一部分人中扭曲。他重视在报纸上批评政府、鞭挞社会陋习、披露法律漏洞等干预社会事务的题材,用新闻来影响时代。如对政府官员贪腐行为的大胆揭露,对富人偷税漏税的调查,在政府和舆论之外制造议题,提醒人们不要容忍权贵偷税漏税的行为,因为他们损害的是大众的利益。通过报道赌博窝点、低级剧院、非法彩票经营机构、以算命为幌子替人非法打胎者、鸦片烟馆和租房子给妓院的富人们等,普利策的报纸经常抨击银行家、保险公司主管、偷税漏税者、警方、妓院老板、赌博团伙、工会煽动者、煤气公司以及有轨马车公司的垄断等。这些报道在很大程度对清除不良社会环境起了促进作用。

---

① 丹尼斯·布里安:《普利策传》,第205页。

第16章　约瑟夫·普利策——享誉全球的新闻界煌煌巨匠

美国是一个没有贵族的新兴国家，富人阶层流行将自己的女儿嫁给某个哪怕是很穷的欧洲贵族，就为了让女儿得到一个贵族头衔。普利策对此提醒到，这些年轻妇女将过着"一种缺乏温暖、算计着过日子的生活，饱受轻薄和侮辱。如此贵族阶层在我们的共和国里不应有其立足之地"①。他认为拥有家人之爱的诚实劳动者，才是真正的美国贵族。这对揭去一些显得虚伪的交际花和贵族头上的面纱、帮助人们树立社会的主流价值观是有帮助的。

19世纪末的美国治安相当混乱，导致一些城市很少有人因为故意杀人罪而被判死刑，杀人犯往往只在监狱里待上一两年就被释放，回到社会上又为非作歹。普利策在报纸上写道："一个丧心病狂的杀人犯昨天才被关进监狱，而这个恶棍请来的律师已经在着手为他做辩护工作了。与此同时，巡回检察官却在山区里消夏。换言之，对于正在进行着的罪恶勾当，法院简直就是听之任之。"他呼吁："为了维护社会治安我们不得不杀疯狗，同样的道理，我们对于人群中的疯狗也绝不能手下留情，该杀的还是要杀。"他指出警方力量的严重不足是犯罪高发的原因之一："每平方英里只有三名警察，而每平方码却有两名歹徒。"②这些报道与言论，对美国的法制建设起到了积极作用。

普利策不遗余力地推动社会改革，他发现城市道路泥泞不堪和公共空间狭小时，不断通过报纸给当地政府施加压力以整治，并营建更多的公园。他曾指责圣路易斯市消防署长的无能和消防队员的无组织性纪律性，指出消防署存在着人员和资金两方面的短缺。直到圣路易斯的保险商宣布火灾保险费率上升20%，当局才认识到他的批评有理，增加了消防经费并责令重组消防署。普利策关注民生疾苦，揭露那些贪污的权势者将保险公司、银行和铁路公司搞垮。如民主党全国委员会密苏里地方委员会的普利斯特，《邮讯报》曾支持过他，但当普利策发现他的保险公司存在欺诈行为后立即曝光，法院判决普利斯特进行赔偿，州立法机关也在1880年加强了立法以规范保险公司的行为。

普利策进军纽约报业市场后，第一件深得人心之事就是呼吁把誉为世界奇迹的布鲁克林大桥向每天上班经过的人免费开放。廉租公寓的改革也是他在《纽约世界报》大力倡导的改善民生的一项善举。经常性地呼吁政府向穷人提供良好的公立教育、移民社会的宗教聚会及针对移民的暴力、工厂里拥挤不堪的状况、工人星期日免费参观博物馆和其他公共建筑、政治机构中的偏见以及牛奶商掺水等，这些都是《纽约世界报》的常见选题。

---

① 丹尼斯·布里安：《普利策传》，第69页。
② 同上书，第135页。

普利策在新闻事业方面的巨大成就,至今仍在美国乃至世界新闻界受到尊重。

参考文献

1. 丹尼斯·布里安:《普利策传》,曹珍芬等译,中国财政经济出版社2004年版。
2. 郑超然、程曼丽、王泰云:《外国新闻传播史》,中国人民大学出版社2000年版。

第17章 埃贡·埃尔温·基希

——"怒吼的新闻记者"与报告文学大师

埃贡·埃尔温·基希(Egon Erwin Kisch,1885—1948),捷克斯洛伐克著名记者、作家,创造了新闻兼文学为一体的报告文学新体裁,发表了大量著名的报告文学集。20世纪30年代曾到中国旅行,采写了数十篇报道,并结成《秘密的中国》一书出版,揭露了帝国主义对中国的侵略,反映了老百姓悲苦的生活。出版了纪实作品《怒吼的新闻记者》,人们也因此称他为"怒吼的记者"。基希的作品是深刻的思想性与完美的艺术性相结合,成为学习写作报告文学的典范。

一、基希边走边写的一生

1885年4月29日,基希出生于奥匈帝国统治下的布拉格,这个犹太家庭经营着布匹生意,父亲想把他培养成为会计,但他却走上了新闻和文学的道路。基希从小就爱好写作,甚至利用家里印刷布匹上的标签和广告说明的机器编印自己的报纸。17岁中学毕业后他进入工科大学,1904年出版了第一本诗集《青春盛开的花枝》,同年辍学后他服了一年兵役。1905年出版了第一本短篇小说集《无赖的弗兰茨》,并开始从事新闻工作。他先在《布拉格日报》做见习记者,1906年至1914年在《波西米亚报》担任记者,其间还参加了《柏林日报》的工作。第一次世界大战爆发后他应征入伍,在塞尔维亚参加战斗。大战后期他参加了1918年工人士兵苏维埃的革命行动,第二年加入奥地利共产党。

作为新闻记者,基希游历过世界许多国家。1912年他到过英国,1920年去法国,1921年迁居柏林。1922年他编辑了《典范的新闻工作:报纸杰作选》,其中选辑了马丁·路德、左拉、若雷斯、梅林等许多人的重要文章,1924年出版了《怒吼的新闻记者》。1925年、1930年至1931年曾两次访问苏联,出席过1930在乌克兰召开的国际革命作家会议,并在哈尔科夫新闻学院讲课。他曾在1926

年到非洲旅行,1928年至1929年去美国。1932年他秘密来中国旅行,会见了鲁迅等左翼文化人士,考察了中国的政治、经济和阶级状况,采写了《南京和红军》《纱厂童工》等二十多篇报道,集成《秘密的中国》一书。作家周立波在"译后附记"中说:"这书里二十三篇文章,描写了上海、北平、南京三处地方的社会情况。这中间有榨取中国的帝国主义者的丑态笑剧,有受难的中华民族的悲剧,基希带着充分的理解和炽热的同情,描写了我们的国家和人民。在我们的国家和人民正被人肆意宰割、放肆欺侮的时候,基希的这种同情和理解,会使我们格外地感动。他是中国的真挚的友人,是中华民族的亲切的知己。"①

  1933年1月希特勒上台,发生国会纵火案的前夜,基希因具有社会主义倾向遭到法西斯分子逮捕,由于捷克斯洛伐克政府的强烈抗议他才获释。从此,像当时德国所有被纳粹迫害、驱逐的进步作家一样,基希开始了长达十余年的流亡生涯,他的著作被列为禁书遭到焚毁。离开德国后基希继续从事反法西斯的斗争和新闻采访与编辑工作,并加入了1933年在巴黎成立的"德国作家保护协会"。1934年他去西班牙、比利时、荷兰等国旅行,同年秋天作为反战和反法西斯世界委员会代表团的成员,到澳大利亚参加反战大会。当时澳大利亚当局得到了纳粹的通告,不准他入境,他便乘着小船从海边码头想攀越栏杆进入,结果被海岸巡逻的警察发现,因为栏杆上有"不准攀越"的告示,警方以他不识告示上的文字,定为"文盲"罪驱逐。他从船上跳下码头,跌伤了两腿以示抗议,后来写成了《在澳大利亚登陆》一文。1935年他参加了在巴黎召开的世界保卫文化大会,会上发表了著名的演说《报告文学:一个危险的文学体裁》。西班牙内战时期,基希又前往参加反佛朗哥独裁的国际纵队。

  1939年第二次世界大战爆发时,基希正在法国,他先迁居到美国,1940年至1946年流亡墨西哥,这几年间他非常勤奋,为反法西斯报纸《自由德国》工作,1942年写成了自传体的回忆录《耸人听闻的消息的市场》,1943年完成了《卡尔·马克思在卡尔斯巴德》,1945年写了《在墨西哥的发现》。

  第二次世界大战结束后,1946年基希回到布拉格,受邀作为捷克斯洛伐克共产党的贵宾参加党代表大会。看到解放了的祖国焕发出崭新的气息,他心情非常激动,不顾年老体弱,进行了多次旅行,收集材料准备写一本新捷克斯洛伐克的书,反映六十多年中布拉格发生的翻天覆地的变化。然而非常不幸,1947年11月基希患病,次年3月24日因脑出血中风,3月31日在布拉格病逝。他去世后,夫人和博多·乌泽合编的八卷本《基希全集》,从1960年起由柏林建设出

---

① 基希:《秘密的中国》,周立波译,群众出版社1981年版,第198页。

第17章　埃贡·埃尔温·基希——"怒吼的新闻记者"与报告文学大师

版社陆续出版。

二、基希作品的特色

基希将丰富的表现手法运用到旅行通讯的写作中,创造了新闻兼文学的报告文学这种新体裁。他的采写关注社会现实,能捕捉到表象下深层的根源,这些深刻的内容又能被他用巧妙而生动的笔法充分展现出来,体现了一代报告文学大师独特的魅力。

(一) 内容特色

1. 宽阔的写作视野

基希是一位边行走边思考的记者,他写过抒情诗和小说,但他毕生写作中最主要的是报告文学,这与他作为新闻记者和旅行家的一生是分不开的。早在1908年他就发表过报告文学集《布拉格街头拾零》,1919年又出版了《布拉格冒险》,这些作品揭露了布拉格的黑社会,描述了贫困、犯罪、卖淫和它们之间的社会联系。当他经历了第一次世界大战,参加了工人运动后,便开始从党性原则的角度来描写无产阶级,反映群众斗争,揭露资本主义社会的种种弊端和黑暗,对剥削阶级进行无情的鞭笞,对劳动大众寄予深深的同情,这个时期的主要作品有《布拉格军团里的士兵》《怒吼的新闻记者》《沙皇·东正教教士·布尔什维克》《世界冒险》《时间匆匆》《天堂美国》《亚洲剧变》《秘密的中国》《禁止入内》《五洲探险》《在澳大利亚登陆》等一系列报告文学集。第二次世界大战期间,他发表的重要报告文学集有《广场奇闻》《墨西哥漫游》等。

从基希报告文学集的书名可以看出,他的写作视野遍布世界五大洲,他思考资本主义迅速发展的欧洲,批判经济文化高度发展的美国,关注虽然落后但充满希望的亚洲、非洲和拉丁美洲。他不仅对自己的祖国故土饱含感情,对第一个社会主义国家苏联以及神秘的中国都怀有热爱之情。在基希的笔下,既介绍了许多国家的经济发展状况、政治制度和文化传统,也描述了它们的历史掌故、风土人情、奇闻趣事,使我们看到了非常广阔而又十分清晰的世界社会生活图景。

基希宽阔的视野还体现在每篇作品中绝不局限于对个体的描写,而是站在某个视点上或追求历史的纵深,或进行平面的延伸。如在《博里纳日,四种传统的胜地》中,读者除了随着基希的脚步在矿区游走,还可以通过他在档案库和教会翻查矿史资料,感受历史上这里的数次矿难;基希不仅从矿井谈到了受博里纳日影响的两位画家——凡高和穆尼尔,还回顾了这里作为古代战场在一千多年前、17世纪末、18世纪末以及1914年8月的大血战。最后,他还谈到了另一座丰碑——德富依赫斯,他在20世纪80年代"领导过争取普选权的伟大运动,在博里纳日这个欧洲大陆为增加工资而斗争的传统胜地,创建了第一批社会主义的组织"①。在基希的笔下,博里纳日像是一个光源——文中丰富的材料正如它四散开来的光芒。

2. 真实的写作原则

作为优秀报告文学家,基希在写作中非常重视材料的真实性,他认为报告文学必须遵循真实性的原则,真实的材料才具备特殊的感染力。他在《盲人梅托修斯的叙事谣曲》中这样描写盲人梅托修斯的演唱:"他的演唱节目毫无例外都是真人真事,这些真人真事或多或少都是历史,有的已经成为历史,有的将要成为历史。"这段话用来形容基希自己的创作也恰如其分。写《比利时小镇》时,他在盖尔镇调查了3000个疯人的生活状态;写《华人城》时,他漫游了伦敦的中国人居住区;在写《怀特查佩尔的流浪汉中间》时,他同流浪汉们过夜,切实感受到生活巨大落差的转变。

基希作品的真实性用事实和数据说话。在《夜间法院》中,美国的午夜法院被形容为"一向生意兴隆,门庭若市"。这样一个结论基于他的调查,他先用类似场记的手法记录了七个案件审判的对话过程,最长的不超过六个问题的对答,最短的甚至被告还没有开口就被宣判有罪。接着,他用数据进行总结:"就是以这样的速度,判处有罪,判处无罪,整个晚上,可以发落五十到三百件,在星期六处理得还要多,最高纪录,一夜宣判四百九十五件,一年三万三千件。"②被拘捕的大多是平民百姓,有罪无罪只凭法官一句话,司法的随意和粗糙在真实的材料和数据面前原形毕露。

基希在采访写作中,尤其重视第一手资料的获得,每到一处他必做详尽认真的调查研究,获得翔实的数据,捕捉事实的细节。

3. 深刻的思想性

报告文学贵在及时反映生活,回答群众关心的社会问题。基希的作品关注社会现实题材,从纷繁的表象中看到事件的本质,揭示悲剧的根源,从而使作品具有深刻的思想性。在《里昂的丝绸》③中,他从丝绸的加工和生产过程谈到人类对于蚕的掠夺,"当蚕蛹下定为世界吐丝的决心后,它就用四至八条唾液线实

---

① 基希:《基希报告文学选》,孙坤荣等译,外国文学出版社1984年版,第14页。
② 同上书,第165页。
③ 同上书,第45页。

第17章 埃贡·埃尔温·基希——"怒吼的新闻记者"与报告文学大师

现这个心愿。丝织业并非向世界吐丝,相反,只是为了满足那种贪得无厌的需求"。他还揭露了人性的贪婪对于里昂丝织厂工人的掠夺,"访问那些富有的厂主们,虽然他们没有工厂,或者说正因为他们没有工厂,他们才富有"。

在作品中,基希在对当前事物的报道时往往带有历史的追溯,从而挖掘出深刻的思想性。在《斗鸡》①中,他把斗鸡这种娱乐活动与墨西哥历史上某些统治者的败亡联系起来。"伊图里伽拉总督整天整天坐在特拉尔斑的斗鸡场里,在这里发布命令,统治整个新西班牙。他在处理问题时宽大为怀还是严厉残暴,就要看他是赢了还是输了。"还有,"圣安纳将军进行独裁统治时,共和国的政治中心也是在斗鸡场……"这样的历史联系有力地说明:斗鸡这样的娱乐场所之所以被赌博的恶浊气所污染,成为"只有给农民带来不幸"的社会机体上的脓疮,祸根就是那些统治者的作为,从而深化了作品的主题。基希的合作者 T. 巴克评价说,基希是 20 世纪那个制度勇敢的挑战者和讨伐者,他在奔走中能抓住要害,切中时弊,揭示出资本主义社会不可克服的弱点和无法解决的矛盾。

在《死刑》②中,基希描写了一个中国囚犯庄开英从下囚车到接受法庭审判,到刑前受洗到被执行死刑的过程,他写了庄开英对于死亡的恐惧和刽子手幽灵般的冷漠。然而,基希冷静地叙述一个异国囚犯被处死的过程,并不是为了猎奇或者是为了追求某种刺激,他的重点在于一个中国人的生命受到了怎样的漠视,一个执行过好几百次死刑的人冷漠并不奇怪,但法庭上的法官,只是"问一问被判死刑的人还有没有话说,要不要法院送一封信给他的亲戚或朋友"。中国人在临死前还要接受天主教神父的受洗,基希揭示了这样的做法是宗教和教派之间在中国进行"收买灵魂、地图和军事秘密"的表现。文中还写了一群中国孩子是如何习以为常地戏弄这个将被处死的中国人。文中涉及的每一个旁人对庄开英的死都很漠然。基希希望的是,每个中国人能拥有对死亡、对生命的敬畏之心,能够掌握自己的命运和国家、民族的命运。这些深刻的意义都包容在他的笔墨中。

4. 饱满的感情

基希在旅程中不是匆匆的过客,而是一个伸张正义的"怒吼者",得到这个称呼是人们被他作品中强烈的情感所征服。第一次世界大战后基希加入了奥地利共产党,作为党员他具有社会主义思想,拥有坚强的党性和革命激情。无论他走在世界的哪个角落,始终满怀热情为劳苦大众奔走呼号。他深入普通民众的

---

① 基希:《基希报告文学选》,第318页。
② 同上书,第33页。

生活,亲历他们所遭受的苦难,揭露资本主义社会残酷压榨的本质。在《秘密的中国》里,他关注黄包车、纱厂童工、搬运工、疯人以及被处死的人,还原他们悲苦的生活,揭露帝国主义对中国百姓的侵略和奴役。他这样描写黄包车夫的生活:"在上海,拉黄包车的车夫,有24378人,他们养活的家口,达十万以上。黄包车的平均收入,每月十二元;他干这职业的平均寿命是五年半,于是他死去。"他还原了纱厂童工的生活:"在这里,你的脸颊会苍白,你的眼睛会朦胧,你的四肢会无力。在这个工场里,锭子嗡嗡地叫,织布机轧轧拉拉响,空中充满了棉絮、绒毛和麻屑。……每天,孩子们工作十二个钟头到十四个钟头,中午都不停工。"[①]

基希在作品中情感的抒发自然而饱满,并不仅仅是愤怒和悲苦。遇到该揭露的问题大胆泼辣,淋漓尽致;发现应该肯定的地方,热情赞美——在他的许多作品中不乏对进步美好的歌颂,丝毫不掩饰内心的激动。如在《天堂美国》中,他嘲讽美国的畸形,揭露其虚伪的民主与福利,而在《同卓别林一起工作》中,他对这位电影表演艺术大师表示敬佩和尊重,对他进行了生动的描写。

(二)艺术表现

优秀的报告文学作品不仅视野宽阔、主题深刻,在表达上也需精心安排、巧妙构思。基希的作品数量多,思想性与艺术性高度结合,让读者百读不厌。

1. 合理想象的使用

基希早年的文学功底为他的报告文学写作发挥了重要作用,他在写作中吸收了许多文学手法而使作品充满活力,其中展开合理想象就是重要的特征。他认为报告文学是新闻真实与艺术再现的统一,反对虚构但允许想象。想象可以生动地再现历史的场景,能化抽象为具象,把单纯的理性变成丰富的感性与理性相结合。

在《博里纳日,四种传统的胜地》中,他写拉格拉帕在1879年4月17日发生瓦斯爆炸的情景,就发挥了合理想象,

> 一瞬间,巷道和坑道里烈焰熊熊,火舌甚至从竖井穿出地面,好像要爬出来烧毁整个大地。六次爆炸,由深处涉及地面,每次所造成的地面震动波及很远。聚集在遇难的竖井周围的人群,惊慌失措,呆若木鸡,凝视着那些爆炸后漂浮在天空中的幽灵:在矿区上空,在云际中间出现了鬼怪,他们的胳臂在飘荡,大腿在摆动,忽上忽下,忽而扭做一团,忽而杂乱旋转,仿佛他们没有躯干!这个云际舞场终于消散了,幻影缓慢地飘落到地面。这时人

---

① 基希:《秘密的中国》,第76页。

第17章 埃贡·埃尔温·基希——"怒吼的新闻记者"与报告文学大师

们看到,原来都是些衣物。有一个工作班被堵塞在坍塌的坑道里,由于温度上升,他们涌向一条狭窄的通风道,脱掉了衣服,一次新的爆炸把这些衣物从竖井冲到地面,高高地抛上天空。①

基希这里的想象有着真实的依据,他在进行调查时特意去了教堂翻阅殉难者的案卷,寻找关于灾难的记录。他发现"自古以来,教士们一直从事着奇闻传说的编撰工作",合理地想象不仅没有歪曲事件的本来面目,反而能够使事件能更加形象生动地展现出来。

2. 镜头语言的运用

基希在写作中善于描写场景,捕捉典型形象,娴熟运用电影镜头语言使作品呈现出静态实景模式与动态的生命力。如《一个印度人指挥交通》的开头:"他轮流地开关着红色、黄色和绿色的灯。他的头上缠着红色、黄色或绿色的头巾。要是头巾是一种不同于指挥交通的灯光的类似的颜色的话,就要损害这一作用了。印度人在公共租界的一切重要的十字路口指挥着交通。"头巾是印度人最为明显的特征,基希从头巾的颜色下笔,将之与红绿灯的颜色类比,深深地刺激了读者的视觉。在写由印度人充当的交通巡捕和司阍巡捕时,他抓住对象的主要特征——"都穿着英国式的紧身制服大衣。他们头巾下面绷着一把梳子,腰带上面插着一把小刀,手臂上戴着一只手环,穿着一条亚麻布的短裤——这是他们的宗教的四条规矩……加上第五条……蓬乱的胡须。"这样一来,人物的外形便深入到读者的脑海中。

电影镜头语言的魅力在于它的动态性,镜头的推拉摇移能使所描绘的对象活动起来,充满表现力和生命力。基希正是巧妙地运用镜头语言使作品呈现出动态感,如在《死刑》中,庄开英被押往刑场的路上,基希坐在路过的车里,他看到黄包车夫,"用拉长的喉音叫卖他们的货物的街头小贩","用竹扁担挑着东西,一边唱,一边哼着两个合奏曲的工人","蹲在贩食摊旁的人们","站在兑换店的铁槛前的人们",以及"让街头理发匠在剪头、在挖耳朵的人"等,这幅动静结合的描写让文字充满了生命力,中国老百姓的生活状态如实展现在了读者眼前。

在《蒙特卡罗赌场》的结尾,他写道:"公园里,玫瑰和黄大豆花吐着芬芳,龙舌兰和棕榈的枝条,傲然腾空而起,又轻柔地缓缓垂下头来。在藤蔓和花朵组成的天篷荫蔽下,绝望的人在长凳上用枪弹了结自己的一生。"②在这样的语言里,

---

① 基希:《基希报告文学选》,第5页。
② 同上书,第124页。

读者仿佛能闻到花香,看到枝条的走势,然而在这美好的背景下却是一个生命的结束,基希正是用这样的方式表达深刻的主题。

3. 表现手法多样化

基希写作时,各种表现手法和修辞技巧自然地从笔端流淌,深刻的主题以生动的方式表现出来,从而减少沉重和压抑感,"在轻快的笑谈间夹杂着逼人的严肃的风格"①,同时,也能让作者的抒情流畅而自然。如《里昂的丝绸》一文的开头:"'我为世界吐丝,'蚕蛹这样讲。说到做到。"文章从一个具有奉献精神的昆虫说起,而后谈到人类贪婪、掠夺的本质。结尾再次提道:"可是蚕蛹怎么讲?'我为世界吐丝'。"用昆虫对人的嘲讽结尾,看似轻描淡写,实际上意味深长。

基希在写作中为了主题需要,叙述的角度常常自由转换。在《公牛和它的对手们》中,他一会儿以旁观者的身份对斗牛赛进行讲解,一会儿又以公牛"N先生"的视角来描写它对比赛的感受——"当然,我立即就想到这点!这里没有牧场。只有一个圆形的沙场。没有青草,没有美丽的母牛,——什么也没有。四周,座席一排压一排的,坐满了人。"这样从不同角度对同一主题的诠释让作品变得更加富有深意且生动有趣。

在基希的作品中,比喻、拟人、排比等修辞手法信手拈来,为文章增添了绚烂的色彩。排比是强化情感的技巧之一,基希在《博里纳日,四种传统的胜地》中写道:"大罢工接连不断地发生,几百年来一直滚动不止的升降机钢索一停就是几星期,几百年来回荡在黑暗的深渊里的劈砍声沉寂下去了,几百年来天天使用的矿灯吊在仓库里连动也没人动一下,而在外面几百年来一直苍凉荒芜的大地却为斗争所激动着。"他不仅为大罢工欢呼,同时,"几百年"这样的重复也揭露了几百年来矿工们遭受的掠夺。这里由三个结构相同、内容相关、语气一致的句子排列在一起,同第四个"几百年"相对比,加强语势,加重感情,使得抒情更加有力,节奏鲜明。基希还常使用对比手法,如在《一个罪人的丧礼》中,他写拆白党保护团的头领张继贵死了。这是一个怎样的人呢?基希开头并不急于揭露此人的恶行,而是写他想赎罪去普陀寺捐赠二万五千两银子,但"神圣的住持对他很冷淡:'钱不清爽'"。继而写在张继贵的丧礼上,一个"常常可以为了三杯白兰地或是一英两鸦片烟去干任何不名誉的勾当"及"没有一个体面的人愿意和他发生关系"的美国人,也"轻蔑地拒绝了仅仅跟在灵柩后面走一走,去装饰这位中国绅士的葬礼的邀请"。连这样的人都轻蔑的张继贵,恐怕真是罪大恶极了。

---

① 基希:《秘密的中国》,第198页。

第17章 埃贡·埃尔温·基希——"怒吼的新闻记者"与报告文学大师

基希善于用形象化的语言把嘲讽同幽默结合在一起,读来妙趣横生。在《这就是所谓的足球比赛!》中,他以时间顺序写一位"贝克尔博士"去观看美式足球比赛的过程,全文分13个小标题,从博士先生"观看比赛的路上"到"比赛结果和战利品",借博士之口用幽默的笔调对美国的足球运动进行了批判,对场外的观众甚至美国的交通给予嘲讽。他还经常用幽默的手法调整叙述节奏,如在《里昂的丝绸》中,他在叙述了丝厂紧张的工作后,写道:"大厂房的一块黑板上写着禁止吐痰,虽然厂主的全部经营需归功于蚕蛹的这种恶习。如果在中国蚕农培植的桑树上都挂着'禁止吐痰'的牌子,而且为可怜的蚕蛹们所遵循,那么你们将怎样呢?"① 在严肃的叙述中间插上幽默的调侃,不仅推动了文章的进程,而且颇有趣味。

上述表达技巧和修辞手法在基希的作品中比比皆是,作为优秀的报告文学家,他认为不仅要做到对社会现实的关注,而且"为了表达我们的认识,我们必须全力以赴地寻找一种能够满足绝对美学的所有理想规律的形式"②。基希通过自己的作品,实践了对报告文学文体的创作要求。

三、基希的写作思想

基希从1912年的《布拉格街头拾零》到1945年《在墨西哥的发现》,一共发表了18部报告文学集,开创并成就了报告文学这种特殊的体裁,为其发展做出了巨大贡献,他的《论报告文学》便是这方面写作的理论指导书。

(一) 报告文学是革命性与艺术性的结合

基希认为:"报告文学是艺术的形式和斗争的形式。"1935年,他在巴黎保卫文化大会上做了发言《报告文学——一个危险的文学体裁》,之所以称为"危险的文学体裁",是因为在当时的环境下写报告文学可能被逮捕、坐牢甚至暗杀。他认为记者不仅要报道成绩,宣扬光明,同时也应发现问题,积极探索,做有社会责任感的记者。基希从来不掩饰写作的革命性,在1935年的那次发言中他一开始就宣称:"关于被一切资产阶级宣称为毫无价值的特殊的文学样式——速写或报告文学,我有几句话要说。"他激愤地高喊:"面对着人类的悲哀,想要哭泣,想要叫喊,对于被指责为正式煽动家,我甘愿承担下来。"他认为:"报告文学就

---

① 基希:《基希报告文学选》,第49页。
② 同上书,第344页。

是要揭露劳动和生活方式的真相。"①

基希在写作中也提倡艺术化的追求,这种追求的指向是"面向劳碌奔波、读书不多、智力不发达的读者层",也就是说,报告文学要有明确的受众意识,能为广大劳动人民写作。"真正的作家,也就是写真实的作家,必须避开所有这些歧途,他不能丧失他的艺术家的沉思,他应当挑选色彩和配景把这可怕的模特儿作为艺术品、作为控诉性的艺术品来塑造"②,"精确地描述真实,而又不丧失作品的神韵和形式",运用深入浅出的表达方式,使文章通俗易懂且生动有趣。

基希认为革命性与艺术性对报告文学都是不可分割的,"具有社会意识的作家承担着双重任务,即斗争的任务和艺术的任务,但他如果只限于从事他的艺术或者他的斗争,那么这双重任务将会由于单打一而一无所成,两方面都会没有效果和价值可言"③。他强调记者在写作时要承担两个任务:一是反映社会的真实面,二是体现写作的艺术魅力。他回顾有次在锡兰的经历:在前往锡兰的船上他读过一些关于这个国家的书刊,一部分是官方的导游小册子和旅游局的宣传品,还有一部分是文学性的游记。两类刊物却呈现出各自的锡兰,前者展现的是一个具有旖旎风光和灿烂文化的锡兰,而后者呈现的却是一个充满饥饿、不断有人死亡的破损的锡兰。基希认为要做一个有社会感的作者,把锡兰那些真实的、令人触目惊心的事实记录下来,还要注重表达的艺术性。他说记者之所以被认为是报纸低级的撰稿人,与他们写作的内容与方式有很大的关系,应该实现斗争性与艺术性的结合,向采写出《震撼世界的十天》的里德等学习,写出扣人心弦、自成一格的新闻报道。

(二) 处理好真实材料与合理想象的关系

报告文学的魅力不仅在于它关注社会现实题材,还在于它运用文学表达方式增强了可读性。报告文学的真实性与艺术性之间的关系,尤其是写作中如何处理好真实材料与合理想象,一直以来引发各种讨论。基希作为报告文学的创造者,对二者的关系做过清晰阐述。

基希认为真实性是报告文学的写作原则,他多次强调在内容上反映现实、"精确地描述真实",而且这种真实是"科学的经得起检验的"。他对于真实性原则的坚守源于年轻时做记者的一段经历。他在《初露锋芒》中回忆当初他在写

---

① 基希:《基希报告文学选》,第347页。
② 同上书,第346页。
③ 同上书,第344页。

第17章　埃贡·埃尔温·基希——"怒吼的新闻记者"与报告文学大师

席特考磨坊失火的报道时,因为在现场问不出有价值的问题,找不到有意义的线索,又担心被同行嘲笑,完全凭想象"创作"了一篇报道。开始他惴惴不安,但发现稿件所写的内容竟然被人相信了并受到称赞。后来,在知情人的指责下基希进行了反省,对新闻报道有了明确的认识:"报道的特点是真人真事。能否造成假象,让读者以为某一虚构的事件确实发生了?不行。如果事情是臆想出来的,那么不管读者是否觉察到,对它的描述都不能称之为报道。"①他说:"难道我该继续欺骗下去吗?绝对不能!正因为我第一次力求如实报道的时候,我却没有抓住真实,所以我要继续寻求真实。"在基希的写作中真实性是第一追求,无论涉及何种题材,他都要亲自采访,翻阅文献资料,获得第一手真实的材料。

后来基希又提出问题:想象是文学具有魅力的表现之一,描写真实可否有想象呢?经过写作的实践和审慎的思考,他认为作者在考虑作品时"必须使过去和未来同当前发生联系——这就是合乎逻辑的想象,这就避免了陈腐和蛊惑"②。在基希看来,报告文学中的想象是一种合理想象。所谓合理,是指那些服务于真实的想象。他以实践阐明了这样的观点:报告文学要建立在事实可信、生动活泼的写真实的基础上,同时又不排斥"但丁式的好奇心"③。但这种好奇心须有事实为依据并服务于真实,那种使真实模糊不清的幻想应摒弃。在基希笔下,纵贯历史、横跨国界的联想与想象往往有事实或数据的支持,他只是在一些证据的基础上试图用艺术的手法还原历史的原状。这些联想与想象增强了文章的可读性,让读者在轻松的阅读中接受深刻的主题,领略真挚的情感。

基希生活的时代几乎是一个破碎的状态,但他用脚丈量世界,用笔深入社会,创造了报告文学这样的新文体,写出了大量优秀的作品。我国在20世纪30年代介绍过基希的作品,报告文学才开始得到广泛的传播,而且影响深远。作家周立波曾说基希是"新起的中国报告文学者的良好的模范"④,即使在今天,基希报告文学的写作经验以及理念依旧值得新闻工作者学习。

参考文献

1. 基希:《基希报告文学选》,孙坤荣等译,外国文学出版社1984年版。
2. 基希:《秘密的中国》,周立波译,群众出版社1981年版。

---

① 基希:《基希报告文学选》,第234页。
② 同上书,第346页。
③ 同上书,第235页。
④ 基希:《秘密的中国》,第198页。

第18章 埃德加·斯诺

——最早引领西方认识"红色中国"的人

埃德加·斯诺(Edgar Snow,1905—1972),美国著名记者、作家,反法西斯战士,中美人民的友好使者。20世纪30年代和第二次世界大战期间,以报道中国和苏联闻名于世,1936年采写的《红星照耀中国》一书成为不朽之作,率先向世界报道了中国工农红军的真相。新中国成立后三次来华访问,所写的11本新闻和编译著作中有九本是关于中国的。1972年2月15日,病逝于瑞士日内瓦,部分骨灰安葬在北京大学未名湖畔。被评选为"为新中国成立做出突出贡献的英雄模范人物"和"十大国际友人"。

一、斯诺灿烂的一生

1905年7月19日,斯诺出生在美国密苏里州堪萨斯城一个印刷厂主的家里,排行老三,这家人居住的房子如今仍坐落在默希尔大街381号。

斯诺的父亲詹姆斯是共和党人,母亲安娜是民主党人,他们的分歧不在政见而在宗教信仰:基督教家规的詹姆斯娶了信仰天主教的妻子。每逢周日下午,斯诺都听到父亲朗读不可知论演说家英格索尔的讲演录和被天主教查禁的书籍。他曾回忆道:"就我个人来说,我生在密苏里,是一个土生土长的怀疑论者,东方(指中国)多年的记者生涯又进一步把我训练成一个怀疑论者,因为在那里,事实往往被谣言所淹没。"①看在母亲的面上,斯诺还是定期到教堂去做弥撒。他离开家乡到远处上学后,就完全脱离了教会的活动。

少年斯诺浪漫而自得其乐,他喜欢参加户外体育活动及各种俱乐部,在"鹰童子军"里获得过12枚奖章。在中学时他办过一份兄弟会报纸《德塔》,不过学

---

① Edgar Snow, *People on Our Side*, New York: Random House, 1944, p.183.

第18章　埃德加·斯诺——最早引领西方认识"红色中国"的人

习成绩平平,于是在读高年级的照片上题词"要紧的是自尊"。升入初级大学的两个学期里,他的成绩是三个 B、七个 C 和植物学的一个 F,甚至没有学完数学三角学。斯诺爱好旅行和冒险,这大概是他继承了移民祖先好流动的天性,另外马克·吐温的作品对他也有影响。

1925 年秋天,斯诺回到密苏里,进入著名的密苏里大学新闻学院。这所世界上最早的新闻学院是 1908 年创建的,创始人迪安·沃尔特·威廉斯组织过多次国际性的新闻会议,成立了世界新闻学会,并把许多有才华的毕业生派到国外的报纸。学院的这一传统对斯诺有极大的诱惑力,他潜心攻读新闻课程,获得了比在初级大学好得多的成绩,这为他后来的职业打下了基础。

1928 年,斯诺揣着从纽约股票交易中得来的 800 美金,挎着一架旧柯达照相机在开往远东的轮船上当临时水手。他怀着巨大的好奇心横渡太平洋寻找"东方魅力",原打算只在中国逗留六个星期,然后周游世界进行写作。然而他踏上华夏大地后就被中国人民的深重苦难震慑了,他竟住了 13 年,同中国结下了一生的不解之缘。

到上海后,斯诺先在美国人主办的《密勒氏评论报》担任助理编辑,并以记者的身份赴各地采访。使斯诺的思想发生重大变化并促使他为平民的事业而献身的重要契机是 1928—1929 年的绥远之行,特别是他对萨拉齐的采访,目睹了赤地千里、饿殍遍地的一片惨烈景象,"成千上万儿童死于饥荒,这场饥荒一共吞噬五百万人的生命"是最令他"震惊的一幕",成了他"一生中的觉醒点"①。

九一八事变爆发后,斯诺立即赴东北采访,目睹了日寇的凶狠残暴和当局不抵抗的恶果,仅短短几个月东北便陷入日寇的铁蹄之下。1932 年日军进攻上海,斯诺冒着炮火采访。中国军民同仇敌忾、浴血奋战的情景和宋庆龄、何香凝女士到前线慰问伤员的感人场面,给他留下了深刻的印象。他激动地说:"中国终于被某种东西震醒了。"此后不久,斯诺出版了第一部著作《远东战场》。1933 年 3 月,他被美国统一新闻协会任命为驻北平代表。同年秋他应邀到燕京大学新闻系执教,讲授新闻特写和旅游通讯,他与中国爱国知识分子和进步学生进行了更为广泛的接触和交往。1935 年底北平学生发起一二·九爱国运动,斯诺支持学生,摄下了许多历史性的场面,当晚他即给《纽约太阳报》发了一条独家新闻,称一二·九是又一次五四运动。

为了解和报道中国工农红军及其陕北根据地,斯诺经宋庆龄和中共地下组织的安排,1936 年 6 月初踏上了通往陕北之路。他与马海德大夫一起,经过近

---

① 斯诺:《今日的红色中国》,新民节译,香港南粤出版社 1973 年版,第 38 页。

一个月的跋涉于7月到达陕北安寨,次日见到周恩来。7月16日毛泽东会见了斯诺。他还赴甘肃、宁夏旅行采访两个月,行程千里途经十余县,接触到众多红军高级将领。同年10月,斯诺带着大量采访的宝贵资料满载而归。

1937年,斯诺经过夜以继日的写作完成了陕北之行的书稿,10月由伦敦戈兰茨公司以《红星照耀中国》为题出版。本来书名定为 Red Star in China,美国的出版经纪人在把书稿转寄给英国出版公司时,把书的题目写成了 Red Star over China,这个疏忽造成的错误却令斯诺拍案叫绝。1937年2月,美国《生活》画报创纪录地发表了75张斯诺的苏区摄影。

《红星照耀中国》一经问世即风靡全球,短时间内被译成法、德、意、俄、西、葡、日、荷等十余种文字出版,吸引了白求恩、柯棣华等许多国际反法西斯战士不远万里来到中国。美国著名记者白修德评论说:"《西行漫记》是经典性报告文学的样板。斯诺对中国共产党的发现和描述,与哥伦布对美洲大陆的发现一样,是震撼世界的成就。"[1]1938年2月,胡愈之等人在上海组织译成中文,为避免因书名而招致查禁的麻烦,遂改书名为《西行漫记》出版,国内许多青年读了这本书而奔赴延安参加革命。

1938年春,经斯诺夫妇和艾黎发起、宋庆龄为名誉主席的"中国工业合作促进会"(以下简称"工合")在上海成立。1939年9月,斯诺以"工合"国际委员会代表兼记者的身份重访陕北。到1940年10月,"工合"委员会在16个省建起了2300多个小工厂。1941年,斯诺在菲律宾出版了第四本长篇纪实著作《为保卫亚洲而战》。1941年1月皖南事变,斯诺从廖承志处得知消息后立即从香港发出急电,通过美国《星期六晚邮报》报道了事变的真相。国民党当局暴跳如雷,下令取消斯诺的记者特权,他被迫离华返美。

在第二次世界大战期间和大战结束以后,斯诺除了为《星期六晚邮报》写了大量的战地报道、评论外,还写了《人民在我们一边》《苏维埃力量的格局》《斯大林需要和平》等书。

新中国成立后,斯诺多次呼吁美国政府承认中国并与之友好相处。由于他抨击美国的对华政策,受到20世纪50年代初横行的麦卡锡主义的迫害,文章不能刊登,著作无处发表。1951年,他不同意《星期六晚邮报》趋炎附势的编辑方针,辞去了副主编职务。1959年,为避开美国严酷的政治环境,斯诺举家迁往瑞士日内瓦附近居住。

1960年6月,在中国政府一再邀请和斯诺的多次申请之后,美国政府不得

---

[1] "Mao's Columbus," *Time*, Feb. 28, 1972.

第18章 埃德加·斯诺——最早引领西方认识"红色中国"的人

不发给斯诺出访护照,他终于踏上了第二故乡的土地。历时五个月的访问,斯诺拜会了毛泽东、周恩来等领导人,深入地观察了中国的巨大变化,同科学家、文艺家、机关干部和普通群众进行了广泛的交谈和采访。1962年他把这次采访写成《大河彼岸》一书,被美国历史学家霍华德·金称为"是由我国最优秀的记者写的一部宏大、勇敢、辉煌的著作"。

1964年10月至1965年1月斯诺再次访问中国,与毛泽东的恳谈范围涉及"山南海北"①。访问结束后,斯诺回国编辑了他拍摄中国的纪录片《人类的四分之一》,向美国观众放映。

1970年10月1日,斯诺及夫人与毛泽东在天安门城楼上。

1970年8月至1971年2月,斯诺最后一次访问中国,史学家们称之为传奇之旅。他在中国受到了不同寻常的接待,10月1日斯诺与毛泽东并肩站在天安门城楼上,边交谈边观礼。《人民日报》头版头条发表了这一照片,报纸右角上刊登"全世界人民包括美国人民都是我们的朋友"的毛泽东语录,这实际上是预示中美关系将有重要变化的信号,中国伸出了橄榄枝,遗憾的是美国领导人当时给忽略了。

正当斯诺多年期盼并积极为之努力的事业——促进中美关系和解出现曙光之时,他却在瑞士患了癌症。中国政府得知后立即派去一个高水平的医疗小组。医生们虽尽了最大努力但还是回天无术,斯诺于1972年2月15日去世。他临终前在便笺上写道:"我热爱中国。我希望死后我有一部分留在那里,就像生前

---

① Edgar Snow,"Interview with Mao",*New Republic*,Feb. 17,1965, pp. 17–23.

一贯的那样。"

遵照斯诺的遗愿,妻子偕女儿带着他的部分骨灰于1973年10月到北京。10月19日,在北京大学未名湖畔——他所执教过的原燕京大学地址,举行了隆重的骨灰安葬仪式,中国领导人和斯诺生前好友赠送的花圈摆满了墓地,大理石墓碑上镌刻着叶剑英元帅题写的碑文:"中国人民的美国朋友埃德加·斯诺之墓"。2009年国庆60周年,斯诺被评选为"为新中国成立做出突出贡献的英雄模范人物"和中国"十大国际友人"。

二、斯诺的采访技巧

(一)带着问题寻找真相

记者采访立足求真,不受成见或偏见的干扰,先寻找事实,具备了足够的事实才可能说明问题的真相。斯诺寻找事实的方法是:第一,脑子里要有问题,带着问题寻找事实求答案;第二,尽一切可能找第一手材料,到现场采访当事人或知情人,不可道听途说。

斯诺是有着强烈问题意识的记者,他在访问延安前耳闻目睹了发生在中国的大事,捕捉到全世界都关心的热点——关于中国的红军、苏维埃和共产主义运动的情况。他把热点化成一个个具体的问题,在《西行漫记》一开始就列举他当时对中国革命不了解的问题,提出:"中国的红军是不是一批自觉的马克思主义革命者,服从并遵守一个统一的纲领,受中国共产党的统一指挥的呢?如果是的,那么那个纲领是什么?"接着又继续发问:"中国共产党人究竟是什么样的人?他们同其他地方的共产党人或社会党人有哪些地方相像,哪些地方不同?旅游者问的是,他们是不是留着长胡子,是不是喝汤的时候发出咕嘟咕嘟的响声,是不是在皮包里夹带土制炸弹。认真思索的人想知道,他们是不是'纯正的'的马克思主义者。他们读过《资本论》和列宁的著作没有?……他们是社会先知,还只不过是为了活命而盲目战斗的无知农民?……他们的妇女真的像国民党宣传的那样是被'共妻'的吗?"他一口气提出的诸多问题,都是关心东方政治的人感兴趣却未能获知真相的。"为了探明事情的真相,难道不值得拿一个外国人的脑袋去冒一下险吗?"①他1936年6月从北平出发,进入国民党封锁的西北,到陕甘宁边区进行了五个月的采访,作为一个"冷静的、没有偏见的观察

---

① 斯诺:《西行漫记》,董乐山译,生活·读书·新知三联书店1979年版,第7页。

第18章 埃德加·斯诺——最早引领西方认识"红色中国"的人

者寻求真理"。

发现问题、提出问题,这种强烈的问题意识是斯诺新闻采访的一个逻辑起点,正因为有了这样的起点,他创造出辉煌的新闻成就,进入西北后通过观察与访问获得解答那些问题的材料,最终成就了影响深远、流传广泛的不朽著作。

(二)实地考察获取第一手资料

斯诺爱说:"我是一个密苏里人。"这是一句美国谚语,意思是遇事要辨明真相,坚持真理。他说这句话的意思,一是指出生在密苏里州,二是表明坚守"耳听为虚,眼见为实"的采访作风。美国著名女作家赛珍珠曾说过:"斯诺对他所报道的事件了如指掌,因为他到过现场。当他报道一个事件时,他一定目睹过它。"[1]如《拯救二十五万生灵》,是他不顾一些官员的阻挠深入内蒙古灾区采访后写出的;《中国洪水纪实》是他在腿疾未愈的情况下,通过实地考察长江中下游水患区写成;他报道的名人包括为中国民众而战的宋庆龄、参加建设中华的友人艾黎、文学大师鲁迅等,他都亲自详细地采访,并与他们建立了深厚的友谊。

斯诺坚持尊重事实,实事求是,他要亲历新闻现场,从大量的感性素材中得出结论。如1929年他为了采访中国西北灾情,一直旅行到铁路的终点;1932年淞沪抗战期间,他冒着枪林弹雨多次亲临前线;1936年他听从周恩来的建议,在保安访晤了许多中共领导人,到甘肃、宁夏和红军官兵一起生活了一个多月,光笔记就有16本;1943年他采访苏联卫国战争时,坚持一定要到斯大林格勒(今伏尔加格勒)前线……因此斯诺的报道总是有血有肉,有大量事实作根据,有现场生活所产生的激情。

"机会千载难逢,不能错过。我决定抓住这个机会,设法打破这一已经持续了九年的新闻封锁。"[2]《西行漫记》就是以斯诺实地采访调研为基础,以丰富的第一手材料,在中国广阔的历史社会背景上给人们描绘了一幅延安红区的真实图景:中国革命的原因和目的及其必然性,中国共产党人、红军战士、农民、工人、知识分子的那种不可征服的精神、力量、欲望、热情,他认为这些是"人类历史本身的丰富而灿烂的精华"[3]。

(三)善于倾听和观察

记者仅凭"目所及"来写新闻终究有局限,只有倾听各方当事人的意见,仔

---

[1] 赛珍珠:《亚洲书览》,《亚洲》1938年3月。
[2] 斯诺:《西行漫记》,第7页。
[3] 同上。

细进行比较,才能深刻剖析一个问题。在延安采访时,斯诺敏锐地观察和询问,了解红军战士。"他每天起早贪黑地进行采访,每天工作到很晚直到将笔记整理好为止。中国的陪同人员发现斯诺对采访非常内行:他很随便地蹲在地上和农民聊天,但也会很仔细地从干部那里搜集各种数字,还经常以稍有变化的方式多次询问同一问题,他的笔记写得很仔细,包括详细记下被采访人的经历。"①

特别是对毛泽东的采访,斯诺很好地运用了观察的方法。当他问毛泽东"为什么成为一个共产主义者,红军怎样成长壮大起来"时,毛泽东告诉他,只谈革命和集体,不谈个人。这让斯诺很苦恼,他知道如果不报道毛泽东本人,这次采访要逊色大半,而且他来陕北之前,在脑海中一直就有个疑问:"毛泽东,南京通缉名单上的第一号'赤匪',蒋介石悬赏25万银洋不论是死是活要缉拿到他,他是怎样的人呢?那个价值这么高昂的东方人脑袋里到底有些什么名堂呢?"②于是他急中生智地用"激将法",说:"外面流传着关于你的许多谣言,……你不应该纠正这些流行的谣言吗?"毛泽东只好"同意纠正这类传说",回答:我索性把我生平的梗概告诉你。就这样,在翻译的帮助下,斯诺伏案奋笔疾书,一口气记下了两万多字,这就是后来在《西行漫记》中的"一个共产党员的由来"。这是世界上唯一的由毛泽东口述的个人自传,至今还在西方以多种形式出版流传。

在斯诺的眼里,毛泽东是"非常伟大的人物",但绝不是"神"。这不仅由于斯诺是一个见多识广的记者,还在于他善于观察人,善于洞察人的内心,更善于倾听,与他人推心置腹。他说:"毛泽东在我的印象中是一个有相当深邃感情的人",在讲到从前湖南由于饥荒引起暴动而死人的时,"他的眼睛是润湿的"③。

三、斯诺的作品特色

(一) 浓郁的人文情怀

斯诺用手中的笔向世界展示了真实的中国和共产党人,对革命寄予深深的理解,也对中国人民的苦难寄予深深的同情。1929年11月9日,斯诺就在《密勒氏评论报》上发表《中国人请走后门》的社论,抨击殖民主义者歧视中国人,以"华人与狗不得入内"为代表的种族歧视和"那些采取侮辱中国人荒唐做法的外国人,仍然是在继承他们前辈的衣钵,正是这些人在90年前在中国建立起自我

---

① 武际良:《斯诺传奇》,华艺出版社1995年版,第211页。
② 斯诺:《西行漫记》,第3—4页。
③ 同上书,第69页。

第18章 埃德加·斯诺——最早引领西方认识"红色中国"的人

的统治地位"。

在东北之行采访中,他目睹了日军的暴行,在《远东前线》一书中首先介绍了他见到的情景:

> 我的脑海里印着一片恐怖和残杀的景象……
>
> 我看到成百个无辜的百姓的痛苦、损失和死亡。他们无端被日军屠杀了。事先什么都不知道。日本陆军参谋部申明它并不是在作战。这种申明减轻不了这些痛苦。
>
> 在东北,大批农民离乡背井;大量财富被日本人洗劫一空,毁坏殆尽。
>
> 日军远征军踏着中国青年的血泊前进,绝不是什么英雄。

在斯诺到延安采访之前,还没有一位外国记者去过。他原计划90天的时间,由于倾注了对中国共产党的同情,他将行程延长了一个月。用他自己的话说,他最后还舍不得离开,因为"看到的太少了"。他的笔下对延安充满了和善与友好,这对当时处于极度劣势环境下的中国共产党是难能可贵的支持。

斯诺的新闻作品第一次告诉全世界:中国共产党最初是领导着"几百个衣衫褴褛、食不果腹的年轻然而坚决的革命者建立起一支有好几万工农所组成的军队,最后到1930年已经成了政权的争夺者"。对弱者的同情,对中国的热爱,一直贯穿于斯诺的作品之中。他的人生因为这种人文关怀而绚烂多彩,甚至在他临终前还不忘中国,留下遗言:"我热爱中国!"

(二) 文字简洁,描述传神

斯诺在《西行漫记》中描写了一大批中共领导人和红军将领的肖像,笔墨简练,神情生动,印象鲜明。如周恩来"个子清瘦,中等身材,骨骼小而结实,尽管胡子又长又黑,外表上仍不脱孩子气,又大又深的眼睛富于热情。他确乎有一种吸引力,似乎是羞怯、个人魅力和领袖的自信的奇怪的混合产物。他讲英语有些迟缓,但相当准确"①。这虽是接触周恩来的第一印象,却极为传神。

斯诺在采访徐特立老人如何走上革命道路时,那一段心理描写让人读了难以忘怀。他写徐老因从事进步活动遭到当局逮捕,到处寻找党时的情景:

> "我早想参加共产党,"他怀念地告诉我,"但是没有人要求我参加。我年已五十,我想共产党大概认为我太老了。"但是有一天,一个共产党员到他避难的地方来找他,请他入党,这个老家伙高兴之极,他告诉我,他当时想

---

① 斯诺:《西行漫记》,第43页。

到他对建设新世界仍有一些用处不禁哭了。

寥寥数笔,把徐老为共产主义献身的忠诚热情刻画得淋漓尽致。

斯诺的文字不算特别漂亮,但具有言简意赅、形象化和强劲有力的特点。例如,他在《复始之旅》中总结他在旧中国获得印象的一段文字:

> 我年轻时不懂得语言和统计数字的意义,后来看到了许多真实的场面,碰到了许多活生生的人——以致现在对我来说,"饥荒"意味着一个赤身裸体的年轻姑娘,胸前却悬着一百万岁古老的干瘪的乳房;"恐怖"意味着一片焦土的战场上一群老鼠伏在没人照管、奄奄一息的伤兵身上大啖着流脓的血肉;"反抗"意味着愤怒,当我看到一个孩子被迫匍匐在地作负重的牲口;"共产主义"意味着我认识的一个年轻农民为报仇而参军,因为他的家族由于有三个子弟参加红军而被杀害了五六十口人……①

这段文字表明,斯诺能抓住典型的形象,用生动的图景给读者以视觉冲击,而不是用概念来说明问题。

(三) 细节入手,以小见大

《西行漫记》有许多精彩的细节,如描写毛泽东住的地方,在"两间窑洞里,四壁简陋,空无所有,只挂了一些地图"②。他还用细腻的笔墨再现了大西北草木凋零、房屋坍塌以及边区荒山野岭阴森可怖的情景,红军战士"艰苦并快乐着"的生活、斗争的情形,甚至细小到一个红军指挥员为何失去两颗门牙。他通过这些细节描写,使读者如临其境、如闻其声、如见其人。

斯诺善于捕捉生活细节,抓取特写镜头,用文学艺术手法来进行生动的抒情式叙述。他在陕北的旅行充满了泥土味和生活情趣。如在一位农村老太太家吃饭,那位老人虽穷,却坚持要把仅有的六只鸡杀一只招待他,并悄悄地对向导说:"咱们可不能让洋鬼子告诉外面的人说咱们红军不懂规矩。"③

他在叙述毛泽东的人性时有这样一个细节:一只很可爱的飞蛾,翅膀是淡淡的苹果绿,边上有一条橘黄色和玫瑰色的彩纹。当它在蜡烛旁边奄奄一息死去后,毛泽东立即打开一本书,把这片彩色的薄纱般的羽翼夹进了书里。正是这位爱及飞蛾的人,在保安窑洞的灯下指挥着一场艰苦卓绝的战争。

---

① 裘克安:《斯诺怎样采访和写作》,《新闻战线》1979 年第 2 期。
② 斯诺:《西行漫记》,第 65 页。
③ 同上书,第 214 页。

第18章 埃德加·斯诺——最早引领西方认识"红色中国"的人

在《今日红色中国》中,斯诺报道了1960年在中国内地的旅行。在昔日贫瘠荒芜的陕北,他与一位大队干部侃侃而谈,写道:"透过一个通向隔壁窑洞的门,我能看见几双儿童雨鞋和一双帆布球鞋……一只柚木桌子和四把椅子,桌上放着一只盛在柳条篓中的长颈空瓶、一把茶壶和一些瓷碗。我蓦地想到,在过去这样一些东西只能在一个地主的家中看到;我甚至记得,在那时,仅仅为这么一只长颈瓶,陕西的土匪也要来抢一下。"① 这里的精准不是片段的感觉,而是仔细的观察所得,足见他不放过任何一个细节,同时又追寻其中的底蕴。

(四) 注重前瞻性报道

历史预见性是记者最可贵的品格,它使记者能从历史航向的高度认识所报道信息的意义和价值。斯诺在二战前后对历史发展趋势做出的几次预测都具有重大意义,已被历史所证实,这些报道可被称为"预见性报道"。第一次是1936年6月,抗日战争全面爆发前,斯诺在《星期六晚邮报》发表的《远东即将发生的冲突》中指出:"日本在它企图主宰中国市场和内地财富的巨大冒险中,注定要折断自己帝国的颈骨。"第二次是1937年底,他在《西行漫记》中预言,中国的革命必将取得最后的胜利。第三次是1941年7月苏德战争爆发前,斯诺在《新共和》杂志上指出:"希特勒进犯苏联,就是他走上毁灭的起点。"第四次是1943年10月,斯诺在《星期六晚邮报》发表《苏联将会打击日本吗?》,指出:"不可回避的事实是,苏联绝不会当外国势力趁日本失败进入一个对苏联来说是至关重要的地区的时候,而无动于衷。不说其他的,仅仅为这个原因,苏联注定会在太平洋战争扮演一个强力的角色。"他的结论是苏联迟早会向日本开战,并预计了三种必然伴随发生的情况,这些后来都发生了。第五次是1948年底到1949年底,这期间斯诺写了一系列论述苏南、苏中关系的评论,对国际共运的发展趋势作了预测,而且断言中国战后绝不会当苏联的仆从,会走自己的路,这种胆识和预见是难能可贵的。

斯诺这种具有超出同代记者的分析判断能力,并不是因为他是什么特殊天才,而是他在青年时期就阅读了一些马克思主义著作。在《西行漫记》中,有他十分恰当地引用列宁的《共产主义运动中的"左派"幼稚病》。他研究过不少共产国际的文件,掌握了国际学者写的关于中国共产党、日本、中苏关系等的著作和报道,所以他能写出上述较为准确的预测性报道。

---

① 中国三S研究会:《敬礼,三S》,中国新闻出版社1985年版,第92页。

四、斯诺的新闻思想

（一）质朴的人道主义精神

斯诺认为，新闻记者首先要有人道主义的职业情感以及世界公民的胸襟，所以他怀着同情之心报道穷苦人的生活，这是他记者生涯的主线。斯诺是战地记者，也是翻译家、出版人、国际友人甚至学生运动组织者，有着很多身份或角色，但人道主义始终贯穿着他一生的活动。他向西方世界翻译并出版了鲁迅的《阿Q正传》和左翼作家小说集《活的中国》，让同时期的西方了解到中国知识分子高贵倔强的灵魂与反抗精神；他与宋庆龄一起成立合作社，收养战争和饥荒中的孤儿，开办医院，提供种种渠道让青年人有机会为国家服务；在采访上海抗战时，他毫不犹豫地脱下身上崭新的驼绒外套，去扑打一位素不相识的中国人身上的火；一二·九运动中他将进步学生掩藏在自己家中，热情地支持和报道抗日救亡爱国学生运动，赢得了世界学联和各国进步人士对这次运动的同情和声援。

新中国成立后，他在美国遭受迫害时仍尽最大的可能向世界介绍中国、帮助中国。"文化大革命"时期，他对中国的未来仍充满信心。他为中国重返国际社会做出了开创性的贡献，是中美建交的牵线搭桥人。斯诺在自传中写道："我感兴趣的主要是人民，各种各样的人，他们的思想、言谈和生活。而不是那些官员以及他们在采访谈话和散发的材料中描述的所谓'人民'所说的和所想的。"斯诺有着"四海皆兄弟"的胸怀，无论世界上任何地方发生任何事件，他总是充满"天下一家"的人道情怀，在新闻采访报道中平等相待，支持正义，对中国革命的报道便是佐证。

（二）独立客观的报道立场

新闻的客观性要求在尊重事实的基础上，在报道中不掺杂个人情感和党派性，不偏不倚，公平公正。斯诺忠于这样的客观性规则，在《西行漫记》中客观再现了红区的全貌，他在序言中说："我所要做的，只是把我和共产党员同在一起的这些日子所看到、所听到而且所学习的一切，做一番公平的、客观的无党派之见的报告。"《西行漫记》成为轰动世界并产生广泛影响的杰作，就在于他从旁观者的位置，以无党派人士的身份对红军的真实情况作了客观公正的报道。斯诺夫人海伦曾对他的新闻活动准则做过总结："坦白直率，尊重客观事实，同谎言作斗争，斯诺讨厌任何形式的空洞的宣传，他本人就从不进行这种宣传。他一贯

第18章 埃德加·斯诺——最早引领西方认识"红色中国"的人

都是一个职业新闻工作者,力求以最好的方式打动他的人数众多的美国读者的心。"①斯诺用笔和脚践行了这个准则。

西方在中国最客观的记者之一斯蒂尔亦认为,在斯诺的著作发表前,除了传闻和宣传之外,人们对中国共产党几乎一无所知,一方面来自国民党的宣传把共产党描写成拿自己的孩子当早餐吃的强盗和屠夫,另一方面共产党的辩护者则把他们描绘为圣人,而斯诺的作品不左不右、真实客观,打开了一扇通向未知领域的窗户,改变了千百人的思想。对于这种客观报道精神,斯诺在《西行漫记》中清楚地说:"因为我和共产党无关系,而且在事实上,我从来没有加入任何政党,所以这一本书绝对不能算作正式的或正统的文献。"②正是其客观的报道立场,折射出其作品的内在质感。

《斯诺传》的作者汉密尔顿对斯诺有过中肯评价:"中国共产党人有充分理由说他是一个可靠的记者,但不是一个可以信赖的中国共产主义运动的解释者,斯诺的独立性太强了。"③"文化大革命"中斯诺遭受到来自中国"左"派的批判,但他对自己的作品仍持有完满的自信,这种信念就来自新闻报道的独立性。他说:"我在中国的所作所为是众所周知的,即使我的写作细节上有许多错误,但这绝非一个谄媚者的作品,这是为追求真理而写的诚实、独立的新闻报道。我不是那种为适应政治气候而随风倒的作家。"④

(三) 严谨求实的报道作风

斯诺青年时期在美国受到的传统价值观的教育,培养了他的求实精神。在《百年斯诺》中的一篇纪念斯诺的文章中有这样一个细节:20世纪60年代斯诺作为美国《展望》杂志记者首次访问新中国期间,有次他拨了个越洋电话,要求纽约的编辑查一下一个白薯的"卡路里"。那时正是中国农村的大饥荒,在斯诺看来,一个白薯的含热量是一件重要的事情。⑤他的这一举动,令在场的中国同行深感震动。一件小事折射出斯诺作为优秀记者严谨的作风。

斯诺23岁来到中国,没有被片面的宣传所迷惑,亲自考察了解中国。他辗转奔波游历了铁路沿线,看到战乱、暴乱和官场的腐败,看到贫困、饥荒和遍野的

---

① 尹均生编:《斯诺怎样写作》,湖北人民出版社1986年版,第11页。
② 约翰·汉密尔顿:《埃德加·斯诺的书和世界》,载尹均生编:《斯诺怎样写作》,湖北人民出版社1986年版,第109页。
③ 尹均生:《百年斯诺史铸辉煌——纪念国际报告文学家斯诺诞辰100周年》,《广播电视大学学报》2005年第1期。
④ 汉密尔顿:《埃德加·斯诺传》,沈蓁等译,学苑出版社1990年版,第244页。
⑤ 龚文庠主编:《百年斯诺》,北京大学出版社2006年版,第100页。

饿殍,受到极大的震惊。他改变了对国民党的看法,看到中国进行革命的必然性和正义性,从而促使他后来冲破艰难险阻走访延安。他在《西行漫记》的序言中说:"从严格的字面上的意义上来讲,这一本书的一大部分也不是我写的,而是毛泽东、彭德怀、周恩来、林伯渠、徐海东、徐特立、林彪这些人——他们的斗争生活就是本书描写的对象——所口述的。"①正如海伦所说:"它从第一页起就具有真正的魔力,其内容不是发明创造,而是客观情势的一部分。"②

为了保证新闻素材的真实性,斯诺在访问毛泽东时,把毛泽东对问题的回答用英文记录下来,"然后又译成了中文,由毛泽东改正","对具体细节也必力求准确",接着同翻译合作,再译成英文。他认为:"经过了这样的反复,我相信这些文字很少有报道的错误。"另外,斯诺在写没有采访到的内容时也注明来源。如他对采访朱德也怀有极大兴趣,但不巧的是他离开后朱德才到延安。为了使《西行漫记》不落下朱德这个人物,在《关于朱德》的写作中,他引用了韦尔斯对朱德访问的笔记材料并注明来源,这样,《西行漫记》的内容更加充实。

(四) 不畏艰险的正义感

一个美国青年在20世纪20年代末来到"冒险家的乐园"上海,可以有不同的感受和反应。斯诺也说过,作为外国人在旧中国,哪怕是一个穷学生、穷记者也多少有些特权,生活总可以过得不错。但他不是到中国来享受白人特权的,他站到了中国人民一边,对帝国主义的压迫深感不平,对劳动人民的苦难深切同情,逐渐把中国人民的事业看成了自己的事业:热情赞助一二·九运动;冒着生命危险访问陕甘宁边区;支持"保卫中国大同盟";为"工业合作化运动"做工作;宣传中共领导的革命运动……他的这些积极行动,都是源于他强烈的正义感。正如斯诺后来的夫人惠勒所说:"构成埃德加的性格有许多材料,敢作敢为是其中最为显著的。"③

从延安采访回到北平后,斯诺立即发表了大量通讯报道,并热情向北大、清华、燕大的学生介绍陕北见闻。1937年3月,借燕大新闻学会、历史学会开会之机,他放映拍摄的反映红区生活的影片、幻灯片、图片,让国统区青年看到了毛泽东、周恩来、彭德怀等红军领袖的形象,看到了"红旗下的中国"。1941年,斯诺及时报道了皖南事变真相,却被国民党取消了采访权,被迫离开中国。在谈到个

---

① 斯诺:《西行漫记》,第7页。
② 刘力群选编:《斯诺通讯特写选》,洪允息等译,新华出版社1985年版,第3页。
③ 洛伊斯·惠勒·斯诺:《我热爱中国》,董乐山译,生活·读书·新知三联书店1978年版,第54页。

人同中国这种联系的感受时,他说:"我将仍然赞成中国的事业,中国的事业从根本上说是在真理、公道和正义的一边。凡是有助于中国人民自救的措施我都支持,因为只有这样,才能使中国人民看到自己的力量……"①

太平洋战争爆发时,《星期六晚邮报》聘请他作为首席世界记者,前往苏联、印度、中国以及所有的重要战场进行战地采访,摆在斯诺面前的又是一条异常艰苦、危险、随时可能丧生的道路,但他依然决心要追寻、观察、描述迅疾多变的战争风云,为读者效微薄之力。无论他身处何地,身上始终洋溢着不畏艰险的热情。

参考文献

1. 埃德加·斯诺:《西行漫记》,董乐山译,生活·读书·新知三联书店1979年版。
2. 《新闻界人物》编辑委员会编:《新闻界人物》(三),新华出版社1983年版。
3. 刘力群选编:《斯诺通讯特写选》,洪允息等译,新华出版社1985年版。
4. 尹均生编:《斯诺怎样写作》,湖北人民出版社1986年版。
5. 孙华主编:《埃德加·斯诺:向世界见证中国》,北京大学出版社2011年版。

---

① 汉密尔顿:《埃德加·斯诺传》,第293页。

第 19 章 安娜·路易斯·斯特朗

——血液融入中华大地的真诚朋友

安娜·路易斯·斯特朗(Anna Louis Strong,1885—1970),美国著名进步记者、作家、社会活动家。热情支持和报道十月革命后的苏联和中国人民的革命,向世界展现了20世纪上半叶亚欧大陆的共产主义运动的兴旺历程。一生中六次访问中国,并于1958年定居北京,向世界宣传中国的社会主义建设。斯特朗为增进中美两国人民之间的友谊做出了重要贡献,1970年3月29日逝世于北京,安息在八宝山革命公墓。

一、斯特朗充满追求的一生

(一) 早期的求学之路

斯特朗1885年11月24日生于美国内布拉斯加州弗兰德镇。父母都受过良好的教育,她也从小得到了很好的教导,并表现出良好的语言天赋。在1887年全家搬往俄亥俄州的火车上,不满2岁的她就纠正过一位妇女的语法错误:"我母亲说不能说 ain't。"4岁时她已能顺利阅读和书写,6岁就能写诗。1891年全家搬到了辛辛那提,她10岁时又搬到了伊利诺伊州的奥克帕克。

6岁时斯特朗被送到公立学校读书,她的读写水平大大超过了同学,因此常常对课程感到厌烦,几个月后就被校方退学。后来母亲鲁斯又把她送入一家私立学校。考虑到斯特朗的早慧,鲁斯在关心她课业的同时还教她缝纫、绣花和音乐、唱歌以及弹钢琴,也努力使她接触社会,锻炼自己;7岁时就开始让她独自到闹市区买东西;8岁时让她独自乘坐火车去俄亥俄州的曼斯菲尔德看望外祖父、外祖母。

父母还尽力带她去旅行。1894年8月,斯特朗用诗歌《尼亚加拉瀑布》记录

第19章 安娜·路易斯·斯特朗——血液融入中华大地的真诚朋友

了游览这个自然美景的过程。丰富的游历和父母的培养,使斯特朗愈发表现出智慧的光华。1897年7月全家前往英格兰,1898年6月再次到欧洲游历法国和瑞士,这期间她学习了法语和德语。1901年10月至11月鲁斯带她到罗马和维也纳旅行后,斯特朗写的两篇游记发表在《美国周刊》上,这激励她决心成为一个作家。

1902年秋,斯特朗一进入奥伯林学院,就被当作二年级同等学力看待,从而保证了她有更多的时间来学习知识。在奥伯林,她积极参加文学社的活动,汇编了一本名为《奥伯林之歌》的书,她谱写的《美丽的奥伯林》这首歌至今仍在学院集会上传唱。1903年秋,按照父母对她扩大视野的期望,斯特朗作为三年级学生转入宾夕法尼亚州的布林·莫尔学院。10月母亲去世,为了离家近以照顾弟妹,四年级开始斯特朗又转回奥伯林学院。1904年发表了一本诗集《风暴之歌》。1905年斯特朗19岁时以优异成绩毕业,被选入ΦBK联谊会①,并被《前进报》聘为记者。

《前进报》是芝加哥一家信奉原旨教义的新教报纸,斯特朗在这里工作了七个月,由于和主编的办报理念存在冲突,1906年3月她退出该报。4月她进入芝加哥大学继续求学,不到一年的时间便通过了文科硕士学位的考试,继续攻读博士学位。在一家贫民会馆赫尔会馆的帮助下,假期她在一家罐头厂打工,期望社会生活能使她增加对书本知识的感悟。在此期间她一边通过赫尔会馆了解社会,一边通过为本科生讲授笛卡尔等活动来增加学术底蕴。1908年斯特朗通过学校哲学系和神学系对论文《从社会心理学角度考察社会祈祷》的答辩,获得了哲学博士学位。

(二)投身解决社会问题活动

从芝加哥大学毕业后斯特朗来到西雅图,与父亲一起发起了一项"了解你们的城市"的运动。通过组织各种讲座、讨论及徒步旅行,使居民了解哪些工作及娱乐机会尚未为人所知。她还协助父亲编辑一套《圣经英雄古典故事》,自己也发表了剧本等作品。这些活动并未满足斯特朗的工作激情。1909年冬她来到纽约,住在格林尼治贫民会馆,在芝加哥期间赫尔会馆的经历使她很容易融入格林尼治的社会活动中。

斯特朗首先投身到塞奇基金会的儿童卫生部,写了一篇关于师范学校和中学生卫生情况的报告。她与民族文化学会、全国童工委员会、全国消费者联合会

---

① 美国大学优秀生全国性荣誉组织。

等组织均建立了联系。1910年9月参加了全国童工委员会,经积极筹备举办了多场展览,并拍摄了《孕妇须知》《得到教益的男人》《出诊护士》《蝇疫》等电影免费放映。在此过程中斯特朗更加认识到资本主义社会的弊端,开始信仰社会主义,尤其对有关阶级斗争的思想兴趣浓厚。1912年秋,华盛顿儿童局局长、原赫尔会馆的朋友莱思罗普请斯特朗去工作,至此,社会活动已成为她生活的绝大部分内容。

1913年6月,斯特朗走访阿巴拉契亚山区农村,得出了只有改变贫困的阶级结构才能改变农村贫困的观点。1914年3月她受邀去爱尔兰举办儿童福利展览,在爱尔兰除了举办展览,她还突击学习了爱尔兰历史,反对北爱尔兰的亲英分裂主张,撰写了措辞激烈的反英文章刊于《威斯敏斯特日报》。回国后她又忙于在圣地亚哥、旧金山等地举办展览。由于这些展览对解决社会实际问题无甚效果,1916年10月她辞去了在全国童工委员会的工作,来到西雅图与父亲团聚。在工会、妇女团体、牧师联合会等组织的支持下,斯特朗当选西雅图学校委员会唯一的女性委员。她没有将目光局限于委员会的事务,而是以此为平台投身于范围更广阔的问题中。

1916年11月,西雅图发生了镇压罢工工人事件,11人死亡,30余人受伤,而参与罢工的许多人却被控阴谋罪和谋杀罪。斯特朗利用关系争取到采访从1917年开始的审讯,她发布的报道巧妙地反驳了起诉人的观点。通过这次报道,斯特朗结识了世界产业工人同盟的领导人,并与他们共事了一段时间。4月威尔逊总统宣布参加一战时,斯特朗立即投身到反战宣传中,散发传单抵制征兵,她还为《西雅图每日呼声报》撰稿,宣传世界产业工人同盟的观点。12月一艘俄国的船抵达西雅图港,包括著名记者里德的妻子布莱恩特在内的一大批十月革命的亲历者上岸,斯特朗与他们交谈了解俄国的革命,并与布莱恩特结下了友谊。

斯特朗的活动惹恼了西雅图当局,想把她赶出学校委员会,1918年3月她退出了该委员会,继续为《西雅图每日呼声报》写文章,把具有国际意义的一些重大事件介绍给西雅图工人,并采访了准备回俄国参与社会主义建设的鲍罗廷。不久《西雅图每日呼声报》被捣毁,西雅图的左翼出版物只剩下《工会纪事》。应编辑奥尔特之邀,斯特朗到《工会纪事》担任编辑,她在该报发表了大量的社论、新闻,还发表了六百多首的诗歌。

1919年2月,西雅图开始了美国历史上的第一次总罢工。4月《工会纪事》报的编辑被以"煽动、挑动、鼓励人们反对美国"的罪名逮捕,斯特朗得到锅炉工人工会支付的2000美元保释金得到假释,到1920年1月该案才被取消。此时

第19章 安娜·路易斯·斯特朗——血液融入中华大地的真诚朋友

斯特朗已被俄国的革命深深吸引,"揭黑记者"斯蒂芬斯和布莱恩特等人谈到的在俄国的经历,促使她迫切想去苏联。

(三) 与苏联的亲密接触

1921年,斯特朗作为美友社委员会的代表,并得到《工会纪事》记者、《民族》和《报道》的自由撰稿人证书后,乘船从纽约出发去苏联。在船上又与《赫斯特国际》的编辑沃尔多达成供稿协议,获得该杂志的记者证,在8月下旬到了莫斯科。

当时的苏联正忙于捍卫红色政权、解决国内饥荒等问题。为回应著名作家高尔基的请求,英法美三国同意向遭受饥荒的伏尔加盆地提供粮食。斯特朗跟随运粮的货车出发,经过十多天的艰苦跋涉到达饥荒中心萨马拉城。她在这里白天参与救济工作,夜晚为美友社和《工会纪事》等刊物撰写救济活动的新闻报道。斯特朗在工作中受到苏共党员、干部以身作则的影响,加深了她对社会主义事业的信仰。因萨马拉城的卫生恶劣,斯特朗染上了斑疹伤寒,昏迷一周后被国际红十字会送到莫斯科,由于久不痊愈,去了华沙、伦敦休养,病愈后于1922年6月再返莫斯科。

因斯特朗报道出色,沃尔多答应给她固定工资,要她在《赫斯特国际》报道俄国。斯特朗全力采写那些俄国人最关心、美国人最感兴趣的问题:人们怎样得到食物?工厂如何才能重新开工?等等。这些报道,使她成为《赫斯特国际》的明星记者和新式国际新闻的典范记者。

1922年8月初,斯特朗被引荐给苏共中央的二号人物托洛茨基。与托的面晤使她更坚定了对社会主义的信仰,而她关于托的报道也被译成俄语刊于《消息报》。12月斯特朗作为西雅图劳工工会委员会的代表,获得了列宁签发的证书参加了红色国际会议,并因此受到高层的关注。斯特朗在莫斯科定居下来,全身心地投入到社会主义建设之中。

斯特朗在苏联结识了许多朋友,她勤奋写作,走访了很多地方,把所见所闻及时介绍给全世界。其中著名的有1924年的《历史上的第一次》、1925年的《革命的孩子》、1927年的《列宁是个伟人吗?》和《共产主义怎样治理俄国》等。1928—1929年的帕米尔高原之行,她写下了长篇通讯《通往灰蒙蒙的帕米尔之路》;1929—1930年对集体农庄的采访,她写下了《苏维埃人征服小麦》。此间她还多次往返美国,通过办讲座、展览和发文章宣传苏联的建设成就,组织大批美国的工程师和技术人员前往苏联支援,并以这些美国专家为读者对象于1930年6月创办了英文报纸《莫斯科每日新闻》。由于工作出色,她受到斯大林等领导人的赞扬,1932年斯大林主持政治局会议,专门请斯特朗列席讨论她改进报纸工作的建议。在这期间她遇见志同道合的苏联外交部新闻官苏宾,两人在1931年底结婚。

斯特朗同时也关注世界局势,她多次访问热点地区西班牙、中国、朝鲜和波兰等地撰写报道,并写小说、自传。1934年11月她完成了自传《我从一个世界到另一个世界》,宣告自己作为共产主义思想信仰者的"再生"。1936—1937年报道西班牙内战,写了《武装的西班牙》一书;1942年以苏联建设为背景创作了小说《激涛怒河》;1944—1945年在华沙采写了《在解放的波兰》和《我看到了新波兰》两本书;1947年访朝,出版了《在北朝鲜》,等等。

值得一提的是,1924年列宁逝世后苏联的最高领导权为斯大林掌握。1934年12月列宁格勒州委书记基洛夫遇刺身亡,在"清除阶级敌人"的口号下斯大林发起"大清洗"运动,消灭了政治对手,改变了苏联的政治生态。1936年10月底斯特朗辞职离开《莫斯科每日新闻》,到世界各地采访、演讲。1940年12月,出于安全的考虑,苏宾把刚回莫斯科不久的斯特朗送出了苏联,此后他们再未相见。1942年8月4日斯特朗接到电报,说苏宾(时任苏联农业部副部长)已在3月4日病故于乌拉尔,这让斯特朗极为悲痛。

1944年斯特朗到苏联转波兰前线采访,1945年夏季去了南斯拉夫采访并与铁托深入交谈。她发现很多东欧人并不喜欢苏联,回到莫斯科后也觉得采访变得困难了,许多地方禁止对她开放,她认识到苏联人对她越来越冷淡。1946年回到美国,迎接她的除了亲友,还有一群联邦调查局的人,他们扮作海关人员检查她的行李,并在日后不断给她制造麻烦(她没想到1924年胡佛当联邦调查局局长后,支持共产主义的她就已被纳入黑名单了)。

1948年10月斯特朗再抵莫斯科,在发现无法刊登关于中国革命的消息后,她决定前往中国,但苏联秘密警察突然以美国间谍的罪名将她逮捕,几天后将她驱逐到华沙,直到1955年3月才由塔斯社在一份公告中给她平反。

(四)六次访华,心向中国

1925年10月8日,斯特朗从莫斯科出发首次访问中国。她乘火车穿越西伯利亚,经哈尔滨抵达北平,向进步学生演讲苏联的种种变化,并偶遇范妮亚。在范妮亚的推动下,她南下访问广州,见到了老朋友鲍罗廷,并结识了宋庆龄。之后又北上包头采访冯玉祥,并与冯夫人李德全建立了友谊。接着南下汉口采访军阀吴佩孚后到上海,在宋庆龄的帮助下采访了廖仲恺的遗孀何香凝,并在其女儿廖梦醒的协助(为斯特朗当翻译)下,报道并支持当时方兴未艾的省港大罢

第19章 安娜·路易斯·斯特朗——血液融入中华大地的真诚朋友

工。与罢工领导人苏兆征的交谈，使她深切感受到中国大地正面临着一场巨大的革命风暴。

四一二政变发生后，大批共产党员和革命群众遭屠杀。斯特朗结束了对墨西哥的访问抵达上海，第二次踏上中国土地。在宋庆龄的电邀下她乘船至武汉，见到了鲍罗廷、苏兆征、陈独秀以及汪精卫等要人。鲍罗廷当着陈独秀的面向她委婉地表示："斯特朗女士在革命中运气不好，对俄国革命来说，她去得太晚，而现在，她来中国又太早了。"但斯特朗仍积极奔走，记录下革命形势的发展和工农群众的革命热情。为了实现革命力量的联合，6月7日至14日武汉政府代表团到郑州与冯玉祥谈判，斯特朗跟随采访，19日采访了中华劳工联盟第四次全国代表大会。随后她南下湖南，访问毛泽东领导的农民运动。汪精卫发动七一五政变时，她与鲍罗廷等乘车离开武汉，经华北前往苏联。

在这两次访问的基础上，斯特朗于1928年发表了《成千上万的中国人》，预言中国革命的前途主要依靠农民，而非资产阶级与工人的反帝联盟。中国全面抗战开始后，在斯诺的影响下，斯特朗1937年12月从香港飞抵武汉，随即北上采访共产党领导的武装力量。在火车上，她采访了阎锡山，结识了李公朴教授。1938年1月经过艰难的旅行斯特朗到达了八路军总部，朱德亲自来迎接她，彭德怀、贺龙、刘伯承、林彪等八路军将领也前来欢迎，这让她十分感动。在八路军总部住了十天，她和指挥员、工作人员一起进餐、交谈，向他们了解中国革命的进程、敌后抗战的情况，还多次采访朱德，了解共产党的战略方针是打持久战直到取得胜利。令她惊讶的是，在如此简陋的条件下，竟然有两个编演历史及当代事件对军队开展教育的剧团，其中一个剧团的领导人竟是几年前传闻已死的作家丁玲。从八路军总部回到汉口，斯特朗采访了周恩来、邓颖超、宋美龄、蒋介石，结识了史沫特莱和爱泼斯坦，并与史沫特莱一起出席奥伯林校友、行政院长孔祥熙为她举行的宴会。这次访华，使她对国民党与共产党之间的差别有所认识。1938年3月，斯特朗回到美国写出了《人类的五分之一》，1939年该书在伦敦出版时书名改为《中国为自由而战》。

1940年12月，苏宾送斯特朗出苏联飞抵国民政府陪都重庆，她在那里了解到中国的许多情况和新四军的情形，还采访了周恩来、蒋介石。在和周恩来的几次深谈中，周恩来向她详尽说明了近两年来国共冲突的真相，还给了她一些重要资料，并嘱咐："现在不要发表这些材料。要等我捎信给你，同意你这样做时再发表。"斯特朗把这种信任和重托视为珍贵的荣誉，在回国途中她从广播里听到了皖南事变的消息。1941年2月，斯特朗接到一封未署名的航空信件："发表你所知道之事的时机已经到来。"她把资料交给在《纽约先驱论坛报》的朋友，朋友欣喜地署上自己的名字发表报道,公布了蒋介石假抗日、真内战的真相。

1946年7月斯特朗从美国飞抵上海,在宋庆龄的帮助下于7月31日抵达延安。刚到她就找朱德要求安排采访行程。在这里,她既可采访毛泽东、朱德、刘少奇、周恩来等中共领导人,也可采访普通士兵、老百姓和文艺工作者。在延安期间她还得到了一个"纸老虎女士"的绰号,因为毛泽东在与她的谈话中,首次提出了"一切反动派都是纸老虎"的论断。斯特朗还访问了张家口、北平、哈尔滨、齐齐哈尔等地。这次访华,斯特朗成果丰硕,尤其是在延安的经历是她记忆中最快乐的时光,她写了《中国的明天》(1948年出版)、《中国的黎明》(1949年出版)和《中国人征服中国》(1949年出版)等著名作品。

1958年9月,72岁的斯特朗飞抵北京,受到周恩来、彭德怀、陆定一等领导的欢迎,并受邀与毛泽东、朱德、刘少奇等领导在天安门城楼观礼国庆。在周恩来的建议下,她在北京定居,以饱满的工作热情投入对中国社会主义建设的采访报道。1959年初出版了《中国人民公社站起来》。① 3月10日达赖叛逃后,斯特朗采访了在北京的班禅,并出版《采访西藏人》一书。为了解更多西藏的情况,她不顾年高于8—9月访问了拉萨等地,于1960年出版《西藏农奴站起来》。从1962年9月17日起,坚持每月发行《中国通讯》达69期,直到1969年初病重才停止。在此期间,斯特朗也没有放松关注世界形势。1961年3—4月,她访问了老挝和越南,采访了胡志明等领导人,发表了《老挝的金钱与暴力》及《老挝和越南的金钱与暴力》等系列报道。1970年3月29日,斯特朗因病在北京逝世,葬于八宝山革命公墓,碑文上镌刻着郭沫若的手迹——"美国进步作家和中国人民的朋友"。

二、斯特朗新闻实践的风格

在20世纪的前70年,对世界历史演进有重大影响的大多数事件发生地,斯特朗都涉足其中并留下了珍贵的现场记录。她对这些事件及人员的访问,今天都是宝贵的历史资料。在她的新闻实践中,有许多值得学习的内容。

(一) 高超的采写技巧

斯特朗熟练的采写技巧,一定程度上得益于小时候母亲鲁斯的训练。家中

---

① 这本书先在中国出版。1960年在美国出版时,书名定为 *The Rise of the People's Communes in China*。1964年在中国修订出版,书名为 *The Rise of the Chinese People's Communes: and Six Years After*。

第19章　安娜·路易斯·斯特朗——血液融入中华大地的真诚朋友

来客人时，鲁斯就教小斯特朗："如果有人找上门来，一定要问清楚：是谁？干什么？什么时候？为什么？"这实际上把新闻采访的几个基本要素"5W"，用很浅显的方式教给了她。上中学时针对她写作中的技巧问题，鲁斯就讲，一篇报道首先应说明对象的外貌和采访的内容。可以说，鲁斯是她从事新闻的启蒙老师。斯特朗从小就掌握了英法德等语言，在苏联又学会了俄语。令她遗憾的是，尽管多次访华并最终定居在北京，却没有学会汉语。但与一般记者相比，她出众的语言能力加上母亲从小培养的采写技巧，使她在成年后的新闻工作中如虎添翼。

为了能迅速把采访到的新闻事实报道出来，斯特朗在繁忙的间隙抓紧写作，如《武装的西班牙》就是在从西班牙回美国后，利用巡回演讲的空隙在旅馆和火车上写出的。即便如此，她也没有放松对文章质量的要求。在单纯的新闻写作中，她也显露出高超的文字功底和严密的思维能力。例如，在目睹了库兹涅茨克钢厂的建设工程后，她以小见大写出了苏联第一个五年计划的建设成就：

……西伯利亚第一次在一个现代化工厂里炼钢的日子一时屈指可数了。

在那八个大圆柱体后边有十来所巨大的建筑物：炼焦炉的高耸的黑色烟囱和巨大的混凝土墙；把六千个农民变成钢铁工人的工厂附设学校。发电厂有七层楼高；一个涡轮机在几天之内就可以转动了。然后是有多棱屋顶的翻砂间；在这个车间只挖了一半地基，盖成一半，却已经生产了两百吨铸件。左后方是平炉，它将在较晚的时候开工，是按世界上最大的规模建造起来的。再远一点是从混凝土的基础上升起的高耸的钢柱；它们是相当于现在世界上最大的加里工厂的一个炼铁工厂的开端。

这还不是全貌。我们在远处左方的山崖下瞥见了价值二百五十万美元的耐火砖厂，只是给熔炉制造替换的砖；斯大尔摩斯特的不整齐的工厂，它在给熔炉钉锅炉板；已经开工的锅炉厂和机器厂。远处雾中隐约可见的是给新城市生产普通砖瓦的砖窑和制造标准房子的木工厂。[①]

1917年3月，斯特朗在采访镇压罢工事件的审讯为《纽约晚邮报》发回的报道中，每次都以起诉人的一段话或州证人的一段证词作为开头，而在接下来的文字中，通过对事实的描述，以无可非议的逻辑力量最终摧毁起诉人的立场。这种采写技巧在她1922年6月抵达莫斯科后，为《赫斯特国际》杂志所发回的报道中，体现得更加充分。如前所述，她选取当时俄国人最关心且美国人最感兴趣的

[①] 斯特朗：《斯大林时代》，石人译，世界知识出版社1979年版，第35页。

如何解决食宿等生活问题以及工厂返工等内容，表现出她作为优秀记者敏感之处的"新闻眼"所在——通过报道这些内容，向读者隐晦地传递出这样的信息：与其说是领袖拯救了俄国，不如说是数以千计小人物的英勇行为拯救了俄国。这些系列新闻报道使读者看到，在无产阶级革命后，俄国并不是一个满目疮痍的废墟，而是一个生机勃勃的新世界。

斯特朗的这种采写风格，在当代新闻学中被一些学者称为"软新闻"，亦即新闻作品的中心内容不是当时的巨大事变，而是一些可能导致硬新闻的问题和背景。如1930年4月在采访了集体农庄之后，斯特朗写道：

> 农庄面临重重压力——富农的暴力、神父的攻击、官方的愚蠢以及中世纪俄国的纯粹的低效——似乎要崩溃了……在离开铁路的地方，人们正在为创造收获量的新纪录而斗争，以此来巩固他们使用土地和机器的权利。
>
> 他们称这为"第一个布尔什维克春天"，集体农庄的第一次播种。在一块田里就有着几英里长的肥沃的黑土，对这整块土地只要有一个轮种计划就够了。每隔一定的间歇就有田间工作队——马、牛或者拖拉机——有节奏地穿过土地，进行着这里的土壤所从未见过的最快、最深的耕作。①

仅仅就事论事地写集体农庄，并不能客观地反映当时苏联的社会变动，也不能使读者准确、充分地了解集体农庄在苏联社会变革中的重要意义。因此，斯特朗在新闻背景中交代了工业化建设的进展和农业服从于工业所做出的重大牺牲。从苏联的政治需要出发，揭露社会现实弊端或阴暗面的内容是鲜少见诸报端的，她并未回避矛盾，接下来以工人急着赶路去买鸡蛋，交代了苏联因片面发展重工业而出现的物资短缺现象。

作为目睹许多重大事件的记者，斯特朗凭借智慧抓住了历史赋予的机遇，采访了很多政要，在与他们打交道的过程中总是能够抓住对方身上那独特的气质，在新闻作品中形成亮点。这种采访技巧，最典型的要数她1946年8月6日对毛泽东的采访。当时，斯特朗就国共的冲突、解放区土改、国际关系等问题专访毛泽东，她突然意识到当天是美国用原子弹轰炸日本广岛一周年，而且在上年访问铁托时，对铁托关于美国不会再使用原子弹的观点一直无法释怀，于是又把这个问题提出来，希望听到毛泽东的解答。她问："如果美国使用原子炸弹呢？如果美国从冰岛、冲绳岛以及中国的基地轰炸苏联呢？"毛泽东回答说："原子弹是美国反动派用来吓人的一只纸老虎，看样子可怕，实际上并不可怕。当然原子弹是

---

① 斯特朗：《斯大林时代》，第49页。

第 19 章　安娜·路易斯·斯特朗——血液融入中华大地的真诚朋友

一种大规模屠杀的武器，但是决定战争胜败的是人民……一切反动派都是纸老虎。苏联以及各国爱好民主自由的人民的力量，却是比人们预料的强大得多。"①毛泽东并没有说美国使用原子弹就必然会让苏联屈服，但他隐含的意思表明了人民力量的强大，斯特朗由此也理解了中国共产党人的坚定信仰，她把这次访谈发表出去后，立即在国际上引起了反响。

（二）努力追寻新闻事件的真相

斯特朗在采访中总是力求从现场获取尽可能详细的信息，并将之传播出去。为了获取尽量丰富的新闻信息，面对各种困难甚至危险她都努力克服。1919 年 2 月西雅图总罢工期间，斯特朗为《工会纪事》写的报道，都是她在与罢工工人交谈和在现场采访得来的。这种深入事件现场的作风，在她的新闻活动中一直坚持。

1925 年她初次访华，心里充满了对于这个远东神秘国度的遐想，采访日程表上排满了各种各样的问题。抵达北平后，她先是从北往南到中国革命的大本营广州，又从南到北采访了冯玉祥，接下来又深入中国腹地采访了军阀吴佩孚，然后又在广州目睹了省港工人大罢工。两年后再次访华时，中国正值革命形势的转折点，她从上海到武汉，从武汉到郑州返武汉，接着深入湖南农村……她见证了武汉政府叛变革命的过程，也看到了湖南农民运动的兴起与挫折，在深入采访中国的基础上，写出了《成千上万的中国人》一书。

1936 年 12 月底她去西班牙采访内战。飞机刚在马德里着陆她就开始了繁忙的行程，采访第一站不是去找共和党的领导人，而是直接到最基层——乘坐一小时的公共汽车到一个叫博尔巴托的小村庄，和当地农民打成一片，在掌握了基层的情况后才去采访当地政府官员。1937 年 1 月斯特朗在马德里前线采访，跟随国际纵队在一条泥泞的道路上行军时，一颗迫击炮弹呼啸而来落在她身边的一座房子上，别人把她猛推到一条水沟里才避免了危险。

对事实真相的寻求贯穿斯特朗新闻活动的始终。如果在这个过程中遭到了无法克服的阻力，斯特朗宁愿选择暂时不说，更不迎合某些人的意图说出那些不存在的内容。这一优秀品质不仅表现为秉笔直书，还表现为尤其值得学习的大局意识。如在苏联遭"美国间谍"的罪名逮捕被驱逐出境，斯特朗回国后当局迫切希望听到她痛骂苏联的声音，联邦调查局甚至还在她的寓所装满了窃听器。然而，在蒙受不白之冤的六年中她保持了高尚的政治气节。她的著作被停止出

---

① 《毛泽东选集》第 4 卷，人民出版社 1992 年版，第 1193—1195 页。

版和销售,不能到各国访问,在国际上的声誉也遭到损害,但她始终坚信社会主义和共产主义,没有发表任何反共势力希望听到的她攻击苏联或共产主义的言辞,她的头脑始终保持冷静。1956年2月,她在听到赫鲁晓夫批评斯大林的秘密报告时,还是保持沉默,不但没有简单地跟风批判斯大林,而且迅速动身查阅大量的档案资料,写出了立场公正的《斯大林时代》,客观地介绍和评价了斯大林。她在苏联被逮捕、审讯的一些情况,直到她在北京定居后,才随着她的自传逐渐透露出来。

(三) 独特的编辑风格

斯特朗除了担任记者外还做过编辑,在《前进报》《西雅图每日呼声报》《工会纪事》《莫斯科每日新闻报》和《中国通讯》的办刊工作中,形成了自己独特的编辑风格。

1905年夏从奥伯林毕业后,斯特朗进入芝加哥的《前进报》工作,编发的内容主要涉及妇女儿童的福利待遇问题,承担了儿童版、妇女版和书评版的大部分工作。她在儿童版写童话,在妇女版登有益青年的文章,发表牧师联合会及妇女教会组织的有关报道,撰写书评,并开办两个专栏,发表带有讽刺色彩的女权运动观点文章的"妇女之窗"和综合其他报刊消息的"妇女消息专栏"。由于主编亚当斯的办报宗旨是弘扬原旨教义,不考虑报纸销路或宣传别的思想,这与斯特朗的办报理想存在差异,于是她在1906年3月拂袖而去。

1917年9月斯特朗为《西雅图每日呼声报》工作,努力推动该报发表反映世界产业工人同盟的观点。1918年刊发了访问鲍罗廷的文章后不久,报纸被破坏分子捣毁,她转投《工会纪事》担任特写部编辑。在该报工作期间,她有很大的自主权,可以根据事件中蕴含的新闻价值来安排采访、编排版面,包括报道重要的国际事件,撰写新闻分析,甚至帮助制定社论方针。同时,为了突出新闻的意义,她还在编者栏里配发诗歌。在斯特朗的努力下,《工会纪事》成为西雅图工人阶级的宣传阵地。该报最大的亮点是刊登了列宁1918年4月在苏维埃代表大会上的讲话《苏维埃在工作》,这是当时唯一刊登此项内容的美国报纸。她在《工会纪事》的编辑工作,直到1921年到了苏联后,因为距离太远不便联系才逐渐停止。

1930年7月,在苏宾、鲍罗廷等人的帮助下,斯特朗创办了《莫斯科每日新闻》。由于有在《工会纪事》成功的编辑经历,她很想把报纸办成面向援苏专家的一份"美国式"的报纸。但这种设想因苏联文学作品审查局对报纸版面的全面审查,被证明行不通。在报纸的第一期,审查局就撤掉了一篇在苏联租公寓如

第19章　安娜·路易斯·斯特朗——血液融入中华大地的真诚朋友

何困难的稿件,理由是"对苏联的污蔑"。尽管斯特朗解释这是一种美国式的幽默,甚至敲桌子、踢椅子、舞拳头、大喊着争辩也没有得到通融。尤其是在创办三周后派来了苏方领导人,办报就更艰难了。尽管1932年斯大林就如何办好这张报纸,专门召集了斯特朗等人和有关领导开了一个协调会,但随着苏联政治气候的转向,这张报纸的活力逐渐枯竭,斯特朗最终在1936年10月退出了。

1962年8月,周恩来建议斯特朗每月写一篇综合通讯,寄给那些有意了解中国消息的外国人,打破美国的新闻封锁。在中方的大力支持下,斯特朗油印出版了第一期《中国通讯》。为了办好这份刊物,她阅读中外报刊摘录材料,到各地采访接触民众,经常和朋友们商量编辑方针和各个细节,认真修改稿件,自己的稿件也数遍修改,仔细斟酌刊物的编排、印刷、推广和发行。她利用这份刊物向全世界报道了中国的建设进展,以及在一些重大问题上的立场,发布了中国关于中印边境冲突的判断、中国试验核武器及对经济政策大调整等重要的消息。由于立场客观、语言清新流畅,这份英文刊物引起了全世界的关注,南亚的一些报纸择取部分篇章全文转载,美国国务院甚至逐渐把它当作了解中国的一个重要窗口。斯特朗把她人生中最后的时光都奉献给了这份刊物,直到她去世前几天,虽卧病在床,还在考虑第七十期的采编出版工作。在经历了《莫斯科每日新闻》的失败之后,斯特朗在这份刊物上收获了成功的喜悦,为她的人生画上了圆满的句号。

(四) 新闻作品的特色

斯特朗的新闻作品,语言清新,善于刻画人物,让读者于字里行间获知新闻的同时,还能了解到事件发生的背景,甚至可对事件发展趋势作出判断。1921年她在萨马拉城参与救济工作时,虽然饿殍遍地、景象悲惨,但共产党员的忘我精神使她看到了希望:

> ……我从来没有想到我要离开这个国家,离开这个在混乱中诞生的新世界。正是这片混乱和混乱中的开创者吸引了我。我有意要分享这种创造。毁坏的建筑物、糟蹋成土路的混凝土马路和被破坏了的铁路,激起我强烈的战斗欲望。美国不再是世界的先锋了。世界大战把它降为帝国主义国家首领了。从前我认为,现在还这么认为,俄国是人类战斗的最前线。[①]

[①] 《斯特朗文集》第1卷,朱荣根、李家声等译,新华出版社1988年出版,第141页。

苏联在废墟上建设社会主义的高潮给她留下了深刻的印象,她接下来描绘道:

> 他们是混乱中的创业者。但是,他们在混乱中并不是孤立的。看上去,他们不像在挨饿的萨马拉农村和极北地区新开的矿山那个样子。他们在上百万健壮的铸造、煤炭、石油、钢铁和铁路工人中有一个牢靠的基础,他们代表了这些工人的决心和意志。①

在报道新闻事件中,记述新闻背景和刻画人物形象,她也很出色。1946年8月在首次采访毛泽东后,她甚至认为在延安是她有生以来最快乐的日子:

> 在延安没有忙碌之感。这里所感到的是时代、时间和空间的存在,和缓慢的季节更替,广阔而艰难的中国大地和天上转动的太阳,这一切又带来播种和收成。在窑洞生活,一出洞口就是天,落雪、下雨、月缺月圆,人们都清清楚楚……尽管在打仗,延安在我的心目中却是一个和平、安全的地方。②

延安的快乐是如此美妙,以致她在和中共领导人一起跳舞时,都感到一种发自内心的愉悦,并产生一种联想:

> 从南京回来的首席谈判代表周恩来跳舞具有外交家风度。他的华尔兹舞跳得完美无缺,有时好得过于拘谨……刘少奇是仅次于毛的主要马克思主义理论家。他跳起舞来有一种科学的精确性,一板一眼,犹如二加二等于四……朱德总司令跳起舞来像进行举世闻名的长征。他总是固定不变地跳他的一步舞……领袖毛泽东在舞会上多数时间是坐着。很多人想同他聊天。当他跳舞时,既轻松又坚定,好像为乐队规定了"党的路线"。③

在她的笔下,读者看到的中共领袖集体并不是国民党宣传的"一群土匪",而是血肉丰满的形象。同样,对于单个人物的刻画,斯特朗或粗笔或细笔,均能达到人物形象跃然纸上的效果。1925年初次访华,冯玉祥给她的印象是"一个结实的人,又高又壮,用一种厌烦、客气的神态背诵他的纲领",而宋庆龄则"是我在世界上所看到的最最文雅优美的人。她身材轻盈,穿着一尘不染的亚麻布旗袍,有一种与粗暴的革命斗争看起来似乎不相称的雅致而庄严的神态"。与斯大林给她"结实强壮,有着古铜色的脸和花白头发"的印象相比,毛泽东给她

---

① 《斯特朗文集》第1卷,第189—190页。
② 同上书,第231页。
③ 同上书,第235—236页。

第19章 安娜·路易斯·斯特朗——血液融入中华大地的真诚朋友

的第一印象则更加充满朝气,斯特朗这样写道:

> 毛泽东身材魁梧,毫无拘束。举止缓慢、有力而从容,很像一位美国中西部的农民。他那略带扁平的圆脸上,有一种平静而含蓄的表情,微笑起来则显得生动而幽默。在蓬密的黑发之下,宽阔的前额和敏锐的眼神表明他思想活跃,富有洞察力,很难有什么东西逃过他的注意。在一种深邃而机敏的理智的驱使下,他周身充满活力。①

和毛泽东的初次见面,也是充满了生活气息:

> 我们坐在一棵苹果树下的平台上,这时傍晚时分,落日的余晖使贫瘠的山丘增添了光彩。毛的小女儿穿着鲜艳的花布衣服,在父亲的膝前玩耍;爬上他的膝盖,让爸爸亲她,还跑过来把手伸给客人,好奇心战胜了羞怯。②

在这次对毛泽东的访问中,斯特朗感受到了对方身上蕴藏着的巨大的人格魅力。她用较大的篇幅对此细细描绘:

> 我很少看到一个人自己如此愉快而随和地习惯于他的环境。多数知识分子因工作而需要一种不受打扰的私人生活,而毛却像一个农民,根本没有什么私人生活的要求。③
>
> ……
>
> 在中国共产党内,毛泽东是最高明的马克思主义者,他的分析是引路的指南。但是,作为一位人民的领袖,他之所以有力量不仅在于他能掌握人民的基本需要,并具有一种能决定首先采取何种步骤的艺术,而且还在于他具有一种用简洁、生动的语言表达自己的知识和纲领的能力。他的鲜明的比喻使马克思主义熠熠生辉,他的语言则成为格言……在一次对教条主义进行的著名演说中,毛把马克思主义理论比作箭,"必须用弓去射中国革命之的"。④

今天,我们或许会发现斯特朗新闻作品中的某些不足。但她那优美的文笔和清新的文风,仍值得新闻工作者学习。

---

① 《斯特朗文集》第3卷,王厚康、吴韵纯译,新华出版社1988年版,第250页。
② 同上书,第250页。
③ 同上。
④ 同上书,第268页。

参考文献

1. 中国三 S 研究会:《敬礼,三 S》,中国新闻出版社 1985 年版。
2. 《斯特朗文集》第 1 卷,朱荣根、李家声等译,新华出版社 1988 年版。
3. 《斯特朗文集》第 3 卷,王厚康、吴韵纯译,新华出版社 1988 年版。
4. 特雷西·斯特朗、海琳·凯萨:《纯正的心灵——安娜·路易斯·斯特朗的一生》,李和协等译,世界知识出版社 1986 年版。

第20章 艾格妮丝·史沫特莱

——激情澎湃而特立独行的女中豪杰

艾格妮丝·史沫特莱(Agnes Smedley,1894—1950),美国著名女记者、作家和社会活动家。她同时也是一位女权主义者和国际主义者,积极支持世界民族独立解放的斗争,并努力参与其中。20世纪30—40年代,她采访过中国革命和抗日战争,体验了延安沸腾的革命生活并随八路军采访,给予了热情报道和礼赞。著有《大地的女儿》《中国的命运》《中国红军在前进》《中国在反攻》《中国的战歌》《革命时期的中国人》《伟大的道路——朱德的生平和时代》等书籍。

一、史沫特莱追求解放的一生

史沫特莱于1894年2月23日出生于密苏里州的一个佃农家庭,是五姐弟中的老二。她小时候全家就移居到了科罗拉多州南部,父亲在矿山做工,对前途悲观失望,经常酗酒,母亲给富人家洗衣做饭,全家过着时饥时饱的生活。史沫特莱12岁时,因家庭贫困当过女仆,16岁时母亲因过度劳累离世。从此在史沫特莱弱小的双肩上,担负了扶持三个弟妹和死去姐姐的一个婴儿的重任。但她不是一个愿意为家庭完全付出的人,不久把这四个需要照顾的人交给父亲后,她开始了近于流浪的生活。

在伯母的帮助下,史沫特莱学习了速记,她陆续干过勤杂、卖书、摘烟叶等工作。1911—1912年在坦佩师范学校上了一年学,在那里她担任过校刊编辑。18岁时她认识了她的第一任丈夫布伦廷,由于史沫特莱害怕流产时感情上的痛苦,很快他们就离婚了。她当时这样写道:"我永远厌恶把性视为男女之间结合的主要因素的想法,只有建立在友情的关系上才是真正的人生。"她的一生都没能摆脱性与婚姻问题的歪曲观念,曾在一本书中说:"性意味着暴力、卖淫,结婚意味着生孩子,哭哭闹闹缠住不放的女人,男人的满腹牢骚。""对于妇女来说,所谓结婚,充其量也只不过是起一个经济投资的作用,否则也就是成为一个奴隶制度的遗物而已。"①

1914年,史沫特莱在圣迭戈师范学校求得一个打字员的职位。两年后,因为她和社会党及民族主义者接触频繁,失去了这份工作。1917—1920年间史沫特莱住在纽约,她精力充沛,一面给人当秘书,一面为社会党的报纸《号召》和桑格主编的《节制生育评论》撰写稿件。由于她卷入了印度的民族主义运动在1918年3月被捕,罪名是煽动叛乱和触犯了当地的一项反节制生育法令。在监狱里关了半年后,桑格凑足保释金使她出狱了。在这期间她写了本短篇小说集《狱中之友》(Cell Mates)。

时值一战,她的一个弟弟已被送往欧洲战场当炮灰,另一个当小工的弟弟也在一次工伤事故中死去,种种刺激加深了她的激进主义的观点,使她更多地卷入印度的革命运动。在控告尚未撤销以前她主编了一份刊物《印度新闻报道》,并担任印度解放之友社的执行秘书,为该社撰写文章和募集基金。1919年末,史沫特莱在柏林会见了印度流亡政府的革命家查托帕达雅(简称查托),他是柏林印度革命委员会的组织者和智囊人物。查托的角色和革命气质把她吸引住了,二人同居在一起。据她的朋友回忆,史沫特莱是忠诚而正直的叛逆者,查托却是工于心计的民族主义者,除了组织革命之外身无长物。② 这段时间史沫特莱不仅要为革命筹措资金而奋力工作,还要替男人们做饭理家,而那些男人们却坐在一旁高谈革命。过度劳累让史沫特莱几乎到了发狂的地步,她不得不接受精神分析疗法将近三年之久。恢复健康后,史沫特莱不再把感情寄托在某个男人身上了。

1925—1926年,史沫特莱开始研究中国的历史。在布鲁塞尔的一次大会上,她与出席大会的印度代表尼赫鲁第一次会面,并热心地谈论了中国的革命。1927年她到丹麦和捷克旅行,在那里写了小说《大地的女儿》。1929年初,史沫特莱作为德国《法兰克福日报》记者从苏联进入中国,开始了她报道和参与波澜壮阔的中国革命的历程。她从哈尔滨出发,途经沈阳、大连、北平、上海、广东,后来常驻上海。

刚到中国时,她第一眼看到的便是工人在烈日下拉车,租界的印度巡捕用木棍抽打他们。随后通过考察她发现,中国在"中世纪"封建主义机构的统治和日本帝国主义的威胁下,几乎如同没有防御的奴隶那样没有人权,没有教育,没有

---

① 高杉一郎:《艾格妮丝·史沫特莱的生平及其著作》,胡有恒译,《文献》1982年第2期。
② 史沫特莱:《革命时期的中国人》,王恩光等译,中国展望出版社1984年版,第4页。

第20章 艾格妮丝·史沫特莱——激情澎湃而特立独行的女中豪杰

财富,连维持每天最低生活的粮食都没有,中国人民的痛苦情景给她留下强烈的印象。在中国的工作中,她认识了包括鲁迅在内的一批进步文人。

1931年2月,柔石等五位左翼青年作家惨遭当局杀害,鲁迅在悲愤之中写了《黑暗中国的文艺界现状》一文,希望译成外文送到国外发表。史沫特莱毅然担负起这一工作,把这篇战斗的檄文发表在当时美国的进步刊物《新群众》杂志上。同年,她和哈艾萨克斯在上海创办了激进的刊物《中国论坛》,次年她们又合编了一本题为《国民党反动的五年》的书,对蒋介石政府进行强烈的批评。1932年5月,共产国际远东情报局在上海的著名特工佐尔格,写信给共产国际执行委员会主席团,建议利用史沫特莱的新闻工作特长和女人身份,在中国开展共产国际的舆论宣传工作。1934年4月,共产国际执行会员会政治书记处作出决定:"为出版《中国论坛》,派艾格妮丝·史沫特莱去中国工作。"此后,史沫特莱主要在华从事共产主义的舆论宣传。①

事实上,史沫特莱不是也不适合当职业革命家,她只是个自由主义者,如在美国帮助印度流亡革命家活动时,她结交了许多美国共产党员朋友,但是她没有参加共产党。在中国期间她与共产国际远东情报局的佐尔格、尾崎秀实因有共同语言而经常来往,但她并不从事情报工作。她说:"在中国,我对共产党员给予了积极的支持。但是我无论如何也做不到放弃我在精神上和生活方面细小的疑问,而去完全信赖领导者。我并非自以为自己是最聪明的人,但是,我并没有白白地成为认为自己才是掌握真理的唯一钥匙的人们的工具。为此,我受到了来自双方的攻击。信仰资本主义的一些人,把我的所作所为,说成是共产主义者、赤色分子,或是无政府主义者;共产主义者,则认为我是个人主义者、理想主义者、资产阶级民主主义者。"②

1932年,史沫特莱是国民党政府和上海外国巡捕房监视的对象,但她并不害怕,她协助宋庆龄组织了"中国民权保障同盟",并向外界宣传在国民党治下中国没有民权保障。为了工作和保护革命者,她经常冒险把自己的家作为通信联络和聚会场所。她利用自己的交际才能和记者身份,团结了许多进步的中外朋友,向全世界揭露中国社会的黑暗。她对认识中国共产党和红军特别感兴趣,当红十军军长周建屏来上海治病时,她将他隐蔽在自己的寓所,向他了解毛泽东和朱德以及江西的苏维埃情况,并通过艾黎翻译,记录下周建屏所讲述的红军斗争经历,写出《中国红军在前进》的著作在国外出版,描述红军的组织和发展以

---

① 孙果达、王伟:《西安事变中神秘的史沫特莱》,《党史纵横》2011年第8期。
② 高杉一郎:《艾格妮丝·史沫特莱的生平及其著作》,胡有恒译,《文献》1982年第2期。

及反国民党围剿的斗争情况。由于她未到过苏区,书中有不准确之处在所难免。

1934年,史沫特莱大部分时间是在美国采访。由于她的身份已很难在美国新闻界找到工作,便又回到了中国。她帮宋美龄写了《中国即将崛起》书中的一章,还与中共地下党的文化组织"左联"联系紧密。她与鲁迅和许广平的关系密切,经常是他们家的座上客,并和鲁迅相互翻译了对方的作品,1936年他们还合作编辑了一本关于珂勒惠支的书。有一次为鲁迅举行秘密的祝寿会,由她出面在租界租用了西餐厅以避开侦探的耳目,开会时她又在门边放哨。当鲁迅病危时,史沫特莱为他请来美国大夫诊治,得知鲁迅的肺叶损坏到只剩五分之一时,她竟当场难过得掩面痛哭。她和作家丁玲也很接近,两人一直都有通信往来。

西安事变爆发,史沫特莱是率先向世界报道真相的外国记者。当时她正以英国《曼彻斯特卫报》记者的身份在西安采访,马上把事变经过和中国共产党抗日民族统一战线的主张向世界报道,促进了国际舆论,也迫使南京政府采取和平解决的方法。但这次报道后,共产国际和中共领导人都批评史沫特莱透露了蒋介石的秘密承诺是不合适的,希望她以后谨慎发言。

1937年1月,史沫特莱访问延安,采访了毛泽东和朱德。七七事变后抗日战争全面展开,她从延安到前线去寻找朱德,随军采访。由于史沫特莱的工作方式我行我素,她与共产国际的关系一直都不融洽,王明、宋庆龄等人都觉得她有较重的个人主义。她也不习惯延安的生活,想改善那里的卫生状况和人际关系,倡议妇女们避孕,但收效甚微。她以拥抱甚至亲吻的礼节会见毛泽东、朱德、周恩来及其他人士,以及她在延安掀起的教领导人跳方形舞等行为,令严肃的共产党员们感到非常吃惊。延安的不少军民对史沫特莱产生了误解,认为她不适合待在延安。

继斯诺在《西行漫记》书中记录了毛泽东的生平自述后,史沫特莱也想了解朱德的经历并撰书宣传。她在春夏的四个月里每周抽出两三个晚上,到朱德的窑洞里交谈并做笔记。1937年9月八路军进入山西抗日前线,史沫特莱有次骑马不小心掉下来摔伤,只能躺在担架上随军采访。她听从了毛泽东的建议,把写朱德传记的事搁置起来,重点报道共产党的抗日战争,直到抗战胜利后才继续这一传记的写作。

1938年秋,史沫特莱在朱德的命令下从前线转到汉口,在中国红十字军医部从事救护工作。她对工作十分尽心,看到伤兵寒冷便拿出自己的毛毯给他们盖上,大家亲切地称她为"伤兵之母"。武汉沦陷后,史沫特莱参加了新四军的活动,由长沙而敌后,由敌后而重庆,由重庆又去游击区,为中国的抗日积极奔走宣传。她凭借锐利有力的文章和参与救护伤员的机会,大力帮助争取中国军队

第20章　艾格妮丝·史沫特莱——激情澎湃而特立独行的女中豪杰

和红十字会的国际医疗援助活动,动员和组织了包括白求恩、柯棣华在内的一些外国医生到抗日根据地工作。①

1940年史沫特莱得了重病难以工作,新四军领导虽然认为史沫特莱对宣传抗日有重要的作用,但基于她的健康还是要她到重庆治病。在重庆国民党特务的严密监视下,她的一举一动都不自由,被迫转赴香港治疗。但香港也很快沦陷,她只好于1941年12月末,借路费回到了美国的家。这一别,她竟再也没能踏上中国的土地。

回国的史沫特莱通过给报纸杂志投稿、讲演、广播等多种形式,向美国人民说明中国对日本侵略战争的立场。1944年秋,蒋介石准备把装备齐全的政府军调头对付共产党军队。史迪威将军要求蒋介石把政府军开往前线,并将美国援助的一部分装备给八路军、新四军,但蒋介石反而要求美国召回了史迪威。史沫特莱通过发表文章和广播,警告中国的统一战线有分裂的危险,呼吁蒋介石结束对八路军和新四军的封锁。

1945年史沫特莱开始写朱德传记《伟大的道路》。1947年起美国对中国的政策有了很大的转变,同情中国共产党和反对蒋介石的言论在各方面都受到压制。1949年2月美国陆军部公布的一份报告中,有指控史沫特莱从20世纪30年代就是一名苏联间谍的内容。史沫特莱立即出庭,迫使陆军撤销了对她的指控。在当时充满反共色彩的政治气氛下,各种没有根据的传说继续流行,如说史沫特莱是共产党员,或是某种颠覆分子。此时的史沫特莱无法找到适当的工作,出版社不敢出她的书,她连邮费都付不起,房东也因租金问题经常赶她搬家。

1949年秋史沫特莱离开苦闷的美国,迁往英国在那里继续撰写朱德传记,并计划完成后再去中国。10月中华人民共和国成立的消息传来,史沫特莱欣喜若狂。尽管她正被胃溃疡困扰,她还是决定马上回中国去,到伦敦治病和等待签证。1950年5月4日她在牛津医院做手术,手术前她写了遗嘱:"万一我死去,我希望给我唱……中华人民共和国的国歌,并希望把自己的遗骨埋在中国。"②没想到竟一语成谶,手术后她没能再醒过来,几天之后去世。斯诺在纽约为她举行了简朴的追悼会。1960年周恩来会见斯诺时,第一句话就是向史沫特莱表示深切的悼念。史沫特莱一生敢于追求光明、追求真理的精神,不失为新闻工作者学习的楷模。

---

① 杨建民:《史沫特莱写朱德传记始末》,《党史纵横》2006年第11期。
② 高杉一郎:《艾格妮丝·史沫特莱的生平及其著作》,胡有恒译,《文献》1982年第2期。

二、史沫特莱的新闻作品特色

(一) 使用新新闻主义笔法写作

史沫特莱早期的作品显得一般,当她在报道受压迫的中华民族的苦难及他们的斗争和胜利时,却洋溢着爽朗简洁的气息,显示出生机勃勃的朴素之美,使读者深受感动,给人以生活的勇气。① 这主要是因为她以新新闻主义的笔法写作,经常借用小说家的手法来进行新闻报道和写作。

1. 描写原生态的生活

在史沫特莱的笔下,有过着半奴隶式生活的女人,有封建家庭中走出去的女革命者,有被丈夫抛弃的旧式妇女,也有在革命队伍里待过但无法忍受敌人的酷刑而回归家庭的女性,有被国民党士兵残害的革命妇女……中国旧社会女性的形象在她的作品中栩栩如生,仿佛让人看到了一段段真实的纪录片。

如在《奉天五女子》中,她描写一个逃荒农妇跌倒街头的情景,形神兼备地展现了当时中国贫苦妇女的遭遇和国人的麻木:

> 街上站满了看热闹的人,但没有一个前来帮助她,相反地,他们都在放声大笑,而在拐角的警察竟然袖手旁观,跟着他们一起大笑。三个身穿花缎长袍、黑色马褂、头戴瓜皮小帽的花花公子挤进人群同大家一起狂笑。
>
> 那农妇一动也不动,只是用双手支撑着自己的身体,前后左右审视着看热闹的人群,好像一个将军在视察战场似的。然后,她开始行动了,她冲着这人群破口大骂,从他们的历代祖先骂起,一直骂到他们的子孙后代,她从上到下对周围的人骂了个痛快。她一点一滴地,反反复复地对他们进行了系统而彻底的咒骂。②

史沫特莱描摹现实的能力是逐渐提升的,她越深入中国社会,笔触就越细腻深刻。在《贵柱的故事》中,她描写了一个留日受到歧视但并不想革命或抗日的知识分子:贵柱出生在地主家庭,按规矩完成了封建婚姻后奉父之命到日本学习经商。他爱上了日本的木子,可他的妻子却在家里被父母折磨而死,而木子家也不愿意他们结合,使得木子精神失常。饱受生活打击的贵柱变得意志消沉、怨天尤人:

---

① 高杉一郎:《艾格妮丝·史沫特莱的生平及其著作》,胡有恒译,《文献》1982年第2期。
② 史沫特莱:《革命时期的中国人》,第60页。

第20章　艾格妮丝·史沫特莱——激情澎湃而特立独行的女中豪杰

> 我的前程如此狭小。我看不到有什么出路。我没有钱上学,也没有一技之长。成千上万训练有素又富有经验的人尚且找不到工作……当然,我能够得到父亲的帮助,只要我同意和那个他为我选择的姑娘结婚就行。可是,我为什么一定要服从他呢?我恨死那个所谓我的父亲的人……家庭是我们的沉重负担,家庭要把我们所有的青年人拖进深渊。我知道有多少青年人就是这样被毁灭掉的。你或许会说我们命该如此,或者说要我们反抗……在我们的家乡,青年人甚至还不知道怎样反抗呢!这不能怪我们——这是制度所决定的。①

不难发现,史沫特莱在描摹中国现实和典型时有模仿鲁迅的痕迹。

2. 大量采用人物对话或独白

为了让作品生动可读,史沫特莱使用了丰富的人物语言。如《献身者》就全篇采用人物独白,讲述了张小红从封建富人阶层的小姐成为共产党员的心路历程:她反感买卖奴隶的罪恶,不满父母安排的封建婚姻,于是逃离家庭参加革命。全文把社会历史、政治分析和报告文学糅合在一起,尽管情节复杂,但通过人物独白使人看到了中国妇女解放这个严肃的命题。其中有段通过张小红之口揭露的中国买卖妇女的丑恶:

> 感到满意后,他就走近那姑娘,冲着她的脸笑嘻嘻地问道:"你愿意做我的小老婆吗?"那粉颈低垂的姑娘低声回答说:"愿意。"双眼滚下泪珠,在她那愁云笼罩的脸颊上留下了两行长长的泪痕。然后,她悄悄地退走,而买主就同我祖母进行一番讨价还价。但在付清价款之前,他还一个劲儿地坚持要证据,以证明他这个商品确实是处女。如果在初夜他发现她并非处女,他将把她退还,并索还他所付的钱。

在作品的多处人物独白中,她还揭露了中国劳工下南洋的悲惨历史,抨击了中国传统的家族制度以及官商阶层把女人当商品的恶习,鼓励妇女争取婚姻自由,争取财产权、受教育权,这些都丰富了作品的内涵。

3. 直接流露观点

史沫特莱在反映中国社会的现实时,往往毫不掩饰自己从资本主义国家来到一个"中世纪"的震惊。如在《中国的战歌》中写她刚到东北,遇到搬运工抢着搬行李索要小费,她评价道:

> 在这角落里,遭受人祸天灾、颠连不幸的受苦受难者像牲畜般煎熬诚

---

① 史沫特莱:《革命时期的中国人》,第91页。

征,他们朝夕相处而彼此漠不关心,一遇获利机会就眼红争夺,像牲畜般拼死拼活,然而,失败者可没有丝毫反抗和任何抗议。这是一个极端"个人主义"和以最原始形式进行的"适者生存"的世界。①

在《革命时期的中国人》中写宋美龄时,明确地表达了对她的亲近:

> 我发现她很有教养,极其聪慧,具有一种魅力而又举止优雅。她很讲究仪表——似乎只有中国的富家女子才能做到这一点——显得高雅而又华美,我想这一定要耗费大量的金钱,坐在她身旁,我感到有一点像瑟伯尔笔下的忧郁者的样子,她的谈话语意清晰,完整,很自信。当岁月的流逝使得她的另一个姐姐、孙中山夫人宋庆龄日渐衰老和伤感时,蒋夫人的信心与能力却与日俱增。

史沫特莱的目光犀利,感情直率,她的评价往往非常中肯,这给她的作品增添了魅力。

(二) 善于描写人物,刻画人物群像

史沫特莱的笔下既有贫苦的中国农村妇女、为革命献身的女性、叛变革命后成为官太太的女人,也有觉醒的中国女性及领导工农红军进行战斗的领袖。她描写人物细致入微,既不拔高也不丑化,很多形象都栩栩如生。如描写朱德:

> 我原知道他当时是五十一岁,不过当面看来,脸上皱纹很深,双颊下陷,至少见老了十岁。那时,正是史诗般的红军长征刚刚结束,营养失调和苦难在他的脸上留下了烙印。
>
> 身高大概是五英尺八英寸。既不丑陋,也不漂亮;更不会使人获得任何英勇、暴躁的感觉。圆头,剪得短短的黑发间夹着白发,前额很宽,而且略微隆起,颊骨也颇为突出。一对有力的上下颚,衬着大嘴,在堆满欢迎的笑容时,露出了洁白的牙齿。鼻子宽短,面色黝黑。看起来完全是一副普通面貌。要不是他身穿制服的话。很容易把他当作中国哪个村子里的农民老大爷,而忽略过去。②

也许她没有料到的是,采访了一段时间后她对朱德的人格魅力产生了强烈的兴趣,尽管自己后来身体状况恶化,也坚持要为他写完传记。

在《奉天五女子》中她写了北满几个不同年龄不同阶级的妇女的遭遇:一个

---

① 史沫特莱:《中国的战歌》,袁文等译,新华出版社1985年版,第29页。
② 《史沫特莱文集》,梅念译,新华出版社1985年版,第2页。

第20章 艾格妮丝·史沫特莱——激情澎湃而特立独行的女中豪杰

是为被囚禁的政治犯丈夫到处找钱进行营救的妻子;一个是因谋杀亲夫而锒铛入狱的妇女教员;一个是满口怨言、跌倒街头的农妇;一个是旧派人物的妻子;以及一个慈爱的母亲。她以每人的遭遇来反映一小段社会史,从几个具体的人物反映出北方女性群体的特点:她们在婚姻中没有自主权,往往承受着过度生育和繁重的家务。

(三) 善于从细节中发现问题

史沫特莱善于观察,往往通过生活细节就能看到中国社会的病根。在《烈士的遗孀》中,她描写革命者被杀时人群的反应,与鲁迅笔下的《药》相似,只是她笔下的革命者是被胆小的妻子揭发,又舍不得花三万银元把他赎出来,所以有了下面的悲剧:

> 人们凝视着他,不断地有人发出一两声冷笑。士兵背后的人挤压过来,争着想看看一个人是怎样被处死的。在选定的刑场上,密密麻麻的人群围成了一个半圆形,人们怀着相同的好奇心,注视着一场古老封建的行刑仪式。看到士兵们排成一行,大家就等待开枪的时刻到来,人们都想挤到前一排看得更清楚一些。①

在《奉天五女子》中,她从电车上的一幕透视了中国社会的公德:

> 电车上挤满了男人,座无虚席。那姑娘一手抓住了车上的木杆,而另一只手则搀扶着她母亲。在全车的五十多名男乘客中,只有一个青年人站起来给中年妇女让座。这个青年从其服装来看显然是个学生。这位中年妇女在惊喜之余迸发出感激之情。车上的其他男乘客竟用逗乐的目光注视着那学生,边吐唾沫,边放声大笑,似乎在嘲笑这个竟会如此懦弱的男子。那学生和高个子姑娘同时向他们(乘客)投以藐视的目光。在五十人中只有他们两人。就整个中国南方来说,这个百分比是太低了,但就整个满洲地区来说,这个百分比简直是太高了。②

通过一个电车上让座的细节,史沫特莱看到当地一般人的社会公德的程度,也从受过教育的年轻学生身上看到了希望,并将之推展到更广大的地区。在汉口时她在难民群中发现了中国人对宗教的态度:在宗教问题上中国人是难以应付的,要想说服他们中的多数,采取的办法是在洪水和灾难期间收留他们,并给

---

① 史沫特莱:《革命时期的中国人》,第100页。
② 同上书,第61页。

他们饭吃,这些人才肯接受"唯一的真理"。

三、史沫特莱的新闻工作经验

(一) 观察问题鞭辟入里

史沫特莱在中国采访时带有明确的问题意识,用她进步的思想观念来观察中国落后的现实。她的采访类似于作民族志调查,看到了中国社会的潜流。

1. 揭示妇女问题

史沫特莱在采访中看到了中国妇女犹如奴隶:华南和华中地区的底层妇女,除了料理家务、生儿育女、抚养孩子外,还要从事田间劳动;在南北方乡村妇女都是织造土布的主要力量,但这个工作是在男子的指导下做的;底层妇女随便被买卖,上层妇女虽享受愉悦的生活,但没有财产权和继承权,本质上仍是男人的玩物或工具,都从属于她们的父亲、丈夫和儿子;婚姻关系迫使上层和下层妇女都从属于男子,一切婚姻都是强迫的;妇女出嫁后到陌生家庭必须听从夫家使唤,吃饭时要伺候在公婆旁边,唯有生下儿子后地位才稍有提高……这样,很多妇女就成了免费劳动力和生育工具,整个社会莫不如此。

由于史沫特莱本人就曾是一名在社会底层饱受折磨的妇女,因此她的作品用很大的篇幅展示了中国妇女的命运。在她笔下有许多任劳任怨的妇女最后要么劳累而死,要么被过度生育折磨得虚弱不堪,有的甚至在年老色衰后被丈夫抛弃,她们在婚姻中可以随时出局。她认为妇女要逃脱家庭的压迫,只有自杀、当妓女或出家当尼姑。

2. 分析革命成员分化的问题

在史沫特莱笔下,国共双方并非都是脸谱化的,她看到革命者也不是铁板一块,因为出身不同、遭遇不同,队伍可能会发生分化。如在《行尸走肉》中,她描写从官僚家庭走出来的女革命者齐月,她曾反对抽鸦片、纳妾。但她被捕后无法忍受监狱的折磨仍旧回归了自己的家庭,被同志和爱人当成叛徒,从此忘却革命理想,整日抽大烟浑浑噩噩。另一个人物帼南则因爱人被国民党杀害而精神恍惚,竟然到政府找了一份工作了却残生。还有个女青年叫士珍,曾以共青团员为时髦,当革命遇到挫折时便很快随爱人叛变,摇身一变成了官太太,整天觥筹交错沽名钓誉,甚至揭发同志,成了敌人的密探。这些革命立场不坚定、意志薄弱、利用革命投机等情况,在史沫特莱的笔下得到了展现。

第20章　艾格妮丝·史沫特莱——激情澎湃而特立独行的女中豪杰

3. 关注中国农村的动态

在军阀混战期间,史沫特莱在中国北方看到许多农民破产的悲惨生活。她沉痛地写道:

> 成百万的农民一次又一次地被赶出自己的家园。为了糊口,他们把土地卖给军阀、地主和官僚。甚至他们最基本的"财产"——原始的农具——也不得不拿到市场上换粮食吃。他们的儿子为了挣碗饭吃而源源涌入军队里,他们的妻子与儿童卖身为奴,他们的女儿沦为娼妓或是卖给别人做妾。由于饥饿所迫他们砍光了地面上的树和灌木,把它当柴卖掉,换点吃的。雨季一到,由于没有植被,造成了大量的水土流逝。"中国的灾难"之河大肆泛滥,使田园荒芜。风灾接踵而至……①

1930年史沫特莱在炎热的季节到南方,她听说了丝绸工业从美国市场转入日本大亨手中时的成百万蚕农的境况。在调查中她发现蚕农总是被商人的债务所逼永远脱不了身,但缫丝女工在有一定经济来源后,往往生了一个儿子就不愿和丈夫生活在一起,又返回工厂过着自在的生活。虽然蚕丝的大部分收益总是被广州和香港的投机商获得,但农民当上缫丝工人还能勉强度日。

在广东农村,史沫特莱发现佃农们一年忙到头,不仅没有享受到劳动果实,反而被高利贷剥削得一干二净。因为太穷,农民去当土匪的事时有发生,这是阶级斗争的根源之一。

(二) 能抓住新闻时机接近真相

史沫特莱能够涉足反帝反封建斗争如火如荼的中国,并深入社会底层进行采访,充分显示了她是敢于追随时代浪潮的勇士。在采访中她不畏艰险,始终到离消息源最近的地方。

1935年10月红军抵达陕北后,由于国民党的封锁外界难以知道真实情况,探求这块红色区域的秘密是当时不少中外记者的心愿。史沫特莱通过共产国际的关系突破了长期以来的新闻封锁,深入苏区通过与红军领导人谈话,采访广大官兵和民众,在延安了解到红军长征的艰难困苦和英勇卓绝、红军成长发展的历史以及许多不为人知的细节。在《伟大的道路》一书中,她专设"长征篇"对红军长征进行了真实而有深度的表现。

西安事变发生后,史沫特莱是最先了解真相的外国记者。这绝不是偶然,她

---

① 史沫特莱:《中国的战歌》,第48页。

受共产党人的邀请,提前到西安伺机对这一过程进行报道。在西安住了几个月,她几乎成了向国际传播的新闻发言人。她还是八路军中第一个随军外国记者。七七事变后她经西安、潼关、太原等地到了五台山八路军总部,跟随朱德转战在抗日根据地采访,用日记体的形式写成了《中国在反攻》一书。

(三) 善于结交朋友、沟通提问

史沫特莱是社会活动家,非常善于结交朋友,交际能力跨越国界、党派、性别和社会阶层。作为外国记者,她能得到采访延安和西安事变的机会,不仅需要可靠的人介绍,也需要本人有随机应变的能力。她把工作和生活融为一体,与佐尔格等共产国际的人有密切的往来,与毛泽东、朱德、鲁迅、宋庆龄、宋美龄、萧红、丁玲等人都建立了友谊,这说明她的沟通能力相当强。

对于社会底层的人,她也有耐心去沟通。如在采写《徐美玲》时,为了反映中国妇女的生活状况,史沫特莱与徐美玲交朋友,从而发现她看似生活优越,实际上只是丈夫的附属品,她必须扭曲自己去烫短发、穿短旗袍和高跟鞋等才能免于被抛弃的命运。为了深入了解徐美玲的心理,史沫特莱还陪同她一起去看她丈夫如何在歌厅里迷恋俄罗斯女孩。在共同生活中赢得对象的信任,是史沫特莱成功采访的关键。

史沫特莱能得心应手地和各种人打交道,尤其在当时还未推广普通话,她作为外国记者采访中国人,能和操南北方言的人沟通就更不容易了。在采访缫丝女工时,先分给她们一些麦芽糖博得好感,使女工对她产生信任。当她听不懂方言时,便采用了画图沟通的办法,如在《缫丝工人》中写道:

> 我会说的那点词用光了,我在本上画着粗糙的画来补充说明我的意思,她们是如何赢得十小时工作制的? 我画了一张缫丝厂的草图,在它上面有一个大胖子在那儿笑着,第二张图同它一样,只不过那个大胖子哭了,因为一长排女孩子手拉着手围着工厂站着。她们叽叽喳喳地把这些话议论了个够,有个女孩子突然喊了两个字,她们全都明白了这是指"罢工"……①

她在延安采访朱德时想写他的传记,朱德感到很惊讶,史沫特莱的一句话让他无法拒绝:"你是一个农民,十个人中有八个是农民。没有一个中国农民向全世界讲过自己的身世,如果你能把自己的身世告诉我,那就是第一个开口讲话的农民。"②当然,史沫特莱的不少采访,是经过迂回地了解外围情况后才得以顺利完成。

---

① 史沫特莱:《革命时期的中国人》,第 130 页。
② 高杉一郎:《艾格妮丝·史沫特莱的生平及其著作》,胡有恒译,《文献》1982 年第 1 期。

参考文献

1. 艾格妮丝·史沫特莱:《革命时期的中国人》,王恩光等译,中国展望出版社1984年版。
2. 艾格妮丝·史沫特莱:《中国的战歌》,袁文等译,新华出版社1985年版。
3. 高杉一郎:《艾格妮丝·史沫特莱的生平及其著作》,胡有恒译,《文献》1982年第2期。

第21章 伊里亚·格里戈里耶维奇·爱伦堡

——激励反法西斯战争的新闻宣传奇兵

伊里亚·格里戈里耶维奇·爱伦堡(1891—1967),苏联著名记者、作家和国际和平战士。经历过第一次世界大战、西班牙内战、苏联卫国战争,做过战地记者。尤其是第二次世界大战期间,他通过一篇篇充满激情的新闻消息、通讯和评论,对鼓舞苏联人民取得卫国战争的胜利发挥了积极作用。由多部书构成的长篇回忆录《人·岁月·生活》,对其经历了半个多世纪的许多重要的人和事作了生动的描述。爱伦堡不仅受到全世界记者同行的尊敬,也得到爱好和平的人民的热爱。

一、爱伦堡多彩的一生

1891年1月27日,爱伦堡出生于基辅一个犹太人的家庭,父亲是工程师,在哈莫夫啤酒厂任厂长,母亲生性善良,笃信宗教。爱伦堡5岁时全家迁往莫斯科。10岁时父亲带他到大街上去,让他了解穷人的生活。

在中学读书时,爱伦堡很顽皮,讨厌数学,喜欢俄语、历史,喜欢莱蒙托夫的诗歌,后来又喜欢上了化学、植物学和动物学。来往家里客厅的客人谈论着歌剧、建筑、服装,可是父亲的工厂里却是肮脏、穷困和愚昧的场面。两个不同的世界在他的心里引起了强烈的震动,人世间是多么的不平等!他更喜欢后者,因为那是一个真实的世界。

列夫·托尔斯泰就住在爱伦堡父亲的啤酒厂附近,爱伦堡小时候就认识他,读了《复活》后更加崇拜这位大文学家。在旧书摊上他还读到了高尔基等人的作品,并经常到图书馆读陀思妥耶夫斯基的《罪与罚》,还经常想去工厂的棚户,他感到一切都应有改变。

1905年第一次俄国革命爆发,爱伦堡在革命的风暴中觉得一下子长大了。

第21章　伊里亚·格里戈里耶维奇·爱伦堡——激励反法西斯战争的新闻宣传奇兵

他经常参加学生集会，甚至参加街头战斗与沙皇警察对垒。这一时期他读了列宁的文章，在1906年15岁时加入社会民主工党的布尔什维克派，结果被学校开除了。此后他为地下党传递文件，还曾在莫斯科河南区担任领导人。1908年秋天他接受任务去沙皇的兵营，在士兵队伍中建立组织。由于缺乏经验，当夜爱伦堡就被捕了，后经家庭保释出狱，离开莫斯科到了乌克兰。他想继续从事地下活动，但因密探跟踪没有成功。同年12月爱伦堡到巴黎，租了个房间住下。

在巴黎爱伦堡起初积极地参加各种政治集会，还见过列宁听过他讲话，并应邀到列宁的寓所做客。但不久他逐渐同在巴黎的俄国现代派诗人巴尔蒙特、布留索夫等人接近，流连于图书馆和美术馆，出入文艺界沙龙，与党组织渐行渐远。从1910年开始，他模仿流行的象征派诗人写了一些抒情诗歌，并自费出版了第一本书《诗集》，到1914年已出四本诗集，内容多表达离乡游子的迷惘，抒发一种痛苦的心绪。他为脱离革命斗争而彷徨犹豫，企图为自己的消极和逃避寻找理由。

第一次世界大战爆发，纷飞战火使爱伦堡的头脑变得清醒起来，战争使他的社会政治观发生了变化，他努力摆脱知识的象牙塔，展现了对现实的怀疑和批判倾向。1915—1917年间，他担任莫斯科《俄国晨报》和彼得堡《市场报》的军事记者，到法德前线采访，这是他作为新闻记者生涯的开端。他目睹了战争的残酷和破坏，看到这对一部分人是巨大的苦难，对另一部分人却是发财的机会。他憎恨这场帝国主义之间的战争，可看不到制止战争的力量。所以他依旧有一种迷茫怅惘的心态。他将发表的通讯、特写及诗歌收集成《战争的面孔》出版，这些报道和诗歌客观地反映出战争的残酷性和破坏性，同时也表现了怀疑、感伤的心理。他认为旧世界将要灭亡，一场大的社会变动即将来临，但又看不到改变世界的社会力量。

1917年2月俄国发生了革命，爱伦堡带着朦胧的希望在7月回到了祖国。十月革命后他参加了苏维埃机关政府，先后在社会保障部、学龄前教育组、剧场管理处等工作。起初他看到国内复杂尖锐的阶级斗争形势，对十月革命曾产生过怀疑、动摇的心态。后来也是在现实中他认识到，革命的现状是成功的必经过程，他把革命比作血腥的旋风、"毁灭性的爱"。1918年到1923年，爱伦堡出版的诗集仍反映出左右摇摆的思想，一方面为十月革命的成功和苏维埃政权欢呼，另一方面也感到革命中的一些行为有些残酷。

1921年春爱伦堡再度出国，先到比利时，后到巴黎和柏林。20世纪20年代的大部分时间，他都作为苏联报刊记者长期在国外采访。他除了写一些关于西欧社会生活风貌的通讯外，主要从事文学活动，边研究文艺理论边搞创作。他在柏林为《俄罗斯图书》等杂志写一些文章,评论俄罗斯当代诗歌和艺术,并在后来结集出版,同时他还进行过小说创作。

20世纪20年代末至30年代初,是爱伦堡思想发生转变的重要阶段。他曾多次回国考察,感受到苏维埃政权在人民中的威信,体验了人民对新国家的热情。他在欧洲目睹了法西斯的暴行,思想上受到震动,使他从顽固的和平主义的幻想中解放出来。1932年回国后,他访问了莫斯科和其他一些地方的建设工地,看到了祖国工业建设的欣欣向荣,感受到人民建设国家的热情,他的创作也转向了现实主义。通过对苏联和西欧两个完全不同的世界的对比,爱伦堡的世界观发生了明显的转变,用他在自传中的话说,这个转变是"决定性的"。

1936年西班牙内战时期,爱伦堡任前线特派记者,为苏联《消息报》发电讯稿。他一边在战火纷飞的各地进行采访,一边给西班牙人民放映苏联《夏伯阳》等革命影片,鼓舞他们的斗志,并努力呼吁苏联援助马德里政府。他接连出版《我的口粮》《我的巴黎》和《西班牙》等几本通讯集,揭露欧洲各国反动势力的猖獗和西班牙事件的真相,为动员国际力量支援西班牙人民的正义事业起了积极作用。他还经常与西班牙无政府主义者打交道,决定自己不再做幻想家而要成为战士到斗争中去,为反法西斯的西班牙国内势力联合做出努力。1935年和1937年,他代表苏联作家和新闻工作者先后两次出席国际保卫文化大会,和毕加索、巴比塞及中国的肖三等许多世界文化名人一起,谴责法西斯及其战争阴谋,号召保卫欧洲和人类进步文化。

第二次世界大战爆发,爱伦堡在巴黎发表了代表作《巴黎的陷落》。此前他在巴黎曾被怀疑同德国当局有联系而遭逮捕,经苏联政府的交涉才获释回到了莫斯科。

1941年德国入侵苏联。在战争期间,爱伦堡以犀利的笔触撰写了三千余篇内容丰富、立意深刻、富有文采的战地通讯和评论,全面详细地记录了战争的过程。在苏联《真理报》《红星报》《消息报》和《前线军报》等主要报纸上,几乎每天都刊载他的新闻特写和政论,揭露德国法西斯的侵略罪行,讴歌苏联人民气壮山河的爱国主义精神,呼吁世界人民奋起斗争,鼓舞他们必胜的信念。这些热情而又精辟的新闻特写和政论对鼓舞苏军士气功不可没,在世界各国也引起了反响,连希特勒也领略到他文章的威力。中文版《爱伦堡政论通讯集》中,选入的就是他那时的通讯、特写和报告文学。

卫国战争胜利后,爱伦堡在积极创作的同时也参加社会活动,政治观和文艺思想也发生了转折。1953年3月斯大林逝世后,苏联国内在政治、经济、文化等方面发生了巨大的变化。同年10月他发表了1948年写的论文《谈作家的创

第21章 伊里亚·格里戈里耶维奇·爱伦堡——激励反法西斯战争的新闻宣传奇兵

作》,系统地提出了与当时苏联传统的文艺观不同的看法。1954年5月,爱伦堡发表了长篇小说《解冻》,西方评论界非常欣赏这部作品,但在苏联却引起了很大的争论。以这部小说为标志,此后被西方喻为"解冻文学"的作品源源不断。特别是1956年2月苏共二十大之后苏联国内的形势急转直下,意识形态的各个领域都有强烈的反映。在文学艺术领域不同的思潮纷涌而起,争论不断,爱伦堡在其中非常活跃。

战后爱伦堡在新闻写作上主攻国际评论,冷战期间他的文笔越来越犀利,后来《真理报》的茹科夫等人都模仿他的笔法,甚至在今天一些时事评论员在撰写国际评论时还效仿他。他还热心国际和平事业,积极参加保卫世界和平的各种活动,是世界和平理事会的副主席。

爱伦堡在1951年访问过中国,在华期间他除了与文艺界人士交流外,还与新闻界人士座谈,就新闻工作与中国同行开展了热烈的讨论。

1961—1965年,爱伦堡陆续发表了内容庞杂的长篇回忆录《人·岁月·生活》。在这共六部书中,他表现了1905年的俄国革命、第一次世界大战、十月革命、第二次世界大战以及战后的时代生活,对许多重要的人和事都做了生动的描述。这部作品被认为是爱伦堡最杰出的作品,出版后在苏联也引起了不小的争议。1967年8月31日,爱伦堡在莫斯科病逝,终年76岁。

二、爱伦堡新闻的写作特色

爱伦堡是经历了数次战争闻名世界的记者。作为战地记者,他亲历前线,采写了无数的通讯、特写和评论,尤其是在卫国战争期间发表大量充满爱国主义激情的特写和政论,后来收录在以《战争》为书名的三部作品集里。他在20世纪20年代初作为苏联驻外记者,写过一些西欧社会生活风貌的通讯,二战后他在新闻方面主要撰写一些国际评论。

在他的作品中,具有鲜明风格的政论性通讯受到世界读者的欢迎,抗日战争时期中国的报刊都登载了他的许多作品。据蓝鸿文统计,延安《解放日报》刊登了近三十篇,重庆《新华日报》七十多篇。周恩来在20世纪40年代曾高度评价这些通讯,说"爱伦堡写得最好,要向他学习",他还请戈宝权翻译这些通讯,并题写了《六月的顿河》《英雄的斯大林城》等书名。1982年出版的中文《爱伦堡政论通讯集》,选录他在二战中的通讯、评论及两篇游记共31篇。爱伦堡的政论性通讯具有鲜明的个人风格,在特殊时代发挥了重要的作用,其作品一边是激情洋溢,一边则运用各种材料和数据说理,火热情感与冷静分析的结合宛如天成。

（一）站在高点立论，鲜明深刻

爱伦堡经受过数次思潮的冲击，经历了几次战争，这使得他不是普通的记者，而在视野上占据了制高点，在这里他看得更清楚，思考得更深刻。从社会、哲学和政治观点来说，爱伦堡是一个和平主义者，他更多着眼于人类的和平与文化。他在《我们的春天》里写道："我们之所以有深厚的热爱和平的愿望，这是由于我们相信我们所选择的道路在道义上要优越于别人。我们知道，时间在为我们工作。……我们把我们的希望寄托在理性的胜利上面。我们不希望把我们的意愿强制别国人民去接受，我们希望以我们的劳动、我们的经验、我们的创作精神帮助他们。我们认为国际团结，不是大炮大王或炮灰制造者的招牌，而是生活的基础。"①

在《论敌人和朋友》中，他说："我们为我们的朋友的每一个成功——不论在选举中或者在他们被迫接受的战争中的成功而高兴，我们也为他们的劳动、他们的著作、他们的画而高兴。凡是在我们国外所创造的生气蓬勃的光辉灿烂的一切，都将留存在我们的意识和我们的世界中。"②正是具有这样的制高点，爱伦堡能够认识到苏联卫国战争更伟大的意义，从而激发起他澎湃的写作热情。在《法兰西人民的血》③中，他利用一条塔斯社刊发的专电，回顾了1939年至1940年冬天，从法国对德国的不抵抗到受到苏联红军的影响开展如火如荼的斗争。他的新闻写作不仅停留在苏联国内，更着眼于世界的和平以及对侵略者进行"统战"的意义。

（二）用语富于激情，具有感召力

1942年，莫斯科战役使苏联红军取得了一定的胜利，但依旧不容乐观；斯大林格勒战役胜利后，仍旧没有占多大优势。爱伦堡在1942年至1943年间发表大量通讯，除记录军民的抗敌壮举外，还以爱憎分明的激情阐发政论，表现出对人类的热爱和对法西斯的憎恨，为保卫人类文化大声疾呼，号召同国际反动势力进行斗争。其中燃烧的激情不是爱伦堡的臆想空洞之辞，而是他亲临战场被壮观的场景打动从而迸发出的。他热情地鼓励战士们勇敢战斗，为亲人为国家民

---

① 《爱伦堡政论通讯集》，戈宝权译，新华出版社1982年版，第183页。
② 同上书，第160页。
③ 同上书，第57页。

第21章 伊里亚·格里戈里耶维奇·爱伦堡——激励反法西斯战争的新闻宣传奇兵

族而战。他善于用在前线取得的胜利来进行鼓舞,使作品中的鼓励和号召不是空洞的呼喊。

爱伦堡的许多作品题目直接使用引语或口号式的语言,如《我们要把他们打回去!》《祖国在危急中!》《把他们阻止住!》,这些话读来让人热血澎湃。他还善于把这样的引语在文中重复使用,贯穿全文,首尾呼应。尤其是在作品的末尾,口号式的语言再次激情表达。如在《是时候了》里,他用"用一切可能把德国人赶出去"作为文章结尾,非常具有号召力。在《顿河在召唤》的最后,他写道:"我们必须不让这批掠夺者前进。我们必须把他们顶住。1914年不会再来了。红军在各个战场上正给了敌人以沉重的打击。他们必须帮助沃罗涅什的守卫者和顿河的士兵。某些战士的刚毅,另一些战士的压力,再加上大家的勇敢——这就是胜利的保证。我们所要的是在人烟稠密的土地上的胜利,而不是在沙漠中的胜利。为了生活的缘故,朋友们,前进吧!为了我们的朋友们,为了我们的孩子们,前进去作战吧!"这些话语非常富于激情和鼓舞力。

爱伦堡的许多作品都用第一人称"我们",它可以是苏联人民、红军战士,也可以是世界上一切爱好和平的人,它在文章中的出现总是令读者感到亲切。他还喜欢以呼告的话语来号召人们的战斗热情:"为了生活的缘故,朋友们,前进吧!为了我们的朋友们,为了我们的孩子们,前进去作战吧!"[1]这些语言具有强有力的鼓动性和感染力,激励人们在战争时代对未来充满信心。

卫国战争结束后,1948年5月爱伦堡借助《我们的春天》对春景的描写,自然地抒发了战斗与理想之情,但他对未来也有着客观的认识,他在文末写出了提醒的话:"因为一个真正的人,看见自己周围还有穷困、灾难、忧虑的时候,他是不可能幸福的。这是艰巨的事业。"

(三) 以事实为依据,具有说服力

爱伦堡通讯的一个突出特点,还在于善于通过具体事实来阐述观点,解释想要说明的问题。他用事实来表达观点体现在两个方面:一是对材料的选择,二是对材料的组织。

作为一名前线记者,爱伦堡经历了战争,所见所闻成为重要的材料来源,如在《把他们阻止住!》中,他梳理了1942年7月之前几个月的战况,在此基础上分析出具有鼓动性的观点:"必须把他们阻止住!"在《艰苦的道路》中,他对战争经过一年前后的具体情况进行对比,冷静分析战斗过程的艰难,鼓励战士们

---

[1] 《爱伦堡政论通讯集》,第31页。

"前进就是胜利,而我们的勇气一定会获得这个胜利的"。《是时候了》是爱伦堡1942年8月写的一篇通讯,此时德军在战场上依旧向前推进,这令许多苏联人有些担心。但爱伦堡有自己的看法,在文中他将一年前后的战事进行比较,将双方的力量一一分析,客观认识红军的失利,指出此时"是什么时候了","为什么是时候了",总结出苏联人民的心声:"用一切可能把德国人赶出去!"

爱伦堡的新闻作品中也有对德军罪行的控诉,以及对一些德国女人的贪婪自私、没有良心的描述。这些材料都有充分的事实根据,他在前线看了许多德军被毙或俘虏的日记及与家人的通信。在《一个弗里茨的日记》里,爱伦堡选取了一位战地秘密警察秘书的日记片段,里面记录了此人如何拷打和枪毙苏联年轻人,甚至还杀死了一个4岁的小孩子,还记录了他如何贪财、对飞机轰炸的恐惧以及对于毫无畏惧的年轻人所表现出的胆怯。《一群德国的格丽卿们》写的是德国妇女给前线丈夫或情人的来信,希望他们能在苏联掠夺更多的东西寄回去,从外套头巾到巧克力蜜糖,从浴衣鞋子到咖啡银壶,她们甚至给包裹编号,以便说明还有多少包裹没有收到,更加可怕的是她们没有母性的光辉。爱伦堡引用了齐格尔夫人的原话:"对俄国人你可以尽量地杀,丝毫不要顾到良心的苛责;还有对孩子也是一样,因为每一个俄国小孩子,长大了都会成为一个野蛮的布尔什维克。"文中还写了一些德国女人的放荡和残酷,这些都是爱伦堡用真实的材料还原出德军以及其女人们丑恶的面目,这样的敌人怎能不激起苏联红军和人民的愤怒,怎能不激发起他们更加勇敢的战斗热情呢?

(四) 多种表达技巧,凸显文采

爱伦堡在新闻写作中善用文学的表达方式和技巧,使作品呈现出迷人的色彩。他在政论性通讯中除叙述和议论,还用描写手法记人说事,对战争的表现拉近了前线与后方的距离,让战场仿佛就展现在人们的眼前。如在《英勇的塞瓦斯托波尔》中描写,这场保卫战是一个奇迹:一小队苏军抵抗了成千上万的敌人进攻,这对苏联红军来说是多大的鼓舞!爱伦堡不仅让人们记住了这次战斗,而且独特地指出:"关于塞瓦斯托波尔附近作战的奇迹只有一个解释——勇敢。"他描写了战士们在三面受敌、一面临水,每天遭受德军飞机多次轰炸的情况下,死死钉在阵地上的无敌气势;一位水兵连续消灭30个敌人身负重伤仍坚持战斗;当机立断牺牲自我的指挥员;指导员拿着手榴弹与敌人同归于尽……通过对这些勇士的描写,使读者记住了"塞瓦斯托波尔"和"勇敢"两个词。

在写德军的罪行时,爱伦堡也同样选择鲜明的意象使人对敌人的罪行留下深刻印象:"现在,没有一个人不知道希特勒的党徒是些什么东西了。我们看见

第21章　伊里亚·格里戈里耶维奇·爱伦堡——激励反法西斯战争的新闻宣传奇兵

过伏洛科拉姆斯克地方的绞刑架。我们看见过伊斯特拉地方的绞刑架。我们看见过被割掉乳房的少女和撕成碎片的孩子们。"这类排比他在通讯写作中常用，并与反问结合在重点部分喷涌而出，像连珠炮一样打击敌人，像冲锋号一样鼓舞人民。1947年5月在《自然法则》中，爱伦堡一连使用十个"是谁……"的反问句式排比，用事实直接抨击了美国的各种恶劣行径，抒发他心中强烈的情感。

爱伦堡在议论说理时经常使用比喻，使之通俗生动又易理解。如在谈到斗争的长期性时，他指出："一株苹果树在开始结果之前，是要经过很多的日子。一个婴孩，也决不能立刻就发育成人。"① 在讲到战争的进展时，他说："德国军队现在是分散在广大的俄罗斯土地上。现在是用俄罗斯的好扫帚，把他们全部扫光的最好时机。"② 在提到斯大林格勒的胜利时，他认为："斯大林格勒的战斗，像是翻过一座山；我们开始从迷雾中看见了未来，我们开始推测胜利以后的生活会是什么样子。……我们认识了胜利，这是战斗的伙伴，它冲锋陷阵，它在士兵的篝火旁边休息，它搀扶着弱者。白天终于到来，胜利走进每一个苏联家庭，坐上餐桌切面包了。"③ 这里没有对胜利的得意忘形，而是以冷静的拟人手法描写，蕴含着经历过苦难的人对胜利的深刻理解。

对比分析也是爱伦堡常用的，他善于进行敌我双方的共时比较，展现出不同的战斗士气，同时还进行历时比较，如《"祖国在危急中！"》，他首先对150年前法国面临普鲁士和奥地利的侵犯以及目前面对普鲁士又一次侵犯不同的反应进行分析，指出只有全力反抗侵犯才能保住祖国的自由，平静无事只能带来沦丧。接着他又将法国与苏联面临德国侵略的反应做比较，向所有的苏联人民呼吁"祖国在危急中！"，号召"所有的人都一齐向前去抵抗德国的军队！"在《庆祝25周年的红军节》中，他将德军和苏联红军的不同行为作比较："德国人慌张了，他们疯狂地破坏了最后的一切，焚毁了村庄，杀死年老的人，吊死儿童和抓走了年轻的女郎。德国军队在忙着杀人。红军则在忙着救人。他们抢救孩子，抢救母亲，抢救姊妹们，抢救朋友们。"

爱伦堡在写作中各种表达手法的运用，都是为了使作品发挥更好的鼓舞作用，同时也使之更加通俗易懂。这些报道坚定了苏联乃至整个反法西斯战线人民的信心，激发了他们的斗志。他的报道在苏联和世界各国引起了巨大的反响，名字传遍全球。希特勒则对他恨之入骨，曾扬言攻下莫斯科后先绞死爱伦堡。

---

① 爱伦堡：《爱伦堡政论通讯集》，第125页。
② 同上。
③ 同上。

这样的恶誓更加显现出爱伦堡作品强大的斗争性。

三、爱伦堡的新闻工作经验

爱伦堡是记者也是文学家,不同的创作过程使他在新闻采写方面有着独特而宝贵的经验。虽然他的新闻实践是在战争年代,但其中一些方法和理念今天依然具有借鉴价值。

爱伦堡的新闻经验很大程度上是从高质量的成果上体现出来,他的新闻通讯与国际评论受到世界新闻工作者的喜爱和效仿。1951年9月爱伦堡应邀来中国访问,他与中国同行交流经验,用生动的语言、巧妙的比喻阐述了他的新闻工作理念。

(一)记者心目中要有读者

爱伦堡能写出那么多富有激情的作品,最重要的一点是他在写作时眼前浮现的是读者的形象,他很清楚自己是为了谁而写,为什么而写。他把记者分成两类,认为优秀的记者在写作时心目中总是想着读者,他们的写作目的是要感动读者。"读者当然是有头脑的,而我们则是努力于使他们更好地工作。可是,读者也同样地有一颗心。而记者却常常忘掉了这一点,他们注意的仅是人们的理智,而没有注意到人们的情感。"①爱伦堡认为还有一类记者,他们在写作时头脑中也出现人的形象,只不过常常浮现出的是报社主笔的样子,于是写作的指向是专门取悦于主笔,猜度主笔的喜好,这样写出来的东西不能打动普通读者,也就谈不上作品的生命力了。

(二)现场采访对于记者的重要性

人们常常为爱伦堡作品中扑面而来的激情所赞叹,为鲜明有力的号召而触动。他认为这一切并不是运用写作技巧能实现的东西,记者想要写出真实的、有感染力的文章,必须到所报道的地方去采访。

爱伦堡见识过战争的残酷,见证过革命战士的英勇无畏,目睹过百姓的流离失所,他以一颗敏感的心体会到了各种情感,之后才化为恢宏的篇章展现在读者面前。在战争中他亲临前线,如1941年8月他到勃良斯克附近的阵地,随后又来到莫斯科保卫战的红军中。在战争十分艰苦的日子里他到过基辅、戈梅尔、勒

---

① 爱伦堡:《在中国记者座谈会上的讲话》,丘琴、沈颖等译,《人民日报》1951年10月12日。

热夫。他随先头部队进入明斯克、波罗金诺,目睹了维尔纽斯的巷战。在战争的最后几个月他的身影活跃在德国的许多地区,直到一起攻克柏林。爱伦堡说得好:"站在旁观者的立场很难了解什么是战争。"①

爱伦堡写过许多战士,这些人物都是他长时间广泛接触士兵和游击队员所得。有人问他怎样描述战士和他们的心理,他说:"我描写过我们的军人、士兵和军官,因为我曾和他们在一起,并不是带着笔记本跑到他们那里去的,并且经常彻夜地和他们畅谈,他们就把自己所感觉的和所想的事情全都告诉了我。"②他之所以写出战士们的心理和精神层面的东西,就是和他们一起生活,一起感受。

爱伦堡用生动的比喻从另一个角度说明了现场采访的重要性:"你必须清楚地了解你所写的东西,否则就会被敌人利用。这是为敌人服务,而不是为朋友服务。"他充分认识到新闻报道对战争发挥的重要作用:"我们必须记住,敌人也不是糊涂虫,他们在阅读我们所写的一切,并且竭力想利用于他们自己有利的一切,因此对于不了解的东西,应当非常小心地去写。"③

(三) 记者需要提高语言运用能力

许多人认为记者与作家是两个不同的职业,爱伦堡用实践证明两者可以交融。他认为一个好记者会对生活看得比较清楚,应具有敏锐的观察力和较强的思维力,这样的素质对写文学作品也非常好。他说作家也可以做记者,"一般地说,作家参加办报工作,会使报纸生动起来"。这种"生动起来"的表现主要体现在语言的运用上。他谈到欧洲报纸时认为它们最糟糕的地方就在于使用的语言不是人民的语言,而是贫乏的公式化的语言,甚至有些主笔也习惯于使用"规定好的词句"。这种情况在苏联的新闻传播现实中存在,许多报纸的语言呈现出话语格式化的趋势。糟糕的记者在使用语言时往往是"并不努力于使用自己的话语来讲话,而是用某种他认为是彬彬有礼的——公式的,庸俗的,刻板的语言来讲话"④。记者语言的贫乏不仅对写作有害,对广大读者的影响也不好。

爱伦堡对于新闻语言提出了简短、简练、简洁的要求。他认为报纸不是刊载长篇小说,人们读报纸时是很快的,还有其他事要做,所以新闻应尽可能简短,但简短往往比长篇大论要困难,需要作者花费更多的精力和时间。他还认为在写

---

① 爱伦堡:《在中国记者座谈会上的讲话》,丘琴、沈颖等译,《人民日报》1951 年 10 月 12 日。
② 同上。
③ 同上。
④ 同上。

作时要"运用通俗的词,它们的声音是响亮而亲切的"。他在新闻中使用了抒情与描写等各种表达方式,还善于运用比喻、排比、反问等修辞手法,使作品充满激情和号召力。他说:"糟糕的记者总是滥用同样的一些方法。每一种方法首次都能够引起人的感想,而以后读者习惯了,就不再理会他了。"①他常常思考自己在战争中写的作品为什么受到苏联战士的欢迎,那是因为他都是使用自己的话语,一种独特的表达方式。

爱伦堡对文学语言在新闻写作中的运用持乐观态度,他认为这样做能提高报道的质量,在写新闻作品时,恰当地使用文学表现手法更能打动读者的心。

(四)记者需要掌握采访技巧

新闻写作源于实际采访,爱伦堡具有丰富的采访经验,他提醒最好不要去采访记者,因为不少记者喜欢用格式化的语言。选择同普通人交谈更能真实地了解一些东西,作品写好之后最好给当事人看看,征询一下:"我所写的是不是粗率?"

现场采访时爱伦堡认为最好不要当着对方边听边记,以事后记录所听到的一切为好。因为对方看到自己说的话被人记下来的时会感到紧张,这样他讲的内容可能不是鲜活的,而是貌似"应当说的"话了。为了便于采访的开展,他认为要提早做好资料准备,如去图书馆或资料室查询,把相关资料搜集在笔记本上,使笔记本成为记者的图书馆。即使一时用不到的材料也要注意积累,等到写稿时才去图书馆肯定来不及。

爱伦堡说过:"谁记得一切,谁就感到沉重。"他的一生经历太多,经受的各种思潮的影响也纷杂。所幸的是,在20世纪上半叶动荡的战争岁月中,爱伦堡成为特殊时代的见证人,他用自己的笔在世界新闻史上留下了难以磨灭的篇章。

参考文献

1. 爱伦堡:《爱伦堡政论通讯集》,戈宝权译,新华出版社1982年版。
2. 爱伦堡:《在中国记者座谈会上的讲话》,丘琴、沈颖等译,《人民日报》1951年10月12日。

---

① 爱伦堡:《在中国记者座谈会上的讲话》,丘琴、沈颖等译,《人民日报》1951年10月12日。

第22章 沃尔特·李普曼

——虽不指挥千军万马却有左右舆论的力量

沃尔特·李普曼(Walter Lippmann,1889—1974),美国著名记者、政论家、专栏作家、传播学者。1911年从哈佛毕业后投身新闻事业,先后在多家报纸任职,六十余年间写作一千多万字,两度获得普利策新闻奖。其专栏评论"今日与明日"连载36年,被二百五十多家国内外报纸刊载。做过多位美国总统的顾问,并与多位苏、英、法、印等国的政坛人物往来。其所著《舆论》被公认为传播领域的奠基之作,《自由与新闻》《道德序言》《自由的方法》等著作也在学术界有重要地位。

一、纵横报坛的岁月

1889年9月23日李普曼出生于纽约,是一个德国犹太人移民家庭的第二代后裔。父母对这个独子疼爱有加,从小给予他良好的家庭教育,并利用每年夏季到欧洲旅行的机会对他进行文化、历史等方面的熏陶。在父母的影响下,年幼的李普曼对人文学科表现出浓厚的兴趣。

1896年9月,李普曼进入纽约的一所私立男校学习。他酷爱读书,上学期间阅读了大量西方文学名著,并在课余努力练笔,提高自己的写作水平。少年时期的李普曼就被媒体传播所吸引,他和同学主编过称为《小记》的铅印小报,在中学时积极地向校刊《红与蓝》投稿。

1906年,17岁的李普曼因成绩优秀被哈佛大学免试录取。入校以后,李普曼广泛涉猎文史哲方面的书籍,不仅仔细学习了苏格拉底、柏拉图、亚里士多德等古希腊哲学家的思想,还就实用主义、弗洛伊德的心理分析理论等现当代哲学思潮进行了深入研究。此外,他继续保留着对新闻媒体的兴趣,常常向哈佛的校刊《倡导》和《哈佛月刊》投稿,还担任了《倡导》杂志的编辑。在此期间,李普曼写的一篇针对哈佛英文教授温德尔的《特权阶级》一书的评论,在校园内引起强烈反响。学生们对他批评温德尔的权贵思想表示欢迎,连已退休的哈佛著名教授、实用主义哲学家詹姆斯也被吸引。詹姆斯亲自到李普曼的学生公寓表达赞许,并在以后的时间里几乎每周四都邀请李普曼到他家做客。老教授对这个后起之秀青睐有加,在学术上提携,并鼓励年轻的李普曼可以把写作注意力放在哲学与政治方面。后来李普曼回忆,与詹姆斯教授的相处是他哈佛生涯最值得珍视的时光之一。

在哈佛期间,除了努力学习充实自己,李普曼还积极投身社会活动。他加入了波士顿公民福利机构黑尔社和市民服务社,并作为志愿人员参加了哈佛附近切尔西城大火的救灾工作。在这次救灾活动中,自幼生长于优裕家庭的李普曼第一次接触到了贫民的生活状况。这一点深深触动了他,救灾结束回校后,李普曼开始阅读一些社会改革的书籍,尤其关注费边社会主义思想。1908 年 5 月,李普曼和其他几个同学组织了"哈佛社会主义俱乐部",宣言中说要考虑"所有旨在根本重建社会的改良方案",大家推选机智善辩的李普曼当主席。俱乐部的第一个行动是申请加入校际社会主义协会,该协会是 1905 年由达罗和杰克·伦敦牵头成立的一个协调性组织。在这群年轻的社会主义者中,还有一位日后的世界新闻史名人——《震撼世界的十天》的作者约翰·里德。

在俱乐部的活动中,李普曼认识了波士顿的不少改良主义者,其中有位叫作艾伯特。1910 年初,李普曼用三年时间修完了四年的课程,提前一年获得学士学位,他继续留在哈佛攻读研究生,并任桑塔亚纳教授的助手,协助讲授哲学史。但李普曼发现自己更愿意投身于行动的实践之中。正好此时艾伯特开办了一份《波士顿平民报》,考虑再三后,李普曼到《波士顿平民报》做一名见习记者。

然而,《波士顿平民报》并没有给李普曼带来他想要的新闻经验。由于艾伯特等人对办报的无知使得李普曼觉得"还不如去剪报室工作",这让李普曼感觉度日如年。好在 1910 年夏末,著名"扒粪记者"、《人人》(*Everybody*)杂志主编林肯·斯蒂芬斯来哈佛招助手。此前李普曼就已通过斯蒂芬斯来哈佛的演讲认识了他,并写信与其进行过交流。这次斯蒂芬斯来招助手明确表示:"找个聪明的大学生,我用一年的时间,就能使他成为一个出色的记者。"经过与哈佛教授的了解与亲自考核后,斯蒂芬斯选择了"才智出众、善于写作"的李普曼。

得知斯蒂芬斯选择了自己,李普曼从《波士顿平民报》辞职,于 1910 年 7 月前往《人人》杂志担任编辑并兼任斯蒂芬斯的秘书。李普曼与斯蒂芬斯共事时,正值美国黑幕揭露运动的尾声。黑幕揭露是 20 世纪初美国从农业社会到工业社会转型刚刚完成之际发生的一场社会运动。其时美国经济高速发展却未惠及

第22章　沃尔特·李普曼——虽不指挥千军万马却有左右舆论的力量

大众,财富高度集中,资本家垄断市场,贪官污吏沆瀣一气,企业纠纷、劳资纠纷、城乡矛盾得不到解决。对此,有良知的知识分子进行了无情的揭露。普通公民的关注、黑幕揭露者自身的责任感以及大众杂志所提供的宽松平台,催生了1903年至1912年间轰轰烈烈的黑幕揭露运动。斯蒂芬斯是其中的代表人物,以进行调查研究闻名于世,李普曼在《人人》杂志主要就是协助他在这方面的工作。和斯蒂芬斯在一起的时光令年轻的李普曼终身受益,他们联手写的有关格林尼治市政腐败状况的报道反响热烈。李普曼还学到了一些铭记的原则:一切言论必须严格基于事实,在动笔之前一定要胸有成竹。

李普曼对斯蒂芬斯十分敬佩,然而他们的合作没有持续多久。1911年斯蒂芬斯去了英国,李普曼在《人人》杂志陷入了一种枯燥无味的编辑生活。于是,他开始为社会主义观点的《国际》和社会主义——无政府主义观点的《大众》杂志撰稿。李普曼还与校际社会主义协会保持联系,参加了自由主义俱乐部。从1911年8月到1912年7月,他每月都给《国际》写署名社论。尽管他自认为是社会党人和激进分子,但他的战斗精神被实用主义意识所削弱,他既抨击"头脑简单的社会党人",同时也不赞成使用暴力。

此时李普曼认识了社会党改良主义者伦恩。1912年,伦恩当选为纽约州斯克内克塔迪市市长,邀他去担任助手。对《人人》杂志感到厌倦的李普曼接受了邀请,作为伦恩的助手拟写发言稿、为市政府起草法令、会见社区和工会领袖、向记者通报情况等。在市政府的四个月里,李普曼尝到了搞政治的滋味,发觉这并不符合自己的心意。再加上对伦恩政策的不满,他辞职回到了纽约。出版商肯纳利希望李普曼写一本有关政治的书,于是他来到缅因州边远森林的小屋中,埋头进行第一部著作的写作。1913年春,书出版了。这部名叫《政治序论》的小册子受到了人们的关注,赞誉之词不绝于耳,如"这是十年来所出版的同类小册子中最优秀的一本","几年以后,政治经济学的学术讨论可能常常要插入'如李普曼所说'这样的解释性句子","作者是最有生气最有头脑的反对传统主义者之一,他甚至已经成了美国政界的一颗新星",等等。在关注李普曼的人中还包括美国前总统西奥多·罗斯福等,他们甚至写信称赞他为那个时代"最有才华的年轻人"。

《政治序论》让李普曼声名大振,这时他仅25岁。1914年6月,李普曼前往欧洲考察。在英国他结识了萧伯纳、威尔斯等人,并参加了费边社的集会。英国之行结束后,李普曼来到比利时,正值第一次世界大战爆发,他不得不返回纽约。回国后李普曼完成了《趋势与主宰》和《外交的赌注》等著作的出版。在写这两本书的同时,他于1914年11月创办了《新共和》杂志。该杂志以采取温和的立场和承担社会义务为口号,带有浓烈的自由主义色彩,因为支持威尔逊总统而被认为是白宫的喉舌。自 1915 年起,李普曼定期前往华盛顿为杂志的专栏写作搜集素材,确实与威尔逊建立了融洽的关系。

1917 年美国参加第一次世界大战,在威尔逊的推荐下,李普曼担任了美国陆军部长贝克的特别助理。威尔逊指示白宫成立一个专门的机构为战后的和平准备材料,李普曼应邀加入,主要负责搜集战后和谈资料及勾画势力蓝图等。由于战胜国之间的分歧,尽管李普曼等提出了有利于美国对外扩张、建立国际联盟以及对付共产主义苏联的"十四点"和平原则,却未能受到采纳,1919 年 3 月失望的李普曼离开了白宫。

回到《新共和》杂志后,李普曼把主要热情投入到新闻事业中。除了日常的新闻采写外,1920 年到 1922 年他还出版了《自由与新闻》和《舆论学》两部新闻学著作。在《舆论学》中,他阐述了有关舆论形成原因、舆论的作用和力量等观点,并成功将心理分析方法引入新闻学当中,这本书在新闻学界引起强烈反响,并作为经典至今被不断再版。

不久,对《新共和》的工作感到厌倦的李普曼到了普利策的《世界报》。在这里,他精彩的新闻评论大受读者欢迎。在《世界报》的九年间,李普曼撰写了大约 1200 篇社论,不少是与国际时事息息相关的。1931 年《世界报》被斯克里普斯—霍华德报系所吞并,李普曼的未来面临着多种选择:哈佛邀请他前往该校政治系任教;北卡罗来纳大学请他担任校长;美国"对外关系委员会"希望他到该处工作。心系新闻事业的李普曼一一拒绝,而更乐意在同行的邀请中选择:霍华德邀请他担任《世界电讯报》评论部主任;赫斯特许以重金请他为《美国人》写署名专栏;奥克斯则希望他担任《纽约时报》驻华盛顿负责人……最终,李普曼选择了《纽约先驱论坛报》,为其撰写专栏"今日与明日"。从 1931 年到 1967 年李普曼退休,"今日与明日"专栏从《纽约先驱论坛报》开始,再到 1963 年转到《新闻周刊》刊载,一共持续了 36 年,是 20 世纪美国历时最久、内容最广、影响最大的专栏。

在撰写"今日与明日"的 36 年里,李普曼经历了全球的风云际会。1931 年他在"九一八事变"后,向国务卿建议拒绝承认日本侵占中国东北所获的权益。二战开始之后他更是积极主张支持英法抗击纳粹的进攻,反对孤立主义,他还前往欧洲采访了戴高乐和丘吉尔。二战结束后李普曼的新闻报道和评论继续产生着巨大的社会影响,并在某种程度上影响了美国的外交政策以及国内公共政策。其中人们所熟知的"冷战"一词,便是来源于 1947 年李普曼针对资本主义和社会主义两大阵营对立发表评论所写的小册子中。冷战开始后他继续在评论中表

第22章 沃尔特·李普曼——虽不指挥千军万马却有左右舆论的力量

达对世界局势的看法,先后两次访问苏联领导人赫鲁晓夫,并通过这些报道两次获得普利策新闻奖。李普曼对各种国际热点问题都有大量评论,包括朝鲜战争、古巴导弹危机、越南战争等。

李普曼晚年继续从事新闻写作,1967年退休后仍为《新闻周刊》等撰写时评。他还和白宫保持着密切的联系,做过多位美国总统的顾问。1964年9月约翰逊向他授予总统自由勋章,这是给予美国平民的最高荣誉,授勋书上写着:"他以精辟的见解和独特的洞察力,对这个国家和世界的事务进行了深刻的分析,从而开阔了人们的思想境界。"1974年李普曼85岁生日,纽约市授予了他最高荣誉青铜奖。1971年1月他完成了最后一篇文章,1974年12月14日因心肌梗死在纽约去世。

二、李普曼的新闻写作

在六十多年的新闻生涯中,李普曼兢兢业业,有着极为规律的工作习惯,对于新闻事业有着独特的见解。他认为新闻工作尤其是时事评论,除了向受众传递信息,对于进行报道的记者自己也有着重要的意义。他曾对记者工作有过专门表述,认为他们需要在兴趣所及的领域以由表及里、由近及远地去探求、推敲、归纳、想象和推测发生了什么事。他严于律己,善于思辨,长于分析,形成了带有深刻个人烙印的新闻风格。

(一) 深思熟虑,以敏锐的洞察力进行分析

和同时代的一些新闻工作者相比,李普曼最大的特点在于他既不会单纯地揭露事实,也不会匆忙地对某件新闻事实发表态度鲜明的看法。他总是经过冷静的思考与多个角度的分析之后,才得出自己的观点。

这样的例子在李普曼的报坛生涯中很多。如1958年美苏冷战正酣,李普曼第一次访问苏联并采访了赫鲁晓夫。回国后他撰写的评论文章第一次获得普利策新闻奖,这些文字后来集为《共产主义世界和我们的世界》的小册子出版。和当时西方传媒竭力妖魔化社会主义国家相比,李普曼显得很理性,他在《苏联的挑战》中写道:"目前共产主义国家之所以能在亚洲进行扩张,是因为它们正在指出目前显然行之有效的、迅速增强落后国家的力量和提高它的人民生活水平的道路。对此唯一令人信服的回答必须是由非共产主义国家做出榜样:要克服

亚洲国家这种亘古以来的贫困和孱弱,还有另外一条更加人道的道路。"①

在评论中,李普曼没有像资本主义国家的评论家们那样,只是叫嚣社会主义阵容如何恐怖,反而是通过独特的视角,论述了共产主义运动在亚洲兴起的原因,通过这种抽丝剥茧般的分析,使得他的评论更加充实,也更加合乎情理。再加上他提出如何面对这一境况的建议,使得整篇评论更上一个新的台阶:"这个榜样最好能在印度树立起来。我几乎不怀疑,如果我们和我们的西方的伙伴们能够保证印度发展成功,世界必将为之改观。这将是挽狂澜于既倒的决定性一举。它将会终止宿命论和不可避免论的衰竭无力的感觉,认为共产主义是未来唯一潮流的感觉,认为只有进行内部奴役这一条路的感觉,认为西方干什么事都是瘫痪无力、动作迟钝的从而放弃未来的感觉。"

(二) 知识渊博,追古溯源

李普曼自幼接受了良好的文化教育,在年少时就已熟悉欧洲的建筑、雕塑、绘画、语言以及历史地理等。随着年龄增长,他的文化素养不断提高,从中学到大学,李普曼阅读了大量的文学名著,这样的文化沉淀让他在新闻写作中游刃有余,新闻评论也更为意味深长。

如在"今日与明日"的新闻评论专栏中,他重视从多个方面出发,使得笔下的文章有声有色。在《冷战:美国外交政策的研究》评论中,李普曼批评了美国驻苏大使凯南的杜鲁门主义观点。其中在针对苏联的边界问题上,他没有一味鼓吹共产主义扩张的威胁,而是从地理历史的角度进行分析。他写道:"马克思主义革命派在苏联执政已经30年了,需要由美国外交政策制定人加以解释的是,为什么苏联政府在1945年扩张了它的疆界和势力范围,它的扩张和规律如何?要解释这一点,必须看到苏联政府是一个俄罗斯政府,而且这个政府刚刚战胜了德国和日本。"随后他从历史和民族的角度出发,通过自己分析和引用其他研究者观点等方法,从俄罗斯沙皇政府扩张的计划,到十月革命后苏俄所失去的土地,再到1945年之后苏联收回的地盘,条理清晰地说明了苏联扩张的一般事实。最后他对问题给出了答案:"俄国曾经一直企图向西扩张边界和势力范围,可是只有在红军打败德国而进入中欧之后,这个目标才得到实现。使俄国政府得以扩充边界的,不是马克思主义,而是红军的威力。正是由于红军的压力远远超出新的疆界,所以克里姆林宫的意志在俄国势力范围内才成为不可抗拒的。正是由于红军可能进一步西进,到意大利、到西德、到斯堪的那维亚,所以克里姆

---

① 林珊:《李普曼》,人民日报出版社1995年版,第67页。

第22章 沃尔特·李普曼——虽不指挥千军万马却有左右舆论的力量

林宫和西欧各国当地的共产党才能对欧洲大陆的事务产生异常的和难堪的影响……因此,我们对苏关系中的当前的和决定性的问题,就是能不能迫使红军撤出欧洲,以及在什么时候和在什么条件下能够迫使它这样做。"这样的评论分析,先提问,再从多个角度各个层面进行分析,从而具有了强大的说服力,也自然受到广大读者欢迎。

(三) 用词简练,语言生动

要新闻写作中,李普曼认为应言语简洁明晰,用词严谨规范。他从不夸夸其谈,而是以一语中的的话语来发表对事情的看法。据统计,李普曼在撰写"今日与明日"专栏期间,就曾规定自己每篇文章的字数都在八百字左右。

李普曼反对以空洞枯燥的文字进行新闻时评,尤其是政治性评论的写作,在他的笔下文字鲜活生动,通过形象的比喻、对比等,使得整篇文章具有吸引力。在表述政治家所应具有的特质时,他就进行过一番颇有趣味的表述:"因此,大政治家经常不得不先于其选民们而仓促行事。他这样做是在拿他的判断冒风险,他可能冒犯人民最终会认为是美好的东西,或是触忤了恰好是人民的热切愿望。根据隐而不显的现实而不是根据显而易见的现实采取行动,这种能力正是政治家才能的要旨。它并不在于给予人民他们所希冀的东西,而在于帮助人民学会希冀。它要求具有勇气,这种勇气只是在超越于一时的蛊惑煽动的思想境界中才可能存在。它还要求具有洞察力,这种洞察力只能来自对事物的客观而深邃的认识,来自一种高屋建瓴而沉着镇定的冷静之心。"[1]这样有血有肉的描写,使得评论充实生动,引人注目。

这样的方法在李普曼的新闻写作中比比皆是。1960年在描写戴高乐的伟大之处时,他没有单纯地从其历史功绩入手,而是充满激情地写道:"我发现,在法国差不多沦陷三星期之后,我已经学到了足够的东西使我能够写下如下的话语:'在法国的这场不幸灾难中,我们必须做到最后一个忘记法国的伟大,以此引为我们最大的自豪;我们希望我们是第一个能回忆起……法国是不可或缺的,它对西方文明的成熟是不可或缺的,正如希腊之对于西方文明的诞生是不可或缺的一样,而且它是不朽的。'我只是从戴高乐将军那里,学会了这样说。"[2]仅仅几句话,就将戴高乐将军对法国的热爱及其在法国沦陷后坚持抵抗的积极意义表述得淋漓尽致。

---

[1] 斯蒂尔:《李普曼传》,于滨、陈小平、谈锋译,中信出版社2008年版,第449页。
[2] 同上书,第450页。

三、李普曼的新闻传播思想

除了新闻采访、评论写作,李普曼在新闻事业上的突出贡献,在于他对新闻传播规律的探究。李普曼一生有31本著作面世,其中直接涉及新闻学的有《自由与新闻》《舆论学》和《虚幻的公众》等,这些书阐述了他的新闻思想,《舆论学》更被誉为是新闻传播学的奠基之作。尽管这些著述多出版于20世纪前半叶,但其新闻观点与思想依旧有着极大的历史价值和社会影响。

(一) 议程设置

李普曼首先提出了关于议程设置的早期思想,这是他新闻传播事业最为突出的贡献。尽管一直到1972年,通过麦库姆斯和肖发表在《舆论季刊》上的文章,议程设置才被正式命名,但李普曼作为大众传播的宏观效果的早期探索者,对该理论的产生和发展率先做出了可贵的开创。对于议程设置,李普曼表达了这样的基本思想:大众传媒灌输了受众头脑中的象征性的想象,而实际上这些想象有可能与现实世界中的客观存在完全不同。他指出,大众传媒是连接现实世界中的客观事件和受众头脑中对此事件所形成印象之间的关键。在报道中,大众传媒对外部世界事件的报道并不是如同镜子一般地反映,而是一种有着明确目的的再加工,并对受众的关注倾向等有着极大的影响。这些行为会引导着受众去思考什么,同时又避免人们去关注一些东西。

正如李普曼在《舆论学》中所提出的:"新闻媒介影响我们头脑中的图像。"在这样的情况下,新闻传播活动不仅向受众传输已经由传播媒体加工好的内容,在传播过程中,被大众传媒加以报道的事实,同时也作为一个指向标反映在受众的意识中:被大众传媒关注越多的问题,也就显得越为重要。这就是议程设置的由来,在大众传媒的新闻报道和信息传播活动中,各种议题显著性的不同影响着受众对其重要性的判断以及关注度的强弱。

(二) 拟态环境

在陈述大众传播对社会的影响时,李普曼提出了许多重要的观点,如"拟态环境":"我们必须特别注意到一个共同的要素,即人们与环境之间的插入物——拟态环境。人们的行为是在为拟态环境做出反应。但因为是行为,如果见诸行动,行为后果就不是出现在刺激行为的拟态环境中,而是在行动发生的真实环境中。"他认为,随着社会的发展,展现在受众眼前的世界变得更加错综复

第22章 沃尔特·李普曼——虽不指挥千军万马却有左右舆论的力量

杂。在这样的现实条件下，人们受到其自身物质精神条件的制约，已经不可能对与其有关的整个外部环境和所有的社会事件都进行亲身体会。对于那些无法进行直接感知的事情或者事物，人们的认知渠道只能是进行信息传播活动的大众传媒。这时，人们对所接受的信息所作出的反应，也就不是对客观存在及其变化的反应，而是对被信息传播机构营造出的"拟态环境"的反应。对于客观存在他提出，所谓存在的"客观"，一种是在世界中真实的未曾改变的存在，另一种则是经过大众传媒进行选择加工后灌输于受众的"客观存在"。这说明了"拟态环境"并不是对现实环境的完全重现，而是被传播媒介再加工的产物，只不过由于这种重新选择后的再加工，是在信息进入传播之前在媒介内部所进行，所以当受众接收到信息的时候，并没有发现自己接触到的已经是产生偏移的真实客观，相反把"拟态环境"当作是客观环境本身来看待。

对于"拟态环境"的影响，李普曼认为大众传媒通过信息传播活动，不仅影响着受众对外部世界的看法，更重要的是形成一种价值导向左右他们的社会行动。他在《舆论学》中说："回过头来看，我们对自己生活于其中的环境的认识是何等地间接。我们看到，报道现实环境的新闻传递给我们时快时慢，但我们把自己认为是真实的东西当作现实环境本身来对待。"这样一来，被"拟态环境"所影响的受众势必会按照从传播中得到的信息来改造客观环境，结果被大众传播所营造出的"拟态环境"，也能通过对受众的影响转化成为真正的客观环境。

（三）固定成见

在大众传播的力量方面，李普曼认为大众传播不仅是"拟态环境"的主要营造者，同时还在形成、维护和改变一个社会的固定印象方面也拥有强大的影响力。对此他将其命名为"固定成见"（stereotype）。"Stereotype"在英语里意为浇铸的印刷铅板。李普曼以此形象地说明了大众传媒对受众以及社会所造成影响的牢固。他在《舆论学》中写道："一旦我们牢固地产生了这种成见，就很难摆脱它。""在我们观察世界以前，已有人告诉我们世界是什么样的了。对于大多数事物，我们是先想象它们，然后经历它们……看到一点儿熟悉的东西，就像是很熟悉，有点儿生疏的东西，就像是非常陌生。"

在李普曼的理论中，"固定成见"指的是人们对某些特定的事物所持有的较为固定的高度概括的观念看法。在此看法的产生过程中，往往伴随着对该事物较为稳定的价值评估。他认为，这种固定的看法尽管可以为人们认识事物提供简便的参考标准，但更有可能是非常片面的，而且很难随着现实的变化而发生变化，其阻碍着受众对新事物的接受，并导致某些特定的群体以及事件等产生偏见。尤其是随着这种成见成为人们认识中的一种认知模式,更容易使得人们将与之类似的事物画上等号,从而产生先入为主的印象。他写道:"先入之见形成以后,旧的形象就会淹没新的视野,并影射到记忆中重新出现的世界中去。"

将其运用到新闻报道之中,李普曼认为固定成见左右了新闻效果的产生。首先从记者开始,由于记者已经带有一定的成见前往新闻事发地点,因此事后其带回来的信息也必然已经受过记者的主观加工。随后,当新闻事件经过传播到达受众那里之后,人们又会由于社会经验、以往舆论的影响等,按照已经形成的模式来选取和了解新闻事实。正如李普曼在《舆论学》中所言:"当成见的体系已牢固地形成时,我们就会注意那些支撑成见的事实,而不去注意那些与成见相矛盾的事实。"在这样的情况下,当被影响的受众将固定成见带入各自的社会实践时,这些已经形成的刻板印象便开始产生影响,从他们的判断开始,进而控制他们的行为。

(四)新闻与真实

由"固定成见"理论的提出,李普曼认为不管是谁,在到达新闻现场以后所获得的都是一个已经被重构过的改观了的真实,在此基础上的新闻也自然在真实上有所偏颇。他在《新闻、真实和一个结论》中指出:"新闻与真实并不是一回事,必须清楚地加以区分。新闻的作用是突出地表明一个事件,真实的作用是把隐藏的事件显露出来,将它们联系起来构成一幅真实的情景,人们能够根据它来行动。"因此,李普曼认为:"新闻首先并不是社会情况的一面镜子,而是一种突出的事实的报道。……任何偶然发生的事能被确定、具体化、衡量和定名称的越多,则能报道的新闻也越多。""只有当社会形势呈现出可以认识和觉察得出来的状态时,真实的新闻才恰好相符。"①

对此,李普曼以列宁去世的报道来进行说明,当一家报纸掌握的消息声称列宁已经去世,而这个消息同时又是已经被证明由一个不可靠的来源所传出。在这个时候,编辑最应该负责的问题就是判断消息来源的可靠性。从某种意义上讲,在这一阶段的新闻已经不再是"列宁已经去世",而是"赫尔辛基说列宁已经去世"。

(五)"局内人"与"局外人"

在《舆论学》的开头,李普曼引用了柏拉图的洞穴理论,将普通民众比喻为

---

① 林珊:《李普曼》,第139页。

第22章　沃尔特·李普曼——虽不指挥千军万马却有左右舆论的力量

一生都被束缚在洞穴之中的奴隶。在他的笔下，普通民众与外界的接触都是间接的，因此他将社会上的人分为"局外人"和"局内人"。作为"局外人"的普通民众，李普曼认为他们并不能自身做出明确的判断，尤其是在社会政治问题方面，即使有报纸等大众传媒提供有关于事件的精确报道，他们也很难得出正确的结论。

为此，李普曼又提出了"局内人"的概念。"局内人"是指受过特殊训练的"社会贤达"，他们经过专门机构的培训，能够提炼出具有价值的意见以供社会参考，进而作出判断。因此，李普曼认为，在公共利益与社会舆论并不完全一致的情况下，应该有一个掌有特权的阶级来对公共利益进行管理。在这种情况下，无法辨明是非的"局外人"，就可能被具有明智判断力的"局内人"所支配左右。

参考文献

1. 斯蒂尔：《李普曼传》，于滨、陈小平、谈锋译，中信出版社2008年版。
2. 林珊：《李普曼》，人民日报出版社1995年版。
3. 李普曼：《舆论学》，林珊译，华夏出版社1989年版。

第23章 爱德华·默罗

——率先开启现场新闻直播的新时代

爱德华·R.默罗(Murrow R. Edward,1908—1965),美国著名记者、评论员、主持人。二战期间在欧洲战场任哥伦比亚广播公司(CBS)战地记者,开启了广播新闻现场报道的新篇章,被尊为"广播新闻记者的一代宗师"。战后回国任CBS广播记者和电视节目主持人,先后主持《现在请看》《面对面》《哥伦比亚广播公司报道》,被公认为"哥伦比亚广播公司伟大的评论员"。

一、非凡的一生

1908年4月25日,默罗生于美国北卡莱罗纳州一个农场工人的家庭,是三兄弟中最小的。家境虽艰辛,但父母对孩子们的教育严格。默罗童年时在农场里和哥哥们打野兔、吃西瓜,听追随废奴主义的祖父讲内战故事。默罗从小在祖父的影响下对历史产生了浓厚兴趣,并培养起对追求真理的无畏。6岁时默罗一家迁往西部华盛顿州,14岁时他进入爱迪生中学。他在学校参加文体活动非常活跃,是学校垒球队队员和篮球队的前锋。他作为学校乐队的成员唱男低音,表演过独唱和演戏,但学习成绩并不突出。

1926年默罗进入华盛顿州立大学,他像普通的具有雄心壮志的苦学生一样,开始了半工半读的大学生活。当时他还是后备军官训练团的军官候补生。学校有美国大学中最早开设的无线电广播课程,默罗在入校时就设想了将来的事业应该做什么。由于他是从远西地区迁来的,口音保留着高地英语的韵味,所以在学习那些优秀教师的声调时,他自己的语言节奏感和韵律感就被加强了。他的口语老师安德森发现了他的天赋。安德森对任何演讲的措辞、风格和技巧都有独到见解,他以极大的热情和耐心给默罗以指导(正是安德森在后来默罗去英格兰时,给他建议在"这里——是伦敦"之间略加停顿),使得默罗的口语极

第23章 爱德华·默罗——率先开启现场新闻直播的新时代

富感染力：恰到好处地使用停顿和省略，声音具有戏剧性效果，但听起来却毫无矫揉造作之感。这为默罗未来的播音主持打下了坚实的表达基础。

默罗是校园表现突出的学生领袖人物，还成为太平洋学联主席团的成员。1929年他参加斯坦福大学举行的全国学联会议，在会议上作的简短有力的发言吸引了大家的注意，使他有机会竞选全国学联主席的职务，并凭借优异的口才及能力以压倒性多数票获得成功。1930年默罗大学毕业，获得演讲学学士学位。多年以后时任美国新闻署署长的默罗回到母校，在回忆大学生活时说："一个人是他所受教育的产物，也是他的工作、旅行、阅读及他所有经验的产物，但是在所有这些因素中，最重要的是教育。就是在这儿，我发现了好奇的、有感染力的火花；吸引思想的兴奋感；开辟前进道路的智慧——这一切使我丢掉幻想，正视现实。"①

大学毕业后默罗前往纽约就任全国学联主席。在此期间他曾与CBS合作，帮助物色大学校园节目《空中大学》的参与者与发言人，分别说服了来美国访问的泰戈尔和爱因斯坦参加这个节目。在连任学联主席时，默罗极力呼吁黑人学生加入这个组织，并劝服南部白人和黑人学生代表要团结。结束全国学联的工作后，默罗进入了哥伦比亚大学师范学院国际教育学院。在这里他表现出处理繁重事务的能力，能在错综复杂的工作中找到最重要的问题加以解决，并接触了大批学术界、工商界、政界和法律界人士，极大拓展了他的视野。

1935年默罗于进入了哥伦比亚广播公司，CBS教育部经理威尔斯在一次会议上结识了默罗，建议他担任CBS谈话节目的主任。在犹豫再三以后默罗听从了建议，刚开始他只是邀请嘉宾发表广播讲话，一年后自己才在广播上露面。尽管他曾一度认为话筒只是没有生命的金属，也不会在广播事业中有所作为，但随着工作的深入他逐渐喜欢上这份工作，也渐入佳境。27岁时，默罗就当上了CBS教育传播部的访谈指导，成为一个正在崛起行业的新星，各方面都认为他前程似锦。

1937年，哥伦比亚广播公司欧洲站负责人的职位空缺，该岗位的主要工作是安排欧洲官员在公司的联播网广播的事情，不带多少新闻性质。公司原本考虑这个职位让另一个人来担任，可那个人要在公司本部出人头地不愿远离美国，这个差事就落到了默罗身上。当年4月中旬，默罗夫妇乘船从纽约到达英国，负责哥伦比亚广播公司欧洲办事处。虽然大部分时间都是安排演讲、音乐会、文化广播等与新闻关系不大的工作，但身处欧洲的默罗已经意识到大战迫在眉睫。

---

① 钱明编著：《成功主持人典范》，中国广播电视出版社2003年版，第290页。

他很快物色了一名优秀助手——精明能干、新闻嗅觉敏锐并写作生动鲜明的原赫斯特报系新闻社的资深国际记者夏伊勒，他们随时紧盯着德国，关注欧洲事态的发展。

1938年3月初，默罗从伦敦赶往波兰首都华沙安排一个教育节目，夏伊勒则在维也纳。此时希特勒军队开始进攻奥地利——这个事件早在默罗和夏伊勒的意料之中。夏伊勒用预先编好的暗语向默罗打电话："客队已经跨入门线。"默罗惊讶地问："您没有搞错？""绝无差错。"①这意味着德国军队已跨过奥地利边界，默罗让夏伊勒立即飞回伦敦，自己用1000美元包了一架小客机独自飞维也纳，以便及时报道这条新闻。3月12日，默罗在德军攻占维也纳的同时，向远在大西洋彼岸的美国听众广播了第一篇战争报道：

> 我是爱德华·默罗，此刻正从维也纳报道。现在是凌晨2点30分，希特勒本人还未到市内。看来，没有人知道他会在什么时候到这儿。但是绝大多数人预料他会在明早10点之后的某一时刻到达……我是几小时前乘飞机从华沙取道柏林来这儿的。从飞机上鸟瞰维也纳，我发现她跟从前没有两样。但是维也纳确实有所变化……人们在这里把武器举得要比柏林高一些，而且，人们说起"嗨，希特勒"这样字眼声音也要高一些……年轻的纳粹冲锋队员乘车在街道四周游荡。他们乘着军用卡车、各种型号的装甲车，唱着歌，向人群投扔橘子皮。几乎所有的重要的大楼都设有武装警卫，包括我现在临时广播的这座楼房。整个城市有一种断定要发生某种事情的迹象，每个人都在等待着，想知道希特勒在什么地方，什么时候会到达这里。②

默罗在维也纳待了五天后飞回伦敦，播出了一条更为完整的消息。随后他逐步招募其他记者，办起了哥伦比亚广播公司的"世界新闻概要"节目。这个报道班子穿梭于欧洲各国，分别租用短波发射机把信号直接发送到总部，报道他们的所见所闻。希特勒威胁世界和平的种种罪行，连续不断地从英国传到美国。在纽约CBS总部，总是响着负责安排节目的卡顿伯恩"电告默罗，电告默罗"的呼叫声。默罗开创了广播媒体跨地区联合报道战争的先河。

1938年9月《慕尼黑协议》签订，默罗和他的报道班子对这次危机广播了471次，用了近48个播音时间，CBS对"慕尼黑危机"的详尽报道让默罗在美国一举成名。一年后德军闪电进攻波兰，英法对德宣战。英国首相在BBC发表讲

---

① 哈伯斯塔姆：《掌权者：美国新闻王国内幕》，尹向泽、胡燕平等译，四川文艺出版社1988年版，第37页。

② 李彬：《全球新闻传播史》，清华大学出版社2005年版，第344页。

第23章 爱德华·默罗——率先开启现场新闻直播的新时代

话后默罗就发出报道:"英国首相宣布:英德之间存在战争状态。"随后,默罗开始了他辉煌的"不列颠之战"的报道。

在战争中默罗坐镇伦敦,向美国作《这里是伦敦》的报道。这个系列报道都以"这里——是伦敦"开头,形象生动地向哥伦比亚广播公司的听众传递纳粹德国空袭伦敦的消息,他那平静而令人信服的声音把炮弹肆虐下熊熊燃烧的伦敦展现在美国人面前,给民众的心灵造成了极大的震撼,使当时仍然保持中立的美国人意识到这场战争的性质。从美国介入战争的前两年直至最终参战,默罗的许多广播也向英国军人重播,这是一种支持,意在说明美国人民听到的也是相同内容。默罗的声音把两个国家紧密地联系在一起,从某种意义上说,他如同美国人民的驻英大使。① 他在工作中避免学习英国腔、使用英国字和效法英国习惯,坚持美国气派而不英国化,是为了体现美国的存在。

1941年12月默罗回到美国时,人们为他举行了一次盛大晚宴。他的一边坐着CBS当家人佩利,一边坐着罗斯福政府的御用诗人麦克利什,极具殊荣,这是一位35岁的年轻人难以置信的时刻。五天后他被召到白宫和罗斯福总统共进晚餐,罗斯福要亲自倾听默罗对英国的实力和潜力的真实判断与分析。

日本袭击珍珠港时默罗想当兵去前线,华盛顿拒绝他的入伍要求,坚持认为他作为一名记者有更重要的作用。默罗随盟军飞机到德国上空报道轰炸的军事行动,进行了25次的空袭战斗报道。这期间,与他同行的四名记者中有两名死于炮火。诺曼底登陆过程中,默罗不断组织和协调战事报道,从欧洲发出29篇的现场报道和录音报道,让听众随时知晓前线战况。

战后默罗回国担任哥伦比亚广播公司副总经理,但两年后就辞职了,他不懂得经营也不忍心解雇任何人。于是又重操旧业,回到无线广播话筒前,同制作人弗兰德里创作并主持每天7点45分的《现在请听》时事新闻。鉴于在伦敦的成功,他将大家熟悉的措辞稍做改变,每次广播以"这——是新闻"开头,结尾则说"晚安——祝你好运"。到20世纪50年代,默罗已成为全美最有名的广播记者和播音员。由于他广受欢迎,决定由他主持CBS开创的第一个电视纪录片节目《现在请看》,依然同制片人弗兰德里搭档。在《现在请看》播出的第一期里,默罗坐在两台监视器前,一台映出金门桥和旧金山高大建筑物的空中轮廓,另一台映出以纽约为背景的布鲁克林大桥,开始了他的荧屏生涯,并开创了电视新闻的时代。

1952年底,默罗率领他的报道班子前往朝鲜战场,摄制了首个时长一小时

---

① 哈伯斯塔姆:《掌权者:美国新闻王国内幕》,第38页。

的节目《圣诞节在朝鲜》,不仅让在美国的观众真切感受到在战壕里过圣诞节是什么样子,还取得了一个里程碑式的成就——第一个大型电视战地报道。这个报道使美国人清醒地意识到,朝鲜战争陷入僵局。

在麦卡锡主义盛行的20世纪50年代许多无辜的人受到牵连与诬陷,默罗同一批有识之士挺身而出。他通过电视节目质疑麦卡锡的一系列做法,在电视上公开与之较量,在遏制麦卡锡主义横行方面起到重要的作用,同时,也为默罗赢得了更多的尊重和赞誉。

1953年,默罗主持了电视人物专访节目《面对面》。这个节目从开办至1959年停播,有五百多位嘉宾被邀请,包括杜鲁门、麦克阿瑟、赫鲁晓夫,甚至还有性感明星梦露等。节目中默罗总是手握香烟,静静地探究事理,同这些名人讨论人生,并启发人们思考,使收视率始终保持在前十名。此外,他还主持了《哥伦比亚广播公司报道》。

由于对CBS播出内容及经营策略的失望,1961年默罗应肯尼迪总统的邀请出任美国新闻署署长。但他对做官并不感兴趣,在约翰逊政府利用新闻署作为对越南战争的宣传工具,使得新闻署名声扫地后,默罗在1963年12月辞职退休。1965年春天,过完57岁生日后的两天,默罗病逝。

弗莱德利在默罗去世后说:"他为广播电视界的记者们树立了一个富有责任感的榜样。在他之前,没有先人;在他身后,鲜有人及。"[1]默罗另一位同事塞瓦赖德则评价:"他是一颗流星。我们将很久很久地仍沐浴他的光芒……我们再也见不到像他这样的人了。"[2]

二、开启广播新闻的辉煌时代

20世纪30年代的大萧条时期美国社会百业凋零,唯独广播事业一枝独秀。从1938年的一个统计数据可见一斑:全国3200万户家庭共有2700万台收音机,收听广播成为大多数美国家庭唯一的消遣和娱乐,同时也给身处经济危机中的人们带来精神上的抚慰和寄托。但在相当长的一段时间内,广播多作为一种娱乐媒体而存在,内容大多是滑稽戏、歌舞剧、广播剧之类,新闻在广播内容中微乎其微,只有新闻提要,而且播音员在新闻提要播送结束时,总会附上一句"详

---

[1] 李敬一:《节目主持概论》,华中科技大学出版2004年版,第31页。
[2] 埃默里等:《美国新闻史:大众传播媒介解释史》,展江译,中国人民大学出版社2004年版,第469页。

第23章　爱德华·默罗——率先开启现场新闻直播的新时代

情请参阅你们的地方报纸",这表明广播新闻只是报纸传媒的一个附属品而已。

第二次世界大战的发生,为广播的发展提供了契机。自默罗从欧洲前线发回第一则广播报道伊始,逐渐奠定了人们将广播新闻作为日常接收信息的方式之一并与报纸相抗衡的地位。1938年12月,美国年轻记者兰德里用他不同寻常的洞察力,写了一篇关于默罗的文章发表在《书写员杂志》上,他敏锐地觉察到一个崭新的新闻秩序的到来:默罗给美国对外部世界消息的反应施加的影响未被普遍承认。部分原因是报纸记者自有一套系统,也在于广播只吹捧他们的评论员而冷落记者(默罗即为一例)。他的影响实实在在地摆在那里,且日见其大。凡是读报纸和听广播的人都心领神会。默罗较之美国各大报社的记者有三大优点:(1)他的广播新闻比报纸来得快;(2)他的声音传到了那些只能依靠本地报纸才知道国际大事的千百万人耳中;(3)他自己写广播提要。就是说,尽量强调他愿强调的部分。相反,报纸记者的采访使用的是电报缩略语,先得译出来才能加以编辑,有时还要重写,然后才在本人预先并不知道的标题下印刷发表。①

正因如此,兰德里才准确体会到美国新闻秩序的变化,广播记者的巨大影响及其使新闻带上个人色彩的能力。默罗在广播新闻的实践中,树立了这一行业的新闻报道规范和标准。

(一) 现场报道的诞生

默罗的《这里是伦敦》系列报道,开启了广播新闻现场报道的先河。

1940年8月24日,美国家庭的收音机里传来刺耳的空袭警报声和浓浓的炮弹声,紧接着就传来默罗慎重、准确而有节奏的男中音:

> 你们此刻听到的噪声是空袭警报发出的声音,在不远的地方,探照灯突然亮了,一道强烈的灯光正在我的上空划过。人们在静静地向前走。我现在正在一个防空洞的门口,我得把电缆线挪动一点,这样可以给人们腾出进入防空洞的通道。

由于德军轰炸伦敦发生在深夜,与此同步,每天午夜12点15分到凌晨3点45分默罗都要冒着生命危险,在弹如雨下的环境中做一次现场广播。好几次默罗在街上被炸弹爆炸引起的冲击波击倒,有一次差点被击中,有颗炸弹就在他几秒钟前所待的位置上爆炸。在伦敦遭轰炸最激烈的时候,默罗要求站在BBC大

---

① 哈伯斯塔姆:《掌权者:美国新闻王国内幕》,第36页。

楼的楼顶上做现场报道。由于这个大楼是德军空袭的目标之一,英国空军拒绝了他的这个危险请求,还是在丘吉尔出面后才获得批准,这位首相被默罗的敬业精神深深打动了,因此美国人经常听到:

> 我站在屋顶上,俯瞰着伦敦全城。……探照灯此刻正向这一边挪动。……听,炸弹响了!弹片飞过来了……

为了更真切地让听众感受到战争的破坏性,他甚至跪在下水道旁伸出话筒,让美国听众听到从那些古老街道传来的爆炸声,并从他的话筒中辨别出周围房屋倒塌所引起的混乱。据《美国电视明星》的作者马图索描绘:默罗为了表述轰炸间隙可怕的寂静场景,在被炸毁的商店里把麦克风放在弹片刺穿的桃子罐头瓶旁,利用果汁一滴一滴落在地板的嘀嗒声来报道。

整个二战期间默罗一直身先士卒,活跃在欧洲战场的前线,从现场给听众带来最直接的信息。他曾搭乘英国皇家空军的轰炸机参与了夜袭德国的任务,并在机舱内对轰炸过程进行直播报道,可谓是惊心动魄,因此他被形容为"终极见证人"。有人问他为什么要冒险时,他说:"我有一种农民的头脑,我写不出我没有看见的东西。"也就是这位具有"农民头脑"的记者,先锋性地首创了他所说的"亲历式"新闻报道理念。[1]

(二)确立新闻广播的语言风格

默罗年轻时当过伐木工人,喜欢普通民众的机智和敏捷,从他们那里学到了谦逊和独特的语言能力——简洁与含蓄。曾经有年轻记者请教默罗,问他有何报道技巧才取得如此的成绩,他这样回答:"广播没有别的技巧,唯一的技巧就是当你广播的时候,你想着你是到了一个酒吧,喝了两杯酒以后,向你的朋友谈论今天发生了什么事情,用这样的语气来广播新闻,你的听众一定爱听。"[2]默罗在进行广播报道时,正是用这种朴实无华、亲切自然且简洁易懂的语言风格打动了千万听众。从《这里是伦敦》所选取的片段中,我们就能了解到默罗极具感染力的口语化报道语言:

> 我想大概不出一分钟,我们就能在附近听到枪炮声。探照灯正在向这个地方的上空搜索。你们将会听到两次爆炸声。听,爆炸了!过一会儿,这一带又会飞来一些弹片。弹片来了,越来越近了……

---

[1] 皮尔格:《别对我撒谎》,牟磊等译,华东师范大学出版社2010年版,第27页。
[2] 李彬:《全球新闻传播史》,第348页。

第23章 爱德华·默罗——率先开启现场新闻直播的新时代

飞机还是飞得很高。刚才我们也能听到一些爆炸声,——又响啦,那是在我们上空爆炸的。早些时候,我们似乎听到许多炸弹落下来,落在附近的几条街上。现在,就在我们头顶,是高射炮弹的爆炸声。可是附近的炮又似乎没有开火……你们马上又要听到两声爆炸,而且是在更近的地方。听,又响了!声音是那样冷酷无情……

我站在屋顶上,俯瞰着伦敦全城。此刻万籁俱静。为了国家和个人的安全起见,我不能告诉你们我现在讲话的确切位置。在我的左边,很远的地方,我只能看见高射炮划过青铜色的天空射出的闪电般炮弹,但炮声太远,因此在这儿不可能听到。

这种现场感极强的语言,使著名诗人麦克利什称默罗为诗人而非记者,认为他打破了时代和距离的迷信——"在我们的房舍里焚烧了伦敦城,我们感受到了那烈烈火焰。"[①]在每次报道的结尾,默罗都会用伦敦的习惯用语平静地跟听众道别:"晚安,祝你好运。"

(三)重视优秀的报道团队

在 CBS 内部,默罗的团队被称为"A"团队,意思是最优秀的,这个小组的成员都是默罗一手遴选的,他有识才的本领。他不是学者,但他雇用的那些人如夏伊勒、塞瓦赖德、肯尼克、史密斯、舍恩布伦等都比他知识渊博。公司有人曾用调侃的口吻称默罗引领的团队为:哲学家—国王—知识分子—记者,因为他们在话筒前的表现比他们所拥有的知识要逊色得多。

当夏伊勒开始为 CBS 工作时,公司对他的报道怨言颇多,因为他的嗓音不好。1937 年 8 月默罗正式聘用他,夏伊勒在日记本上记载:"我有了一份工作,替哥伦比亚广播公司做事。这份工作要求我的声音娓娓动听。有谁听说过,一个成年人本无当歌唱家或其他要依靠良好的嗓音才行的艺术工作的奢望,却要靠嗓子去完成一件有趣的事呢?我的声音太可怕了。"[②]面对公司的质疑,默罗电告主管克劳伯,到底是要一副好嗓音还是一名优秀的记者。结果夏伊勒成了 CBS 第一位因其内涵获聘的记者,让公司后来大受其惠:夏伊勒的声音虽然常不对劲儿,丝毫不甜美流畅,但这个消息灵通的声音传达了大量的信息和知识。夏伊勒依据二战期间的阅历和渊博的知识,最后著就了赫赫有名的《第三帝国的兴亡》一书,成为美国最优秀的记者之一。默罗后来聘请的文字记者塞瓦赖德,

---

[①] 埃默里等:《美国新闻史:大众传播媒介解释史》,第433页。
[②] 哈伯斯特:《掌权者:美国新闻王国内幕》,第37页。

也是拿起话筒就手足无措。但恰恰是默罗逐渐建立起来的这个团队,配合他将分布在广阔的欧洲战场上的报道圆满完成。CBS 的另一位巨星克朗凯特也是默罗慧眼识人、经过两次邀请才加盟的。这个"两顾"而来的战地记者继默罗以后,将 CBS 推上了历史的新台阶。

三、默罗的媒介思想

默罗认为媒体正在构造历史,今天的报道可能就是明日历史学家考察历史的依据,媒体人应以严肃的态度来对待自己所从事的事业,不能仅把它当成讨生活那样简单对待。默罗相信爱国主义,相信个人荣誉感,相信西方文明的标准价值。这些使得他的媒介思想浸染了古典主义的色彩。

(一) 讯息比媒介更重要

从默罗物色团队成员,就能看到他是重内容的媒体从业者。他认为,足够多的信息可以让公众了解外部世界,并以此做判断而避免盲从。他在伦敦时给父母写的一封信中这样说道:"我记得你们曾希望我成为一个传道士,但我除了相信自己以外,当时没有信仰。可是我现在却是在一个极有影响力的讲坛上布道。我不时会错,但我要努力像个传道士那样讲话。要讲真话不一定要当牧师。"[①] 秉着这样的理念,在广播被庸俗的娱乐节目所包围时,默罗为新闻节目争得了一席之地,他的影响超越大洋两岸,获得了在同行中令人敬仰的功绩。

默罗在电视默默无闻时毅然涉足其中,在和制片人弗兰德里的共同努力下,他主持的《现在请看》节目创造了电视新闻史上的多个"第一",让美国观众领受到货真价实的新闻信息,使电视在新闻界赢得了重要的地位。这离不开他的细致采访、精心写作和认真剪辑,也得益于他那严肃的表情、庄重的举止和富有说服力的声音。

1960 年,默罗在《哥伦比亚广播公司报道》栏目中,制作播出了旨在揭示美国的墨西哥工人在农业季节里生活困境的报道《收获的耻辱》。这个报道以独特的电视语言风格向公众真实展示了美国版的《愤怒的葡萄》:

> 这是一个从佛罗里达州开始,在新泽西州、纽约州以收获结尾的美国故事。……从加利福尼亚与墨西哥交界的地方开始,终止于俄勒冈和华盛顿。

---

① 曼彻斯特:《光荣与梦想:1932—1972 年美国实录》,广州外国语学院英美问题研究室译,商务印书馆 1988 年版,第 514 页。

第23章 爱德华·默罗——率先开启现场新闻直播的新时代

这是一个关于男人、女人和孩子们的故事,他们每年工作136天,一年只挣到900美元。他们坐着公共汽车旅行,他们坐着卡车跋涉,他们追随着太阳的走向。

当纪录片播放时,电视机前的观众一时难以置信,不相信美国还会存在如此贫困的生存状况。这个纪录片后来被评为20世纪美国百佳新闻作品之一。

1972年,制片人弗雷德在回忆《现在请看》这个栏目时,对默罗当年最具代表性的《圣诞节在朝鲜》有以下评价:"这部电视片试图向人们展示新闻背后的内容,新闻事件表面之下的内容,向人们展示在圣诞节的时候远在朝鲜的三八线那边的真实情况。这是带有电视画面的类似传统收音机广播的纪录片,而不是电影纪录片。它是新闻片,而不是艺术片。这一点后来证明是极其重要的。它为我们今后二十年中制作电视新闻片确立了模式。电视新闻片应当由记者来操作。电视新闻片制作中的重要决定应该是符合新闻原则的。新闻片的主题应当是最先确定的。"①

不难看出,默罗早期的努力为电视新闻树立了一个标准,也为后来者制作电视新闻提供了可参考的模式,这同当今各种媒介所强调的"内容至上"原则可谓一脉相承。

(二)媒介要维护正义

默罗一生中影响了无数的人,也改变了历史的书写。一方面得益于他追求新闻真相的执着,另一方面则是因为他坚持站在正义一边,而且毫不讳言地表达自己的立场。战争时期如此,和平时期也是。最有影响力的莫过于在1953年到1954年间同麦卡锡所展开的"不忠与异见"之辩。

麦卡锡主义横行,是后来被形容为美国史上政治最黑暗的一段时期,大多数美国人敢怒不敢言,害怕自己一旦提出异见,便会被极右政客指责为共产党的同路人、串谋者,对国家不忠甚至叛国。一时间美国社会中出现大量的盲目设敌、胡乱猜疑,让整个国家鸡犬不宁。默罗在《现在请看》节目中,对这一争议最大的问题开始进行报道。一位年轻的空军中尉拉杜诺维奇被威胁降级,默罗带着摄制组前往调查了整个事情的原委。原来是他的父亲和妹妹看了南斯拉夫的报纸,于是他就被列为危险分子。当时CBS管理层对默罗的这期节目很紧张,拒绝为节目做广告。于是默罗和制片人弗兰德里掏了1500美元在《纽约时报》上登了一次性的广告,并且拿到了CBS的标识。节目播出后空军恢复了拉杜诺维

---

① 王伟:《镜头里的"第四势力":美国电视新闻节目》,北京广播学院出版社1999年版,第88页。

奇的职位,给他摘掉了危险分子的帽子。受此鼓舞,默罗和弗兰德里进一步深入到引起人们情绪不安的问题当中去。

1954年3月9日播出的《现在请看》,更是引起了巨大的反响。默罗和他的工作人员对麦卡锡指控许多美国人从事颠覆活动所使用的伎俩深恶痛绝,他使出浑身解数花了两个多月的时间精心编辑播出。默罗在节目中强调:"我们千万不可以把异见以及对国家不忠两者混为一谈",在结束时说:"对反对参议员麦卡锡那套做法的人们说来,现在不是保持沉默的时候。我们可以不顾我们的传统和历史,但是我们对后果不能回避责任。一个共和国的公民是没可能放弃自己的责任的。"由于整个节目中没有一个镜头以正常工作状态展示麦卡锡,大部分镜头都是他处于不雅观的包括"打嗝,挖鼻孔"等状态,也使得这期节目成了电视史上最具争论性的节目之一。默罗在这期节目中表现出来的勇气,使不可一世的麦卡锡开始恐慌并在CBS进行回应,同时诬陷默罗同苏联有瓜葛。可是大势已去,麦卡锡的这次回应被《纽约时报》著名的评论员古尔德说:"上次节目中,参议员处在电视台的高台跳板上,并做好一切准备来一个俯冲,他跳得很优美,但是忽略检查了他要着陆的地方,结果他震惊地发现,默罗早已把水池中的水抽干。"正是以默罗为首的一批正义之士对麦卡锡主义的有力揭露和回击,最终使得这位野心勃勃的参议员离开了历史的中心舞台。

(三)媒介具有开启民智的作用

默罗是高超的交流家,也是极好的教育家。他的热情不在抢新闻,而在于新闻的真实,让芸芸众生知道世界发生了什么事。默罗最初来自教育界,他刚到CBS时做的第一件事便是办好教育服务。虽然这项工作的效果不会立竿见影,但他仍然帮着把欧洲的那些大学问家搬到了美国,让人们更清楚地懂得学习的重要意义。教育事业也是默罗新闻报道的重点,著名记者哈伯斯塔姆曾评价默罗:"他不像一名新闻界人士,倒似一位教育家,利用自己的职业和技术,在美国从昏昏欲睡、景况萧条的孤立国家转向主要的国际超级大国的过渡阶段教育了全国,随着美国羞涩地、缓缓地步入更广阔的世界,终于发现自己竟是超级大国。"[①]

战争中,默罗开着敞篷车穿街走巷,冒着枪林弹雨深入战场,只为美国公众知晓德国法西斯的残暴,唤起人们加入为正义而战的行列。当签订《慕尼黑协议》整个英国都在欢呼时,他却警告绥靖政策的危险性,称那不过是"希特勒已

---

① 哈伯斯塔姆:《掌权者:美国新闻王国内幕》,第31页。

第23章 爱德华·默罗——率先开启现场新闻直播的新时代

经取得了现代史上最伟大的外交胜利",战争随时可能发生。在麦卡锡主义猖獗之时,默罗挺身而出,带领着新闻界的有识之士高举反麦卡锡主义的大旗,让这位不可一世的议员退出了历史舞台。

默罗反对电视里肥皂剧、轻喜剧、娱乐节目的泛滥,没有给思想和见闻留下余地,更反对媒体被广告商和赞助商牵着鼻子走而失去独立立场。1958年他在美国广播电视新闻主管协会的演讲中,一再强调电视媒体应该重视积极的作用:"这个演讲对任何人都没有好处,有些人可能指责这个记者,因为他家丑外扬,而你们的组织可能被指责将如此声音给予了如此异端甚至危险的观念。但广播网的复杂结构、广告商、赞助商则不会被动摇和改变。在此我坦言告诉你们现在广播和电视正在发生着什么……让我们赞美一下思想和见闻的价值,让我们大胆假设将通常由'苏立文秀'(著名娱乐节目)占据的周日和晚间档交给美国教育调查节目,将斯蒂芬·艾伦节目(娱乐节目)的时间让给美国中东政策分析。……电视可以教育观众,启发民智。只有坚信这样的目的去使用它,电视才能实现它的价值。否则,它只不过是一个装满电线和光管的盒子而已。"

默罗在1961年离开CBS时疲惫不堪,但他所建立的大多数规章制度却永存下来,他所树立的报道传统,无论公司的官员们个人感觉如何,都无法更替。具有讽刺意味的是1965年默罗去世那天CBS发布了新闻,但紧接着这个消息的又是香烟广告。

默罗的骨灰撒在他位于纽约市波林的农场上,但他的生命并没有到此为止,该农场的黄土之下埋了一条新的电视电缆,只要这条电缆依然在那里一天,只要广播电视事业还保持着强大的社会功能,默罗的精神就不会从这个世界消失。

参考文献

1. 哈伯斯塔姆:《掌权者:美国新闻王国内幕》,尹向泽、胡燕平等译,四川文艺出版社1988年版。
2. 埃默里等:《美国新闻史:大众传播媒介解释史》,展江译,中国人民大学出版社2004年版。
3. 李子迟:《战地记者:他们让战争更真实》,北京工业大学出版社2007年版。
4. 王伟:《镜头里的"第四势力":美国电视新闻节目》,北京广播学院出版社1999年版。

第24章 沃尔特·克朗凯特

——无与伦比的电视记者与主持人

沃尔特·克朗凯特(Walter Cronkite, Jr., 1916—2009),美国著名记者、电视主持人。二战期间深入前线采访新闻,战后任纽伦堡审判的首席记者。1950年加入哥伦比亚广播公司,1962年成为CBS晚间电视新闻的主持人直至1982年退休。在此期间主持报道了众多重大历史事件,为电视新闻业建立了客观公正的高标准,被称为"美国最受信任的人"。

一、目击世界变迁60年

1916年11月4日,克朗凯特出生于密苏里州的圣约瑟夫。他是家里的独子,从小就备受宠爱。据克朗凯特回忆,他在童年时代就与新闻业结下了不解之缘,6岁时就开始做"即兴新闻分析"了。当时哈定总统去世的消息及其照片登在报纸的头条,克朗凯特觉得极为罕见就跑去传播这个新闻,并发表高论:"仔细看一看这幅照片,这将是你能见到的哈定总统的最后一张照片。"

7岁时克朗凯特当上了《自由报》的推销员,9岁时开始做报纸批发的生意。他每星期六晚乘车去堪萨斯城的《星期日晚邮报》取报纸,并尽可能多背一些,再乘车到终点站开始卖报。他还逐渐显示出记者调研的癖好:为街上的公交车计时,看它们跑一个来回用多长时间,并在笔记本上记下满满的观察心得。10岁时克朗凯特一家搬到了休斯敦,当时那里对黑人的歧视非常严重,这给幼年的克朗凯特留下印象并影响了他的一生。

中学时代,克朗凯特在《美国男孩》杂志中读到一篇短文,里面总结了各种职业特点,其中最触动他的就是关于新闻记者的职业描述,他认定那就是他想过的生活。这时,真正向他打开新闻之门弗雷德·伯尼出现了,"不早不晚,就像

第24章 沃尔特·克朗凯特——无与伦比的电视记者与主持人

上天的安排一样"[①]。伯尼是位记者,坚持在中学开设新闻课,他在课堂上讲述的新闻世界的故事深深吸引了克朗凯特,激励他贪婪地看完所布置的每一本书,并把图书馆里跟新闻业和记者有关的书都看了个遍。在伯尼的帮助下,任《校园小记者》编辑的克朗凯特将这份刊物变成了定期发行,这样他学会了在固定时限下完成工作,并学会了一些装饰和排版的技巧。在伯尼的激励下,克朗凯特和另一位同学还自办了一份叫《思想者》的报纸,报道学校和社会中的丑闻,并不时撰写点批评性的评论。暑假期间克朗凯特还去《休斯敦早报》实习,在正规的报纸才算真正接触到新闻业,他发现自己非常热爱这个行业。这一切,为他以后的记者生涯打下了坚实的基础。

读大学期间,克朗凯特在当地一家电台做过短期的体育报道播报员,这是他最早站在麦克风前做报道。这一时期他开始对政治感兴趣,经常去州议会大厦听辩论,认识了新闻活动家范·肯尼迪,并在他开办的报社里做一名送报勤杂工兼实习记者。时逢美国大萧条,克朗凯特忙于新闻报道,荒废了大学的学业,最终辍学,成为休斯敦《新闻报》的全天记者,开始了他的记者生涯。

在克朗凯特早期的新闻事业中,他辗转于不同的媒体之间,特别是广播电台。在电台的工作经历为他后期的主播事业奠定了基础,但在 KOMO 电台的一个意外却让他失业了,他意识到电台并不是从事新闻业的好媒介,于是他在合众社找到了一份工作。在那里他接受了职业记者的训练:准确报道、精练写作和快速发稿,这对他以后的生涯产生了巨大的影响,合众社也成了他的精神家园。

日本偷袭珍珠港,使美国正式参加了第二次世界大战,克朗凯特被合众社派往前线做战地记者。在欧洲他经常冒着枪林弹雨深入战场采访:从军舰上发回盟军攻入北非的消息,从炮火中的英格兰发回英国抗击德国空袭的报道,甚至搭乘轰炸机和滑翔机深入战地采访战事。他的这种去任何地方都能进行采访报道的英勇表现,为他赢得了二战期间为数不多的最佳战地记者的声誉。战争结束后,克朗凯特应邀作为首席记者报道了纽伦堡审判,之后他被合众社派驻莫斯科做分社社长,报道冷战时期的苏联新闻。

1950年朝鲜战争爆发,在 CBS 的默罗再次向克朗凯特伸出橄榄枝(二战期间曾邀请过他加盟)盛邀他加入 CBS。克朗凯特没有再拒绝,由此开始了他电视事业的传奇人生。多年后历史学家霍伯斯评价他加盟 CBS "一切顺理成章。恰当的人选,恰当的地点,恰当的时间,恰当的媒体"。当时电视作为一种新兴

[①] 沃尔特·克朗凯特:《记者生涯:目击世界60年》,胡凝、刘昕译,江苏人民出版社1999年版,第30页。

媒体还不广为人知,需要一个契机来对它进行推广,"它需要吸引力,一种语调,一个声音。克朗凯特三者兼具"。

克朗凯特具有从事电视报道的天赋,他只需很少的文本和提示就能进行现场直播,报道正在发生的新闻事件。他还能在不同事件的间隙增添一些信息,以填补空白时间。1952年,他凭着多年做记者和广播报道的经验,将民主党和共和党全国代表大会的报道做成了集分析、悬念和讲故事为一体的电视新闻报道杰作,一举获得成功并崭露头角。《时代》杂志评论说:"语言流畅的克朗凯特娓娓道来,他播送的评论和消息明晰易懂。"而且,就是在此次报道中,"新闻节目主持人"(anchorman)被第一次用到,克朗凯特也成了这个专有名词所指代的第一个人。在瑞典与荷兰,新闻节目主持人多年来一直都叫"克朗凯特"(cronkiters)。

1953年克朗凯特主持《你在那里》节目,每周报道一个重大历史事件,每次节目结束时他都会这样结尾:"这是怎样的一天啊?这一天和所有的日子一样,充斥着改变和照亮我们时代的那些事件。而你就在那儿。"1954年他主持CBS的一个轻松的新节目《早晨》,内容主要是逗人喜爱的镜头和喜剧小品,以抗衡NBC(全国广播公司)的早间节目《今天》。一年后他离开了这个节目,成为CBS电视网新闻部和公共事务节目的解说员,负责主持播报《你在那里》《20世纪》《历史的见证》等节目。

1961年克朗凯特代替默罗成为《晚间新闻》的首席记者,次年开始从爱德华兹那里接手主持这个收视率正在下滑的节目。当时,《晚间新闻》和所有其他同时段的新闻节目一样,只有15分钟时长。克朗凯特希望电视网能对社会负责,严肃对待新闻,应当给予新闻更多的时间和资金,不论是否盈利。多年的记者生涯练就了他一身报道新闻的硬功夫,培养了他选择新闻的独到眼光,这些都潜移默化地影响了他在《晚间新闻》的主持工作。1963年9月,在克朗凯特的坚持下,《晚间新闻》利用对肯尼迪总统的一个专题报道,开始将节目时间延长至半个小时,开启了同时段电视新闻节目新的时间标准,直至今日。作为《晚间新闻》的执行编辑和主持人,克朗凯特参与了20世纪绝大多数焦点事件的报道,而且他"深感有责任保证我们的报道能反映冲突所蕴含的深切情感,而同时报道本身又不带感情色彩,保证它们成为冷静的、实事求是、不偏不倚的报道,像任何出自名家的作品一样"①。在他的组织与带领下,CBS的《晚间新闻》节目逐渐成了美国社会获取重要信息的"大事记广播"。

---

① 沃尔特·克朗凯特:《记者生涯:目击世界60年》,第325页。

第24章　沃尔特·克朗凯特——无与伦比的电视记者与主持人

1963年11月22日中午，习惯于在办公室用餐的克朗凯特看到一个编辑冲进来，手里拿着一份稿件高喊着："总统刚刚遇刺！"克朗凯特一把抓过稿子当机立断："别改稿子了，让我现在就立刻播报！"13点40分，他打断正在播出的肥皂剧《世界在转变》，报道了肯尼迪在达拉斯遇刺的消息，并在新闻演播台前持续工作了四天，随时播报从现场发回的新闻动态。四年半后，他为大家报道了美国另一位著名人物的遇刺："晚上好，民权运动领袖中倡导非暴力的马丁·路德·金博士在田纳西州的孟菲斯市遭到枪杀。"

1969年7月20日，美国宇航员阿姆斯特朗成功登陆月球，迈出人类在太空中的一大步。克朗凯特在镜头中几近失态，甚至大叫起来：

　　哇噢，小子们（大笑）……他在那里，那是一只迈出历史的脚……那可是在月球上的脚，踩在月亮上了……看那些照片，有点模糊，不过我们也预料到了。阿姆斯特朗在月球上——1969年的7月20日，尼尔·阿姆斯特朗，38岁，美国人，正站在月球表面。天哪！①

在整个20世纪60年代的太空热中，克朗凯特投入极大的热情对宇宙航天事业进行报道，参与制作播出多次马拉松式的新闻专题。

克朗凯特对越南战争关注持久，两次深入前线采访。1968年2月，在"春节攻势"之后他第二次前往越南，此次采访的所见所闻深刻影响了他对越战的看法。回到美国后他在《晚间新闻》报道了战事，用评论做结尾表达了对这场战争的忧虑。约翰逊总统在看完这期节目后关上电视机，说了一句此后被广为流传的话："如果我失去了克朗凯特，我就失去了美国的中间阶层。"五个星期后，约翰逊在一次电视直播讲话快结束时，出人意料地宣布不再寻求下一届总统的连任。有人猜测说，克朗凯特对越战的公开批评，是约翰逊弃选的主要原因之一。

1972年"水门事件"爆发，《华盛顿邮报》刊出报道后并未引起全国性的关注。克朗凯特接力过来，将《华盛顿邮报》及相关"水门事件"的所有零星消息串在一起，打破了《晚间新闻》通常每条新闻不超过两分钟的限制，在10月27日用了长达14分钟的时间来报道这一事件。接下来的四天里，他每天对这一新闻又进行持续八分钟的报道，最终使得上千万电视观众清晰地了解到事件的全过程。

1977年，克朗凯特前往开罗采访埃及新当选的总统萨达特。当他听到萨达特希望去耶路撒冷进行访问时，立即开动自己的能量，建立了开罗和耶路撒冷之

---

① 《1962—1981：克朗凯特的尖峰时刻》，《东方早报》2009年7月19日。

间的热线电话,促成了萨达特和以色列总理贝京之间的会谈,并目击了这历史性的一刻。此次努力,使克朗凯特在中东的和平进程上,以记者身份实现了美国政府多年没法完成的外交使命,对促进中东和平起到了直接作用。

在克朗凯特的《晚间新闻》生涯中,他还报道了古巴导弹危机、伊朗危机、尼克松访华等重大历史事件,还制作了许多新闻纪录片,主持重大的、特别的节目。

1981年65岁的克朗凯特退休离开《晚间新闻》,观众一时无法适应,正如《新共和国》杂志的评论所写的那样,"像把乔治·华盛顿的头像从1美元的钞票上撤下来"似的让人难以适应。在美国三大电视网主导电视节目的时代,克朗凯特和他主持的《晚间新闻》多次保持新闻节目收视率的第一名。在担任电视主播的19年里,仪表堂堂、长相忠厚的克朗凯特以淳朴、略带乡音的话语、从容不迫的风度、具有安抚人心的心理魔力给美国观众留下自信而诚实的形象。他每天晚上的节目结束语"事实就是如此"变成了流行语。CBS已故总裁弗伦德曾评价道,克朗凯特简直与他所播报的新闻合为一体,"碰到坏消息,沃尔特会受伤;碰到让美国尴尬的消息,沃尔特会感到尴尬;如果消息非常有趣,沃尔特会微笑"①。

克朗凯特离开他所热爱的新闻主播事业后,仍然关注全球性的公共性事务:关心禁毒行动,重视全球变暖和生态问题,批评战争,呼吁和平。2009年7月17日晚,克朗凯特留下最后一句话"我现在得走了",享年92岁。美国总统奥巴马发表声明说:"美国失去了一个象征符号和一位好朋友……克朗凯特的声音能在不稳定的世界中安稳人心,他让美国人民信任他,而且从不让人失望。"

二、开创电视新闻的新时代

在克朗凯特加入CBS之时,电视作为一种新兴媒体并不为大众所熟知;对于电视从业者来说,对电视在传递新闻方面可以做什么也不甚清楚。克朗凯特的电视新闻主播的实践,可以说开启了电视新闻的新时代,建立起电视媒体严格的新闻标准,极大地提高了电视新闻在人类获悉信息方式中的地位。

(一)重大事件报道树立电视新闻典范

早期的电视主要是娱乐,新闻的地位微不足道。加上二战期间广播在传递新闻方面所取得的卓著成绩,没有多少人把电视新闻放在心上。有人就说:"无

---

① 《"美国最值得信任的人"走了》,《扬州晚报》2009年7月20日。

第24章 沃尔特·克朗凯特——无与伦比的电视记者与主持人

线电广播是国王,而电视新闻则如笨手笨脚的过继儿子。"①直到20世纪60年代初,美国三大广播公司的电视报道仍是15分钟的晚间新闻,似乎是可有可无的点缀,对于记者来说电视没有什么吸引力,正如当时的《新闻周刊》所评价的,"电视新闻与报刊和无线电广播相比,简直就像乡巴佬一样落后"。

在通讯社传统熏陶下的克朗凯特,以执着于硬新闻报道的精神为人所知。进入CBS工作后,他致力于将严肃新闻或独家专访同电视这一媒体相连接。全面接手《晚间新闻》以后,他希望这个节目能和合众社、美联社一样"囊括"每天的新闻,在时间允许的情况下,全面地反映一天内发生的所有重大事情。他对肯尼迪遇刺事件的报道,便是他对电视新闻理念的最好阐释。

1963年11月22日13点32分,美联社发了条快讯:"两位牧师说肯尼迪已经去世。"克朗凯特在新闻编辑室13点40分开始播报第一则报道,当时时间紧迫,无法立即用影像广播,摄像机也未架好,他是在隔壁的节目播映室将"新闻简报"播出去的,20分钟后观众才在屏幕上看到他,只穿着衬衫、松着领带坐在新闻台后不断更新这一报道。观众还能看到一只手不时伸过来,把报道或照片递到他的手中。他一边镇定地补充事件的报道,一边压下没有得到证实的信息,直到收到总统身亡的确切消息:"来自得克萨斯达拉斯的消息——显然是官方消息。中部标准时间——半小时前(停顿)肯尼迪总统于凌晨1时去世(停顿)……"他失去了往常的镇定,看着钟重复念着时间,眼睛湿润了。接下来他稳定了一下情绪,清了清喉咙,宣布副总统约翰逊将成为美国第36任总统。播报完毕后他摘下黑边眼镜,轻轻拭去眼角的泪水。《纽约时报》记者马丁追忆说,这一刻,克朗凯特代言了无数美国人的心情。

那天没有别的新闻,各通讯社利用一切可能的线路把消息和反应送到他们的出稿站,正常的电视节目取消了,电台播放悲哀的乐曲。"11月22日到25日是电视史上最好的日子。冷静、全面地报道从达拉斯到华盛顿从肯尼迪向约翰逊过渡的新闻,给全国一种安全感。"②克朗凯特也在报道此次事件中声名鹊起,美国人开始接受他播报的任何新闻:总统选举、越南战争、种族冲突、航天飞行、水门事件等等,逐渐确立了他在美国电视新闻界无可替代的地位,他成为全美国人值得信赖的"沃尔特大叔"。

(二)媒体要捍卫新闻自由、追求真相

克朗凯特报道新闻的原则是"实事求是,不行欺骗",而且在每次的新闻广

---

① 李彬:《全球新闻传播史》,清华大学出版社2005年版,第365页。
② 沃尔特·克朗凯特:《记者生涯:目击世界60年》,第129页。

播中他都签写同样的句子:"这就是做新闻的方法。"20世纪60年代中后期,美国卷入越战的泥潭难以自拔,一方面国内反战的情绪越来越浓,另一方面越南的战事前景没有丝毫的明朗化,约翰逊总统和国会一直被军方牵着鼻子作决策,一时难以停止战争的升级。虽然克朗凯特在1965年首次去越南采访时观察到这场战争"我们在取得进展",但随着美国付出人力和物力的代价越来越大,他对这场战争的失望和幻灭感越来越强。1968年他决定重返战场寻找真相。

在越南,美国军方领导向媒体保证把敌人引入口袋,然后结束战事,一再强调已经给予敌人重创,敌人开始溃败。可这些言语对已从前线了解战事的克朗凯特来说简直就是"海妖塞壬的歌声",让他意识到这场战争官方从来没有充分地向美国人民解释。他回国做了关于越南战争的特别报道,贴近真实,还原真相。但在结尾他加了一段观点清楚的评论:"看来我们可以比以往任何时候都更加肯定,越南的血战将以僵局结束……要说我们今天更加接近胜利了,就等于在事实面前相信那些从前一直是错误的乐观主义者。"尽管这与他不偏不倚的新闻播报员身份不大符合,他却坚信这是"为了捍卫新闻自由,如果新闻圈中人不为这个基本的民主原则而大声疾呼,那么再没有别人会这么做了"①。

克朗凯特曾用这样一句话总结新闻职业的标准:"一个好记者只有一件事情要做——说出真相。"早期的美国载人飞行和弹道导弹的计划属于军方机密,为了让公众了解到这些昂贵计划的真相与进展,克朗凯特和他的团队日夜都在与军方博弈,只为了挖掘哪怕一丁点儿的相关信息。在"水门事件"中,为了将这件事情的来龙去脉弄清楚,《晚间新闻》打破常规,第一次用了14分钟的时间进行解释报道。报道刚播出几分钟,尼克松方面就打来电话提出强烈不满,威胁要取消CBS的执照以示惩罚,但他坚持报道下去,因为"人民有知道他们的政府在以他们的名义做些什么的重要权力"。

(三) 开启"记者型主持人"先河

1952年,克朗凯特参加CBS对共和党全国代表大会的报道。据学者哈伯斯坦姆回忆说:克朗凯特有充分的准备来到会议现场,他了解每位代表的详细情况,在很短的时间内将不同的新闻信息组合到一起。尽管克朗凯特刚进入电视领域,却开创了新闻报道的新形式,将传声筒式的播音员变成了协调各方力量和支配信息的主持者。自他开始,新闻的"播音员"(announcer)成为新闻"主持人"(anchor),在对新闻报道选题和制作过程的参与程度和决策中的作用越来越

---

① 克朗凯特:《记者生涯:目击世界60年》,第289页。

被凸显。

克朗凯特对重大新闻事件的把握能力和对重要新闻场合的控制能力非常强,他多年的记者经历所积累的丰富经验,使他能从当天的各种通讯社来稿中,精确把握当天新闻的脉络,安排播出新闻的内容,并敲定哪些重大的选题可以作为晚间新闻的头条。在播报新闻的过程中,他强调新闻必须以事实本身来说话才能令人心服,并坚持应让摄像机自己说话,反对在新闻主持人的报道中"作秀"。他认为可信赖的新闻主播应该建立在过硬的专业涵养、正直的工作作风和大量细致准备的基础之上,而不是靠玩小花招、哗众取宠的表演获得观众的短暂好感。

克朗凯特任新闻主持期间,在他的组织与带领下,他的新闻团队身处各种环境,制作出无数电视专题、纪录片,使得这些新闻形式成为今天的媒体常态。

三、克朗凯特的新闻品格

克朗凯特的最大贡献,是为电视媒体带去了为公共提供硬新闻的观念。曾长期与朗凯特合作的 CBS 著名制作人休伊特在听到他去世的消息后,对记者评价道,克朗凯特为电视新闻树立了"黄金标准":真相、准确、独立、尊严。这是他本人在做报纸记者、通讯社记者、广播记者时,经历过灾难、战争、政治的种种新闻现场后所磨炼得来的。正是他的这种公正、客观、独立的思考方式和不偏不倚的报道风格,让那些生活在愤怒和分歧岁月里的美国人坚信,克朗凯特"最值得信赖",不会欺骗他们,也让同行们赞成"克朗凯特的声音是唯一的","没有人有他的声音,没有人有他的权力"。

(一)不偏不倚,客观公正

克朗凯特一直努力保持晚间新闻广播不偏不倚的报道风格,尽量不受偏见、各方利益和权力的左右。他认为事实本身就是一种意见,向公众报道真相,他们自会经过思考得出结论。他在接受《基督教箴言报》采访时表示:"我是一名新闻呈现者、一名新闻广播员、一名电视主持人、一名执行主编——但不是评论员或者分析家。"这就是为什么约翰逊总统虽然常常在看过晚间新闻后对克朗凯特表示不满,却会尊重他的公平态度。

报道事情的真相是记者的天职,克朗凯特坚持,对新闻事实的选择和报道取决于所有职业记者都认同的标准——新闻价值,"一个消息是否值得报道取决于它影响到多少人,影响得有多深,或者它发生的地点离家有多近,或者这件事有多么脱离常规"。不偏不倚的报道就是捍卫新闻的独立性,遵守新闻的专业原则,而不是权力原则,更不是所谓的"爱国主义"。

在美国深陷越战时,国内出现了支持派和反战派。尽管克朗凯特私下倾向于持不同政见者,但在主持晚间新闻时恪守不偏不倚的原则,结果保守派和政府支持者认为他站在狂热的"不爱国"的自由派一边,学生和其他反战者则给他贴上当权派喉舌的标签。为了使政府相信 CBS 新闻的不偏不倚,CBS 总裁阿瑟泰勒邀请国防部长施莱辛格和克朗凯特共进午餐。进餐时施莱辛格一直谈媒体在各方面支持爱国主义的必要性,但克朗凯特认为许多反战者是怀着最热忱的爱国主义去抗议——他们坚信战争不是正义的,它玷污了他们所爱的国家的形象,他驳斥道:"爱国主义不单是记者的事","该怎样判断爱国主义?爱国主义难道仅仅是毫无保留地赞同政府的每个举动?或者我们是不是能把爱国主义定义为有勇气宣扬并坚持一个人认为最符合国家利益的原则?不论这些原则是否符合政府的意愿?""人人都有责任遵守这个国家的法律,但我认为,部长先生,您的爱国主义的定义妨碍我们倾听和报道认为你们的政策不能符合我国最佳利益的那些人的看法。也许这些持不同政见者才是爱国者。起码他们有权相信自己对国家的爱和您的一样真诚,而且我国宪法规定他们有权表达自己的信仰。我们报道这种历史性的声音并不有违爱国主义。"[①]

在后来的报道中,虽然在舆论上腹背受敌,克朗凯特一直秉着"站在路中央"的原则,朝着报道真相的方向完成了有关越战的报道。

(二)不畏强权,捍卫尊严

童年时的一次经历曾让克朗凯特对权威产生怀疑,当时女老师问他:"2 加 2 等于几?"他回答:"4。"由于他没有在"4"前面加"夫人"两个字,老师当众惩罚了他。他少年时期喜欢运动,想过做一名田径运动员,觉得田径队员的个人努力比团队协调重要。特别是在任合众社莫斯科分社社长时期的经历,更是让他厌恶军营似的一体化与集体主义的顺从。在整个记者生涯中,克朗凯特一直都迫切保持独立性,捍卫自己的尊严。

二战时他在伦敦做战地报道,英国国王前来看望在欧洲大陆的美国军队,上面点名要一大群记者,克朗凯特作为美国代表被选中。会见时,要求所有记者都穿英国士兵穿的绑腿松带鞋,可是他坚持穿自己的靴子,并反驳道:"我们美国人在 1773 年把一大堆茶叶倒进了波士顿港就是为了不穿那样的绑腿,现在我不

---

① 克朗凯特:《记者生涯:目击世界 60 年》,第 287 页。

打算开始穿。"后来他回忆说："这或许是我最辉煌的时刻,大英帝国在我的决心面前退让了,我穿着漂亮的美国战靴见了国王。"①

1976年南非黑人运动风生水起,克朗凯特受邀前往约翰内斯堡参加新闻界的颁奖典礼,做一次主题演讲,并要求采访时任南非总理的沃斯特。在主题演讲中他谈到了新闻自由,指出自由的新闻界在信息流通和开启民智中的作用,并提到体制限制很强的苏联都允许有外国记者常驻访问,但是在南非却不允许。第二天克朗凯特来到总理办公室准备专访时,沃斯特认为他将南非和苏联进行对比是对其国家和人民的侮辱,要求他道歉。克朗凯特却回答说："先生,如果你认为我侮辱了你或你的国家,我感到很遗憾。但我不能道歉,因为我说的句句属实。"同行的人试图把采访拉入正轨,他还是站起身来拒绝继续采访,握手道别时他看到沃斯特眼里有了笑意,觉得"这也许是最令我感到骄傲的时刻"。

克朗凯特在和政治人物打交道时,常常感觉到政治家们想控制新闻报道的方向,总是对他提出一些要求,但他的原则从来就是,合理的要求和建议可以考虑,不合理的他坚决拒绝。所以,当尼克松的班子认为"新闻界是敌人"时,克朗凯特因为这种时刻保持尊严、不畏强权、保持公正的作风,而没有被列在"新闻界敌人"的黑名单上。

(三) 全身心的敬业精神

有人评价克朗凯特是电视新闻界的一个神话,这是因为他所取得的成绩巨大,他几乎没有缺席过其记者生涯中的任何一个重大事件,哪里有重大新闻,哪里就有他的身影。他不是神话人物,其成功离不开他最优秀的品质——勤奋和敬业。他的人生格言是："如果有什么事情值得去做,就得把它做好。"

克朗凯特对新闻报道的精确性要求在圈内人尽皆知。早在他做广播记者时,一次电台老板冲进播音间,催促他赶紧播报市政大厅发生火灾,三人跳下楼都死了的新闻。克朗凯特并没有直接播报,而是伸手打电话向消防队核实。老板气疯了,自己在话筒前播了这件事。可这时消防队的电话打通了,说只是脚手架着火了马上就会扑灭,没有人受伤。事后,克朗凯特却因为他对新闻报道精确性的要求被解雇了,这是他人生中唯一的失业经历。

克朗凯特每遇通讯社来稿,都要求对消息的最初来源进行重新核对,在审稿时还会严格地盘问稿件的作者："这一点你怎么知道?你能肯定那一点吗?"原《晚间新闻》节目的撰稿人奥弗伦说："我们都有些怕他,他提出一些难以答复、

---

① 沃尔特·克朗凯特:《记者生涯:目击世界60年》,第129页。

需要核对事实的问题,要你回答。你不想说假话,只好说:'我不知道,我去查查。'一次,我写了一则关于环境问题的小消息,在播出前两分钟,他第一次看到这条消息,然后转过身来对我说:'比尔,你能不能查一查生命是什么时候起源的?'你从不怀疑沃尔特。所以,我只好打电话问研究人员,他又打电话问另外一个人。最后,我们终于提供了一个数字。"①

为了确保从自己口中报道的事实可靠,克朗凯特在节目之前经常做大量细致的案头工作。他主持的登月报道把这方面发挥到了极致。为了完成"对所有人来说都具有挑战的宇航计划"的报道,他学习了宇宙飞船的机械原理、移动物体的失重状态及宇宙无大气层状态下的物理性;为解释宇宙飞船的运作,他特意去搞懂许多原理;为了更好地报道宇航员在机舱里的体验,他还要求去航天发射中心进行失重体验,进入训练宇航员的模拟装置,操纵降落模拟登月车等;为了确保电视直播的顺利进行,他将自己为航天报道做的大量笔记复印出来,让工作人员人手一册,作为报道中的技术指南。在登月直播报道中,克朗凯特坐在镜头前连续报道了 27 个小时,面不改色侃侃而谈。

1968 年美国总统竞选的最后关键时刻,已是凌晨 3 点多了,竞选结果报告迟迟没有出来。报道小组因连续工作已筋疲力尽,一些员工猜想可能第二天才揭晓竞选结果,纷纷打道回府休息。克朗凯特注意到协助他工作的人员越来越少,就大声提醒制片人:"该死,人都哪里去了?竞选还没有完呢!"工作人员赶忙回来坚守岗位,很快大选结果出来了,他们是第一个报道的电视台。

毫无疑问,克朗凯特开启了电视新闻的鼎盛时代。

参考文献

1. 沃尔特·克朗凯特:《记者生涯:目击世界 60 年》,胡凝、刘昕译,江苏人民出版社 1999 年版。

2. 芭芭拉·马图索:《美国电视明星》,杨照明等译,中国广播电视出版社 1987 年版。

3. 钱明编著:《成功主持人典范》,中国广播电视出版社 2003 年版。

---

① 钱明编著:《成功主持人典范》,中国广播电视出版社 2003 年版,第 32 页。

第25章 伊斯雷尔·爱泼斯坦

——向世界真实全面传播中国的使者

伊斯雷尔·爱泼斯坦（Israel Epstein, 1915—2005），波兰籍著名记者，作家，国际主义战士。1931年起在《京津泰晤士报》做记者，1939年参加宋庆龄发起的保卫中国同盟并负责宣传。抗战中任《纽约时报》、《时代》周刊等驻华记者，积极向世界报道中国人民的抗战。1951年应宋庆龄之邀来中国参与《中国建设》杂志创刊工作。1957年加入中国籍，后加入中国共产党，连任五届全国政协常委。著有《人民之战》《中国未完成的革命》《中国劳工状况》《西藏的转变》，以及回忆录《见证中国》。2005年5月26日逝世。

一、爱泼斯坦与中国的不解之缘

1915年4月20日，爱泼斯坦出生于一个波兰犹太裔家庭，父亲是一家公司的会计，母亲是医院的助产士，他是独子。为躲避正在开始的对犹太人的迫害，1920年全家从波兰辗转来到中国，先居住哈尔滨，后移居约有三千犹太人的天津，在意大利租界马可·波罗路落户。

天津作为中国对外主要通商口岸之一，聚集了各国驻天津的"租界"，英美两国的影响力在经济、政治、军事、文化方面都居于主导地位。爱泼斯坦7岁进入一所美国人开办的小学就读，中学则在英国人办的学校（即今天津市第二十中学）度过。在纯英美式的教育下，英语成了爱泼斯坦运用最方便的语言，也成为他以后所选择的新闻职业所用的最主要工具。他的父母持有社会主义思想，从小就灌输给他民族平等的意识，经常告诫他："我们犹太人是受歧视的，我们决不能再歧视任何人。"这些在他成长过程中都有影响，也使他对于外国主宰中国的种种现实感到不合理和不公平。10岁那年，有一天他在街上看到一个中国孩子被几个外国小孩殴打，他挺身而出帮助那个中国孩子。爱泼斯坦的父亲对不同文化间的交流持包容的态度,认为在中国的犹太人不应生活在"欧洲文化肥料"中,而应像移居在其他国家那样要掌握所属国的语言,不仅为当地做贡献,也应创造当地特有的犹太民族文化。

在天津,所见到的中国现实开始冲击爱泼斯坦。这个时期他读书和学习的范畴中没有中国的或关于中国的书籍,这在当时的在华外国人中是典型的一种现象。他在后来的回忆录中曾提到,当时他能说出美国各州的名字,并能顺序或倒序背出美国历任总统的名字,却说不出几个中国的朝代和省名。童年的爱泼斯坦看到骨瘦如柴、衣衫褴褛的难民在天津比比皆是,"有的流着眼泪讨一口饭吃,有的出卖亲生孩子,因为给人家做奴婢总比活活饿死强"。在一个冬天的早晨,12岁的爱泼斯坦在去上学的路上,看到一个和他年纪差不多大的孩子冻死在一家门洞里。"他蜷缩着,已经冻僵,他想在门洞里躲避刺骨的冬夜寒风,但躲不过去。"①

早期的教育和难忘的经历,使得爱泼斯坦在后来面对日本蚕食中国及施行的种种恐怖罪行时,对中国人民所掀起的全民族的革命浪潮产生越来越深的同情,毅然投入向外界揭示日军的暴行、积极支持中国抗日的新闻事业。1930年底,这位具有正义感、同情心的15岁少年中学毕业,成为京津泰晤士报社的一名记者,实现了他的理想——之前他曾在一家俄文日报社做过短暂的翻译工作。《京津泰晤士报》是天津三家英文报纸之一,是英租界上层人物的喉舌,日出20版在京津两地发行。报馆人手有限,年轻的爱泼斯坦从打字、校对、采访、编辑到写社论、拼版样样都得干,很快就锻炼成一位全能报人。在此期间,因为为《远东战线》一书写评论,他与此书的作者斯诺相识,并建立起长达几十年的深厚友谊。

1937年中国的抗日战争全面拉开。随着战局变化,时任美国合众社驻华记者的爱泼斯坦,先后到南京、武汉、台儿庄、广州等地,踏遍了大半个中国进行战地采访。在南京他目睹了日军的种种暴行,伤兵成为国际上禁用武器的牺牲品,"芥子气把他们的皮肉腐蚀成许多像干酪似的小洞,并深深地进入躯体,疼痛难忍"②。爱泼斯坦还不失时机地采访到共产党驻南京的代表博古和叶剑英。1938年4月,他从充满乐观情绪的武汉前往台儿庄采访,目睹了抗战以来中国军队取得的第一次大胜利,也亲眼看到向来猖獗的日军的溃败与震惊:"我们战

---

① 伊斯雷尔·爱泼斯坦:《见证中国——爱泼斯坦回忆录》,沈苏儒等译,新世界出版社2004年版,第53页。
② 同上书,第82页。

第25章 伊斯雷尔·爱泼斯坦——向世界真实全面传播中国的使者

斗四小时,拿下了天津,六小时之内,攻克了济南,一个小小的台儿庄,为什么用这么长时间才攻下?"①两个月后爱泼斯坦来到广州,进行为期五个月的艰苦采访,"经历了这个城市的陷落,不折不扣地是最后一个从战壕里爬出来的人"②。

1938年9月,爱泼斯坦在广州之行中第一次见到了宋庆龄,开始了他们之间长达半个世纪的友谊。之后应宋庆龄的邀请,加入她创建的保卫中国同盟组织,帮助宣传并争取全世界支持中国的事业,同时在《香港每日新闻》做编辑记者。这家报纸属于国民党,爱泼斯坦偶尔会巧妙地在社论里提及共产党的游击战,找机会列举他们建立的敌后抗日根据地。此外,还同路透社上海分社展开笔战,纠正从日军占领区传来的扭曲中国战事的报道,积极呼吁国际社会关注中国的抗战,认为其是全世界反法西斯斗争的重要部分。这期间他的第一本书《人民之战》在英国出版,讲述他所看到的中国头两年的抗日战争,宋庆龄称赞它"不同于其他外国人写的关于中国抗战的著作,因为它是第一手的分析性报道,并把目前的斗争同过去的历史和未来的展望联系了起来"③。

1940年初夏,爱泼斯坦离开香港到达重庆,担任国民党国际新闻处所办的中国国际广播电台的英文广播稿编辑和播音员。1941年1月震惊中外的皖南事变之后,爱泼斯坦觉得"重庆的氛围变得比抗日战争开始以来的任何时候都更加反动,令人感到窒息"。许多民主进步人士纷纷离开重庆前往香港,爱泼斯坦为了能够更自由地发表言论也到香港。不久香港也被日军占领了,为反日的《南华早报》和保卫中国同盟工作的爱泼斯坦,不得不用隐姓埋名在朋友的帮助下逃离,历经颠沛流离最终返回重庆,以美国战时新闻局重庆办事处和联合劳动新闻社驻华记者的身份工作。

1944年5月中国抗战接近尾声,国民党当局在多方的压力下,打开其对陕北的多年封锁,允许来自世界各地的记者进入陕北并向外界进行报道。爱泼斯坦作为记者团成员之一,代表美国《联合劳动新闻》《纽约时报》和《时代》周刊,深入延安及晋西北采访,不仅将沿途所见的当局阻拦采访的真相记录下来,还采访了毛泽东、朱德、周恩来等中共高层领导,对众多为抗战而奋斗的普通军民也进行了采访,写了十几篇通讯,向外界真实展示了中共领导的军民在根据地抗战的事实。

1944年秋季,爱泼斯坦结束对延安和敌后根据地采访。在几个月的采访

---

① 伊斯雷尔·爱泼斯坦:《见证中国——爱泼斯坦回忆录》,第101页。
② 同上书,第61页。
③ 万智炯、陈芳:《对历史负责——求解爱泼斯坦》,《中国记者》2005年第7期。

1944年,爱泼斯坦着八路军军装在晋西北根据地采访

中,他"不仅看到了另一种全民抗战的情景,也看到了一个未来中国的雏形"①。他打算就这两方面写一本书,但当时在重庆很难做到这件事,因为之前他从重庆发往美国的电讯报道,都会经受国民党新闻检察官的乱删乱砍,所以他选择经伦敦到美国去完成书稿。在伦敦逗留的几个月时间里,爱泼斯坦将大量时间用于撰写文章、发表演讲来谈论中国,特别是宣传在中共领导下的敌后抗日活动,在一次演说中还展出了他从延安带回来的实物,向英国公众介绍他在共产党解放区的所见所闻,让他们了解八路军通过优待政策和阶级兄弟般的态度,成功使许多日本战俘认识到侵华战争的非正义性,从而加入了延安成立的"日本人民解放同盟"。爱泼斯坦还通过BBC向更大范围的公众讲话。

从1945年到1951年的五年间,爱泼斯坦一直"在逆境中为新中国的诞生而奋斗"。他在美国担任《联合劳动新闻》总编辑,以顾问的身份为"民主与远东政策委员会"工作,妻子邱茉莉在该委员会的新闻刊物《远东聚焦》做编辑。这个委员会的成员是反对美国支持蒋介石、干涉中国内政的美国进步人士和自由主

---

① 伊斯雷尔·爱泼斯坦:《见证中国——爱泼斯坦回忆录》,第7页。

第25章 伊斯雷尔·爱泼斯坦——向世界真实全面传播中国的使者

义者,他们呼吁美国军队在打败日本人后应立即从中国撤回本国,不要把武器、人员用来帮助蒋介石政权的政治、军事和后勤支持。因此,他们遭到美国当局的敌视,经常在联邦调查局的监视下工作。1949年中华人民共和国成立,委员会在当月出版的《远东聚焦》封面上刊登了一面全彩的五星红旗图片,还发起一次签名活动,呼吁"对中华人民共和国友好、承认、贸易"。然而,当时美国国会和主要媒体关于"谁丢失了中国"的叫嚷正酣,麦卡锡主义猖獗,支持新中国的爱泼斯坦夫妇受到警方的跟踪和骚扰越来越频繁,他们的名字还不断出现在联邦调查局的反共小册子《反攻》上。此外,无国籍的爱泼斯坦还受到移民局的审查,面临递解出境的困境。在这种情况下,1951年爱泼斯坦夫妇接受宋庆龄的邀请回到中国,参与创办了对外英文刊物《中国建设》杂志任执行编辑,1979年后任总编辑。

爱泼斯坦全心全意投入到新中国的对外传播事业中,积极记录各种变化和成就:大到第一座长江大桥建设、成渝铁路通车、土地革命、采访朝鲜停战协议签字仪式、中国政府外交政策,小到商店里的物品展示、价格说明、人们的穿着,都有细致入微的描述。他还四次进藏,记录下西藏解放以后所发生的翻天覆地的变化,有力地纠正了国外媒体的歪曲报道。"与革命同步"是爱泼斯坦的人生座右铭。"文化大革命"初期,美国友人寒春和丈夫在写一张关于"外籍人员不应享受特殊待遇"大字报时,他是第一个公开积极响应的外国专家,并在很多"红卫兵"组织的集会上讲话。不久,所有外国人都不许同"文化大革命"沾边,爱泼斯坦夫妇被康生团伙指控为"国际间谍",被捕关押五年。但是这没有动摇他为中国对外传播事业奉献的信念,1973年出狱后依然忙于《中国建设》的工作。半个世纪以来,这本杂志作为对外报道中国的窗口,已发展成为拥有中、英、法、西、阿等多语种版本的综合性刊物。

二、爱泼斯坦新闻报道的主要内容

爱泼斯坦从15岁在《京津泰晤士报》当记者起,七十多年的岁月都在新闻岗位上笔耕不辍,用手下的笔记录中国:从卢沟桥的第一声枪声到全面抗战的进行,从新中国成立到改革开放30年,从记录西藏的变迁到观察世界的风云际会,他一直都在为中国鼓与呼。

(一)揭露日军在中国的暴行

早在全面抗战爆发前,爱泼斯坦就在《北京实事日报》上发表一篇调查报道，揭露日本在天津有计划、包藏政治祸心地扩大毒品贸易：一伙以"日商"名义经营的"洋行"（按照不平等条约，外商不受日本法律的管束），先将塞有海洛因的香烟赠送给体力劳动者、小职员和学生等，等到他们吸上瘾就得花钱买了。爱泼斯坦在报道中指出这是日本军事情报部门一手策划的，以销蚀这些人的意志、招募为他们服务的汉奸特务、纠结一帮以供给毒品为报偿的"支持者"，以达到他们把华北从中国分裂出去的图谋。

1937年7月爱泼斯坦正在北京西郊度假，亲耳听到卢沟桥的枪炮声，他开始了战地记者的生涯。当日军进攻天津时，他奔走于天津古老的海河大桥两侧，不断向外发出新闻电讯。将日本飞机俯冲轰炸南开大学的可耻行为记录下来并质问："现在正放暑假，校园里没有学生……难道这成为轰炸一所世界著名学府的理由吗？"①

在去南京采访的第一个晚上，爱泼斯坦就被震耳欲聋的轰炸声和高射炮声惊醒，"下楼到外面去，看到了横七竖八的尸体（有的被炸得血肉模糊，四肢不全）"。"日军还有意识地对一家红十字大医院进行轰炸，即使伤病员也不能幸免，也会在病床上被炸得血肉模糊。""1937年12月南京陷落于日本铁蹄之下，日本有计划地进行烧杀奸淫，大约30万放下武器的俘虏和手无寸铁的平民惨遭杀戮：日军用绳子把他们捆在一起，用机枪对他们进行扫射；把他们扔到长江里淹死；把他们砍头或活埋；把他们作为练习射杀的靶子。"

在到广州采访的第二天，他就看到2000具平民的尸体躺在广州的河边，"这些男女老少被日机炸得血肉横飞，成为难以辨认的一堆堆骨肉。有些受伤的人被压在水泥板下，哭泣呻吟着。断垣残壁的水管子还淌着水，如同死伤的人血管还在流血一样"。作为一名战地记者，爱泼斯坦不顾生命安危，经常深入到一线进行采访，有一次夜间做了12个小时不同寻常的报道。

在华北敌后访问时，他一路看见所有的村庄都被日军一次次的"三光"扫荡成了一片片废墟，老百姓逃进山里，挖出窑洞居住。在一个土地肥沃的山谷中的几个村庄，几个月前日军突然冲进山谷，烧毁了所有村庄，屠杀了三百多人。这些都被他写进了新闻报道。

他辗转于中国的抗日战场，对士兵、将军、难民及各界人士进行了广泛的采访，及时将这些报道发往美国的通讯社和报纸，将日本侵略者的各种劣迹和暴行公布于世界，在呼吁各国爱好和平的人们支援中国人民的正义抗争中功不可没。

---

① 伊斯雷尔·爱泼斯坦：《见证中国——爱泼斯坦回忆录》，第75页。

第25章 伊斯雷尔·爱泼斯坦——向世界真实全面传播中国的使者

（二）中国人民的积极抗战

爱泼斯坦去抗日战场采访，向外界揭露了日军惨绝人寰的暴行，同时也向外界宣传中国人民不屈不挠的抗日斗争，让外界了解到，中国人民在内忧外患、物质匮乏的情况下，依然坚守阵地，充满信心，为全世界的法西斯战线作艰苦卓绝的战斗。在他的报道中无时不透露出对中国人民抗战的信心："这个占世界人口五分之一的古老而伟大的民族，在经历了一个世纪的屈辱和失败之后奋起抗争，是绝不会失败的。"①

抗战前夕，爱泼斯坦就和斯诺、史沫特莱等进步人士一起，参与了对一二·九运动南下请愿学生的接待、安置，整天奔波在大街小巷，采访民众的抗日活动。1937年初，他首先对外报道了《义勇军进行曲》。当时上海全国救亡协会发起了一个"大众歌咏比赛活动"，爱泼斯坦采访来天津组织活动的倡导者刘良模，他在报道中写道："这首歌像战斗的号令一样，唤醒了被压迫、沉睡的民众，刘良模不仅是歌咏活动的组织者，以歌唱的成功为乐，而且还是一个时代的象征，不单单是发挥着自己的闪亮思想，而且以一种新的方式表达其人民的潜在力量和觉醒。"

在采访台儿庄战役时，爱泼斯坦发现城市街道依然生机勃勃，墙壁上贴满了爱国标语，部队和当地应征入伍的新兵源源不断，平民生活仍活跃如常，报童叫卖报纸，身背广告牌的人照样宣传着正上演的戏剧和电影，学生宣传队自发地在户外表演着实事短剧。在公园里，妇女带着儿童玩耍。尽管轰炸声不绝于耳，但这里的人们似乎比遥远的武汉更有信心。"在武汉，人们担心徐州被突破后可能产生的影响；而徐州，人们在期待着把日本鬼子赶走。"②而在台儿庄所在的战区，司令部的门口挤满了赶着猪来慰劳将士们的农民。

在广州五个月的采访，他目睹了日军狂轰滥炸，民间抗日组织风起云涌，他深深被这个"没有屈服的城市"的抗日精神所感染：志愿人员组成的红十字救护队、消防队和童子军面对轰炸毫无惧色，不屈不挠地工作着；报纸照常出版，男女老少纷纷在户外聚会为抗日捐款。爱泼斯坦记录下成千上万的广州市民打着火把在夜晚的街道上游行，大公无私地要求中国空军集中力量保卫武汉，而不要分散力量来捍卫广州的天空。他在这个游行队伍里还见到"苗条端庄、容光焕发

---

① 伊斯雷尔·爱泼斯坦：《历史不应忘记》，沈苏儒等译，五洲传播出版社2005年版，第8页。
② 同上书，第54页。

的宋庆龄神态自若地走在游行队伍的最前列"①。

(三) 延安之行与中共的抗日活动

1944年5月,爱泼斯坦与四位外国记者顶住国民党的压力去延安采访。一路上他们看到,尽管国民党严密封锁,边区军民通过开展大生产运动,把陕北荒凉的山野和贫瘠的土地变成了米粮川。沿途一片片小麦、小米,黄澄澄的丰收在望,豆子、棉花、亚麻,郁郁葱葱,尽收眼底。他们遇见的老百姓,穿的衣服虽然打着补丁,但没有衣衫褴褛的样子。老人、孩子面颊红润,没有营养不良。旅途中休息的地方,老百姓见到护送记者团的八路军战士,就像见到自家人一样上前攀谈,送上开水、帮助照料马匹……这在国统区是见不到的。

爱泼斯坦采访了毛泽东、朱德、周恩来等中共领导人。他看到毛泽东"十分平易近人,常常不带警卫员,在满是尘土的街上散步,跟碰到的老百姓随意交谈。当和记者团或在其他场合同人们合影拍照时,他不站在中间,也没有人安排他站在中间,而是随便站个地方,有时站在边上,有时站在别人后面"②。在《朱总司令采访记》中,他这样描述:"朱德将军本人是一位身材结实,步履稳健,年纪58岁的和蔼可亲的人。他的一头浓密黑发,宽宽的脸庞,长着一双大大的安详的棕色眼睛,加上他富于理解的质朴,不同程度地使见到过他的美国人都会想起亚伯拉罕·林肯的主要特征。从外表看不出来他是一位勇猛无比的军事将领,一位世界知名的、经历过许多次最严峻、最残酷的军事行动的战略指挥家。看上去他更像是任何人的父辈,在辛辛苦苦干了一整天活儿后,心满意足地回到家里,解开衣扣,放松地靠在一边,笑眯眯地和你交谈。这种谈话充满了他丰富的朴素的智慧,这是他从自己常年对各种事物的深刻了解中所得出的。所有这些特点都很适当地集中在他的身上。"③

在延安的日子里,爱泼斯坦看到这里从领导人到干部战士和边区民众"没有厌战情绪,也没有惰性,每件事情都像春芽一样新鲜",到处都是一派积极向上、朝气蓬勃的景象。此间他写了大量的通讯在国外许多报刊发表,使国际上了解到中共及其领导的边区军民抗战的真实情况,他还主动积极帮助延安的中国同行们在极艰苦的条件下进行工作。他就延安的对外宣传工作向中共中央提出了许多很好的建议,新华社播发的第一条英文新闻就是他亲手改稿,借手摇发电

---

① 伊斯雷尔·爱泼斯坦:《见证中国——爱泼斯坦回忆录》,第124页。
② 同上书,第202页。
③ 伊斯雷尔·爱泼斯坦:《历史不应忘记》,第183页。

第25章　伊斯雷尔·爱泼斯坦——向世界真实全面传播中国的使者

机的电波,从延安清凉山的窑洞里向全世界播发的。

延安采访结束后,爱泼斯坦又受邀赴华北敌后,历时七个星期行程一千多里,完成了一次对西北地区的采访。其中17天是在八路军的战场,有时骑马有时步行。他在发往《纽约时报》的通讯中称这次旅程是"六年来第一次有外国记者访问在敌人后方的中国'第二战场'"。在这个战场上,爱泼斯坦身穿八路军的军服,佩一把手枪进行战地采访。他目睹了两次八路军、游击队和民兵相互配合进行的战斗,他在通讯中写道:"八路军为什么能够用这种方式作战,最根本的原因就是他们同人民保持了密切联系。民兵、游击队和正规军在所有战斗中都密切配合,有时以民兵为主,有时以游击队或正规军为主。村政府、群众团体和民兵经常不断地提供消息,使我们确切地了解所处境况⋯⋯"①

(四) 四次进藏采访报道

新中国成立后,爱泼斯坦不畏辛苦四次进藏深入采访。西藏作为中国不可分割的一部分,因其特殊性而广为世界关注,西藏从农奴制跨到社会主义阶段,它的变化引人注目也引起外界误解,所以他格外重视对西藏历史文化的研究和对外传播。

1955年到1985年,爱泼斯坦"每隔十年"奔赴西藏,"每次采访的时间持续三四个月",而且每次进藏的时机都选择在西藏经历重大变革的时候:第一次是1955年西藏刚和平解放不久,虽然当时西藏农奴制社会的旧貌还比较完整地保存着,"但和平解放毕竟开启了从黑暗到光明的序幕"。他采写西藏的系列对外报道——《西藏从10世纪到20世纪之路》《西藏的新方向和新人》《西藏走向富裕的开端》刊登在美国《新时代》刊物上,成为新中国20世纪50年代早期率先向国外系列报道西藏的新闻作品。

第二次进藏是西藏成立自治区的1965年。西藏在平息1959年的武装叛乱后废除农奴制,进行民主改革,百万农奴得到解放。爱泼斯坦这次主要采访了许多翻身当家做主的农奴,还参观了西藏革命博物馆和一些旧庄园遗址,并深入基层见证民主改革后所呈现的新面貌,满怀深情地写出《拉萨工人拉珠一家》《农奴出身的藏族干部》等报道,在美国《东方地平线》等杂志上刊出。

1976年爱泼斯坦第三次去西藏采访。他要去西藏亲自看到"文化大革命"动乱以及拨乱反正后给当地社会带来何种变化和影响。采访回来后,他更加认

---

① 伊斯雷尔·爱泼斯坦:《见证中国——爱泼斯坦回忆录》,第220页。

识到"西藏从过去向现在和将来的发展,要比整个中国更加复杂一些"①。

1985年已是75岁高龄的爱泼斯坦,应邀去拉萨参加西藏自治区成立20周年的庆祝活动。他冒着年事已高所要遭遇的高原反应危险,毅然重返西藏访问。西藏归来不久他写下了《八十年代的西藏变革》报道,客观而真实地向外界报道西藏改革开放以来所发生的新变化。

爱泼斯坦对西藏四十年的追踪报道,采访西藏各阶层近三百多位人士,通过观察描述发生在他们身上的变化轨迹,真切地反映出这四十多年里西藏所取得的各种成就。在这些报道中他旁征博引,从历史文化、宗教信仰到社会制度说明中国政府所采取政策的历史必然性和可行性,给国外反华势力企图分裂西藏、攻击西藏人权的说辞以有力的回击。

三、爱泼斯坦的对外报道思想

爱泼斯坦将记录中国、对外传播中国当成了毕生的事业。作为用英文写作的记者来说,他从小接受的是西式教育,深受西方文化与价值观的耳濡目染,所以他能体会到如何进行跨越文化的对外传播。在实践中他不断总结经验,形成了一套对外报道的方法与思想。

(一)国际化的报道视野

爱泼斯坦认为,对外传播所面对的是外国各式各样的受众,政治上有左、中、右,民族上有第三世界和发达国家的许多不同民族。不同的政治倾向和不同民族的人,看问题的立场、观点和方法也各有不同。但一般说来,他们所感兴趣的问题都是同他们自己的问题相关联的,尽量要用国际化的视野对待报道的内容,找出与他们相关的地方。"我们每发出一条新闻或评论,一定要与国外的读者社会生活搭上点边,否则不如不发。"②

在报道中国的抗战中,他倾向于把中国当作世界反法西斯战线的一个战场进行报道,反对将中国的抗日活动孤立起来,即使欧洲变成战场以后,也不能将中国当成"次要问题"。他在《香港每日新闻》工作时,经常发表社论谴责日本侵略中国,批评西方(尤其是英国)在1939年欧洲战争爆发前,特别是在欧战爆发之后对日本采取的绥靖主义,导致日本在中国的大肆蹂躏,也无形中鼓励了法西

---

① 陈日浓:《爱泼斯坦见证与传播西藏的变迁》,《对外传播》2009年第3期。
② 爱泼斯坦:《作好对外宣传要多替读者着想》,《对外报道参考》1981年第3期。

第 25 章　伊斯雷尔·爱泼斯坦——向世界真实全面传播中国的使者

斯主义的猖獗。例如，在分析日军对广州丧心病狂的轰炸中，他指出，日本在企图试探同苏联在东北接壤的边界一带的虚实时遭到重创，日本难以承受，同时英法对希特勒采取"绥靖政策"的气氛日益浓厚，德国几个月前霸占了奥地利，捷克斯洛伐克又被《慕尼黑协议》所出卖，这些情况为日本壮了胆，使它敢于同时攻打武汉和广州。

在延安访问中共领导人时，他格外关注八路军如何同反法西斯战线的同盟军进行合作的问题，如问朱德的五个问题时就有三个是有关盟军战线的："你认为什么是最好的同盟国战略？同盟国对中国帮助的最佳形式是什么？""八路军、新四军如何同盟军合作？""八路军和新四军需要盟军给予何种支援？"①

（二）在对外报道中为读者着想

在对外报道中，爱泼斯坦坚持在写文章时，首先要记住读者是不同类型的外国人。我们所熟悉的事情他们不一定了解。因此必须替读者设想，多作些解释性说明。他指出：两个人当面交谈时，假如对方对你的谈话很感兴趣，他一定显得兴致勃勃；如果不感兴趣，他会显出无精打采和不耐烦的神情。对于读者，我们无法看到他们的表情，所以需要在多方面开动脑筋，尽量为他们着想。

涉及地名或人名时，他都会进行解释说明让读者有所理解。如"宋庆龄，她是'中华民国国父'孙中山的遗孀"。"广州是中国最后一个尚未被日本占领的最大的海港城市，自从19世纪40年代以来，他多次面对外国的侵略和威胁，都勇敢进行了抵抗。19世纪末和20世纪初，他成为中国现代史上两次革命的摇篮。一次是孙中山领导的辛亥革命，最终推翻了中国的君主王朝；另一次是1924—1927年的革命，把中国从外国列强和封建军阀的双中压迫中解放出来。"②这些解释性说明，三言两语就让读者对这些陌生的人名和地方有了进一步认识。

爱泼斯坦报道西藏的成功得益于他国际传播的视野，从宏观上掌握中国包括西藏在国际上历史与现实斗争的大背景，清楚国外对西藏关注的焦点何在。在微观上他又具体了解外国读者接受的水平与阅读习惯：他引用13世纪一位罗马教皇写当时农奴受压迫的苦难生活来告诉西方读者："西藏的过去正是你们已经抛弃的历史，为什么你们认为可怕的东西，到了西藏就变得如此美妙呢？你们这些'民主主义者'今天还为封建主义辩护，你们还不如一个老教皇，因为他

---

① 伊斯雷尔·爱泼斯坦：《历史不应忘记》，第186页。
② 同上书，第106页。

都不隐瞒封建主义的暴虐。"①

(三) 对外报道要用事实说话

对外报道要从生活入手,用事实说话是爱泼斯坦一直坚持的原则。对外界传播社会主义制度好,不能就是一句话、一套理论,这样谁也不信服。要报道所取得的成绩,用事实来说明。"譬如有一条关于中国向外国出口小型农业机械设备的报道,尽管是一条短新闻,我认为外国读者是会感兴趣的。因为在外国人的印象中,中国是一个发展中国家,技术比较落后,一般来说是要进口原料和设备的。但这条消息却告诉人们:尽管中国的工业有些方面是落后的,但也有很先进的东西。可见,用不着用大道理来论证中国工业究竟是先进还是落后,这条短新闻中的事实便回答了读者的疑问。"②

在报道西藏变化时,从他四次进藏所乘坐的交通工具就能让读者看出来:第一次从成都去往拉萨,乘卡车和吉普车,一路颠簸了12天才到;第二次从成都乘飞机去拉萨,用了两个小时的时间;第三次时已经多了一条从兰州飞往拉萨的航线;第四次则可以从北京直飞拉萨了,而且拉萨还开通了去往尼泊尔的国际航线。"我第一次访问西藏的时候,西藏的首府仍然是封建制的,类似于11世纪的欧洲……1985年我已经看到人们开始使用藏语电脑。"③

《今日中国》杂志社原副总编陈日浓说,在新闻报道中,爱泼斯坦总是强调人物报道。在一次天津缺水事件的报道中,他在记者稿件上批语:"天津缺水,这个稿子缺人",认为没有在稿子中写生动的人物,从而失去新闻稿件应该贴近生活的一面。

(四) 用正确的心态看有关中国的负面报道

爱泼斯坦总结多年的工作经验,反对在对外报道中只报喜不报忧的现象,应以报道成绩为主,也报道问题,注意保持报道的平衡,像新华社这样在世界上有影响力的通讯社,发消息时要讲究技巧,一定要果断及时,文体上生动活泼,而且还要既报喜又报忧,不能给人对外只报喜不报忧的印象。

一些外国记者喜欢挑刺儿,经常报道中国的阴暗面,对此爱泼斯坦认为:可能有些记者对中国的确不太友好,有意报道中国存在的问题,更可能是西方的新

---

① 陈日浓:《视野与方法——爱泼斯坦这样报道西藏》,《对外传播》2009年第3期。
② 爱泼斯坦:《作好对外宣传要多替读者着想》,《对外报道参考》1981年第3期。
③ 伊斯雷尔·爱泼斯坦:《见证中国——爱泼斯坦回忆录》,第106页。

第25章 伊斯雷尔·爱泼斯坦——向世界真实全面传播中国的使者

闻多半是反面的东西,这和他们的"反常性"新闻观有关系,所以关于中国的报道也沿用了这种报道方式,也就没必要追究他们为什么专挑中国的阴暗面了。对于的确对中国存有偏见和失实的报道,我们不必直接和他们针锋相对地辩论,说他们造谣;但也不应三缄其口,形同默认。我们要站在自己的立场上摆事实,讲道理,多做一些调查工作,用事实做比较正面的宣传,这样的报道才有说服力;有些暂时回答不了的问题也不必急于争辩解释,各国都有其阴暗面,中国有一点也不必那样紧张。

一些外国媒体误读了中国的政策,爱泼斯坦认为是我们在对外传播中没有做到位,比如现在世界上普遍关心"中国向何处去",有些人认为中国正走向资本主义。对于这个问题,在对外传播中必须给予回答。还有经济问题也很难使人理解,目前中国的经济还有计划性,同时又提倡市场经济。对于这个问题应该做一些解释性的报道,把它们之间的辩证关系讲清楚。但过去做得很不够。往往有时一味强调市场经济的好处,但过了一段时间,又转而批评经济过于混乱,要求加强统一计划。结果给人家的印象是,今天你们宣传的是市场、市场,明天又讲计划、计划,使人家搞不清中国究竟在干什么。在对外报道中请教经济问题专家,或让懂点经济学的记者在适当的时候写篇述评,谈谈计划经济与市场经济的关系,以解答外国读者头脑中的疑问,以正视听,很有必要。

参考文献

1. 伊斯雷尔·爱泼斯坦:《见证中国——爱泼斯坦回忆录》,沈苏儒等译,新世界出版社2001年版。
2. 伊斯雷尔·爱泼斯坦:《历史不应忘记》,沈苏儒、贾宗谊等译,五洲传播出版社2005年版。

第26章 奥莉娅娜·法拉奇

——国际政治风云人物采访的新闻女王

奥莉娅娜·法拉奇(1929—2006),意大利著名女记者、作家,以采访世界重要政治人物而闻名于国际新闻界。她因采访提出的问题尖锐和态度咄咄逼人,被称作"最难对付的记者"。一生发表过多部新闻作品集和小说等文学作品,获得班卡瑞拉畅销书作者奖,并两次获得圣·文森特新闻奖。其《风云人物采访记》受到新闻界追捧,在业界享有"世界第一女记者""国际政治采访之母"和"20世纪新闻女王"之称。

一、"世界第一女记者"的传奇人生

1929年6月29日,法拉奇出生于意大利佛罗伦萨一个富有的家庭,是家中三姐妹的老大,从小就受到父母严格的管教。在她幼年时期,意大利正处于墨索里尼的独裁统治下,父亲作为抵抗法西斯主义的组织"正义与自由"的成员,因从事革命活动而多次被捕,母亲也是一名无政府主义者的遗孤。

在父母的影响下,法拉奇从10岁起就为抵抗组织通风报信,年幼的她学会了使用手榴弹,还完成过为躲避法西斯追捕的盟军士兵带路的任务。充满斗争的童年生活培养了她坚韧的性格,尤其是在挨过父亲的"一巴掌"之后。那是在1943年9月,当法拉奇面对轰炸的惨状而泪流满面时,父亲给了她一巴掌说道:"哭什么?坚强点,女孩子不应该哭!"法拉奇后来回忆起这件往事的时候充满了感触:"我的父母不同情弱者。我们生活在一个弱肉强食的年代,我同情不幸的人,但我更钦佩坚强的勇士。我不能忘记的是那个耳光,父亲就是力量的象征。"①

---

① 刘宇晖、刘宇新:《世界第一女记者:奥莉娅娜·法拉奇》,四川人民出版社1997年版,第9页。

第26章 奥莉娅娜·法拉奇——国际政治风云人物采访的新闻女王

法拉奇起初的职业选择方向并不是新闻行业,父母原本希望她能成为一名救死扶伤的医生,所以随着年龄的增长她进入了伽利略医科学校,但也渴望能有其他的选择。读书期间法拉奇向当地报纸投稿并被采用,她发现对成为一名新闻工作者有着浓厚的兴趣,她在日记中写道:"如果我不做个新闻记者,我不知道我的价值何在!我生来就该当记者,置身于社会时局之中,发出自己的声音,写出自己的语言。苦闷是每个人的伤口,我要呐喊!"①于是,法拉奇找理由离开了医科学校来到《意大利中部晨报》,从事警事和医院报道工作,那一年她仅仅16岁。此后在这家报纸度过了五年的时光。从在报社的第一篇关于舞场的报道开始,法拉奇不断磨炼自己的新闻报道水平,并最终受到意大利全国性杂志《欧洲人》的注意和聘用。1953年,她被《欧洲人》派往美国好莱坞从事文艺报道。在好莱坞她的采访技艺越来越趋向成熟,并获得了极大的成功。从1961年到1963年,法拉为《欧洲人》杂志撰文近百篇,采访对象包括梦露、希区柯克、格里高利、康纳利等好莱坞红极一时的人物。就在她的新闻才能越来越受到人们的关注,在国际新闻界声名鹊起的时候,她却渴望新的挑战。为此法拉奇采访了即将登陆月球的宇航员们,更在越战爆发后主动请缨,以《欧洲人》杂志战地记者的身份前往越南的丛林之中。

1967年法拉奇来到越南,采访越战成了她记者生涯中的一段辉煌纪录。在那里她冒着生命的危险采访新闻,数次被战场上横飞的弹片击中而送进医院,经历过好几次生死一线的危机。为了以防不测,她还在自己的采访包上写上说明,告诉周围人们如果她遭遇不幸,请将她的遗体运交意大利使馆。法拉奇奔波于北越和南越的军队之间,采写出了大量出色的新闻作品,其中大部分被多国报刊所转载。在越南她不仅采访了北越军事将领武元甲、南越总统阮文绍等高层人物,还在新闻作品中大量着墨于在一线战斗的普通士兵。在她的笔下,有关于北越士兵和共产党员的报道,也有对关押在河内的美军战俘的采访。

1968年9月,法拉奇暂时离开越南来到了墨西哥,其时正值第19届奥运会在墨西哥城举行。奥运会引来的是大规模的学生反政府抗议活动,在这次采访活动中,法拉奇身受重伤,被墨西哥士兵拖着头发拽下楼梯,扔在大街上差点死去。在采访中所受到的身体创伤,并没有阻碍她追寻新闻真相的脚步。在对墨西哥的示威游行进行报道后,法拉奇再次回到越南,继续她的战地记者生涯。

报道越战使法拉奇获得了极高的国际声誉,并驰名于世界新闻界。随着战争接近尾声,她也开始了另一段传奇的历程。法拉奇从小就被培养出了如同男

---

① 刘宇晖、刘宇新:《世界第一女记者:奥莉娅娜·法拉奇》,第10页。

子汉一般的果敢性格,长大后她将这一品格体现在了她的新闻采访活动中。在结束战地记者生涯后,法拉奇开始了对国际政治人物的访问。她富有反抗精神的个性使得采访风格极具特点,其中包括较为明显的情绪化倾向、持续的追问等。再加上采访技巧,她对政治人物的采访取得了极大的成功,也完全奠定了她在国际新闻界如雷贯耳的声誉。在法拉奇的政治采访生涯中,她面对的都是些历史上举足轻重的人物,如美国国务卿基辛格、印度总理甘地夫人、巴勒斯坦民族解放运动领袖阿拉法特、柬埔寨西哈努克亲王等。采访这些政治人物时,法拉奇不卑不亢,她曾经这样说过:"我发现这些掌权者并不是出类拔萃的人。决定我们命运的人,并不比我们优秀,并不比我们聪明,也并不比我们强大和理智,充其量只比我们有胆量,有野心。"①也正因为如此,她的采访常常造成受访者情绪失控的局面。她曾经令南越总统阮文绍尴尬不已,让埃塞俄比亚的塞拉西皇帝大叫:"这个女人是谁?她从什么地方来的?她来找我干什么?!走吧,行了!行了!"更让一向以机智善辩的基辛格发出"一生中做得最愚蠢的事就是接受法拉奇的采访"的感叹。

对国际政坛风云人物的采访使得法拉奇的新闻事业如日中天,她也因此被称为"国际政治采访之母",她将这些采访结集为《风云人物采访记》出版,极获追捧。这种采访不仅给她带来了事业上的成功,还给她带来了感情上的归宿。1973年,法拉奇前往希腊采访被周围的人称作"阿莱科斯"的民主运动领导人帕那古利斯。这次采访使得两人坠入爱河,尽管在后来的岁月里他们有过多次争吵,阿莱科斯甚至在狂怒中踢掉了她肚中的孩子,但法拉奇依然爱着对方。1976年,阿莱科斯在一场可疑的车祸中死亡,法拉奇极为悲痛。三年后她完成了一部纪念自己恋人的纪实小说《人》(又译作《男子汉》)。在书中她深情地写道:"我寻找着你的旧迹,复述着你的故事,这是一位孤身奋斗、受排挤、受欺凌,但不听天由命、不随波逐流、独立思想,并因此而被杀死的不被人理解的男子汉的故事。没有指针的钟盘标下了记忆的旅程,长眠于地下的你是我唯一可以向其倾诉衷情的人。让我把这个故事讲给你听吧。"这部作品同样引起了极大的轰动,先后被译成16国文字出版。

在接下来的岁月里,法拉奇继续她的新闻生涯,并来到中国采访了改革开放的总设计师邓小平。20世纪80年代以后,法拉奇逐渐从国际新闻界中隐退。不过,她仍然创作了以黎巴嫩战争为背景的小说《印沙安拉》,同样获得了成功。90年代以后法拉奇渐渐淡出了人们的视野,她在美国纽约过着近乎隐居的生

---

① 法拉奇:《风云人物采访记》,嵇书佩、乐华、杨顺祥译,新华出版社1988年版,第4页。

第26章 奥莉娅娜·法拉奇——国际政治风云人物采访的新闻女王

活。直到2001年"9·11"事件之后,法拉奇才再一次在意大利《晚邮报》上发表文章,并扩展为书出版,名为《愤怒与骄傲》。随后她又出版了两本书,分别是《理智的力量》和《现代启示录》。然而,此时的法拉奇由于书中的文化沙文主义而受到了人们的批评。2006年9月14日夜,患癌多年的法拉奇在家乡佛罗伦萨走完了她77岁的人生旅程。

作为"世界第一女记者",法拉奇在世界新闻史上留下了深深的印记。她两次获得圣·文森特新闻奖,一次获得班卡瑞拉畅销书作者奖,并被美国芝加哥哥伦比亚学院授予名誉文学博士学位。意大利总统纳波里塔诺在获悉她去世的消息时致信其家属,对国家失去这位"享有世界声誉的记者和成就卓著的作家"表示哀悼。前总统钱皮更以"勇敢、战斗和榜样的一生"来形容法拉奇不寻常的人生经历。

二、法拉奇的采访特点

对于很多接受过法拉奇采访的新闻人物而言,这位新闻战线上的巾帼英豪给他们的最大印象就是风格犀利、言辞尖锐,在气势上咄咄逼人,有时候还具有强烈的情绪化倾向。此外,法拉奇在采访中的提问方法也是十分巧妙,她善于在交谈中设置陷阱,让对象在不知不觉中走进她所希望的问答模式。出色的采访技巧,正是这位"20世纪的新闻女王"驰骋新闻界的法宝。

(一)采访之前的充分准备

法拉奇对采访的准备工作极其认真,唯恐会有遗漏的东西。因此,她总是在做好充分的准备后才进行采访活动。实际上,为了使得采访能够顺利完成,她通常在一两个月前就尽可能地收集和阅读有关对象的各种资料,并加以研究,选取并整理采访中可能用上的突破点,从而根据不同采访对象的文化背景、宗教信仰、个人性格等有的放矢,法拉奇用"简直就像学生准备大考一样"来形象地比喻。

1980年8月21日,法拉奇采访邓小平。谈话就是从她对邓小平生日的祝贺开始的:

法拉奇:明天是您的生日,祝您生日快乐!
邓小平:我的生日?我的生日是明天吗?

法拉奇:不错,邓小平先生,我是从你的传记中知道的。[1]

　　随后,在采访中法拉奇提出了大量重要的问题,如"天安门上的毛主席像是否要永远保留下去?""四个现代化将使外国资本进入中国,这样不可避免地引起私人投资问题,这是否会在中国形成小资本主义?""你是否认为资本主义并不是都是坏的?"等等,如果不是在事先做了充分的准备,没有掌握与问题有关的种种信息,她是无法完成这样的提问的。事实上,为了更好地完成对邓小平的采访,法拉奇在采访之前阅读了大量资料。

　　同样,法拉奇对美国国务卿基辛格进行采访之前,也是做足了功课。为了对基辛格有全面的了解,她阅读了《基辛格和弄权》《亲爱的亨利》等从不同方面反映基辛格人格特点的书籍。然后她又研究了基辛格对中国、苏联、越南等国家的外交政策,了解他的外交倾向以及外事活动特点,她甚至还查阅了基辛格在大学时期的学术论文。所有的这些都为她战胜基辛格在采访初期的傲慢无礼并获得想要的采访信息打下了坚实的基础。

　　这样的案例在法拉奇的采访生涯中司空见惯。在采访西德总理勃兰特时,她从勃兰特年轻的经历出发,问道:"勃兰特总理,坦率地说,这不是您出生时的名字。您出生时叫赫伯特·费拉姆。""总理先生,我想起您的时候总觉得您是新闻记者。您的记者生涯太长了。您为什么搞新闻工作?"在采访柬埔寨西哈努特亲王时,她又把对方的兴趣爱好作为突破口:"殿下,您现在还吹奏萨克斯管吗?"如果没有事先对采访对象有了全方位的了解,很难提出这样的问题,也就无法获得由此引出的许多精彩的回答。

(二) 独特的提问方式

　　1972年法拉奇前往中东,采访巴勒斯坦民族解放运动领导人阿拉法特。在此之前有关阿拉法特的信息非常少,"显然,与此同时,你得千方百计设法去收集有关他的特点和历史,但不管你问谁,你得到的都是一种令人尴尬的沉默,对这种沉默所做的解释是,法塔赫严格保守其领导人的秘密,从来不负责提供他们的传记"[2]。面对这种情况,法拉奇巧妙地利用提问获得了自己想要的信息。她向阿拉法特问道:"人们常常谈论您,然而对您却一无所知……"在这样的情况下,一向不愿意向外人透露自己信息的阿拉法特急于证实自己,也自然而然地进入了她所希望的采访模式。

---

[1] 罗海岩:《法拉奇:向世界投不信任票》,新华出版社2007年版,第3页。
[2] 法拉奇:《风云人物采访记》,第146页。

第26章　奥莉娅娜·法拉奇——国际政治风云人物采访的新闻女王

开门见山地提问,也是法拉奇擅长的一种采访方式。她在采访伊朗宗教领袖霍梅尼时,第一句话就是:"我要告诉你,先生,你是伊朗的新沙皇……"这句话同样引来了霍梅尼的辩解,法拉奇也就此获得了大量需要的信息。不过,仅仅是开门见山并不足以让法拉奇获得她所需要的全部答案。为了顺利完成采访,她还善于在采访中采取迂回战术,通过假设等方法,以现实中并不存在的问题诱导不愿回答问题的对象,从而获取想要的信息。如在采访基辛格时,基辛格对越南问题避而不谈,于是法拉奇便通过假设,再加上自己的推导,使得基辛格不得不就她关注的问题发表看法:

法拉奇:基辛格博士,如果我把手枪对准您的太阳穴,命令您在阮文绍和黎德寿之间选择一人共进晚餐……那您选择谁?

基辛格:我不能回答这个问题。

法拉奇:如果我替您回答,我想您会更乐意与黎德寿共进晚餐,是吗?

基辛格:不能,我不能……我不愿回答这个问题。

法拉奇:那么您能不能回答另一个问题,您喜欢黎德寿吗?

基辛格:喜欢。我发现他是一位对他的事业富有献身精神的人。他很严肃,很果敢,总是彬彬有礼,很有教养。他有时也非常强硬,甚至很难对付。但是这是我一向尊敬他的地方。是的,我很尊敬黎德寿。当然我们的关系完全是工作上的。但是我相信……我相信自己已经发现他身上存在某种程度的和蔼。真的,有时我们还互相开玩笑。我们说也许有一天我会去河内大学教国际关系学,他会来哈佛大学讲授马列主义。可以说,我们之间的关系是良好的。

法拉奇:跟阮文绍的关系您也作同样的评价吗?

基辛格:我过去与阮文绍的关系也很好。过去……

法拉奇:对了,过去。南越人说你们相处时不像朋友。您想说的正与此相反吗,基辛格博士?

基辛格:关于这一点……当然我们过去和现在都有自己的观点,也无须强求一致。我们说,我和阮文绍像盟友那样互相对待。①

在这段对话中,基辛格本来拒绝对越南问题发表看法,不愿意表明对战争双方的态度。但是法拉奇通过层层假设和合理推断,迫使基辛格一步步陷入她的提问节奏,最终明确表达出"我和阮文绍像盟友那样互相对待"这一态度。

---

① 法拉奇:《风云人物采访记》,第15—16页。

此外,由于被采访者往往不想回答或敷衍记者的提问,在这种情况下,法拉奇便常常通过制造一些挑衅性的话题来产生冲突,通过你来我往的言语冲突来获得信息。在采访霍梅尼时,她穿着伊斯兰教妇女的装束采访:

  法拉奇:可您怎么能穿着浴袍游泳呢?
  霍梅尼:这不关您的事,我们的风俗习惯与您无关。如果您不喜欢伊斯兰服装,您可以不穿。
  法拉奇:您真是太好了,既然您这么说了,那么我马上就把这愚蠢的中世纪破布脱下来。①

这样的提问方式使得对方很难有充分的考虑时间,不得不向法拉奇透露真实的想法和态度。而在这样的问答之中,有时候就算对方没有很明确地回答,她也能从其言语和态度之中领会到了对方所代表的立场与倾向。

(三) 巧妙的采访技巧

法拉奇被称作"国际政治采访之母",她的访问对象大多是在国际上有着深厚影响力的风云人物。在面对记者的提问时,这些圆滑老练的政坛精英们往往顾左右而言他,回答模棱两可。但法拉奇却常常让他们吐出真相,因为她的提问不仅尖锐咄咄逼人,也很有技巧,往往让这些大人物们讲出真言。

设置诱导式的谈话圈套是法拉奇采访技巧中的一个重要方面。如在对南越总统阮文绍采访的过程中,第一次提出"有人指控您是个腐败的人,是南越最腐败的人"时,阮文绍以这个问题"根本不值得一答"来进行回避。这时,法拉奇感到阮文绍正面回答这个问题已经不可能,于是她转换方式,通过诱导来实现自己的采访目的。她放弃了正面的追问,转而向阮文绍抛出其"在瑞士、伦敦、巴黎和澳大利亚有银行存款和住房"的"传言",果不其然,急于争辩的心理使得阮文绍主动向她透露自己的"少许家产"。而通过这些透露出的数据,不论是法拉奇,还是读者,也自然能判断出阮文绍是否腐败。

法拉奇采访成功的另一个经验则是抓住核心猛追到底。她自身的性格就具有顽强不屈和蔑视权贵。在她的采访生涯中,面对位高权重的对象时一律平视,用不卑不亢甚至略显强硬的态度进行采访。如她采访伊朗前国王巴列维时,双方就专制和民主的问题展开了激烈的争论。法拉奇毫不示弱,用连续的追问向世人展示了这位国王的真面目:

---

① 罗海岩:《法拉奇:向世界投不信任票》,第88页。

第26章 奥莉娅娜·法拉奇——国际政治风云人物采访的新闻女王

法拉奇：陛下，我讲的是事实。很多人把您看作独裁者。

巴列维：那是《世界报》说的。这种说法对我有什么关系？我为我的人民工作，而不是为《世界报》工作。

法拉奇：是的，是的，但是您否认您是一位专横的国王吗？

巴列维：不，我不否认，因为从某种意义上来说，我是专横的。但是您听我说，为了实行改革，你不得不专横。……为此有人说在伊朗没有民主……

法拉奇：陛下，有民主吗？

巴列维：我向您保证有民主，我向您保证从很多方面来说，伊朗要比你们这些欧洲国家民主得多。……

法拉奇：陛下，也许我没有说清楚。我指的是我们西方人所说的民主，也就是指我们的那个政权，它允许人们自由地思考问题，并且建立在少数派也有代表参加的议会的基础上……

巴列维：我不要这样的民主！您还不明白吗？我不知道这样的民主对我有什么用！我把它赠送给你们好了。你们可以把它珍藏起来，明白了吗？你们的绝妙的民主！再过几年你们将发现你们那绝妙的民主会走到哪里。①

可以看出，法拉奇连续的追问使巴列维逐渐乱了阵脚，最后几乎恼羞成怒地撕下民主的面纱，承认自己独裁专制的本质。

法拉奇将采访活动形容为"一场探讨事实真相的战斗"，她绝不会半途而废，而是通过一环扣一环的连续追问逼迫对方进行回答。如在对阿拉法特的采访中，当阿拉法特已表示不愿意回答的情况下，她步步紧逼，通过不断的发问使得阿拉法特不得不表明自己的态度。她首先提出："（我们假设约旦和黎巴嫩决定签订和平协定）面临这种局面，你们将怎么办？难道你们也向约旦和黎巴嫩宣战不成？"当阿拉法特表示不能在"假设"的基础上进行战斗时，她毫不退缩，首先指出阿拉法特的回答是一种"富于诗意又充满外交辞令的回答"，继续就问题追问："我问您的是：如果约旦真的不要你们的话，难道你们向约旦宣战吗？"这样的追问让阿拉法特退无所退，只能进行回答。

三、法拉奇的新闻写作特点

和一般的记者相比，法拉奇又被称作文人记者，她的新闻写作方式被称为新

---

① 法拉奇：《风云人物采访记》，第429—431页。

新闻学报道方式,其中最突出的表现就是报道中的小说化倾向。在她的笔下,记者本身也成为新闻报道的主角,让读者和记者一起去感受那些风云激荡的事件。

(一) 注重新闻写作中的细节展示

在法拉奇的新闻作品中,一个吸引人的地方就是对细节极其关注。她的新闻作品不仅通过记者与受访者之间的对话来向读者传递信息,还以人物言行、环境等细节描写来影响读者的态度。她很善于捕捉受访者的各种细节,不论是他们无意识的动作,还是细微的表情变化,她都会极为注意并运用到新闻报道中。

如在采访约旦国王侯赛因时,法拉奇就对这位受访者进行细致的描写:"国王的遭遇在他的脸上留下深深的烙印:八字胡已经斑白,深深的皱纹说明青春已是遥远的过去。你曾看到过比侯赛因表现得更悲哀的脸吗?他的嘴角常常显露出沮丧的情绪;即使在微笑和大笑时他也好像处在悲哀之中。""国王坐在他那王宫办公室的安乐椅上,穿着一身淡绿色的、不是很漂亮的西装,衬衣倒很合适,系着一条经过精心挑选的领带。安乐椅很大,这使他只有1.59米的身高显得更矮小。要是他靠在椅背上,他的脚只能刚刚触及地毯。但是他依然靠着椅背,双臂架着扶手,从容地交叉着双手。这表明,身材矮小并没有使他表现怯弱,相反,健壮的体魄使他显得威严。他肩膀宽阔,两臂肌肉发达,双腿粗壮结实,简直像一头时刻在寻找交配机会的好斗的小公牛——要是一时忘了他的面貌,你很自然地会用这个比喻来形容他。""听到我提到的第一个问题后,他双唇紧闭,两臂微微颤抖。在我们谈话的过程中,这种反应出现过多次,而且每当我向他提出一些使他为难的问题时,他就做出这样的反应。"[①] 这些细节的描写不仅让人看到了法拉奇细致入微的洞察力,同时也通过情绪化的词语运用悄然改变着读者的好恶。

其中最典型的,是印巴战争结束后不久法拉奇采访印度总理甘地夫人和巴基斯坦总统布托时,她通过对双方细节上的对比表现自己的倾向。在叙述中,她依仗自己丰厚的文学底蕴,从小处着手,用细节说话,向读者多层次、多角度传达了其所希望达到的目的。如在向读者展示甘地夫人时,她写道:"开始时,她小心翼翼地回答问题,后来就像打开话匣子似的,谈话在互有好感的气氛中进行得很顺利。我们在一起谈了两个多小时。采访结束时,她和我一起走出办公室,一直把我送上了出租汽车。""48小时以后,我发现采访中还有些遗漏,希望再见她。没有经过任何繁文缛节,我就到了她的家。这是一所简朴的小别墅,她与儿

---

① 法拉奇:《风云人物采访记》,第181—185页。

第 26 章　奥莉娅娜·法拉奇——国际政治风云人物采访的新闻女王

子拉吉夫和桑贾伊一起住在这里。英迪拉·甘地在家时比谁都平易近人。当她早晨接见那些找她请愿、抗议和向她献花的人时,你便能发现这一点。"①而表现布托时,她的细节描写则显得意味深长:

> 他身材高大、魁梧,与他那纤细的腿和小巧的脚相比,显得有点肥胖。他的样子就像一个希望你在他的银行里开个账户的银行家。外表看来,他比 44 岁的年龄要大些。开始秃顶使他感到苦恼,剩下的头发已经灰白。浓密的眉毛下是一张宽阔的脸庞:双颊丰润,嘴唇厚厚的,眼睑也是厚厚的。他的眼神里蕴藏着一种神秘的忧伤,微笑中流露出胆怯。跟许多强有力的人物一样,他也因胆怯而变得迟疑和局促不安。当你参观在卡拉奇他的出色的图书馆时,你会发现有关墨索里尼和希特勒的烫银精装书籍,被放在重要的、显著的位置。于是你产生了怀疑和怒气。难道他内心深处的梦想是成为独裁者和等待有一天那些烫银的精装书籍对他进行歌颂吗?②

(二) 主观情绪化强烈的叙述手法

法拉奇的新闻报道中洋溢着浓郁的小说化气息和主观性色彩,不论是内容还是形式上都具有很强的主体意识,这也是她新闻作品引起争议的地方。由于在报道中带有强烈的主观性倾向,读者往往在刚开始阅读时就已被她的价值观念所左右,丧失了本应有的客观公正立场。尤其是在《风云人物采访记》中,她在每篇采访前都加上了一篇主观色彩浓重的前言,文中根据自身的喜好倾向对受访者的外貌表现、神情动作等进行加工处理,刻画出个人印记浓厚的采访映像。

如在表现她所喜欢的梅厄夫人时,丝毫没有吝啬自己的赞美:

> 我一下子就喜欢她了,尤其是因为她有些像我的母亲。她使我想起了我的母亲。我母亲的头发也是灰白卷曲的,带着倦意的脸颊也同样布满了皱纹,支撑着她那笨重的身躯的也是那浮肿、站立不稳和沉重的双腿。我的母亲同样给人以刚强而又温柔的印象,同时有着一个讲求整洁的家庭妇女的形象。她代表这样一类妇女:她们平易近人、谦虚;她们从自己充满痛苦、烦恼和辛劳的阅历中汲取了智慧。但是,果尔达·梅厄还有她的独特之处:

---

① 法拉奇:《风云人物采访记》,第 197 页。
② 同上书,第 226 页。

她有更多的特点。①

而在面对她并不喜欢的安德烈奥蒂时,则进行了大量贬义的描写:

> 他那畸形的肩膀,窄小得像孩童的肩膀一样。他的短脖子几乎使人感到可爱。他那光滑的脸上很难想象会有胡子。他那柔弱的手长着蜡烛似的长长的、洁白的手指。他时刻处于守势:蜷缩着身子,把头缩进衬衫的领子里,像一个在滂沱大雨中躲在雨伞下面的病鬼,或者一只战战兢兢地正从甲壳中探头的乌龟。谁会害怕一只病鬼?谁会害怕一只乌龟?它们会伤害谁呢?只有到后来,我才知道我的害怕,正是由于上述这一切,以及隐藏在这一切背后的力量。②

(三) 渲染性的场面描写

在新闻报道中带有强烈的文学化倾向,使得法拉奇的作品中常常会出现渲染性的场面。这些描写或惊险或奇异,还有的充满了激烈的交锋,使得读者在跟随着记者的脚步进入新闻现场的同时,受到较强的感染。这样的新闻写作方式在潜移默化中改变着读者的阅读态度,也受到了业界的一些抨击,认为违反了新闻的公正客观原则。但法拉奇多年来不为所动,她认为记者有必要向读者展示新闻事件发生的环境,包括新闻访谈。这一切如果要呈现在书面报道之中,只能通过记者的笔来进行展示,而记者的笔则是被记者的眼睛所决定的。

如对埃塞俄比亚皇帝塞拉西的一段描写:

> 我第一次见他是在贡德尔,这是个被上帝和人们所遗弃的地区,干旱而荒凉,只有树木、蚁穴和圆柱形草屋。陛下到那里去是为了支持一座铁桥的落成典礼。为了看一眼陛下的尊容,更确切地说,为了离为国王而设的宴席更近些,成百的穷人蜂拥而至。他们衣衫褴褛,伤痕累累,患有沙眼。宴席设在露天皇家营帐的四周。那天,屠宰了几十头山羊。食物的香味像云雾和沉闷的气氛那样弥漫在山谷之中。穷人们并不敢觊觎放在陛下和科普特基督教神父餐桌上冒着热气的羊排和其他珍馐佳肴。这些神父撑着小小的阳伞,佩戴着金制和银制的十字项链来到这里。他们就是在对所有人都一视同仁的上帝面前也说谎。这些神父像猪一样地吃着。穷人只要能得到一点残羹剩饭就心满意足了。他们大声地苦苦哀求厨师赐予他们准备扔掉的

---

① 法拉奇:《风云人物采访记》,第 107 页。
② 同上书,第 303 页。

食物:内脏、羊头和略带些肉的骨头。厨师则把这些东西扔到由荷枪的士兵看守的草地上。谁敢上前一步,就会遭到士兵的拳打脚踢。内脏、羊头和略带些肉的骨头最后落到了秃鹰和狗的嘴里。草地上狗群狂吠,秃鹰拍击着翅膀,高兴地俯冲而下,啄了满口的食物后又飞上天空。穷人却在那里唉声叹气:"哎哟!哎哟!哎哟!"他们一连哀叹了三个小时。①

在这段场面描写中,尽管法拉奇并没有进行直接的褒贬,但是却通过对皇帝与神父午餐时周围的场面渲染,表现出了养尊处优的统治阶层的傲慢、冷漠,他们丝毫不顾百姓的死活。法拉奇就是以这种写作方式,来向读者传达自己对新闻事实的态度。

参考文献

1. 法拉奇:《风云人物采访记》,稽书佩、乐华、杨顺祥译,新华出版社1988年版。
2. 罗海岩:《法拉奇:向世界投不信任票》,新华出版社2007年版。

---

① 法拉奇:《风云人物采访记》,第395页。

第27章 彼得·阿内特

——直击现代战争的传奇战地记者

彼得·阿内特(1934—),出生于新西兰,出色的战地记者,在几十年的新闻生涯中经历了越南战争、海湾战争、阿富汗战争和伊拉克战争的采访报道活动,为美联社、CNN、NBC 等知名媒体工作,采写了大量优秀的战地新闻,在第一时间将人们了带到了战争的现场。多年来,因出色的新闻报道获得 57 个新闻奖项,并获得过普利策新闻国际报道奖。他因追求事实真相的勇气和执着,成为世界新闻界敬佩的记者。

一、阿内特的传奇人生

阿内特 1934 年 11 月出生于新西兰。1949 年,还是高中生的他因为与女孩约会,违反校规被勒令退学。此后他踏上了新闻从业之路,任职于新西兰的地方小报《南岛时报》。阿内特的新闻起步并不顺利,薪水低,任务重,由于缺少相关的采写经验,经常被采访部主任斥责。

阿内特并非早就有当战地记者的理想,早期的新闻工作地点主要在南亚,尤其是在泰国曼谷。1960 年他在老挝为一家英文报纸工作,这年 8 月发生的"八九政变"①,使老挝全境的通信中断,国外媒体包括政府对那里的情况一筹莫展。阿内特把自己和其他记者的新闻稿封在塑料袋里,找到河流较窄的地方游过湄公河。到达对岸后他被泰国政府官员拦住,他们也不知道老挝发生了什么。阿内特被迫将自己的报道提供给他们,然后飞快赶到邮局,将传真发到美国媒体。接连四天他都是用这种方法完成了报道任务,因为这样的战绩,他被美联社看中,成为该社越南分社的工作人员。

---

① 指 1960 年 8 月 9 日,老挝爱国军民在首都万象发动起义推翻政权的斗争。

第27章　彼得·阿内特——直击现代战争的传奇战地记者

1961年5月,100名美国特种部队官兵进入越南南方,标志着越战的开始。1962年阿内特被派往西贡进行越战报道,他经常随美军一起行动采写,尝试以中立的态度报道战争中普通士兵和平民的故事。从1962年进入越南到1975年离开,13年中阿内特与同伴们为美联社发回3500篇报道。1975年4月的最后一天西贡失守,阿内特在发出他最后一篇越战报道后随美军撤退。

1966年,阿内特因在越战中的杰出报道获"普利策新闻奖国际报道奖"。在多年后的1980年,他还为系列迷你纪录片《越南:战争一万日》撰稿。1978年,阿内特以美联社记者的身份采访了卡斯特罗,他认为这次采访是非常有趣的经历:既客观报道了古巴落后的经济生活和团结一致的政治局面,也没有掩饰报道中对卡斯特罗的仰慕之情。

阿内特在美联社工作了20年,1981年加入刚成立的美国有线新闻网(CNN),成为一名电视记者。1983年他到中美洲采访圣地亚哥暴动及萨尔瓦多暴动,自此从文字记者转变为一名电视出镜记者。

1991年1月16日,以美国为首的多国部队,发起把伊拉克军队赶出科威特的战争。身在以色列的阿内特主动请缨前往伊拉克,CNN不想错过这样绝好的报道题材,于是阿内特成为唯一直播海湾战争的西方记者。他于1月17日在巴格达进行了战争最初的16个小时的连续实况报道,报道的背景是不绝于耳的巴格达空袭警报和炸弹的爆炸声。尽管当时在巴格达的拉西德旅馆有40名外国记者,但只有CNN拥有与外部世界交流的手段。轰炸过后,CNN工作人员相继撤离,只剩下阿内特和两个同事。没有摄影师,没有影像编辑,他们的新闻只能依靠一个电话进行声音播报,直到最后,阿内特依然坚守巴格达。

这场"不算伟大的战争的伟大的直播",成为新闻传播史上的里程碑,震撼了全世界,使CNN声名鹊起,也让阿内特成为家喻户晓的著名战地记者。人们通过电视屏幕了解到战争的进行时,直观画面的冲击使一些国家的民众掀起了强大的反战浪潮。

在海湾战争的报道中,阿内特遭到了美国官方的指责。在此期间美国中情局调查过他,他们认为伊拉克军方在阿内特居住的拉西德旅馆地下安装了高级通信网络,中情局希望阿内特能搬出来以便空中力量可以炸掉旅馆。但阿内特拒绝了,说已检查过旅馆,没有发现有类似的装置。

或许是阿内特的直播影响力被萨达姆看中,1991年1月27日他未经审查被邀请采访萨达姆,持续了90分钟的采访画面被CNN播出,立即引起巨大轰动。阿内特也遭到一些美国民众的痛骂,甚至有人在国会上谴责他,说他是"萨达姆那个希特勒式政权的戈培尔"。CNN收到34位众议员的联名指控信,指责他的报道"给了这个精神错乱的独裁者一个宣传器,让他得以对100个国家大放厥词"。政治漫画家将他与萨达姆画在一起,说他们是电视搭档。最严厉的攻击来自共和党参议员辛普森,他不但说阿内特是伊拉克的"同情者",还说阿内特当年在越南娶了一位越共成员的妹妹(阿内特曾与一名越南女子结婚并生有两个孩子,后来离婚)。但就是这一次的采访,使阿内特获得了当年美国的电视最高荣誉——艾美奖。

整个20世纪90年代,阿内特一直追踪伊拉克局势,大部分时间生活在巴格达。此后他转往阿富汗,报道阿富汗的战乱以及塔利班的崛起,亲历了和"恐怖分子"面对面的危险时刻。1997年,阿内特和同事在伦敦与拉登的代表见面。拉登熟知CNN对第一次海湾战争的报道以及阿内特在其中的角色,接受了采访,这是拉登第一次接受电视采访。当时拉登还没有被世界公众所熟知,只是受到美国以及欧洲国家的一些安全部门的关注。当拉登在2011年被美国特种部队击毙后,作为第一位采访过他的记者,阿内特一度成为多国媒体关注的焦点。

阿内特从1998年在CNN做特勤记者,专门负责为世界各地的危机、战争做直播和战地报道。在由CNN和《时代》杂志联合制作的《死亡之谷》节目解说中,他揭露了1970年美军在老挝的"顺风行动"中曾对逃兵使用沙林毒气。报道一开始获得了CNN高层的赞许,但引起了五角大楼的愤怒,命令其他媒体反驳CNN的节目观点。在这种压力下,CNN高层也被迫认为这篇报道有错误并收回了节目,最后的结论是在"顺风行动"中,12名绿色贝雷队成员仅仅是受伤,并且没有被使用沙林毒气。事关这则报道的几位负责人被解雇或辞职,阿内特也遭到了申诉。虽然CNN并未开除他,但之后他就转往了NBC任职。这个节目报道的联合制作人奥利弗在接受《华尔街日报》采访时说:"拒绝阿内特是CNN迫于五角大楼的压力,只有抛弃他,CNN才能保留与五角大楼合作的机会。"

阿内特在1999年结束了为CNN 18年的工作。在此期间,除了海湾战争,他还报道了中东、拉美、中亚和非洲等地发生的战争和冲突。2001年12月至2002年1月,阿内特加入一家新成立的高清晰电视网,继续做阿富汗的战事报道。每周只有半小时的纪实节目,使他的压力从主流媒体争抢新闻的紧张中得到释放,感到轻松了许多。

2002年阿内特接受美国国家地理频道的邀请,拍一部三集的专题纪录片。他带着三台摄像机前往巴勒斯坦采访阿拉法特,并多次采访了伊拉克萨达姆的新闻部长萨哈夫。2003年伊拉克战争爆发,阿内特已年近七旬。所有的美国记者都离开了伊拉克,国家地理频道则希望他能做战地报道。阿内特又一次冒着

第27章　彼得·阿内特——直击现代战争的传奇战地记者

生命危险接受了任务,他将报道的目光对准了战争中的平民和普通士兵,这些报道使 MSNBC 的收视率 10 天里涨了 3 倍。

2003 年 3 月一次记者会后阿内特接受了伊拉克国家电视台的采访,但这次采访给他带来了更大的麻烦。采访中阿内特评论了当时的战况,他说:"目前美国正在重新评估战场,推迟对伊作战的时间,或许一周后重新制订计划。此前第一份计划显然低估了伊拉克武装力量的抵抗强度。我们关于平民伤亡的报道,关于伊拉克地方力量的报道都会发回美国。"[1]这些言论在美国国内掀起了反对的声浪,不仅有来自保守派 FOX NEWS 和一些右翼媒体的攻击,而且三小时内 NBC 收到了将近 32000 封批评阿内特言论的电子邮件。最初 NBC 是支持阿内特的,他们认为阿内特接受采访是一种专业的礼节,其言论在本质上是有条理的分析。但是一天后,NBC、MSNBC 和《国家地理杂志》都与阿内特划清了界限。公司负责人说:"阿内特接受伊拉克国家电视台采访是错误的,尤其是在战争期间,他根据个人的观测发表意见也是欠妥的。他没有征求团体的意见,完全是个人行为。"随后他们解除了与阿内特的合同。为了安抚女儿的情绪,阿内特在 NBC 一档高收视早间新闻谈话节目《今日秀》中,为自己草率接受伊拉克电视台的采访发表声明:"对不起,但我认为我只是在做自己的工作。"阿内特由于对美国政府的"不当言论"而被解雇,但也因此创造了奇迹,不到 24 小时英国大报《每日镜报》聘用了阿内特,报纸用大幅标题写着:"不能在美国媒体说实话,那就到《每日镜报》来说吧!"该报的一位编辑对 CNN 说,阿内特是世界上最值得尊敬的记者之一,我们非常高兴他能加入我们的团队继续报道真实的战争。68 岁的阿内特说:"我报道了在巴格达发生的真相,我不会为此道歉。我一向尊敬《每日镜报》,为它工作我也很自豪。"一些日子后,比利时一家电视台、沙特阿拉伯电视台和希腊电视台网络电视频道等媒体同时雇用了他。

2007 年 3 月,阿内特受当年的越战同行、中国汕头大学长江新闻与传播学院教授、《60 分钟》制片人赫福德的邀请成为这所学院的访问教授,并开设课程"战争与国际政治中的应用学",还把讲课记录《我怎样采访本·拉登》正式出版。阿内特在中国还接受了《南方周末》、新浪嘉宾聊天室等采访,使更多的中国人认识了这位具有强大魅力的战地记者。阿内特已年近八旬,同事和朋友们都希望他能以平静的生活安度晚年,但他还想着重返战场。或许,这就是一个将职业视为生命的优秀战地记者的选择。

---

[1] 维基百科"彼得·阿内特"词条,http://en.wikipedia.org/wiki/Peter_Arnett。

二、阿内特的采写特色

阿内特是优秀的战地记者,尽管他不是科班出身,但普利策新闻奖和艾美奖的获得显示了专业领域对他的肯定,他的身上体现着新闻从业人员优秀的品质和职业理念。

(一) 无畏的工作态度

人们敬佩英雄,因为他们身上有着普通人无法企及的优点。阿内特就是这样,他的胆识和勇气征服了新闻界。为了工作,他出现在不同的战场和危机发生地;为了工作,他驻扎在战争前线与士兵一同行动;为了工作,他总是最后一个撤离危险报道地;为了工作,他与世界上最危险的人物面对面。这种无与伦比的勇气并不是与生俱来的,而是由他在工作中逐渐积累起来的信念所支配。

刚从事记者工作时阿内特就希望能获得大奖,但应付平淡的工作是没有机会的,他觉得应该做些独特的事。26岁在老挝为了向外界传递消息,他游过湄公河,这次大胆的行动为他赢得了进入美联社的机会,胆识使他获得了一个较高的平台,也使他感受到了成功的快乐。1963年年末,南越的佛教僧侣抗议天主教总统政权的迫害,西贡街头骚乱了三个月。阿内特报道了整个骚乱,南越政权非常恼怒,他在街头遭到了殴打,和分站长一起被拘留了一夜,但是这并没有阻挡他的脚步。

越战中,阿内特不仅进行新闻报道,穿着防弹衣与士兵们坐在卡车上,有时连防弹衣也不穿同卫生兵一起抢救伤员,甚至在参与解救被敌方困士兵的行动中差点被杀。"我必须与美国官兵待在一起,而他们告诉我的都是关于战争很本质的东西。我亲眼看见了一切,把真相告诉公众。"①即使他在被越共军队抓捕后他还采访,了解他们进攻城市的过程。出色的战地报道为阿内特赢得了普利策新闻奖,按理说他的梦想实现了,可以远离战场了。可此时的阿内特认为战争充满戏剧性,再没什么领域比报道战争更让他感到兴奋了。在海湾战争中所有记者都撤离,只有阿内特向全世界发送最真实的战争消息。2003年伊拉克战争爆发后,他又奔赴战场。记者的一生中如果有机会进行战争报道已经难能可贵,但在阿内特的生涯中却有四十多年在战场上度过。

他的胆识和能力吸引了萨达姆、拉登等危险人物的注意,他们选择通过阿内

---

① 苏娅:《彼特·阿内特:见证历史 让公众去判断》,《第一财经日报》2009年4月2日。

第27章 彼得·阿内特——直击现代战争的传奇战地记者

特向全世界发布信息。这是许多记者梦寐以求的机会,但这些喜怒无常、不可捉摸的采访对象也往往令人望而却步。采访萨达姆前的1991年1月27日傍晚,阿内特突然被告知将要访问一位重要人物。不等他反应就被几名男子挟持到楼上,全身搜查后被带到一栋木屋。采访拉登前,阿内特和摄制组驱车穿过阿富汗东部的托拉博拉山区,先是在一个蚊蝇飞舞的小旅店里等了六天,拉登的手下确认他们的身份后才被带到一座海拔四千多米的雪山上。采访当天他们被蒙上眼睛,乘车绕了很久才被带到拉登藏匿的小山洞。采访时不能戴表、皮带,甚至不能带笔。他们的身上被装上了光反射装置,不管走到哪儿,拉登的警卫都了如指掌。等了很久像枪战片里男主角出场一样,拉登用AK47步枪推开了门,采访过程中一直都抱着枪。

这些特别的遭遇没有使阿内特害怕和退却,这些采访机会使他既紧张又兴奋。凭借无所畏惧的工作态度,他获得了采访的成功,捕捉到了许多令人惊叹的细节信息。面对萨达姆,他不断追问对方是否觉得侵略科威特是一个错误,是否会使用化学武器,以及是否坚持将战争进行到底等直接而重要的问题,90分钟的采访写进了他三年后出版的《战场归来》一书,其中还回忆了采访时萨达姆精致的装束等细节。对拉登的采访在CNN播出时并没有引起人们的关注,因为大家不熟悉他,没有人认为这会对美国产生真正意义上的威胁,还觉得这很可笑:一个住在阿富汗山洞里的人居然要向美国发动战争?直到震惊世界的"9·11"悲剧发生后,人们重看这个访谈节目,才发现拉登在四年前就已经将致命的威胁公之于众了。

阿内特的无畏还在于他对于记者职业理念的坚守。在美国新闻业的论坛上,记者们总是讨论一个问题:"你首先是个记者,还是美国人?"大多数记者都会选择"首先是美国人"。但阿内特认为自己首先是一名记者,然后才是美国人,因为他的心里有个信念:"你正在做的事对国家对历史无比重要。"[①]

(二)执着地追寻真相

人们经常询问阿内特为什么对战争抱有那么大的兴趣,甚至不惜宝贵的生命。他说:"因为我相信战争是一个很重要的事件,我经历过很多战争,而我最坚信的就是真理和事实,获得真理和事实最好的方法就是到那个行为发生的地

---

① 苏娅:《彼特·阿内特:见证历史,让公众去判断》,《第一财经日报》2009年4月2日。

方。"①西方新闻界有句话:"当战争来临,第一个牺牲的是真相。"在战争中媒体受到政府的宣传影响较大,容易忽略事实的真相。阿内特却坚信真相高于一切,为此他的执着惹来不少麻烦甚至被媒体解雇。

阿内特前往越南是怀着对肯尼迪总统的敬重,带着支持美国打仗的动机去的。然而到了越南见到使馆的美国顾问,听他们说美国政府的政策有问题,支持的南越总统吴庭艳很腐败,军队力量也不够,根本没能力对付越共,基本上就是在浪费钱。在往后的日子,他逐渐改变了先前的观念而报道战争的真相。一次,阿内特报道了一支美军血洗一个柬埔寨村子,造成无辜村民伤亡,这是他冒着生命危险跟随部队亲眼所见。然而美联社不喜欢这篇稿件,海外部编辑发电传说,这样的东西只会让美国公众不安,这儿的反战情绪已经够激烈了。阿内特生气地说:"在准确处理信息这件事上,做一个记者要高于效忠国家、机构。我是个记者,你们雇了我,我首先要忠于揭露事实,别让我掩盖事实。"稿子最终没被采用,这也是越战中他唯一被毙的稿子。

1965年8月中旬,阿内特的《第21供给纵队的覆没》叙述了美国第21供给纵队遭到越共伏击,装甲车受损,二十余名士兵死亡,这是他亲历战场发现美军的训练弱点写作而成,首次报道美军在越战中受挫,并指出在越南战场装甲车并不起作用。这引起了美国当局的震怒,第二天海军陆战队司令格林将军极力否认此事,说第21供给纵队根本不存在,并将这次战斗鼓吹为一场打赢了的战役,总统甚至派了联邦调查局对记者进行调查。年末,美联社邀请格林将军参加会议,放映了阿内特从战场带来的全部幻灯片,将军看后沉默了半晌说:"看来我得到的是下属错误的消息,我不知道这回事。"

2001年,阿内特和CNN的现场报道改变了既往战争和危机的报道方式,在媒介历史上第一次用直观的画面还原事件的本来面目,突破了以往"把关人"对信息进行过滤的惯例。在伊拉克战争中,大量美国媒体都说萨达姆拥有大规模杀伤性武器,为入侵伊拉克推波助澜。阿内特从2002年起就在巴格达多次采访国际武器核查专家,他在电视台说了些真实情况,美国国内对他大加指责,认为他在不恰当地发表个人意见。然而后来的事实证明,他所说的内容都是真相。

阿内特关于轰炸一家婴儿奶粉制造厂的报道引起了美国国内的反战情绪,惹来的争议也非常大。美国空军的一位发言人说:"许多资料显示这家工厂从事与生物战有关的生产";参谋长联席会议主席鲍威尔也发表声明:"我们能肯

---

① 马骧:《普利策奖得主阿内特谈采访萨达姆拉登经历》,新浪视频,2007年6月7日,http://news.sina.com.cn/w/p/2007-06-07/194813177455.shtml,2012年2月1日访问。

第 27 章　彼得·阿内特——直击现代战争的传奇战地记者

定这是一家生物武器制造厂";白宫发言人声称:"那家工厂实际上是生物武器工厂","伊拉克是以婴儿奶粉加工厂来掩饰作假情报"。他们都质疑工厂门前那块英文和阿拉伯文写的"婴儿奶粉"招牌,以及一件缝有"伊拉克婴儿奶粉工厂"字样的实验室套装,认为这都是萨达姆故意伪装成的。总之,政府和军队认为阿内特被伊拉克政府的低级宣传策略欺骗了,连知名的《新闻周刊》也称他的报道是"笨拙地想把一个巴格达附近的生物武器工厂描绘成一个受到轰炸而无家可归的婴儿配方奶粉工厂"。面对指责,阿内特依然坚信他采访得来的真相,他说尽管这家工厂被五角大楼描述成是一个要塞,但是工厂只有一个门卫和大量的婴儿奶粉,"那就是差不多我能告诉你的关于这家工厂的情况了……根据我们能看到的来判断它是无辜的"。帮助建立这家工厂的法籍承包和在此工作过的法国技术人员也接受采访,发表了相似的看法。战后伊拉克调查组在 2004 年 5 月考察了这家工厂,看到生产设备和地上一片狼藉,全是丢弃残留的婴儿奶粉产品,包括成堆已凝固的奶粉块,并没有发现"大规模杀伤性武器"的证据。时间终于证明,当初阿内特的报道是真实的。

阿内特说过:如果战争中你只报道政府的宣传,那没有任何意义;政府希望记者能够支持他们的政策,不要有批评意见;我不反战争,也不反对军事,我说的只是我们所了解的战争,"对记者来说,真相最重要"。正因为如此,他遭到过误解、指责、解雇等各种的"回报",但依旧坚守"见证历史,记录现场的信息,让公众去判断"的真相追求,这不是一般记者能够做到的。

(三) 独特的报道视角

战争成就了战地记者,但阿内特认为,作为一名战地记者的目标是结束战争。在接受中国新浪网的采访时,他说:"战争对各国的平民都有很重大的影响,不管是在越南、在非洲还是在伊拉克。除了会导致平民的伤亡,战争还对发起战争的国家有很大的影响,包括士兵的身亡以及战争产生巨大的财产损失,在美国在伊拉克战争的四年内已经耗费了 50 多亿美元,这么巨额的一个数目也让战地记者有这个责任对这些事情保持兴趣。"[①]

阿内特坚信:"媒体有责任告诉政府正在发生什么。"战场上发生的一切有助于政府作出正确的决策,尽管记者对事实的报道有时候与政府的宣传呈现出对立的状态,但历史证明,只要报道的是事实,最终的贡献是巨大的。在越战中

---

① 马骧:《普利策奖得主阿内特谈采访萨达姆拉登经历》,新浪视频,2007 年 6 月 7 日,http://news.sina.com.cn/w/p/2007-06-07/194813177455.shtml,2012 年 2 月 1 日访问。

正是因为有一批像阿内特这样的记者,让民众相信这是一场不义的战争。记者哈伯斯坦 2006 年在《哥伦比亚新闻评论》上说:"任何一个记者都无法跟他相比,阿内特是美国战争报道的百科全书,他被同辈誉为最好的战地报道记者。""他拥有更多的消息来源,他更倾向于从越南人的角度,而非美国人的角度,来看问题。"

作为战地记者,阿内特更多的是关注战争中士兵和平民的生存状态和伤亡情况,他认为记者的报道应该有利于在战争中保护平民的安全。让他印象深刻的是,1968 年的一个清晨,美军发起大规模进攻,同时攻打 40 座城市,战斗极为惨烈,5 万美国士兵死于那个清晨。阿内特的同事拍到一张特写———一名美国军官面对镜头杀死越共嫌疑犯的场景。这幅图片对美国政府后来改变态度有一定的作用,也使阿内特对"一张照片就能改变历史"深信不疑。在当时,"活命和采写关于战争的故事"成为阿内特时刻不忘的任务。

海湾战争中阿内特对萨达姆的采访和播出引起争议,主要是美国政府认为 CNN 是一个知名度很高的电视新闻网,而美国军队在敌方的首都将要进行一系列的轰炸和军事行动,CNN 的记者不应在那个地方报道,让萨达姆露脸。但阿内特觉得只有从对方获得一些信息,才可能让国家与民众全面地了解事实的真相。在伊拉克战争中他报道了一系列美国对巴格达的轰炸事件,这为美国认识所谓的平民军事目标、调整战略提供了有力的证据。一次一个地窖被轰炸,五角大楼说这是伊拉克高级军官的藏身处,事实上地窖中有 350 名妇女和儿童被炸身亡。这样的报道使得五角大楼重估了作战计划,尽可能避免平民遭到伤害。

阿内特不是一个哗众取宠的孤胆英雄,他带着人文主义情怀,以独特的视角实现自己的理想。他说:"我坚信我应该坚持做战争的亲历者,因为只有不断地持续地报道战争,才有可能结束这些冲突和战争,使和平的谈判的方式取代那些用子弹和武力的方式解决问题。"①

(四)丰富的工作经验

优秀的记者仅有勇气和胆识是不够的,必须有丰富的工作经验,阿内特的成功说明了有勇有谋的重要性。特别是在危险的环境中,当所有的信息通道都被封锁时,必须要靠智慧。

阿内特在近四十年的战地报道中没有受过伤,这算是一个奇迹。他自己调

---

① 马骧:《普利策奖得主阿内特谈采访萨达姆拉登经历》,新浪视频,2007 年 6 月 7 日,http://news.sina.com.cn/w/p/2007-06-07/194813177455.shtml,2012 年 2 月 1 日访问。

第27章 彼得·阿内特——直击现代战争的传奇战地记者

侃说是运气,其实是他锻炼出丰富的战地经验。一次,他眼看着头顶上的飞机上扔下来两颗炸弹,以为那就是自己的最后时刻。炸弹在地面爆炸,弹片横飞,他刚好跑进藏身的地洞躲过一劫。阿内特认为,战地记者要"表现得像个战士,竭尽全力活命,千万别逞英雄"。采访中,他注意穿防弹衣戴头盔,做好基本的装备防护,并熟悉战场上的所有武器,观察别人的一举一动,包括表情,机敏而警醒,积极求生。他说:"报道的时候也需要仔细慎重,听从长官的意见和建议。我在巴格达的时候那里经常有汽车的爆炸和绑架,但是我经常在报道中保持谨慎,这也是我为什么没有受伤的原因。"①

阿内特也并不是为了真相而舍弃一切。根据工作经验,他也是有一些底线的,如对信息来源的保密。1968年2月7日在报道越南槟知市被轰炸的新闻中,他引用了某位将军的话——"为了拯救它,有必要先破坏它"。这句引语后来一直被其他媒体歪曲理解并大肆传播。尽管后来有人追寻引语的来源,但阿内特从未泄露,仅解释这句话来自当时接受采访的几位官员之一。正是由于阿内特在采访中积累起越来越多的经验,并以此克服了诸多困难与摆脱危机险情,使得他在战地记者中出类拔萃。

三、阿内特的新闻工作理念

阿内特拥有太多的光环——全美公认越战中最出色的战地记者;普利策新闻奖获得者;新闻传播史上第一次通过电视现场直播战争的记者;最后留守巴格达采访;西方记者中第一位采访到拉登;独家访问萨达姆……然而,使这些光环闪耀出迷人色彩的,是他宝贵的新闻工作理念。

(一)树立正确的职业价值观

战地新闻工作选择了阿内特,他也凭借无所畏惧的态度成就了战地记者这一英雄角色。他在采访中经历了无数次生与死的考验,对记者工作价值的认识逐渐成熟。许多年后他深有感触地说道:"在越南和我一起采访的几个年轻人,像拉瑟、詹宁斯,他们后来都去了电视台,挣了好多钱。我倒从来不想挣钱,而是发现电视更有影响力。我是个想要影响人的记者,我愿意终我此生去影响人们

---

① 马骧:《普利策奖得主阿内特谈采访萨达姆拉登经历》,新浪视频,2007年6月7日,http://news.sina.com.cn/w/p/2007-06-07/194813177455.shtml,2012年2月1日访问。

的思想,让人铭记。"①正是这样一种对记者工作价值的认识,使阿内特的勇气和胆识显得更加可贵。

阿内特认为,新闻工作是一个具有重要价值的职业,记者应该有正确的价值观。这是他对自己记者生涯的宝贵认识,也是他在晚年来到中国进行新闻教学、传授技艺的原因。他想用自己的经验告诉更多的人,记者不仅在战争中发挥告诉人真相的重要性,在整个国家的发展、社会前进的过程中都具有不可忽略的作用。他在接受中国《第一财经日报》采访时说:"媒体有责任告诉政府正在发生什么。事实上,中国政府会越来越强烈地感觉到公众知情权的重要,记者在中国发挥着越来越重要的作用,中国的现实需要中国记者提供更多的信息。"②

(二) 恪守真实的原则

真实永远是阿内特的第一追求。在战地记者工作中经常面对军事机密和公众的知情权之间的矛盾,他也同样一直在这两者间抉择一些信息的取舍。但他始终没有放弃对真相的追求,在战场上他更愿意和士兵们在一起,告诉他们做的一切将会有什么样的后果,无论后来遭到怎样的误解和威胁,他都拒绝在报道中出现虚假不实的消息。

在采访中,阿内特认为要格外注重细节真实,要对读者诚实,对采访对象或你写的故事诚实;信息要精确,不管是人名的拼写、引用对方的话……必须尽全力保证精确性,因为事实和精确是最好的防备,准确的信息是新闻的关键。

无论采访什么样的对象——百姓、士兵、将军、官员,即使是面对萨达姆、拉登这样的人物,阿内特在采访中都始终能恪守新闻真实性的原则,客观公正地处理信息,以真实为报道的第一要务。

阿内特认为,他获得普利策新闻奖的时代是美国新闻传播的黄金时代,那时越战中的不少记者之所以能获得成功,是因为他们具有质疑的精神和能力——质疑政府的能力,质疑战场上将军们的能力,并且坚持要求全面彻底的前线报道。因此,在阿内特几十年的新闻生涯中都坚持着这样的理念:拥有质疑精神,才能不轻信于传闻,获得真实的信息;具备质疑能力,才能善于发现问题,找寻不同的报道角度。

在阿内特看来,作为一名优秀的记者,独立的工作是报道质量的重要保证,

---

① 李宏宇:《首先是记者,其次才是美国人——著名战地记者彼得·阿内特专访》,《南方周末》2007年4月11日。

② 苏娅:《彼特·阿内特:见证历史,让公众去判断》,《第一财经日报》2009年4月2日。

第27章 彼得·阿内特——直击现代战争的传奇战地记者

记者如果有太多复杂的人际关系,会影响报道内容和报道方式的选择。

阿内特曾经在印尼的雅加达工作过18个月,跟印尼官方的关系很近,与当时的总统苏加诺也很熟。1962年印尼入侵西巴布亚,苏加诺政府封锁了该岛港口。美联社要阿内特写一篇印尼与荷兰殖民政府冲突的分析文章,而他写了一篇评论分析印尼存在的经济问题。这篇评论被亚洲的媒体广泛传播,对印尼来说这是一篇不利于国家形象的负面报道,印尼外长塞班德里欧打电话质问阿内特:"你写这干什么?你可是印尼的朋友啊!"阿内特回答说,我首先是个记者,其次才是印尼的朋友。塞班德里欧外长说:"那好,请你走吧。"他就这样给赶出了印尼。这件事使阿内特得到一个教训——新闻工作中千万别跟要采写的对象走得太近,不管是写体育新闻、娱乐新闻或者政治新闻、经济新闻;做记者意味着在职业意义上要保持独来独往的个性。

阿内特说:"从1968年开始到2006年,我在比较完整的作为战地记者的生涯中,我对自己所做的一切都感到非常自豪。"①阿内特的传奇人生充满了太多的起伏,然而正是这些起伏跌宕的经历,拓展了他生命的宽度,使他的魅力影响着无数的新闻工作者。

参考文献

1. 苏娅:《彼特·阿内特:见证历史,让公众去判断》,《第一财经日报》2009年4月2日。

2. 李宏宇:《首先是记者,其次才是美国人——著名战地记者彼特·阿内特专访》,《南方周末》2009年4月11日。

3. 马骧:《普利策奖得主阿内特谈采访萨达姆拉登经历》,新浪视频,http://news.sina.com.cn/w/p/2007-06-07/194813177455.shtml。

4. 维基百科"彼得·阿内特"词条,http://en.wikipedia.org/wiki/Petter-Arnett。

---

① 马骧:《普利策奖得主阿内特谈采访萨达姆拉登经历》,新浪视频,http://news.sina.com.cn/w/p/2007-06-07/194813177455.shtml。

第28章 冈特·瓦尔拉夫

——执着地为"最底层"请愿的"世界善人"

冈特·瓦尔拉夫(1942—　)，德国著名记者，当代纪实文学的卓越成就者。他主要以体验式采访的经历获取新闻素材，写出了大量极具影响性的作品，真实反映了处在社会"最底层"人的悲惨遭遇和生活状态，大声地为他们鼓与呼，充满了对社会公理的坚持和对正义的追求，受到广大读者的欢迎，更得到了民众的由衷敬佩。1985年，他被英国罗素道德法庭授予"世界善人"的称号。

一、瓦尔拉夫的新闻生涯

1942年10月1日，瓦尔拉夫生于德国科隆。二战结束后在联邦德国工作和生活。作为一名来自平民阶层的新闻记者，瓦尔拉夫没有显赫的家世背景，父亲是一名汽车制造厂的油漆工，母亲也只受过中等教育，瓦尔拉夫本人在中学毕业后也从事过大量贴近社会底层的工作。他当过学徒，后来又辗转进入到工厂做工。这些难得的生活经历，不仅为瓦尔拉夫日后的采写积累了大量素材，更使得他全方位地了解社会底层人民的生活状况，从而培养出了他亲近与同情劳动人民的情感。

1966年，瓦尔拉夫的第一部报告文学作品《我们需要你——作为德国工业企业的工人》发表。随后，他根据自己的亲身经历和所采集到的素材，写作了大量反映德国工人群众生活酸甜苦辣的作品。1969年，瓦尔拉夫的第二部报告文学集《十三篇不受欢迎的报告文学》出版。在作品中，他通过其深入基层所采访到的情况，详细揭露了联邦德国一些企业财团，在生产工作中违反宪法和人道主义的劣行。1973年，瓦尔拉夫和报告文学家恩格尔曼合写的《你们在上，我们在下》，再次使他声名大振。在这部作品中，瓦尔拉夫主要采写了代表底层劳动人员的"下"，通过与恩格尔曼所写的代表财阀富豪的"上"的对比，以其在克虏伯

第28章 冈特·瓦尔拉夫——执着地为"最底层"请愿的"世界善人"

等大企业的采访实录,展示了资本家们罔顾人民大众死活的敛财之道。

1974年,渴望挑战的瓦尔拉夫将眼光投向国外。这一年,他离开联邦德国前往希腊。其时的希腊正处于军事独裁政权的统治之下,瓦尔拉夫在那里积极投身于争取民主自由的斗争,并因分发反对政府的传单而被逮捕入狱,关押了三个月。出狱回国后,他将这段难忘的经历写入了《我们的法西斯主义在邻国——昨天的希腊与明天的教育剧》中。回到国内的瓦尔拉夫笔耕不辍,1977年他化名"汉斯·艾瑟尔"进入德国著名报纸《图片报》,被分在该报驻汉诺威编辑部。在那里,瓦尔拉夫从事了三个半月的编辑工作。这段短暂的编辑部经历,促成了瓦尔拉夫新作《头版头条》的诞生。在这部作品中,他以自己的切身体会,向社会揭露了《图片报》这份当时联邦德国发行量最大的报纸,是如何在采访编辑中进行新闻造假、歪曲事实和操纵舆论导向的。《头版头条》的出版发行在联邦德国引起了极大的轰动,受到社会公众指责的《图片报》恼羞成怒,向法院提起诉讼,声称瓦尔拉夫的行为已经触犯了"伪造证件""诽谤"等罪名。但在社会各界的支持下,瓦尔拉夫最终被宣布无罪。

1983年在瓦尔拉夫的生涯中是具有决定性的一年。这一年他从人们的视野中消失,成为一名叫作"阿里"的土耳其劳工。在接下来的两年时间里,瓦尔拉夫进行了大量的体验式采访,全方位地体验了外籍劳工在联邦德国的遭遇。瓦尔拉夫选择作为"阿里",是有着深刻的社会背景的。随着联邦德国经济在20世纪60年代迎来飞跃,劳工荒也随之出现。为了弥补国内劳动力的不足,联邦德国引进了大量外籍劳工,到1973年统计时已有450万人之众,其中逾百万的土耳其劳工是数量最多的人群。这些外籍劳工进入联邦德国之后,为其经济的发展做出了不可磨灭的贡献,但其所得到的待遇却完全不匹配。他们不仅干着最苦最累且收入最少的工作,还处处受着歧视。也正是出于对他们的遭遇的同情,时年41岁的瓦尔拉夫摇身一变,戴上深色隐形眼镜,染黑头发和胡须,甚至将皮肤也化妆成棕色,尝遍了外籍劳工们的心酸与血泪。这些经历不仅被瓦尔拉夫写进了书中,还通过随身携带的录音机和微型摄像机记录了下来。

从1983年到1985年的两年间,瓦尔拉夫以"阿里"的身份游走于联邦德国各地。他在农村和鱼品加工厂打过零工,干的都是最低贱的工作。为了体验生活,还前往街头卖艺。在麦克唐纳快餐店,瓦尔拉夫擦桌子、扫厕所、卖汉堡。后来又去蒂森钢铁公司做工,常常每天工作超过12个小时,并且没有休息日。瓦尔拉夫常常面对的是最繁重最危险而收入却又最少的工作。有一次,在一个粉尘极大的工厂打工时,他自己也患上了慢性气管炎,在半年之后咳出的痰液还是黑色的。此外,瓦尔拉夫还像不少刚到联邦德国的外籍移民一样,在没有找到工作的时候,前往药物研发机构充当"自愿"药物试验者,遭受了多次打针、抽血以及药物反应等痛苦。除了在工作中的痛苦遭遇,瓦尔拉夫还关注外籍移民们在社会上所受到的种种不公正待遇,如被人随意辱骂、被肆意栽赃诬陷等。

两年的深入体验采访,为瓦尔拉夫的写作积累了极其宝贵的素材。1985年10月,长篇报告文学《最底层》出版,并迅速成为联邦德国最受欢迎的畅销书,仅在头两周就发行了64万余册,创造了德国出版史上的最高纪录。《最底层》在四个月的时间里发行了180万册,并很快被译成多种文字在十几个国家出版,其中包括美国、法国、土耳其等。瓦尔拉夫以其亲身经历,从一个外籍工人的角度,戳破了联邦德国"福利国家"的内幕,也引起联邦德国社会的关注,不少人士也因为这本书所表现的内容,要求联邦政府给予外籍工人公正的待遇,并改善他们的生存环境,尊重他们的生存权利。对此,瓦尔拉夫特意从《最底层》所获得的稿酬中拿出100万马克捐给外籍工人的"救济基金会"。这一慈善举动,也使得英国罗素道德法庭将1985年的"世界善人"称号授予了瓦尔拉夫。

在《最底层》获得成功之后,瓦尔拉夫继续写作了大量优秀的纪实作品。他先后采访过犹太人大屠杀幸存者、库尔德工人党武装领导人奥贾兰等。2009年,年过六十的瓦尔拉夫还与一个摄制小组合作,揭露了德国目前存在的种族主义问题。

二、瓦尔拉夫的采访特点

对瓦尔拉夫而言,他进行纪实写作的目的,是为了揭露资本主义生产中的种种不平等现象,向社会反映广大的底层群众的生活疾苦。也正因为如此,瓦尔拉夫的纪实作品取得了极大的成功。他的作品有着广泛的受众群体,不仅社会精英们对其作品中所反映出的问题有着思考,更有教育水平较低的蓝领工人、外籍劳工们走进书店,关注这位替他们大声疾呼的记者作家。

(一)伪装式的隐性采访

作为当代纪实文学的开创者之一,瓦尔拉夫在写作中有着自己独特的风格,其中最典型的就是他经常进行乔装改扮后深入报道现场,自己作为人物主角参与所要报道的事件中,然后再以自己的亲身经历来展示事件的全景,从而吸引读者的眼球。瓦尔拉夫甚至认为只有乔装后的"隐性采访",才能更好地发现事实真相,揭露出社会的不公与黑暗。

正因为如此,瓦尔拉夫的报告文学在获得广大读者,尤其是社会底层受众极

第28章　冈特·瓦尔拉夫——执着地为"最底层"请愿的"世界善人"

大欢迎的同时,也使得他多次陷入作为被告走上法庭的境地。早在写作《最底层》之前,他就曾因针对一家康采恩企业的隐性采访而卷入诉讼。瓦尔拉夫在社会各界的支持下亲自出庭辩护,再加上其作品所产生的巨大社会影响的舆论压力,联邦德国宪法法院采取了一个模棱两可的裁定:"出版家通过欺骗手段,以反对被欺骗者为目的而取得的信息材料原则上不得予以传播。但如果这些信息向公众及舆论传播后,其积极意义大于因为违法而对有关人士和有关法律造成的损害时,则可作为例外处理。"这样,瓦尔拉夫避免了被判刑入监的伤害。

《最底层》的出版,更是给瓦尔拉夫带来了一定程度上的争议。在写作《最底层》的过程中,他主要采用的是隐性采访的方法。隐性采访活动,主要指为了获得显性采访无法得到的"独家新闻"材料,作者在不透露自己的真实身份的情况下,去现实生活中采访,在访谈对象毫无戒备的情况下采集创作素材。因为对方在不受任何干扰的状态下与作者进行交谈,便于作者了解和掌握更多真实和隐秘的材料。通过隐性采访的新闻报道,能最大限度地逼近现实,引起读者的共鸣而取得强烈的社会反响。在化名为"阿里"的两年中,瓦尔拉夫已经不再仅仅是某些事件的旁观者,甚至成了事件的组织者和活动者。尤其是在写作《最底层》的后期,为了揭露劳工贩子的凶残面目,他故意设计一出"短剧":他先找来几个朋友冒充一家核电站的负责人,声称核电站发生了严重的泄漏事故,需要寻找几名外籍劳工冒着高辐射的危害去排除故障,而又不能让所去的劳工们知道真相,因为在这样的高辐射环境下进行工作会对人的身体造成致命性的伤害。在瓦尔拉夫和朋友们开出高价的诱惑下,果然有劳工贩子上钩入套。他们泯灭天良,哄骗了几名外籍劳工前往核电站"排除故障"。瓦尔拉夫在利用携带的设备进行现场录音、摄像后,安排了几名所谓的"便衣警察",以"没有身份证"为由将劳工贩子骗来的外籍劳工带走,整个事件也落下帷幕。

瓦尔拉夫通过这些戏剧性的情节,在《最底层》中,将外籍劳工们的悲惨遭遇入木三分地展现在读者面前,对劳工贩子们的嘴脸更是刻画得惟妙惟肖。但同时,瓦尔拉夫的这种体验式采访,特别是对具体事件的有意识组织再次让他被书中所涉及的对象告上了法庭。不仅那几名劳工贩子声称是被"蓄意欺骗"而要上诉,蒂森钢铁公司也起诉说瓦尔拉夫的描写中有七个地方的不实之处。但公理始终站在正义这一方,不仅那几名劳工贩子的起诉最后不了了之,针对蒂森钢铁公司的指控,杜塞尔多夫地方法院也驳回其陈述的所谓"七条不实"中的五条,只要求瓦尔拉夫对其中"蒂森钢铁公司长期以来裁减基本工人"的表述和"蒂森钢铁公司不向工人提供劳保用品"的内容,在《最底层》再版时进行修改,而已出版的书仍可继续发行。

实际上，作为一位采用隐性采访较多的作家，瓦尔拉夫对于笔下当事人的隐私是保护的。在《最底层》中，他隐姓埋名深入外籍劳工之中采访，获取了写作所需的大量一手素材。到书出版的时候，为了保护采访时认识的伙伴，瓦尔拉夫对他们大都采用了化名的形式，这样的做法对于后来需要进行隐性采访的记者是很有启示的。瓦尔拉夫的行为，正是其具备人文关怀，尊重被采访者的个人隐私以及心理感受的结果。可以说，他所遵循的这些原则，也正是在他之后的纪实作家们在写作中应注意的。

（二）置身于社会的"最底层"

瓦尔拉夫的作品所写的内容，都是他通过实际的采访写出的，落笔的对象也都是身处社会底层的劳动人民。日复一日，他不断地前往无人关注的社会角落，采访身处这些地方人民的悲惨生活。在瓦尔拉夫新闻生涯的前期，他以装成工人去做工的体验，用无可辩驳的事实，揭示了资本家一味剥削剩余价值而不顾工人死活的丑恶嘴脸。在他最著名的作品《最底层》中，更是走进了身处当时联邦德国社会金字塔最下方的外籍劳工的生活：

> 我（阿里）得躲开邻居，别让人骂这个农场是个"土耳其窝"。我被禁止在村里露面，既不能去商店购物，也不能上酒馆喝酒。我像牲口一样被圈养着，而女主人却认为这是基督徒的善行。在狂欢节那天，我正在雷根斯堡。任何一家德国酒馆都不必在门口挂出"不欢迎外国人"的牌子。无论我走进哪一家酒馆，都没有人理我，我什么也买不到。因此，当我在雷根斯堡一家挤满狂欢的基督徒的小酒店里听到有人大声招呼我时，我真感到意外。有一名顾客对我喊道："你请大家喝一杯。""不，不，"我答道，"你们请我喝一杯。我没有工作，从前给你们干过活，为你们的养老金做过贡献。"坐在我对面的那个人气得脸红脖子粗，怒冲冲地向我扑来。要不是酒店老板怕自己的家什被损坏，赶紧前来把他拉住，我就非挨揍不可了。后来那个喜怒无常的巴伐利亚人被几位顾客连推带拉地拖出了酒店。在此期间，有一个人（事后他自称是当地的大人物）镇静地坐在桌旁，若有所思。一波未平一波又起，只见此人猛地拔出一把刀子，插进桌子，大声吼叫，要我这个"土耳其脏猪"快滚开。尽管如此——这种狂怒的场面我很少遇到。更可怕的却是我每天都受到几乎冷冰冰的蔑视。在挤满乘客的公共汽车上，自己身旁明明有着空座，可谁也不愿来与你并排而坐，这种事真令人痛心。①

---

① 冈特·瓦尔拉夫：《最底层》，高年生、高昕译，世界知识出版社1988年版，第7页。

第28章　冈特·瓦尔拉夫——执着地为"最底层"请愿的"世界善人"

正是由于瓦尔拉夫置身于社会的最底层的角落采访，耳闻目睹并且亲身体验到极不公正的遭遇，他才能写出激发读者的情感共鸣、引起社会强烈反响的作品。

（三）以亲身经历打动受众

在瓦尔拉夫的作品中所涉及的问题，都是其亲身经历、亲身感受的结果。由于他亲自参与了所描述的事件，因此其所取得的传播效果也就更为可观。一方面，由于是他亲身的体验，所以在笔下所呈现出的所有细节是真实可信的，这些真实的经历毫无疑问会大大加强他所表达的内容的可信度，扩大其对读者和社会的说服力。另一方面，瓦尔拉夫的亲身经历已经使得他不再是所要表现事件的单纯旁观者。他实实在在地去接触、去感受，内心的感触也会随之产生，故而他动笔之时，字里行间的情感就显得更为真挚。他那些亲身经历自然而然地更容易对读者造成冲击，从而打动他们的心灵，使他们受到感染并产生共鸣。《最底层》之所以能获得成功，正是他这样的采访所带来的。

三、瓦尔拉夫的写作特色

在瓦尔拉夫尔的作品中，他并没有使用什么华丽的辞藻，而是通过一件又一件具体的事实娓娓道来，鲜明地向观众传达了其所希望传达的意图。质朴的语言，曲折的事件发展，可信的例证，给了瓦尔拉夫的新闻作品鲜活的生命力。

（一）用对话的方式感染读者

当事人的叙述，增加了瓦尔拉夫作品的可信度。通过对话，瓦尔拉夫完成了场景的重现，这不仅让读者有了身临其境之感，在传播效果上也具有说服力。为了让读者认识到劳工贩子们是怎样丧心病狂地榨取外籍劳工的血汗钱，在"核电站事故事件"中，瓦尔拉夫就是以对一名叫作"阿德勒"的劳工贩子的言行记录来展开。其中，他对阿德勒在事件几个不同阶段的不同表现的记述，使得读者对这个劳工贩子的丑恶嘴脸，有了极其深刻的印象。在事件的开始阶段，阿德勒与工厂负责人初步商谈时是这样的：

> 汉森（伪装的核电站安全技术助理）："他们得钻进去。问题只是：由于技术原因，我们现在说不清这个地区的辐射量有多大。有可能非常大。"阿德勒："请问，我们是否要带什么仪器去？"汉森："剂量测定仪由我们提供。

这没有问题。我们发保护服和所有的一切。问题只是人体受到多少辐射,这只有等他们出来后才能准确判断。"阿德勒(像个妓院老板谈起自己的工人):"我有人,例如在蒂森就有不少。明天从那里抽调八人,挑最好的。我们明天一早就坐自己的交通车去。他们都是……外国人,其中有一个德国人,大体上都是外国人。他们不知情。事后也不会多嘴多舌,一星期后就叫他们上路滚蛋。……"施密特(伪装的核电站安全负责人):"只要这件事办得使我们双方全都满意,我们会乐意再和您联系。还有一件事,比方说,现在发生某种紧急情况……"施密特:"……由于某种原因,事后他们也得返回本国,在不长的时间内。"汉森:"我们必须做好一切准备。风险很大。也许可以发一笔补助使得他们愿意回土耳其去。"阿德勒:"你们现在把问题向我说了。我是企业家,什么都干。……好吧。什么人可以使用?什么人在领事馆的遣送名单上榜上有名?这我清楚。什么人跟外侨管理机构有麻烦?我也清楚,好吧,我们就用这些人。"①

通过以上的对话,瓦尔拉夫将劳工贩子们为了获得利润而把劳工们可能遭遇的危险抛之脑后的嘴脸刻画得入木三分。为了更好地展示其在金钱面前丧尽天良的一幕,他还记录了阿德勒是如何哄骗手下的工人前往核电站工作的。不同场合下的阿德勒完全是两个不同的人,而这样的对比,也更让读者们看到了劳工贩子们罪恶的一面:

阿德勒向我们推销这次维尔加森之行,就像一位广告宣传员推销一次备有咖啡点心招待的免费旅行。"统统免费,"他说,"3点钟有大轿车到杜伊斯堡火车总站接你们,两天后也有车把你们送回来。住宿免费,伙食免费,统统免费。""这个同事怀疑,"我对阿德勒说,"是否告诉他,为什么500马克——这么少活给这许多钱?"于是阿德勒便一五一十地从头讲起:"好,你们听着,是这么一回事。你们熟悉德国。我们有各种发电站。其中有一个核电站,现在需要我们去干活。这个电站目前停止供电,对设备进行检修。在检修过程中发现有些东西需要修理。必须在很短时间内搞完,因为他们下周又得供电。"……我指着土耳其伙伴西南说:"他问这活是否危险。"又是给阿德勒的提示。他的讲话足以为核电站的任何一位新闻发言人增光:"不,并不危险。那是一座大型核电站,安全装置非常严密,就像德国所规定的。德国的核电站是世界上最安全的核电站。有好几千人在那儿

---

① 冈特·瓦尔拉夫:《最底层》,第182页。

第28章 冈特·瓦尔拉夫——执着地为"最底层"请愿的"世界善人"

工作。根本不存在什么危险。"①

而到了整个事件的高潮,当所谓的核电站安全负责人明确地告诉阿德勒,会有危及人身安全的辐射时,瓦尔拉夫再一次用极具现场感的话语记录,来揭露劳工贩子们草菅人命的勾当:

> 汉森:"今天上午我们取到了最新的实测数据。它们甚至超过了我们所担心的最坏情况。这次行动将十分困难、十分棘手。那些人要钻进去的管道里有辐射……"(看看邻桌以防别人听见,悄声说):"您的人一下子受到的照射,相当于年允许限值的30倍。这可能会造成严重后果。"阿德勒:"比方说,如果不这么干,那又会怎么样?"汉森:"那我们就无法并网送电。这可不行!这会把管道全给毁了。停产损失将达几百万、几十亿马克。"……阿德勒:"做这种生意,我当然也得考虑考虑。我帮你们,就这么说吧,渡过难关。那么你们也可以照顾我,全部款项都不入账。"施密特:"这是专款。根本不入账。"阿德勒(贪婪地):"我说,其余的款子你们怎么支付?支票还是现金?"施密特(仍不松口):"一半现金,一半转账支票。"阿德勒:"是电力公司的支票吗?"施密特:"不是直接由电力公司出面,通过第三者。"阿德勒:"可别让财政局以后听到风声。"……汉森:"但愿他们不会马上就晕倒。纯粹从辐射技术来看,我们的经验是:倘若受到强烈沾染或照射,最早在四星期后——不过那时他们都已离去——会出现急性辐射损伤症状:掉头发、阳痿、呕吐、腹泻、全身虚弱,等等。至于远期损伤,我们反正无法检查,等到多少年后出现癌症,那时人们早就把这次出工忘了。"②

这些对话是《最底层》一书中最为精彩的部分之一。瓦尔拉夫用自己对事件过程的详细记录,向读者完整再现了外籍劳工们的悲惨处境,再加上他淳朴而饱含深情的描写,《最底层》一出版就受到读者的欢迎也就是情理之中的事了。

(二)注重细节描写,增强说服力

除了自己的亲身经历与大量运用当事人叙述和对话记录外,瓦尔拉夫的作品另一个吸引人的地方在于对细节的注重,这也是他写作中较为明显的特点。如在《最底层》中叙述麦克唐纳快餐店的工作环境时,他就从一些看似不起眼的地方入手,进而展开:

---

① 冈特·瓦尔拉夫:《最底层》,第195—196页。
② 同上书,第200页。

> 柜台后面的工作场所很小,地面油污光滑,烤炉的温度高达摄氏180度。没有任何安全防护措施。干活时人们本应戴手套,反正安全条例是这么规定的。可是没有手套,而且戴手套只会使工作速度放慢。因此,许多在那儿工作时间较长或者工作过较长时期的人都曾烧伤或有烧伤的伤疤。一个伙伴在我去以前不久进了医院,因为他匆忙之中直接用手去抓烤架。我在工作的第一天晚上就被溅起的油点烫出了泡。①

在说明外籍劳工们所受到的歧视时,他同样是利用一些细节来展示:

> 蒂森工厂里的许多厕所墙上都涂写着蔑视外国人的口号和胡话。工厂的围墙上也常常涂写一些排外口号,没有人认为有必要清除它们。下面仅仅从一号氧气厂好几百条茅房口号中举出几个典型例子:"土耳其人是臭狗屎!"附近食堂墙上写着:"土耳其人滚出去。德国永远是德国人的!"……②

正是这样类似的描写给了瓦尔拉夫的纪实作品无限的生命。虽然他曾因隐性采访等问题遭遇过这样那样的争议,但他在读者的心中依旧享有着很高的威望。究其原因,除了极具个人特色的写作手法之外,另一个关键因素就在于他是站在人民的角度,用自己的笔写出了人民的呼声。像这样一个为成千上万外籍工人讨回公道、为了弘扬社会的正义和公理而大声疾呼的勇敢记者,他的立场决定了他的位置,更决定了他在读者心中的分量。

(三) 通过当事人的客观叙述来描写

在瓦尔拉夫的笔下,很多的描写都是通过当事人的叙述来完成的。这样的写作方法显得客观而真实,无疑更加增强了作品的可信度和感染力。在《最底层》中,这样的表达方式使他取得了巨大的成功。例如,在展示外籍劳工在联邦德国立足之艰难时,瓦尔拉夫就采用了一个叫作"梅赫梅特"的土耳其劳工的回忆来表达:

> 他说,在头十年,哪儿有活他就到哪儿去干,全国都跑。最后,1970年他终于在杜伊斯堡蒂森钢铁厂找到了固定工作,当叉车司机:"那儿我每月净挣1600到1700马克,倒班干。另外还干点别的活,安汽车车座……"依靠多年的积蓄和银行贷款,梅赫梅特为自己一家人在杜伊斯堡—梅特曼购

---

① 冈特·瓦尔拉夫:《最底层》,第17页。
② 同上书,第86页。

第28章 冈特·瓦尔拉夫——执着地为"最底层"请愿的"世界善人"

买了一幢半新不旧的标准式房屋。"要是我能在蒂森干下去,现在这笔钱早就还清了。"可是他的德国领班使他的要求不高的打算落了空。"1980年我去休假。领班来了,对所有土耳其人说:给我从土耳其带一条地毯来,要真正的地毯!我说:听着,真正的地毯在我们那至少要5000马克,上等质量。我可没有那么多钱。他说:你要是不给我带来,回来后要你好看。"梅赫梅特从土耳其回来后,领班天天给他穿小鞋,叫他干重活,作为对他不送礼的"惩罚"。"后来他说:到我办公室来一次!我到他办公室去了,他骂了几句,我什么也没有说。后来,过了三个小时。那时我又在干活,厂卫队来了,把我带走,叫我回家。据说我打了领班。这根本不是事实。"不经认真调查,梅赫梅特在蒂森厂工作十年之后被立即解雇了。事实上对他连一次告发都没有,比如说"人生侵犯"。但是,由于蒂森在解雇书中列出这一理由("殴打同事"),劳动局起初拒绝支持他。梅赫梅特不得不提供证人。好几位同事,其中也有德国人,都向劳动局一致作证,解雇的理由显然是捏造的。①

这里,通过当事人梅赫梅特的叙述,读者不难被深深打动,德国领班竟然公开向本身就贫寒的劳工索要昂贵的土耳其地毯,梅赫梅特就因为没有钱买来送礼,便被捏造的莫须有借口给解雇了,由此可见土耳其劳工在德国的悲惨遭遇,令读者十分同情又愤怒。

参考文献

冈特·瓦尔拉夫:《最底层》,高年生、高昕译,世界知识出版社1988年版。

---

① 冈特·瓦尔拉夫:《最底层》,第94页。

第29章 本多胜一

——正视和揭露侵华罪行的日本勇士

本多胜一(1932—),日本著名记者,是第一位勇于公开揭露日本侵华罪行的日本记者,发表了《中国之行》《通往南京之路》等报告文学,出版了《杀戮者的逻辑》《被杀戮者的逻辑》等评论性文集。他视国际舞台为采写对象,被称为"世界性的新闻记者"。因《战场的村庄》这一报道,获1969年度波恩国际记者奖。在几十年的记者生涯中,发表了大量的新闻报道、评论、随笔、杂文,出版书籍逾百本,其中新闻系列20本、言论系列30本。

一、本多新闻生涯的成就

1932年3月28日,本多出生于日本长野县下伊那郡大岛村,父亲是村里的杂货商,母亲是家庭主妇,家境并不富裕。他曾有两个妹妹,但一个重病一个幼时夭折。本多刚上小学时,痛苦的母亲一天夜里用小车推着两个孩子出去,打算投水自杀,最终她还是回心转意又一起活了下来。

本多的父亲是具有平等思想的人,在20世纪30年代军国主义势力猖獗、天皇被高度神化的时候,他敢对儿子讲蔑视天皇的话:"就是天皇陛下,不也拉屎吗!"①这在幼小的本多心中留下了深刻的印象。本多16岁读高一时,开始喜欢登山冒险,从此一生与大山和探险结下了不解之缘。他习惯于将登山探险记录下来,有一次甚至详细写了两百多页,这也锻炼了他日后翔实地记录所见所闻的能力。1958年他在出版《未知的喜马拉雅》一书时,就收入了两篇中学时代写的登山作品。

---

① 本多胜一:《〈中国之行〉与靖国神社》,载本多胜一:《被杀戮者的逻辑》,朝日文库1982年版,第285页。

第29章 本多胜一——正视和揭露侵华罪行的日本勇士

1954年本多从千叶大学药学部毕业。他不喜欢药学专业，也因为向往京都大学著名的大学生登山队，又考入了京都大学农林学部学农林生物学。在这里本多成了登山部的活跃人物，多次冲击日本各地的著名山峰。1956年3月他联络十名同学成立了日本第一个大学生探险部，两次出国与巴基斯坦的旁遮普大学合作，对巴北部山岳地区进行了科学考察，并从西部攀登了喜马拉雅山。

1958年10月本多考入朝日新闻社，到他1991年退休，历经三十多年的新闻记者生涯，采写了大量的新闻报道、评论、随笔、杂文，出版作品逾百部，包括20部新闻系列、30部言论系列，他退休后朝日新闻社陆续出版30卷的本多胜一全集。

本多的新闻活动及成就，在1963年后非常突出显著。从1963年到1965年，他对地球上几个比较落后的地区进行了三次大的探险式采访，也有人称为"秘境探险"。他在这几次采访中显示出了一个高强的新闻记者的素质和本领，其报道融合了新闻、文学以及科学的多重价值，先在《朝日新闻》晚刊上连载，发表之后受到读者的好评。这些报道结集印成单行本出版仍很受欢迎，主要有《加拿大·因纽特人》《新几内亚高地人》和《阿拉伯游牧民》等。从1966年起，本多将新闻采写的目标转向了国内外重大社会事件和历史事件，如政治斗争和社会问题等，进行了一连串的采访，发表了许多引起热烈反响的优秀新闻作品。如《美利坚合州国①》《爱奴民族》等。在越战最激烈时，他飞往前线采访越南解放阵线，发表了杰出的报告文学《战场的村庄》，因这一报道他获得了1969年度波恩国际记者奖。他在报道战争时总是站在被杀戮者一边，控告加害者，陆续出版有《被杀戮者的逻辑》《柬埔寨发生了什么》等著述。

1971年本多来到中国，在近四十天的实地采访中，他比较全面地了解到侵华日军当年在中国令人发指的残暴罪行，令他非常震惊。他采写的稿件从8月到12月分40次在《朝日新闻》和《朝日杂志》上连载。在日本战败26年之后，他率先打破国内舆论界的沉默，把被杀戮的中国人的原始声音反馈给了日本。后来他将这些报道结集出版为《中国之行》，这是本多作品中反响最强烈的一部，也是在日本国内最有争议的一部。这部作品在本多的记者生涯中占有重要地位，为此他获得了"有勇气的记者""敢讲真话的记者""日本的良心"的社会评价。

《中国之行》使中国和日本同时认识了本多胜一，但也把他带入了一个危险的境地。他的正义的历史性采访，大大激怒了日本右翼势力，包括右翼作家、文

---

① 本多胜一使用"合州国"这一概念而不用"合众国"，他认为"The United States of America"本身可译为合州，而合众——将多民族融为一体在美国并非现实，不过是理想而已。

化人对他诽谤漫骂,右翼分子甚至伪造血书威胁本多,他家里也常接到恐吓电话,连小孩上学也有人尾随至学校滋扰。本多被迫搬家,不再公开电话,外出时戴上眼镜,除此以外他毫无改变。从此他也同右翼文化人展开了长期的论战。1983年和1984年,本多又两次利用休假时间自费专程前往南京,对日军攻陷南京、一路屠杀的全过程进行了更深入的采访。为了对"背景"有更具体的了解,两次他都特意选择了11月到12月日军进攻南京相同的季节、时间和路线,沿途访问幸存者、考察有关地点,获得了大量有价值的材料。这两次采访之后,他发表了连载与单行本《通往南京之路》。1987年12月他又进行了第三次采访,表示:"只要生命允许,总有一天,我要实现当初的愿望,写一部(关于南京大屠杀的)巨篇。"

　　1991年12月,本多退休离开了朝日新闻社,但他并没有停止工作。1993年11月他与几位志同道合的新闻和文化人,包括著名记者、电视节目主持人筑紫哲也等人一起,创办了新型杂志《周刊星期五》,既有新闻性又有言论性,主要突出言论,拒登企业广告,不受财界干扰。这本杂志是本多和他战友们的言论阵地,他仍在为真理和正义呼号。1995年3月本多再次赴中国辽宁采访日军当年的侵华罪行。2007年他作为嘉宾到南京,参加了纪念南京大屠杀70周年的国际学术研讨会。

二、本多的采访经验

(一)从底层进行采访

　　本多认为,从最底层的普通群众进行采访,这不是具体的采访方法,而是把采访立足的重心置于何处的问题。如他采访长野县,不是通常地先去见县知事,尔后去村里见村长这样从上到下进行采访,而是从相反的方向做起,从普通的、没有任何头衔的一般民众开始采访,他具体地谈道:

> 　　从什么地方入手呢?还是应当从底层入手。从底层也意味着从现场开始。以中小学合并为例,不是先从村长的介绍开始,而是从那个学校区的一般人、什么职务也没有的普通人、从有学童的家庭入手。
>
> 　　从底层入手采访是很麻烦的。即使不是全部,一地一地,一家一家地去跑,也是很费工夫的,但是,从结果来看,这种方法是正确的。为什么?因为,在那里会发现如同"小偷的辩解"一样的情况。小偷被警察抓住了,我们不能去见小偷,直接听他的解释,只有在记者俱乐部里听警察的介绍。但

第 29 章　本多胜一——正视和揭露侵华罪行的日本勇士

是,如果能够直接听到小偷的话,那么就会发现,小偷与警察说的肯定不一样。被逮捕者的话,只有律师才能听到,与村长对立的村民的话,只要我们肯去听,就能直接听到。①

正如本多说的基层采访很麻烦,但他对此不畏艰苦,即使在探险极地采访时,他也亲自体验落后族群的生活,因此他采访到了外人不知道的东西。

本多到繁华的美国采访,不是住在朝日新闻分社而是去和贫民窟的黑人住在一起,深刻地理解他们的处境。他说:"任何一个城镇都有黑人自己的世界,这个世界只有黑人才能进出。日本人与黑人一起去,即使不讲话,也会被看成是黑人一方的。因此,可以立即进入黑人世界的深处。"②正是通过这种与最底层的接触,他了解了采访对象,采访对象也了解了他,他有了更多的朋友,也就有了获得更多新闻线索的机会。

(二) 与对象建立关系的体验式采访

在本多探险采访的艰苦环境中,使他渡过难关的除了意志,便是与当地人建立良好的关系,尽可能地与当地人实行"三同",这也是他探险成功的秘诀。

例如,他对加拿大的因纽特人群落的采访,他不是在广袤的冰天雪地上随便地走一走、转一转,而是"从一开始就准备住进他们的家庭",和他们一起生活,这样才能实实在在地了解采访对象的心,把握他们的精神,"不是暴露他们的'非人',而是去写他们的'人',……在生活的各个方面都与他们共同进行"③。他在作品中写道:

> 从贮藏食物的地方取出一些小块的冻肉,放在堆食物的地方。其中有驯鹿的肉块儿、头盖骨、脚,还有海豹的胸。有时,还有雷鸟、野鸭、雁。全都带皮,室内暖和,冻肉一化,黏糊糊的,里边还有腐烂的。再把这些东西放到各种肉水里头,浸得水渍渍的,面对这种情景,我们要把它放到嘴里,的确需要相当大的勇气。④

如此细致入微的描述,正是本多住进当地人家里,与他们平等交往,深入地观察体验、共同生活的结果,这也使本多加深了对他们的了解。他不像有的记者

---

① 本多胜一:《报告文学方法论》,朝日文库1983年版,第84—88页。
② 刘明华:《本多胜一》,人民日报出版社2000年版,第22页。
③ 代英:《与生命挑战的勇士——记日本探险记者本多胜一》,《对外大传播》1996年第12期。
④ 刘明华:《本多胜一》,第9页。

那样带着"文明人"的优越感,而是以平等的、友善的态度,去反映他们的方方面面。

(三)现场观察的目击方法

记者的本性是凡事都要用自己的眼睛看个究竟。本多总是深入到事件现场用眼睛观察、分析、判断、搜集活的材料来说明真相。在越战中本多随军采访,主要运用的基本采访方法是目击,非常仔细地观察每一细节,写出的新闻报道"让读者像看电影一样,能够想象出现场的情景"①。例如他在《弹雨中收割》一文中的描述:

> 眼前出现了令人吃惊的景象,坦克正在开火,然而,它周围的农民,仍然绝不停止劳作,仍然不朝这里看一眼。他们处在危险之中,有可能被身边的子弹误射。但是,看去他们根本不在乎。照样挥镰,照样往一处搬运稻捆……不是不在乎,对于他们来说,这就是最安全的办法。他们知道,逃跑、藏起来,反而会被杀害。只能原地不动,保持这种状态。为了躲避突然到来的战斗,这是最上策。胸中一定是怒火燃烧,然而,只有强忍,是他们此刻最大的抵抗。

这种发自战场的报道,提供了大量独家实地情形,揭示了这场战争的侵略本质,暴露了美军的凶残,反映了普通民众的遭遇,在读者中引起很大反响,激发了民众反战的热情。这种出色的目击记报道,使本多获得1968年8月日本记者会议的JCJ奖,10月获得出版文化奖,翌年3月,获得一年一度、一次只授予一人的波恩国际记者奖。

(四)善于进行谈话式的访问

1971年,本多在中国将近四十天的时间里从南到北采访了日军在中国犯下的罪行,包括人体细菌试验与活人解剖、抚顺万人坑、平顶山惨案、大石桥万人坑、卢沟桥事变、南京大屠杀、"三光"政策等。他到当时事件发生的现场拍摄了大量场景、白骨等照片。但因为已经成为历史,具体情景不可能重现,所以他运用的采访方法主要是访问,以"谈话记"的形式表现出来。为了真实、具体地再现日军的暴行,他在访问中花费了相当大的工夫:

> 谈话记并未机械地记录。最初是听对方讲,但是,听完之后,就该拼命

---

① 本多胜一:《〈战场的村庄〉采访》,载本多胜一:《报告文学方法论》,第55页。

地提问了。譬如,对方谈 30 分钟体验,我便就细节、细微之处进行提问。我的提问要用去 5 倍的时间,或许 10 倍。对方谈 30 分钟,我要问 9 个小时或 10 个小时。其中有翻译时间,但并不是由于翻译才延长了提问时间。……为什么要这样做?因为要问到能够描写得出同亲眼见到了一般。始终想要理解得如同亲眼见到一般。

要达到像看电影一样。谈话记的写法要像绘画一样,绘画要全部涂上颜色,不留空白。提问也要这样去问。①

本多说:"我的目的是想具体了解受到侵略的一方的中国人眼中的军国主义的形象,想直接听到受害者的声音。"②因此他原原本本地记录被害者"字字血、声声泪"的话。在听到讲述大屠杀的情景时,令人不寒而栗,但他不去磨损原话的锋芒,怎么控诉他就怎么表现,忠实地记录受害者的证言,使报道具有雄辩的力量。

本多出版的揭露日军侵华罪行的书籍

三、本多的作品特色

本多的新闻作品,正如著名报人小和田次郎所说:"贯穿全书的一条主线,简而言之,就是记者的正义感。可以说,它是对不正、邪恶、虚伪、伪善、歪曲、作

---

① 冈崎洋三:《本多胜一研究》,晚声社 1990 年版,第 130 页。
② 齐鲁:《历史呼唤良知——本多胜一印象》,《同舟共济》1995 年第 6 期。

假的彻底憎恶、无情斗争的宣言书。"①

(一) 报告文学式的写作

本多大部分的成名作是以报告文学的方式写的,这固然同报道对象的特殊性有关,但更重要的原因是报告文学的写作方式本身。报告文学容量大,记者可以置身于事件现场,亲身体验、观察,便于接触事实真相,写得更真实、具体、生动,容易表达主观见解。本多站在世界上被压迫被侵略者一边,控告压迫者、侵略者,发出真理和正义的呼声,这在内容上保证了他写作的思想高度。本多对这种写作有自己的解释,他出版了《报告文学方法论》,阐述他的基本观点:

> 报告文学这一文体,始终是记录或者报告,不是所谓的记录文学。并且,它始终是描写报道对象的,不是表现作者自身的手段(当然,作者自己也不能不得到反映,但那不是目的);进而,不能只写作者喜欢、对作者有利的事实,也不能为我所用地加以粉饰(但是,这同"不偏不党"是两回事)。②

因此他致力于如实地反映报道对象,自身在作品中出现只是为了更好地表现报道对象,不是停留在表面的记述和描写上。如在讲述因纽特人的传统与习惯时,他写道:

> 因纽特人的屋子非常小。我曾想,既然是雪做的,不用花钱,岂不是做多大都可以。但是,屋子之所以如此暖和,不仅是因为点着脂肪灯,还由于很多人挤在一起,体温也给屋子增加了热气。现在内陆的因纽特人冬天不用燃脂肪,仍然靠体温取暖。
>
> 吃生肉也不单单是因为缺少燃料。在完全没有青菜和水果的环境中,生肉是补充维生素的唯一手段。煮,或者烧烤,都会破坏维生素。正因为生食,因纽特人几乎没有坏血病。
>
> 因纽特人生活的脏、臭、狭窄,都基于它的"合理性"。在大自然的严酷的制约之下,那是一种与之相适应的生存手段。……虽然是文明人,如果不带任何装备,空手前往北极,那么,一切都不能不向因纽特人学习。不吃生肉的探险队员们,一个接一个地因为得了坏血病而倒了下去。

民族学者梅棹忠夫夸赞本多胜一的报告文学是出色的民族志,他在《加拿大·因纽特人》单行本的解说中说:"国内公认的能干的记者本多胜一,开始发

---

① 本多胜一:《事实是什么》,朝日文库1984年版,第69页。
② 同上书,第23页。

第29章 本多胜一——正视和揭露侵华罪行的日本勇士

挥其本领,是海外采访的报告文学。他的一系列报告文学的第一篇,就是《加拿大·因纽特人》。由此,他确立了报告文学记者的声望。"

(二) 文风质朴,笔调冷峻

从写作角度来看,本多作品的特点首先是素朴,不加粉饰雕琢,正如他所言:"我的做法是,不掩饰缺点,不夸大优点,忠实地报道客观事实。"[①]《中国之行》不仅记述了著名的屠杀事件,还详细揭露了日本侵略者在工厂、学校、矿山,在非战斗的情况下对中国人民进行的屠杀和残害。如其中关于"人体细菌实验与活人解剖"一节的记述:

> 老张从1932年开始在这里工作。1941年冬天一个夜晚,日本人西村命令老张收拾解剖室的尸体。老张与另一个勤杂工刘勇奇一起进入解剖室。两人闻到了一股血腥味,同时,看到地上有很多鲜血,解剖台上放着八个尸体,旁边乱扔着肝脏、肺脏等的切片。眼球被挖出,脑浆也被掏空了。
>
> "我长期在解剖室工作,我明白,死了的人没有鲜血,血的颜色完全不同,谁看了都知道那是从活人身上流出来的血。"老张说。
>
> 当时,旁边有一个叫寺井的日本人,老张问:"这个尸体(故意称'尸体')是从哪儿抬来的?"寺井训斥他"住口!以后再打听这些事,把你也解剖了。"
>
> 老张说这话时,愤怒得脸都扭曲了,周先生和周围的人都哭出了声。

《中国之行》的字里行间无不流露着本多的正义和愤怒,但他不做直接的议论和抒情,如在"三光政策"一节的结尾部分,他这样描述与几位幸存老人相遇的情景:

> 有三位老人证正气喘吁吁地往石阶上走。来到我面前,一位老人突然伸出双手,展开手指,含着泪,好像要说什么。摊开的双手,除了拇指,全都截短了。
>
> "他是从现场逃出来的,大火中逃生,两手的手指都被烧掉了。"潘广林说。单有用先生翻译完这句话之后,走到老人跟前去了解情况。可是,他们什么也没说,转身都走了。一边走,一边掏出手帕擦脸。单有用先生也哭了。
>
> ……

[①] 刘明华:《本多胜一——东邻漫忆之二》,《国际新闻界》1984年第2期。

擦干眼泪,单先生解释了刚才的事情。原来,那几位老人是听说日本记者来采访,特意赶来的。31年前的、当时的全部情形,无论如何也希望日本记者都能知道。自己也想说点什么,想让日本人民都能了解。于是,他们怎么也控制不住自己,就到这里来了。单先生一直强忍悲痛想准确地翻译出来,可还是止不住流下了眼泪。

在这里,爱憎是强烈的,但是一切尽在不言中,本多克制情感保留立场,用几乎白描的手法,采用近乎冷峻的笔调,平静地表达自己的意见和情感。

(三) 以民为本,为民代言

1967年起,本多胜一接连发表了《战场的村庄》《中国之行》《通往南京之路》等反响巨大的新闻作品,并出版了《杀戮者的逻辑》《被杀戮者的逻辑》等评论性文集,这些作品都是反映大是大非的问题,其中也都有一个显著特点,就是他尽可能地从中表达出普通民众的声音,表现出他为民代言的精神。

本多常常在出发采访之前就确定了自己的报道题目,如越战报道,他着力从表现老百姓受到的伤亡损害、流离失所等来反映战争的不义。他认为芸芸众生是他新闻报道的源泉,只要一有可能,他都到民众中去采访,反映他们的生活、愿望和呼声。如在越战激烈的1967年,他专门遍访了湄公河三角洲地区的农民、山岳民族、中部渔民。所到之处总是住在民众家里,有时还帮他们做些事情。通过密切接触,他亲身体验了越南人民的生活,了解了他们各方面的状况,这些都在他的新闻报道中有突出表现,也增添他的反战宣传的影响力。

《美利坚合州国》是本多连续报道结集的一部报告文学力作。在半年的时间他只身赴美采访黑人问题,并在《朝日新闻》上以《黑色世界》为题连续发表。他的这些报道不是着眼于大的事件,而是从普通黑人的生活、他们的每日每时的处境、所思所想入手,反映出美国当时实实在在的种族歧视,以及由这种歧视引起的心理上的对立,从而揭示出一个"国中之国"实质来。

四、本多胜一的新闻理念

本多不平凡的记者活动是理性的产物,是以他的理论为指导的。在三十多年的新闻实践中,他对日本以及世界各国的新闻传播事业进行分析、研究,对自己的报道活动进行理性的反思和总结,形成了自己的新闻理念。在《新闻论》《事实是什么》《日语作文技术》等一些理论性文集中,他都阐明了自己的新闻观、记者观,表现出与西方资产阶级新闻理论不同的观点。

第29章　本多胜一——正视和揭露侵华罪行的日本勇士

（一）彻底的事实主义者

本多胜一认为事实是最有力的武器,记者必须尊重事实。他说:"新闻(报纸)的堕落和颓废,是从无视事实或有意歪曲事实开始的。战争中'大本营发布'新闻的时代自不必说,即使现在,也有强调的必要。不了解事实,怎能做出正确的判断? 在判断之前,作为可供判断的材料,首先提供正确的事实,这是第一步,也是基本的一步。"①

本多坚决反对在报告文学中加入虚构成分,哪怕在微小的细节上,他也绝不赞成虚构。他说:"报告文学中,有时也许会出现虚构,但哪些是虚构的,哪些是真实的,必须加以说明。记者可以直接告诉读者,说'这是我想象的',或者'这里是我虚构的'。尊重读者,老老实实地与读者谈心,这是一个诚实的报告文学作者的应有态度。"②

如在《战场的村庄》中的《耳朵纪念品》一文中,本多无情地但却冷静地记录下这样一幕:

> 在离我约3米远的地方,就在我的眼前,那个美军士兵揪下了尸体的一只耳环,然后用脚踢一下死者的头,又扭下另一只,放在了自己的口袋里。但是,比起下面的情景来,从尸体上盗窃东西就算不上什么了。
>
> 离女尸七八米远的地方有一具尸体,一个光着上半身的美兵走近他,一只手拿刀,一只手拉着尸体的耳朵,……他用小刀割下了死者的耳朵。
>
> 强代民氏(笔者注:越南摄影师)补充说:"把耳朵弄干,当礼物带回美国,这不是新鲜事,掏出肝脏的情景我也亲眼见过。"

这里,没有直接的评论,也没有解释,只是通过如实地记录事实就表达出观点,足以说服和打动读者:战争的本质毋庸置疑,美军的凶残一览无遗。

（二）独立的精神与科学的态度

作为一个清醒的记者,本多在实践中坚持反思、总结,逐渐看清了商业报纸的本质。基于这种认识,他构筑了自己的新闻理念,确定了自己的采访原则。他报道越战的民众、美国黑人、日军侵华罪行……这些与当时日本国内的主流舆论都不相同,表现出他不随波逐流、人云亦云的独立精神与科学态度。

在几十年的记者生涯中,本多从未间断过在新闻实践中的这种自我教育、自

---

① 本多胜一:《事实是什么》,第258页。
② 本多胜一:《本多胜一谈报告文学》,《天津日报通讯》1993年第6期。

我思索。如通过采访越南战争,他的认识得到了升华,人生观、世界观发生了巨大变化。他特别强调过自我教育的重要性,他说:"由于一个很随便的动机,我成了新闻记者。最初是在北海道,三年半时间里逐渐被'洗了脑'——所谓洗脑,并不是部长、次长的批评教育,而是在这个混浊的人间社会进行采访的过程中,渐渐地从意识上变成了新闻记者……最好的老师,还是在采访中密切接触的普普通通的人们。"①他还说:"特别是成为'事件'牺牲者的哭泣的民众,是把正直者当成傻瓜的这个现实。是这样的一些人和现象,成为我的老师,教育了我。"②

科学精神一直伴随着本多的新闻活动。他先后学过药学、农林生物学,培养了科学工作者的严谨作风和求实精神,使得他既是战士型的记者又是学者型的记者,将两者很好地结合了起来,这对他的采访和新闻写作都有着明显的影响。他的"彻底的事实主义"、在现场进行观察的方法以及作品风格的质朴无华,无法驳倒的逻辑力量,都与科学态度有密切的关系。

(三) 中立客观的报道立场

无论处于何种环境,本多都恪守独立的精神。在北极,在新几内亚山中,在越战中,以及在美国的种族歧视下,威胁都经常伴随着他,特别是处在日本右翼势力的包围中,随时都会有不测发生,如《朝日新闻》青年记者小尻知博就被右翼团体杀害了。但不论有来自何方的压力,他始终依照自己的新闻理念发出自己客观报道的声音。他说:

> 我与朝日新闻社的关系也是契约关系,我利用朝日,朝日也利用我,互相利用。契约这种东西,本来就是这样。因此,如果《朝日新闻》的经营者认为我的文章有什么地方不符合编辑方针,不对头,要删掉,那也是当然的,我也不会生气,因为对它不抱幻想。③

可见,本多基于对报纸性质的认识,在头脑里已形成了一种独立的、不为任何东西所束缚的记者意识。《朝日新闻》一般被认为是进步的报纸,但在本多看来它仍是资产阶级的报纸。报纸为何有时仍然会刊登本多与它意见不合的报道呢?显然,这是由于本多的报道拥有广大的读者。小和田次郎也认为:"容许本多胜一存在的朝日新闻社内,也有相应的理论。但是,日本新闻界对于社内的言

---

① 刘明华:《本多胜一》,第60页。
② 本多胜一:《报告文学方法论》,第167页。
③ 本多胜一:《事实是什么》,第99—100页。

论自由往往也是限制的。而在这样的新闻界,没有一个记者像本多那样,行使了最大限度的发言自由。那是由本多的拼死搏斗的人生态度所保障的。"①

本多在揭露日军侵华罪行的连续报道中,有人投诉报社大叫"目不忍读",有人指责本多太"片面",本多反驳道:"报道中国观点(实际上极少极少)的时候,为什么还要日本人出场,还是必须做出'不偏不倚'的姿态?而日本方面长期进行片面报道的时候,他们却没有指责日本,'没有中国观点,是片面的'?"②这里,明确表达了他客观的新闻理念。

(四)强烈的斗争性和不妥协性

本多的正义立场遭到日本右翼势力的憎恨,家里经常接到匿名电话、恐吓信,有人甚至对报社发出通牒要赶他走,但他从来没有丝毫的妥协,在任何场合都坚持真理,这也为他赢得了一大批忠实的读者"粉丝",不少年轻人就以因本多为榜样,投考报社。

本多的报告文学集《加拿大·因纽特人》获得热烈反响后,日本一家大杂志社决定授予他"菊池宽奖",这个奖是为纪念已故著名作家菊池宽而设立,在日本颇有影响。但本多拒绝接受这个奖励,退回奖金和奖状,因为这家杂志社一贯持右翼立场,他不能接受。他在《拒受菊池宽奖》一文中说:

> 观察这个出版社十年来的倾向,发现它整个在向和平势力、反公害势力、反核势力进行挑战。……不少站在反动一方的出版社,至少在形式上还保持平衡,像"株式会社文艺春秋"这样,片面地、有组织地进行挑战、对日本右倾化做出贡献的出版社,是不多见的。

本多的言行一致,表现了他斗争的不妥协性。他在《致故乡的信》里曾经这样表示:"新闻记者本身也是一个应当被消灭的过程……如果到了从根本上怀疑报道、不需要报道的时候,停止报道也好,那时自己也将放下手中的笔。但是现在还没有达到这个阶段。"③

1984年冬本多第二次来中国采访,《朝日新闻》再次发表了他采写的关于南京大屠杀的报道。他的《中国之行》出版后,右翼势力攻击南京大屠杀是捏造,本多用事实给予回答:"战后德国一直不忘追缉纳粹战犯,批判纳粹罪行,日本做得很不够,不少日本人至今不了解当年军国主义在中国干了些什么。为了真

---

① 本多胜一:《事实是什么》,第65页。
② 同上书,第61页。
③ 刘明华:《本多胜一》,第87页。

正的和平友好,为了日本民族的利益,自己的报道虽然微小,总比没有要好。"1985 年,本多呼吁建立"反省'加害'的战争博物馆"。1987 年 9 月 22 日,本多胜一挺身而出,作为原告永三郎教授一方的证人,在东京地方法院的教科书审判法庭上,公开出示了自己所掌握的关于南京大屠杀的调查材料,陈述了报道南京大屠杀的目的、意义以及采访南京大屠杀的方法,在法庭上对被告——政府一方进行了间接的批判。他勇敢地为教科书审判一案出庭作证,体现出为正义而始终如一的斗争精神。

参考文献

1. 刘明华:《本多胜一》,人民日报出版社 2000 年版。
2. 本多胜一:《报告文学方法论》,朝日文库 1983 年版。

后 记

  自近代新闻事业诞生以来，中外都涌现出了许多优秀的新闻记者，他们不畏艰难险阻，挺立于时代潮头，"铁肩担道义，辣手著文章"，记录下一幅幅真实的历史画卷，为鲜活的新闻史留下了宝贵的精神遗产。这些记者虽然志趣追求不同、价值取向有别、新闻风格各异，但都勇于"直面惨淡的人生"，如实展示客观历史的面貌。他们对生活变迁的敏锐捕捉、主动反映、深刻见解，都对所处的社会产生过不同的影响。这些名记者所铸造的辉煌令人景仰，也赢得业界的尊敬，成为后来新闻人的学习楷模。

  国内一些学者近年陆续展开的相关研究，大都为单篇论文或个人传记，或在新闻史书中零星提及。虽有几本将多位名记者汇集介绍的书籍，也基本为介绍经历或作品，鲜有涉及其新闻理念的专门阐述。本书在撰写中借鉴了前人的成果（在注释和参考文献中有所标明），也融入了作者的研究。限于教材篇幅的考虑，本书从灿若群星的中外名记者群像中精选出具有代表性的29人，介绍他们的生平经历、采写技巧、新闻理念等精彩片段，评述他们的专业精神、社会责任、作品特色以及新闻思想。这样的几大板块与同类书籍相比体现出独特性，且比较符合教材的特点，也易于学生的学习。国内目前缺乏这类教材，本书的探索具有新意。

  本书主要由承担相关课程的教师及研究者撰写，邓利平设计写作体例、大纲并统稿。各部分撰写如下：第1章、第9章、第23章、第24章、第25章为天津财经大学罗红；第3章、第15章为江南社会学院陈丙纯；第19章为澳大利亚悉尼大学邓潇；第4章、第12章、第17章、第21章、第27章为扬州大学冯晓斌；第6章、第8章、第13章、第16章、第20章为郧阳师专叶艳芳；第7章、第10章、第18章、第29章为南京大学惠子；第5章、第14章、第22章为南京大学赖欣；第28章为南京大学赖欣、悉尼大学邓潇；第26章为悉尼大学邓潇、南京大学邓利平；第2章、第11章为南京大学邓利平、江南社会学院陈丙纯。

  责任编辑徐少燕女士非常关注本书的撰写，将先期进行的市场调研信息反馈给作者，在编校过程中非常严谨、认真，在这里我们要向徐女士致以真诚的感谢！

作 者